KB081003

주식, 채권부터 달러, 골드, 부동산까지 바로 써먹는

ETF 처음공부

주식, 채권부터 달러, 골드, 부동산까지 바로 써먹는

ETF 처음공부

초판 1쇄 발행 2022년 6월 10일
4쇄 발행 2024년 5월 1일

지은이 김성일

펴낸곳 ㈜이레미디어
전 화 031-908-8516(편집부), 031-919-8511(주문 및 관리)
팩 스 0303-0515-8907
주 소 경기도 파주시 문예로 21, 2층
홈페이지 www.iremedia.co.kr
이메일 mango@mangou.co.kr
등 록 제396-2004-35호

편집 김은혜, 이병철 | **디자인** 유어텍스트 | **마케팅** 김하경
재무총괄 이종미 | **경영지원** 김지선

ISBN 979-11-91328-51-6 04320

- 가격은 뒤표지에 있습니다.
- 잘못된 책은 구입하신 서점에서 교환해드립니다.
- 이 책은 투자 참고용이며, 투자 손실에 대해서는 법적 책임을 지지 않습니다.

ETF 처음공부

김성일 지음

주식, 채권부터 달러, 골드, 부동산까지 바로 써먹는

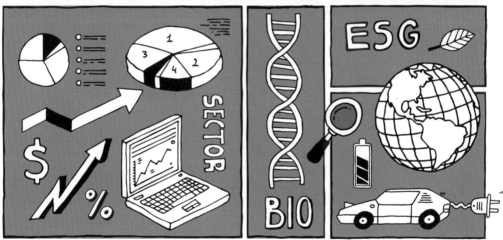

이레미디어

책을 읽기 전 안내사항

- ETF 현황과 관련 데이터는 2021년 8월 31일을 기준으로 합니다. 기준일이나 기간이 다를 경우에는 별도 표기했습니다. ETF별 운용보수는 각 운용사의 정책에 따라 수시로 변할 수 있습니다. '거래대금'은 기준일 이전 20영업일의 일별 평균값이며 단위는 백만 원입니다. '순자산총액'(AUM)은 억 원 단위입니다.

- 환율 데이터는 실제 환율이 아닌 데이터 분석 시작일을 100으로 하여 상대적인 변화 정도를 표기하였고, 그래프의 세로축은 로그이며 시간의 변화에 따른 환율 변화 정도를 비교할 수 있도록 하였습니다. 환율 표기 방식은 기준통화와 비교통화를 연이어 적었습니다. 예를 들어 미국달러(USD) 대비 원화(KRW)의 환율 표기는 'USDKRW'입니다. 이를 1달러당 원화 가치라는 의미로 '원/달러'라고 표기하는 경우도 있습니다. 표기 방식에 따른 차이이며, "달러환율이 1,100원이다"라는 문장을 표기할 때 "USDKRW: 1,100"으로 하거나 "원/달러 환율: 1,100"라고 하기도 합니다.

- 성과 데이터 분석은 가급적 기초지수를 활용한 장기 분석 위주로 하였으며 기초지수가 산출된 시기부터 분석했습니다. 단, 기초지수 조사가 어려운 경우에는 ETF의 수정종가를 활용해 분석하였습니다. 데이터는 블룸버그, 에프앤가이드, 한국거래소 등을 통해 다각적으로 조사한 후 가공하여 사용했습니다.

- 구글 트렌드의 수치는 특정 지역 및 기간을 기준으로 차트에서 가장 높은 지점 대비 검색 관심도를 나타냅니다. 값은 검색 빈도가 가장 높은 검색어의 경우 100, 검색 빈도가 그 절반 정도인 검색어의 경우 50, 해당 검색어에 대한 데이터가 충분하지 않은 경우 0으로 나타납니다(출처: trends.google.co.kr).

투자 필수 시대,
ETF는 투자자 필수 지식입니다

투자를 시작할 때 개별 주식에 투자하는 사람도 많지만, 지수를 그대로 추종하는 상장지수펀드ETF를 선택하는 사람도 많습니다. 주식투자를 위해 많은 시간과 노력을 들이기 어려운 현대인에게 ETF는 어느새 투자의 대세가 되었지만, ETF에 대한 몇몇 의문은 여전히 남아있습니다.

- ETF가 상장 폐지될 일은 없을까?
- 국내주식 ETF는 세금이 없다는데, 그럼 해외주식을 편입한 ETF의 세금은 어떻게 될까?
- 한국에 상장된 ETF가 나을까, 아니면 해외에 상장된 ETF에 투자하는 게 나을까?
- TR(토탈 리턴)이 붙은 ETF는 기존 ETF와 어떤 부분이 다를까?

ETF에 대해 공부할수록 질문이 끝도 없이 이어집니다. 당연한 일입니다.

ETF 산업이 그만큼 빠르게 발전하고 있고, 엄청나게 다양한 자산과 전략을 추종하는 상품을 내놓고 있기 때문입니다. 1990년대 초반 ETF가 미국에서 처음 만들어졌을 때만 해도 코스피 200 혹은 S&P 500 같은 주가지수를 단순하게 복제하는 상품이 주종을 이뤘지만, 최근 몇 년 사이에 상황이 완전히 달라졌습니다. 가장 대표적인 예가 '돈나무 언니'라는 별칭으로 유명한 펀드매니저 캐시우드가 이끄는, 아크ARKK로 대표되는 액티브 ETF 시리즈의 대히트죠.

어떤 이는 이 책을 보고 "ETF 투자하는 데 이렇게 자세한 내용까지 다 알아야 하나요?"라고 반문할 수도 있을 것입니다. 그만큼 ETF의 장점이 너무나 많습니다. ETF만으로도 각국 시장은 물론, 예전 같으면 상상할 수도 없는 다양한 자산군에 투자할 수 있기 때문입니다. 예를 들어, 미국 부동산시장이 앞으로 유망하다 생각하면 국내외에 상장된 리츠REITs ETF에 투자하는 식으로 대응할 수 있습니다. 그러니 ETF에 관해 정보가 많을수록 투자에 더 유리하지 않을까요?

ETF 덕분에 예전에는 극소수의 헤지펀드 혹은 프로 투자자들만 가능하던 다양한 전략도 편하게 실행할 수 있습니다. 가장 대표적인 예가 바로 레이 달리오의 '올웨더 전략'일 것입니다. 비싼 수수료를 내고, 거액의 투자금이 있어야만 가능했던 헤지펀드만의 전략들을 우리나라에서도 손쉽게 따라 할 수 있으며, 미국은 아예 이 전략을 그대로 투자하는 ETF가 상장되어 있습니다. 《ETF 처음공부》에서는 다양한 올웨더 전략과 한국 지형에 맞는 K-올웨더 전략을 소개하고 있으며, 백테스트를 통한 각각의 성과까지 보여주고 있으니 투자 전에 꼭 참고하셨으면 합니다.

투자를 생각하는 사람이라면, ETF에 대한 지식은 이제 '필수'가 되었다는 생각이 듭니다. 다행히 김성일 작가의 이번 책《ETF 처음공부》가 길잡이 역할을 충실하게 수행할 것이라 생각합니다. ETF의 기본 개념과 용어 설명은 물론 국가별, 자산별, 섹터별 투자 가능한 ETF들과 관련 지수, 다양한 지수와 비교한 성과까지 조사해 수록했으니까요. 수많은 ETF, 관련된 다양한 정보를 일일이 찾아서 꼼꼼히 정리한 김성일 작가의 수고에 감사하다는 말씀을 드리고 싶네요. 부디 많은 투자자가 이 책《ETF 처음공부》를 통해 편하고 안정적으로 꾸준한 투자 성과를 거두기를 바라는 마음이 간절합니다.

홍춘욱, 리치고 인베스트먼트 대표,《돈의 흐름에 올라타라》저자

포트폴리오 투자 전략과 데이터 분석의 전문가인 저자의 컬러가 오롯이 담긴 ETF 투자 입문서입니다. 잘 짜인, 군더더기가 없는, 꼭 필요한 데이터들을 풍부하게 담고 있는 제대로 된 ETF 교과서로 추천하고 싶습니다.

오건영, 신한은행 IPS본부 부부장, 《부의 시나리오》 저자

글로벌 ETF 전략 책을 출간한 이후 "한국에 상장된 ETF로 연금저축펀드 굴리는 방법을 소개해 주세요"라는 질문이 쇄도하고 있습니다. 이제 이 질문에 대한 답은, 《ETF 처음공부》에 소개된 김성일 작가의 K-올웨더입니다!

이 책은 K-올웨더 전략을 소개한 것에 그치지 않고, 한국에 상장된 모든 ETF를 테마별로 나눠서 상세하게 분석해줍니다. 개인적으로, 레버리지와 인버스 ETF의 허와 실을 다루는 마지막 장을 강력히 추천합니다.

강환국, 대한무역투자진흥공사(KOTRA)에 사표를 던진 파이어족,
전업투자자, 《거인의 포트폴리오》 저자

자산배분 투자가 대세가 된 지금, ETF를 모르고서는 자산배분을 논할 수 없는 시대가 되었습니다. 자산배분의 정석으로 유명한 김성일 저자가 이번에 집필한 《ETF 처음공부》는 ETF 투자의 단단한 기본기를 확실히 다져주는 훌륭한 책입니다.

ETF 투자를 처음 시작하는 초보뿐만 아니라 수많은 ETF 중 어떤 것을 골라야 하는지 갈피를 잡지 못하는 중급 이상의 투자자들에게도 훌륭한 가이드가 되어주리라 확신하며, 모든 ETF 투자자의 서재에 반드시 꽂혀있어야 할 책입니다.

systrader79(이우근), 시스템 트레이더이자 퀀트 전략가,
《현명한 퀀트 주식투자》 저자

폭발적인 성장세를 보이는 ETF는 '투자의 민주화' 측면에서 가장 혁신적인 금융투자 상품이라 할 수 있습니다. 저자는 《ETF 처음공부》에서 수많은 카테고리의 ETF 리스트를 소개하는 데 그치지 않고, 각 ETF의 성과와 특성에 대한 분석을 곁들여 퀄리티 높은 정보를 제공합니다. 시중에 쏟아지고 있는 단순 ETF 소개 책자들과 차별화되는 부분입니다. 또한 전작인 《마법의 돈 굴리기》, 《마법의 연금 굴리기》를 통해 자산배분 투자를 널리 전파하고 있는 저자답게, ETF를 활용하여 초보자가 따라 하기 가장 쉬우면서도 강력한 올웨더 전략을 투자 레시피 형태로 분석하여 보여줍니다. 투자자들의 자산관리에 선한 영향력을 미치고 친절하고 지속적으로 안내하고 있는 저자의 노력에 박수를 보냅니다.

이성규, 삼성자산운용 펀드매니저, 《주식투자 ETF로 시작하라》 저자

ETF는 재테크를 고민하는 사람이라면 누구나 한 번은 고려해보아야 할 자산입니다. 진입장벽이 낮은 것 같으면서도 막상 ETF를 사려고 하면 생각보다 복잡한 내용에 고개를 젓기 일쑤입니다. 이 책은 ETF에 대하여 가장 기초적인 이야기부터 시작해, 어렵지만 반드시 알아야 할 심층적인 이야기까지 저자 특유의 친절한 문체로 상세하게 설명하고 있습니다. ETF에 관한 진정성 있는 정보를 원한다면 바로 이 책이 대답이 될 것입니다.

홍진채, 라쿤자산운용 대표, 《주식하는 마음》 저자

재무제표를 보고 기업을 오랫동안 분석해야만 투자할 수 있는 것이 아닙니다. ETF를 통하면 적은 시간을 투자하고도 유의미한 수익률을 거둘 수 있습니다! 이 책으로 시작하십시오.

김동주(김단테), 이루다투자일임 대표, 《절대수익 투자법칙》 저자

ETF는 단언컨대 집합투자상품의 혁신입니다. 그런 혁신적인 상품인 ETF를 잘 활용하는 법을 상세히 다룬 이 책이 모든 투자자의 길잡이가 되기를 바랍니다.

천영록, 두물머리 대표, 《부의 확장》 저자

초보 투자자 최적의 선택
ETF

1) ETF 전성시대

바야흐로 ETF의 시대입니다. 구글 트렌드만 봐도 ETF에 대한 사람들의 관심이 얼마나 늘었는지 알 수 있습니다. 그러나 ETF 시장의 성장을 인터넷 검색량 증가만으로 설명하기엔 아쉬움이 있으니 실제 시장 규모를 데이터로 확인해보겠습니다.

우리나라 증시에 ETF가 처음 상장된 것은 2002년 10월이었고, 4개 상품으로 시작했습니다. 2021년 8월 말 현재 16개 자산운용사에서 502개 종목이 운용 중이며 순자산총액은 64조 원입니다. 코스피 대비 ETF 시가총액 비중은 0.1%에서 2.8%로, 무려 28배가 성장했습니다. 코스피 대비 ETF의 일평균 거래대금은 18%나 됩니다. 시가총액 2.8%를 차지하는 ETF의 거래대금이 18%가 넘는다는 것은 정말 많은 투자자들이 ETF를 사고 팔고 있다는 뜻입니다.

[그림 0-1] 구글 트렌드로 본 ETF 검색량 추이(2004.1~2021.8)

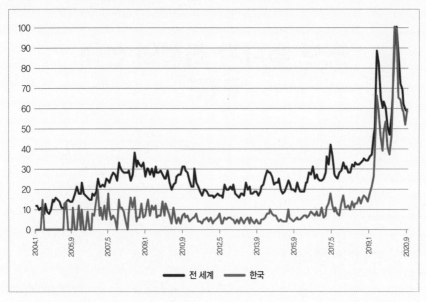

미국의 경우 1993년 1개의 ETF로 시작해, 2002년 102개, 2020년 2,200개가 넘는 ETF가 거래되고 있습니다. 전 세계에서 거래되는 ETF는 7,700개 이상입니다. ETF의 순자산총액 역시 2010년 1.3조 달러에서 2021년 2월 기준으로 8.1조 달러에 이르러 10년간 5배나 증가했습니다(연간 18% 성장).

순자산총액 기준으로 ETF 글로벌 시장의 68%는 미국이 차지하고 있습니다. ETF는 우리나라를 비롯해 미국 등 전 세계 투자자들에게 인기 있는 투자상품이 되었습니다. 왜 이렇게 많은 사람들이 ETF를 이용할까요? ETF의 장점이 워낙 많기 때문입니다. 구체적으로 알아볼까요?

2) 현명한 ETF 투자자

미국에서 조사한 자료[1]에 따르면 고소득, 부자, 고학력일수록 ETF 투자를 선호한다고 합니다. 또한 ETF 투자자들은 알뜰하며 스마트하고, 마음 편한 투자를 한다고 합니다.

○ **소득이 높을수록 ETF 선호**: ETF 투자 가구 중 연소득이 10만 달러(약 1억 원)를 넘는 비율이 57%입니다. 전체 가구 중 연소득이 10만 달러 이상인 가구의 비율이 27%인 것에 비해 ETF 투자 가구의 고소득자 비율은 2배 이상입니다. 즉 소득이 높을수록 ETF 투자를 선호한다고 할 수 있습니다.

○ **부자일수록 ETF 선호**: ETF 투자 가구의 평균 자산은 170만 달러(약 17억 원)이며, 이는 전체 가구 평균(54만 달러) 대비 3배 가까이 높습니다. 중간값으로 봐도, ETF 투자 가구의 자산은 93만 달러(약 9억 원)이며, 전체 가구(21만 달러) 대비 4배 가까이 높습니다. 즉 보유한 자산이 많을수록 ETF 투자를 선호한다고 할 수 있습니다.

○ **고학력자일수록 ETF 선호**: ETF 투자 가구 중 대학 졸업 이상의 학력을 가진 가구가 66%입니다. 반면 전체 가구의 경우 34%가 대졸 이상의 학력을 보입니다. 즉 학력이 높을수록 ETF 투자를 선호한다고 할 수 있습니다.

○ **금융 계획이 있는 가구는 ETF 투자**: 가구별 금융 계획이 있는지 조사했을 때, ETF 투자 가구의 78%가 계획이 있다고 답변했습니다. 반면 전체 가구 기준으로는 43%만이 금융 계획이 있다고 했습니다. 즉 중장기로 세운 금융 계획이 있을수록 ETF 투자를 선호한다고 할 수 있습니다.

---

1 A Close Look at ETF Households, 2018. 8.

ㅇETF 투자자는 알뜰하다: 수수료 할인 등의 서비스를 제공하는 증권사를 이용하는 가구 역시 ETF 투자 가구가 11%인 반면, 펀드 투자 가구는 2%, 전체 가구는 1% 수준이었습니다. 수수료나 비용이 비싼 은행을 이용하는 경우는 전체 가구가 68%, 펀드 투자 가구가 57%로 높았고, ETF 투자 가구는 52%로 상대적으로 낮았습니다. 즉 ETF 투자 가구는 수수료나 비용에 대해서도 신경을 쓰고 있음을 알 수 있습니다.

ㅇETF 투자자는 스마트하다: 금융 정보를 얻는 방법에서도 차이가 납니다. 친구, 지인, 직장 동료를 통해 금융 정보를 얻는 경우 대비 인터넷을 사용하는 경우의 비율을 계산해 보면, 전체 가구의 48%, 펀드 투자 가구의 47%가 인터넷을 사용합니다. 반면 ETF 투자 가구의 경우 그 비율이 58%로 인터넷을 활용해 금융 정보를 얻는 경우가 더 많습니다. 즉 직접 투자 정보를 얻는 사람들이 ETF 투자를 선호한다고 말할 수 있습니다.

ㅇETF 투자자는 마음이 편하다: 온라인으로 금융 거래를 하면서 편안함을 느끼냐는 질문에 ETF 투자자는 37%가 그렇다고 답했으며, 이는 펀드 투자자(22%)나 전체 가구(16%) 대비 매우 높은 수준입니다.

ㅇETF 투자자는 은퇴 준비도 잘한다: 퇴직연금을 비롯해, 개인연금 등으로 은퇴를 준비하는 가구의 비율을 살펴보면, ETF 투자 가구가 전체 가구 대비 훨씬 높습니다. 특히 개인연금의 경우 전체 가구의 37%가 납입하고 있는 반면, ETF 투자 가구는 79%가 납입하고 있습니다.

또한, ETF 투자 가구의 30%는 다른 투자 기회를 배우는 것에 흥미를 느낀다고 했습니다. 이는 전체 가구의 9%, 펀드 투자 가구의 13% 대비 2~3배 높습니다. ETF 투자 가구의 28%는 자신이 직접 투자 결정을 한다고 답했으며, 이는 전체 가구의 15%, 펀드 투자 가구의 16% 대비 2배나 높은 수준입니다.

ETF 투자 가구의 23%는 지난 몇 년간 저축과 투자에 대한 지식이 훨씬 많아졌다고 답했으며, 이는 전체 가구의 10%, 펀드 투자 가구의 17%보다 훨씬 높은 수준입니다.

[표 0-1] ETF 투자 가구와 전체 가구, 펀드 투자 가구 비교(참고: A Close Look at ETF Households, 2018.8)

	전체 가구	ETF 투자 가구	펀드 투자 가구
수입 비율 (10만 달러 이상)	27%	57%	45%
금융 계획 보유	43%	78%	75%
학력 비율(대졸 이상)	34%	66%	56%
총자산(평균값)	54만 달러	170만 달러	133만 달러
총자산(중간값)	21만 달러	93만 달러	86만 달러

[표 0-2] 은퇴 준비 가구의 상품별 대비율(참고: A Close Look at ETF Households, 2018.8)

	전체 가구	ETF 투자 가구	펀드 투자 가구
DC 퇴직연금	44%	63%	54%
DB 퇴직연금	27%	43%	46%
개인연금(IRA)	37%	79%	79%
기타	12%	20%	27%
평균	30%	51%	51%

이런 현상은 미국만이 아니라 다른 나라들도 비슷할 것이라고 유추할 수 있습니다. 고소득, 부자, 고학력이고 금융 계획이 있을수록 ETF 투자를 선호하는 이유가 뭘까요? ETF의 장점이 그만큼 많기 때문일 것입니다. ETF가 지닌 여러 가지 장점 때문에 ETF에 투자한 사람은 알뜰하며 스마트하고, 마음

이 편하고, 은퇴 준비도 잘하는 것입니다.

ETF는 간접투자 상품인 펀드나 직접투자 상품인 주식의 장점을 골고루 갖추고 있습니다. 펀드처럼 소액으로 분산투자가 가능한데, 일반 펀드보다 운용보수가 훨씬 저렴하고 중도환매수수료가 없습니다. 주식처럼 실시간 매매가 가능해 환금성이 높은데, 증권거래세는 면제돼서 세금 측면에서 유리합니다. 또한 ETF가 보유한 종목을 매일 공시하기 때문에 운용이 투명한 반면 일반 펀드는 보유 종목이 표시되는 운용보고서가 3개월에 한 번 나오기 때문에 빠르게 알기 어렵습니다.

3) 투자 민주화의 주역, ETF

이 책의 독자라면 세계 부호 순위에 항상 이름이 올라가는 워런 버핏을 알고 있을 것입니다. 버핏의 스승이라 불렸던 벤저민 그레이엄과 그의 책《현명한 투자자》에 대해서도 들어봤을 것입니다. 그레이엄은 그의 책에서 초보 투자자라면 주식과 채권에 자산을 나누어 투자하고, 투자 경험과 지식이 쌓인 후에 주식 투자를 적극적으로 할 수 있는 방법을 설명했습니다. 《현명한 투자자》초판이 나온 것은 1949년이었습니다. 당시에는 ETF와 같은 투자 상품이 없었습니다. 주식이나 채권에 투자하려면 상당한 수준의 공부가 필요했고, 지식이 있더라도 일반인들이 실제로 투자하기에 진입장벽이 매우 높았습니다.

이제는 달라졌습니다. ETF는 평범한 개인도 전문가 못지않게 투자할 수 있는 훌륭한 도구입니다. 전문가 혹은 전문가 집단만이 할 수 있던 투자를 일반인도 할 수 있게 만든 것입니다. 과거에는 개인이 국채에 투자할 수 있는 방법이 거의 없었습니다. 펀드를 통해 간접적으로 투자할 수 있었으나 국채만을 취급하는 펀드가 별로 없었습니다. 저비용의 ETF가 나오면서 국채에 투자하기가 훨씬 수월해졌습니다. ETF로 투자할 수 있는 자산은 주식이나 채권만이 아닙니다. 부동산, 원유, 금, 해외주식, 통화 등 매우 다양합니다. 인터넷 등 정보매체의 발달로 다양한 자산에 대한 정보를 얻기가 매우 쉬워졌습니다. 과거에는 정보가 있어도 투자할 방법을 찾기가 어려웠으나 ETF의 발달로 다양한 국가의 다양한 자산에 대해 투자할 수 있게 됐습니다.

금융이나 투자업 종사자들도 본인의 전문 분야 외에는 잘 모릅니다. 주식 애널리스트도 담당 섹터는 잘 알아도 다른 섹터나 다른 국가, 주식 외의 자산에 대해서는 자세히 알지 못합니다. 펀드매니저나 이코노미스트도 마찬가지입니다. ETF를 통해 다양한 투자 대상을 검토하고 실제 투자를 하는 데 있어서 일반인이 특정 분야 전문가를 능가할 수 있게 되었습니다. ETF라는 수단으로 인해 '투자의 민주화'가 이루어진 것이라고 감히 말할 수 있습니다. 전 세계 ETF 시장의 지속적인 발전은 이러한 투자 민주화를 더욱 확대시키고 가속화할 것입니다. 사회생활을 하며 금융을 직간접적으로 접하는 모든 이들이 ETF를 알아야 하는 이유가 이것입니다.

4) 초보와 젊은 투자자에게도 적합한 ETF

투자를 시작한 지 얼마 되지 않은 초보투자자나 이제 막 사회생활을 시작한 젊은 투자자에게도 ETF는 매우 좋은 투자도구입니다. 그들은 투자할 자금이 많지 않습니다. 적은 자금으로 투자를 시작할 때 ETF는 매우 적합한 도구입니다. ETF 한 주당 매매 가격이 몇천 원에서 몇만 원 수준이기 때문에 소액 투자자가 투자를 시작하기에 좋습니다. ETF는 거래 유동성이 풍부하기 때문에 사고 싶을 때 살 수 있고, 팔고 싶을 때 팔 수 있습니다. 펀드와 같은 다른 금융 상품에 비해 운용보수가 매우 낮기 때문에 보수로 인한 손실도 적습니다.

투자 상품의 다양성 역시 매우 큰 장점입니다. 투자 가능한 ETF의 범위는 주식, 채권, 부동산, 상품, 통화 및 해외 투자 등 실질적으로 거의 모든 자산군을 포괄합니다. ETF 시장 확대로 자산운용사간 경쟁이 치열해지면서 운용사들은 운용보수를 더 낮추고 있으며, 상품군도 더욱 다양해지고 있습니다.

ETF를 이용하면 다양한 투자 스타일을 만족시킬 수 있습니다. 보수적인 성향일 경우 시장 지수를 추종하는 등의 보수적인 투자법을 실현할 수 있으며, 금융 시장에 대해 많은 공부를 하거나 전문적인 지식이 있을 경우 세부적인 섹터에 투자하거나 레버리지, 인버스 등을 이용해 공격적으로 투자할 수도 있습니다. 이뿐 아니라 자산배분 투자나 단기 전략, 중장기 전략 투자법들을 실행에 옮길 수도 있습니다.

가치투자, 성장주 투자, ESG, 친환경, 전기차 등 다양한 팩터나 테마에 대해서도 간접적으로 투자할 수 있습니다. 액티브 ETF의 경우 지수만을 추종하는 것이 아니라 펀드매니저의 능력이 가미될 수도 있습니다. 물론 필자는 테마에 대한 투자를 적극 추천하지는 않습니다. 이 책에서도 상세히 다룰 것이지만 그런 테마들이 홍보하는 만큼의 성과를 내는지에 대해 더 고민하고 접근해야 한다는 입장입니다.

5) 장점이 많은 ETF, 적극적으로 홍보되지 않는 이유

이렇게 장점이 많은데 금융회사들이 ETF를 적극적으로 홍보하지 않는 이유는 뭘까요? 한마디로 마진이 적기 때문입니다. 펀드 보수를 대략 비교해보면 일반 펀드는 2~3%, 인덱스펀드는 1% 내외인데 반해 ETF는 0.5% 이하입니다. ETF 투자자가 많아질수록 일반 펀드의 판매량은 상대적으로 줄어들 수밖에 없고, 금융회사가 가져갈 수수료도 적어집니다.

또한 모든 소비자가 가성비만 보고 자동차를 선택하지 않듯이, 투자에 있어서도 각자의 취향이 반영됩니다. 주식은 막연히 위험하다는 인식 때문에 은행만 거래하는 투자자가 있는가 하면, 고수익을 노리고 변동성이 심한 테마주나 소형주에만 투자하는 사람도 있습니다. 다양한 투자자의 욕구를 맞출 수밖에 없는 금융회사 입장에선 여러 가지 투자상품을 나열해 판매할 수밖에 없을 것입니다. 다행히 전 세계적으로 ETF 시장이 급성장하면서 투자자들이 많이 찾고 있기 때문에 금융회사들 역시 그에 발맞춰 다양한 ETF를 출시하고 있습니다.

끝으로 저의 졸저들을 아껴주신 덕분에 또 책을 쓸 힘을 주신 독자분들께 감사드립니다. 이 책을 통해 ETF에 대한 이해를 넓히고 더욱 안정적으로 투자할 수 있기를 기대합니다. 출판을 허락해주고 긴 시간을 기다려주신 이레미디어 출판사에 감사드립니다. 서귀포에 계신 부모님과 부산에 계신 장모님, 하늘나라에 계신 장인어른께도 늘 고맙다는 말씀을 전합니다. 이 책을 쓰는 동안 일에 집중할 수 있도록 응원해준 '내조의 여왕' 안영희 님께 감사드립니다. 사이좋은 남매로 자라나고 있는 15살 지민, 11살 지호에게도 사랑한다는 말을 남깁니다.

차 례

추천사 **투자 필수 시대, ETF는 투자자 필수 지식입니다**   005

머리말 **초보 투자자 최적의 선택 ETF**

1) ETF 전성시대   011

2) 현명한 ETF 투자자   013

3) 투자 민주화의 주역, ETF   016

4) 초보와 젊은 투자자에게도 적합한 ETF   017

5) 장점이 많은 ETF, 적극적으로 홍보되지 않는 이유   019

왕초보를 위한 초간단 ETF 투자 레시피

01 투자는 요리다   034

1) 초간단 비빔밥 레시피   035

2) 투자 포트폴리오는 요리 레시피와 같다   037

02 액티브 펀드가 더 나을까?   039

1) 액티브 펀드와 인덱스 펀드의 성과 차이   039

2) 펀드 성과 찾아보는 방법   **043**

03 초간단 투자 포트폴리오: K-올웨더   **049**

1) 비빔밥 레시피와 투자 포트폴리오   **049**

2) 투자 포트폴리오 성과 알아보기: 백테스트   **052**

3) 올웨더와 K-올웨더, 어떻게 다른가   **057**

04 투자의 단맛과 쓴맛: 수익과 위험   **068**

1) 변동성과 손실가능성   **068**

2) 1등 기업에 장기투자하면 된다?   **072**

05 최적의 투자 비율을 찾으려면   **078**

1) 국내외 연기금의 자산배분 현황   **078**

2) 투자자의 위험감내도   **082**

3) 위험감내도별 투자 비율 및 성과 백테스팅   **084**

COLUMN **외발자전거를 타는 주린이**   **087**

ETF 따라 투자

1) 증권회사 선택하기   **092**

2) 비대면으로 계좌 개설하기   **095**

3) 증권사로 입금하기   **099**

4) 모바일에서 ETF 매매하기 및 잔고 확인   **099**

3장 ETF 기초 학습

01 ETF 초간단 이해하기   102

1) ETF의 조상은 인덱스 펀드   102

2) ETF는 장점 많은 투자수단   104

3) ETF가 상대적으로 안전한 이유   105

4) ETF는 주식처럼 매매되는 펀드   106

5) ETF 종목명 이해하기   108

6) ETF를 만드는 회사들   109

02 ETF 시장 소개   112

1) ETF의 탄생   112

2) 세계 ETF 시장을 선도하는 미국   113

3) 국내 ETF 시장 동향   115

03 ETF의 장점   119

1) 소액으로 분산투자할 수 있다   119

2) 비용이 저렴하다   120

3) 운영에 대한 투명성이 높다   120

4) 실시간으로 매매할 수 있어 환금성과 유동성이 높다   121

5) 배당수익까지 얻을 수 있다   124

4장 ETF 심화 학습

01   ETF의 분배금과 배당소득세   128

   1) ETF 분배금 지급   128

   2) ETF 매도 시 세금   130

02   ETF에 투자할 때 알아두면 좋은 것   131

   1) NAV(순자산가치)   131

   2) iNAV(실시간 추정 순자산가치)   133

   3) 기초지수와 ETF의 추적오차   137

   4) ETF 시장 구조   140

   5) ETF 가격대가 다른 이유   142

03   ETF의 투자 위험   143

   1) 가격변동위험   143

   2) 신용위험   143

   3) 상장폐지위험   144

   4) 가격괴리위험   145

   5) 추적오차위험   146

   6) 환율변동위험   147

5장 복잡하지만 궁금했던 개념들

01 PR, TR, NTR 비교   150

02 선물과 선물 거래 이해하기   159
1) 선물이란   159
2) 롤오버 효과   162
3) 선물의 ER과 TR   167
4) 현물과 선물, ER과 TR, 무엇을 선택할까?   168
5) ETF 해외투자와 국내투자, 무엇이 좋을까?   172

03 합성 ETF 이해하기   174
1) 합성 ETF의 장점   175
2) 합성 ETF 투자 시 유의점   175
3) 스와프의 구조   176

04 액티브 ETF 이해하기   179
1) 액티브 ETF 개요   179
2) 다양해지는 주식형 액티브 ETF   180
3) 액티브 ETF 투자 시 유의 사항   183

05 환노출과 환헤지 이해하기   191
1) 환헤지   192
2) 환노출   193

3) 환노출과 환헤지, 무엇을 선택할까?   194

6장 주요 ETF 소개 및 분석

01   기초지수의 이해   198

  1) 지수 산출기관 및 기업들   200

  2) 기초지수 산정 방식   202

02   선진국 주식 ETF   205

  1) 선진국 주식   205

  2) 미국 대형주   211

  3) 미국 중소형주   216

  4) 미국 나스닥   217

  5) 일본 주식형   219

  6) 유럽 주식형   223

03   신흥국 주식 ETF   226

  1) 신흥국 주식   226

  2) 한국 대형주   231

  3) 한국 중소형주   239

  4) 한국 코스닥   242

  5) 중국 주식   245

  6) 인도 주식   255

7) 베트남 주식   **256**

8) 러시아 주식   **260**

9) 인도네시아 주식   **262**

10) 멕시코 주식   **264**

11) 필리핀 주식   **266**

04 선진국 채권 ETF   **269**

1) 채권의 듀레이션   **269**

2) 미국·선진국 채권: 단기   **272**

3) 미국 채권: 중장기   **274**

05 신흥국 채권 ETF   **280**

1) 한국 채권: 단기형   **280**

2) 한국 채권: 중기형   **283**

3) 한국 채권: 장기형   **287**

06 대체투자 ETF   **290**

1) 부동산   **290**

2) 통화   **300**

3) 원자재·농산물   **304**

7장 투자 목적에 맞는 ETF 상세 분류

01 다양한 산업분류 기준   318

1) GICS   318

2) FICS   320

3) WICS   322

02 국내 섹터형   325

1) 에너지   325

2) 소재   328

3) 산업재   329

4) 자유소비재   335

5) 필수소비재   339

6) 건강관리   341

7) 금융   345

8) 정보기술   349

9) 커뮤니케이션서비스   354

03 국내 팩터형   356

1) 스마트베타와 팩터인베스팅   356

2) 스마트베타는 진짜 스마트할까?   359

3) 동일비중   369

4) 배당   371

5) 모멘텀(추세추종)   **375**

6) 밸류(가치주)   **378**

7) 로우볼(저변동성)   **382**

8) 퀄리티(우량주)   **386**

9) 멀티팩터 및 기타   **389**

04 국내 테마형   **394**

1) ESG   **394**

2) 2차전지   **401**

3) 게임   **403**

4) 그룹주   **405**

5) K-뉴딜   **407**

6) 5G   **409**

7) 탄소효율 그린뉴딜   **410**

8) 에너지·수소   **411**

9) 웹툰·드라마·미디어·K-POP   **413**

10) 기타 테마   **414**

05 국내 전략형   **419**

1) 일드커브 플래트닝·스티프닝   **419**

2) 롱숏   **421**

3) 커버드콜   **423**

06 국내 액티브형   **426**

1) BBIG   **426**

2) ESG   **427**

3) 한국주식   **428**

4) 혁신   **430**

5) 모빌리티   **431**

6) 에너지   **432**

7) 반도체   **433**

07   국내 자산배분형   **434**

1) 주식+채권 혼합   **434**

2) 배당주+채권 혼합   **436**

3) 헬스케어+채권 혼합   **439**

4) 경기방어소비재+채권 혼합   **441**

5) 스마트베타Quality+채권 혼합   **443**

08   글로벌 자산배분형   **446**

1) TRF(Target Risk Fund)   **446**

2) 코스피 200 미국채혼합   **449**

3) KRX 300 미국달러 선물혼합   **452**

4) 멀티에셋하이인컴   **453**

09   미국 섹터형   **457**

1) 미국 정보기술   **457**

2) 미국 산업재   **460**

3) 미국 바이오   **462**

4) 미국 에너지   **464**

10   미국 팩터형   **466**

1) 미국 가치주   **466**

`COLUMN` 워런 버핏의 버크셔, 최근 성과는 어떨까?   **469**

2) 미국 배당주   **474**

11 미국 테마형   **478**

1) 미국 친환경   **478**

2) 미국 스마트모빌리티   **479**

3) 미국 스팩&IPO   **479**

4) 미국 고정배당우선증권   **480**

12 미국 전략형   **481**

미국 커버드콜   **481**

13 글로벌 섹터   **484**

1) 글로벌 인프라   **484**

2) 글로벌 헬스케어   **485**

14 글로벌 테마   **487**

1) 글로벌 2차전지   **487**

2) 글로벌 4차산업혁신기술   **488**

3) 글로벌 클라우드컴퓨팅   **489**

4) 글로벌 자원생산기업   **490**

5) 글로벌 모빌리티   **492**

6) 글로벌 4차산업로보틱스   **493**

7) 글로벌 럭셔리   **495**

8) 글로벌 디지털경제   **496**

9) 글로벌 4차산업IT   **497**

10) 한국·대만 IT 프리미어   **498**

15　중국 섹터형　　　　　　　　　　　**500**

　1) 중국 항셍테크　　　　　　　　　　**500**

　2) 중국 반도체　　　　　　　　　　　**501**

　3) 중국 바이오　　　　　　　　　　　**502**

16　중국 테마형　　　　　　　　　　　**503**

　1) 중국 전기차　　　　　　　　　　　**503**

　2) 중국 클린에너지　　　　　　　　　**504**

17　유럽 팩터형　　　　　　　　　　　**505**

　유럽 배당형　　　　　　　　　　　　**505**

18　일본 섹터형　　　　　　　　　　　**507**

　일본 헬스케어　　　　　　　　　　　**507**

19　레버리지와 인버스　　　　　　　　**509**

　1) 우리나라의 레버리지·인버스 투자 현황　　**509**

　2) 레버리지　　　　　　　　　　　　**510**

　3) 인버스　　　　　　　　　　　　　**515**

후기　투자는 험난한 바다를 항해하는 것입니다　　　**521**

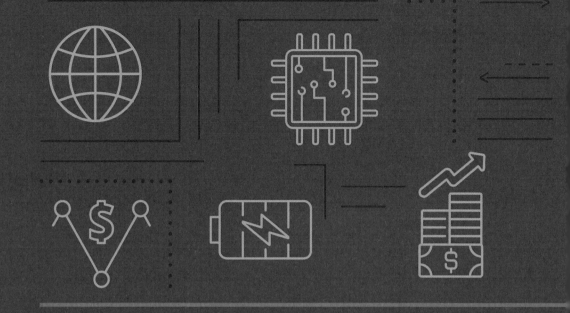

1장

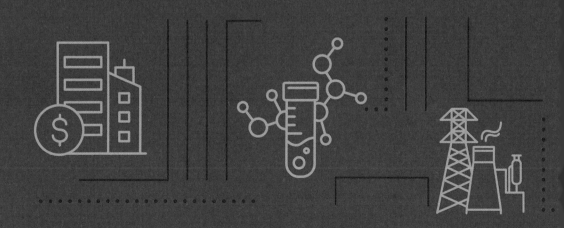

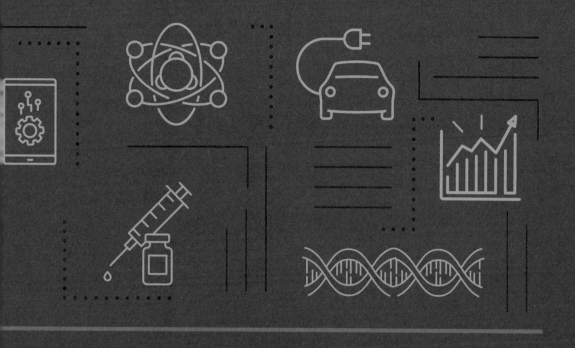

왕초보를 위한
초간단 ETF 투자 레시피

1 투자는 요리다

EXCHANGE TRADED FUND

투자할 수 있는 자산의 종류가 다양한 만큼 많은 ETF가 존재합니다. 투자하는 방법 역시 ETF의 종류만큼이나 다양합니다. 어디서부터 어떻게 손을 대야 할지 막막하지요. 이번 장에서는 투자 초보자, ETF 초보들을 위해 요리에 빗대어 쉽게 설명드리겠습니다.

요리를 하려면 우선 음식 재료에 대해서 제대로 이해하고 있어야 합니다. 재료들의 궁합을 알아야 하고, 어떻게 섞어야 영양가 있고 맛이 날지 레시피(음식 만드는 방법)를 알고 있어야 합니다. 그러나 지금 당장 배가 고픈 사람에게는 이런 이야기를 늘어놓아도 귀에 들어오지 않을 겁니다. 만드는 데 시간이 걸리는 몸에 좋은 음식보다는 당장 손에 잡히는 불량식품을 먹게 될 가능성이 높겠죠. 투자 초보자 역시 마찬가지입니다. 지금 당장 투자를 시작해 돈을 벌고 싶은데 복잡하고 긴 이야기는 배고픔만 가중시킬 겁니다. 여러분이 허기에 지쳐 위험한 투자를 하기 전에 간단한 투자 레시피를 알려드리겠습니다. 이 레시피대로 투자를 시작한다면 적어도 투자자의 가장 무서운 적 중에 하나인 '포모'를 피해갈 수 있을 겁니다.

포모FOMO란 'Fear Of Missing Out'의 줄임말로 '놓칠지 모른다는 두려움'을 의미합니다. 몇억 원씩 오른 아파트 가격에 영끌한 분들이나, 주식 시장의 무서운 상승세에 수익이 났다는 지인들을 보며 빚투(빚을 내 투자하는 행위)나 몰빵(소수의 대상에 전체 자금을 투자하는 행위)하는 사람들 역시 포모 현상 때문일 수 있습니다. 포모가 늘 나쁜 것은 아닙니다. 비행기나 기차를 놓칠지 모른다는 두려움 때문에 우리는 출발 1~2시간 전에 공항이나 기차역에 도착하도록 시간 배분을 합니다. 포모의 위험성은 사람들이 자신의 결정이 고민 끝에 내린 현명한 판단이라고 여기게 하는 데 있습니다. 포모가 투자자의 적인 이유는 제대로 된 준비 없이 투자를 시작하게 하고, 투기적인 자산에 거액의 돈을 베팅하게 한다는 점입니다.

영끌

'영혼까지 끌어모으다'를 줄여 부르는 신조어로 부족한 것을 한껏 부풀려 보이기 위하여 없는 돈이나 물건 등을 끌어모은 모습을 희화화한 표현입니다. 2017년 부동산 광풍이 불었으나 8.2 부동산 대책 이후 LTV 규제 강화로 대출이 어려워지면서 대출을 영혼까지 끌어모아서라도 사야 한다는 일명 영끌 수요라는 말이 등장하면서 자산관련 용어로 의미가 확장되었습니다.

1) 초간단 비빔밥 레시피

'초간단 비빔밥 레시피'는 포모를 피해가기 위해 당신의 투자 배고픔을 달래줄 레시피입니다. 비빔밥은 외국인에게도 잘 알려진 웰빙 음식입니다. 널리 알려진 만큼 다양한 레시피가 존재합니다. 〈윤식당〉이라는 TV 프로그램을 기억할지 모르겠습니다. 나영석 PD가 연출을 하고 배우 윤여정, 이서진 등이 출연했던 방송입니다. 이 프로그램에 나오는 비빔밥 레시피를 인터넷에서 찾아보면 매우 복잡합니다. 요리 재료만도 30가지 이상이 들어가며, 재료 손질부터 양념과 조리까지 9단계를 거쳐야 합니다.

요리를 못하는 저는 도저히 시도할 엄두가 나지 않습니다. 그렇다고 비빔밥을 포기할 필요는 없습니다. 간단한 방법으로도 그럴듯한 비빔밥을 먹을 수 있거든요.

초간단 비빔밥 레시피
1. 즉석밥을 전자레인지에 넣고 데웁니다.
2. 냉장고에 있는 반찬을 꺼냅니다. 열무김치도 좋고, 콩나물 무침도 좋습니다.
3. 참치캔을 따놓습니다. 계란후라이는 직접 해서 추가합니다.
4. 이 재료들을 그릇에 모두 넣은 후 고추장을 적당량 넣고 비빕니다. 취향에 따라 간장이나 참기름을 추가합니다.

이 비빔밥의 맛은 굳이 설명하지 않아도 짐작이 갈 것입니다. 기본 이상의 맛을 내며, 언제든 냉장고에 있는 재료로 해먹을 수 있습니다. 영양분도 골고루 들어 있습니다. 부족한 재료는 근처 마트와 편의점에서 언제든 살 수 있고요. 자, 이제 본론으로 돌아가서 투자 레시피에 대해 얘기해 보겠습니다.

2) 투자 포트폴리오는 요리 레시피와 같다

비빔밥을 만들듯이 투자 재료를 조합하는 것을 '포트폴리오'라고 합니다. 포트폴리오라는 단어에 너무 어색해하거나 부담스러워할 필요는 없습니다. 저는 '레시피'라는 단어가 더 어색하고 부담스럽거든요. 요리를 못하는 제게 레시피가 어려운 단어인 것처럼, 주린이(주식 어린이)에게 포트폴리오라는 단어가 어렵게 느껴지는 건 당연합니다.

포트폴리오란 여러 가지 투자자산을 섞어 놓은 것을 말합니다. 원래는 '서류가방'이나 '자료수집철'을 뜻하는 말이었는데 금융투자에서는 '투자자산들의 묶음'을 이야기합니다. 즉, 내 투자 포트폴리오란 내가 투자한 여러 가지 대상들의 묶음을 말하지요.

삼성전자나 네이버 같은 '주식'만을 모아 놓은 것을 '주식 포트폴리오'라고 표현합니다. 주식형 펀드의 펀드매니저는 주식 포트폴리오를 이용해 투자하는 것을 직업으로 삼는 이들을 말합니다. 이들은 기업의 재무제표나 다양한 데이터를 분석해 좋은 주식을 고르는 일을 합니다. 좋은 주식의 정의는 사람마다 다릅니다. 가치주를 선호하는 이들은 내재가치 대비 저평가된 주식을 찾습니다. 성장주를 선호할 경우 성장 가능성이 큰 주식을 찾습니다. 어느 경우든 지금보다 향후에 주가가 오를 것을 기대하는 것은 비슷합니다.

이렇게 펀드매니저가 직접 주식을 골라서 투자하는 펀드를 주식형 액티브 펀드라고 부릅니다. '액티브active'는 '패시브passive'의 반대 개념입니다. 패시브 펀드는 한국주식시장인 코스피 지수를 그대로 따라가는 펀드입니다. 패시브 펀드는 다른 말로 인덱스 펀드라고도 부릅니다. 주가 지수, 즉 인덱스를 따라가게 만들어서 그렇게 표현합니다. 인덱스 펀드는 지수만 따라가면 되기 때문에 많은 인력과 자원이 필요하지 않습니다. 그래서 펀드의 보수가 매우 낮습니다. 반면에 액티브 펀드는 여러 담당자가 펀드에 들어갈 주식을 분석하고, 기업에 탐방을 가기도 하는 등 다양한 노력을 기울여 주식을 선정하기 때문에 인건비를 비롯해 많은 비용이 듭니다. 당연히 액티브 펀드의 보수는 인덱스 펀드보다 상당히 높은 수준입니다. 그렇다면 적극적으로 투자하는 액티브 펀드의 성과는 어떨까요? 펀드매니저의 선택을 받은 주식들의 성과가 더 좋을까요?

2 액티브 펀드가 더 나을까?

EXCHANGE TRADED FUND

1) 액티브 펀드와 인덱스 펀드의 성과 차이

금융 시장에는 다양한 전문가가 있습니다. 문제는 그들의 실력을 판단하기가 어렵다는 겁니다. 투자 성과가 좋은 경우도 있고, 그렇지 않은 경우도 있습니다. 단기 성과로 실력을 판단할 경우 오류가 발생할 수 있습니다. 또한 일부 전문가의 실력을 전체의 경우로 확대 해석하는 문제도 주의해야 합니다. 펀드매니저의 실력을 확인하는 한 가지 방법은 펀드의 성과를 확인하는 것입니다.

은행이나 증권사에 비치된 펀드 홍보용 팸플릿을 보면, 펀드명 옆에 별이 그려진 것을 본 적이 있을 겁니다. 이 별은 펀드평가회사들이 자체적인 기준으로 펀드를 평가해 별점을 매긴 것입니다. 최대 5개까지 있고, 별이 5개가 붙은 펀드는 좋은 펀드인 것처럼 보입니다. 과연 그럴까요?

〈월스트리트 저널〉에 실린 '눈앞의 별빛에 사로잡힌 투자자들'이라는 제목의 기사는 별점 4개나 5개짜리 펀드들이 실제로는 빛나지 않는 실적을 거두었다는 사실을 밝혔습니다. 연구자들은 1999년 당시 별점 5개를 받았던 펀드들이 이후 10년 동안 거둔 실적을 조사했습니다. 연구 결과, 별점 5개를 받은 총 248개의 펀드 중에 10년 뒤에도 여전히 별점 5개를 유지한 펀드는 4개에 불과했습니다. 즉 1.6%의 펀드만이 해당 별점을 유지했습니다. 리서치 애필레이트Research Affiliates의 로버트 아노트는 운용 규모가 1억 달러 이상인 상위 200개 액티브 펀드의 실적을 연구했습니다. 1984년부터 1998년까지 15년 동안 200명의 펀드매니저 중에서 뱅가드500 지수를 이긴 사람은 8명에 불과했습니다. 지수를 이길 확률이 4%도 안 되었던 것이죠.[1]

최근의 분석 결과도 비슷합니다. 2020년 10월 미국에서 발표된 보고서[2]에 따르면 지난 15년간 주식형 펀드의 87.2%가 지수보다 낮은 성과를 보였습니다. 특히 대형 성장주펀드의 경우 92.4%가 S&P성장주 지수를 따라잡지 못했습니다. 채권형 펀드 역시 비슷한 상황입니다. 정부 장기채 펀드의 98.1%가 지수보다 나쁜 성과를 냈고, 하이일드 펀드는 99.2%가 지수보다 낮은 성과를 냈습니다.

우리나라의 경우는 어떨까요? 2019년 발표된 논문[3]에서 분석한 국내 액티브 펀드와 인덱스 펀드의 성과는 다음과 같습니다. 액티브 펀드는 지난 10년간 평균 40.05%의 성과를 기록한 데 반해, 인덱스 펀드는 평균 64.39%를

---

1 펀드평가회사는 펀드의 등급을 별의 개수로 매기며, 가장 우수한 펀드에 별 5개를 부여합니다(참고: 토니 로빈스, 《Money》, 알에이치코리아, 2015, p.160, 171).
2 S&P 지수와 액티브펀드의 성적 비교(SPIVA: 2020 Mid-Year Active vs. Passive Scorecard), 출처: https://www.ifa. com/articles/despite_brief_reprieve_2018_spiva_report_reveals_active_funds_fail_dent_indexing_lead_-_works/
3 '국내 펀드, 운용사 및 펀드매니저에 대한 장기 성과비교 분석', 자산운용연구, 2019, 박영규, 배종원.

기록하여 상대적으로 훨씬 높은 성과를 기록했습니다. 전체 액티브 펀드 수익률에 비해서 인덱스 펀드나 ETF 수익률이 높다는 것을 알 수 있습니다. 투자 기간을 확장하여 15년 누적성과를 보아도 액티브 펀드의 누적성과는 226.33%로 인덱스 펀드와 ETF보다 낮습니다. 2001년 1월부터 2018년 7월까지 16.6년 동안 월평균 수익률을 보면 액티브 펀드와 패시브 펀드의 성과 차이가 연환산 수익률로 약 1.02%포인트 정도입니다. 이는 대략 패시브 펀드와 액티브 펀드의 수수료 차이와 비슷합니다.

[그림 1-1] 액티브 · 인덱스 펀드와 ETF의 보수 추이[4]

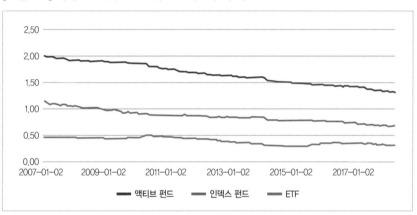

2002년 이후 15년 동안 액티브 펀드 및 패시브 펀드의 설정 규모의 변화를 보면, 2008년까지는 액티브 펀드와 패시브 펀드 모두 규모가 증가했지만, 글로벌 금융위기가 진정된 이후부터 액티브 펀드의 설정액은 빠르게 줄어들었습니다. 2004년까지 액티브 펀드는 10조 원에 미치지 못하다가, 펀드 투자 열풍이 불었던 2008년 70조 원을 초과했습니다. 하지만 2008년 금융위기 이

---

4 '국내 펀드, 운용사 및 펀드매니저에 대한 장기 성과비교 분석', 자산운용연구, 2019, 박영규, 배종원

후 지속적으로 설정액이 감소했고, 2018년에는 30조 원 이하로 내려갔습니다. 한편 패시브 펀드의 설정액은 상대적으로 꾸준히 증가하는 추세입니다.

[그림 1-2] 액티브 · 인덱스 펀드의 설정액 추이[5](2001.01~2018.07, 단위: 억원)

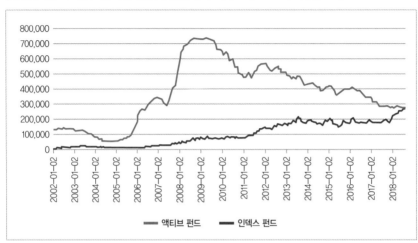

여러 자료들의 분석 결과, 액티브 펀드가 패시브 펀드보다 '액티브'한 수익을 지속적으로 내기는 어려운 것으로 보입니다. 예외적으로 초과 수익을 내는 액티브 펀드가 일부 있겠지만, 이런 펀드를 찾아내기란 불가능에 가깝습니다. 결국 초보투자자나 개인투자자들이 선택해야 할 것은 패시브 펀드라는 결론에 도달합니다. 장기적 관점에서 펀드의 운용보수나 각종 비용 등을 감안할 때에도 패시브 펀드를 선택하는 것이 더 합리적인 것으로 보입니다.

패시브 펀드, 즉 인덱스 펀드는 크게 두 가지 형태가 있습니다. 펀드로 판매되는 형태가 있고, 주식처럼 실시간 매매가 되는 ETF라는 상품이 있습니다. ETF는 인덱스 펀드보다 장점이 많습니다. 무엇보다 보수가 저렴합니다.

---

5 '국내 펀드, 운용사 및 펀드매니저에 대한 장기 성과비교 분석', 자산운용연구, 2019, 박영규, 배종원

또한 주식처럼 실시간으로 매매할 수 있습니다. 반면 인덱스 펀드는 매입과 환매에 며칠씩 걸린다는 단점이 있습니다.

다양한 장점을 가진 ETF를 소개하는 것이 이 책의 목적입니다. 다양한 ETF에 대한 상세한 얘기는 책의 후반부로 미루겠습니다. 허기진 투자자들이 이상한 음식을 급히 먹다가 탈이 나지 않도록, 투자 배고픔을 해결할 초간단 ETF 투자 포트폴리오부터 먼저 알려드리겠습니다. 이 방법으로 투자를 시작한다면 '수익'이라는 성과와 '안전성'이라는 든든함을 함께 누릴 수 있을 겁니다.

2) 펀드 성과 찾아보는 방법

펀드매니저의 실력을 정확히 알아볼 방법을 찾기는 어렵습니다. 하지만 펀드매니저가 운용하는 펀드의 성과는 공시된 자료를 이용해 찾아볼 수 있습니다. 그 전문가가 자산운용사의 대표라면 그 회사가 운용하는 펀드들의 성과를 찾아 비교해 볼 수 있습니다. 우리나라의 경우 금융투자협회에서 제공하는 '펀드다모아'라는 사이트에서 펀드의 성과나 펀드매니저 등에 대한 다양한 자료를 찾을 수 있습니다.

① 사이트 접속 : 검색창에서 '펀드다모아'[6] 검색

펀드다모아 사이트
링크

② [펀드공시] 메뉴에서 [펀드기준가격] 클릭

---

6 펀드다모아: 수익률 기준으로 쉽고 간편하게 펀드를 비교할 수 있도록 전자공시서비스의 주요 정보를 발췌하여
    만든 웹페이지(주소: http://fundamoa.kofia.or.kr/).

③ [펀드명]에 해당 펀드 이름을 입력하고 [검색] 버튼을 누르면 관련 펀드들이 검색됩니다. 거기서 돋보기 모양 아이콘을 클릭합니다.

④ 펀드요약정보 창이 뜨는데, 이 페이지에는 해당 펀드에 관한 정보들이 요약되어 있습니다. 여기서 [가격변동추이]를 클릭합니다.

⑤ 조회기간을 입력하고 검색 버튼을 누르면 과거 성과가 조회됩니다.

⑥ 검색버튼 위의 [차트보기] 버튼을 누르면 '기준가격'의 움직임과 '설정 원본'의 움직임을 한눈에 볼 수 있습니다.

⑦ 엑셀 다운로드 버튼을 누르면 해당 데이터를 받을 수 있습니다. 다운 받은 후 벤치마크 지수인 코스피와 같이 그래프를 그려 비교해 볼 수도 있습니다.

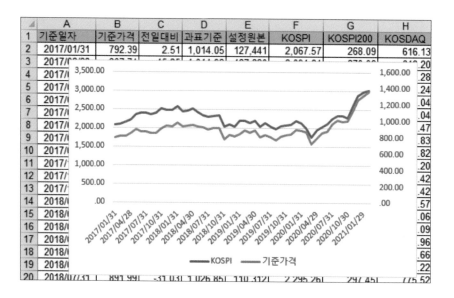

3 초간단 투자 포트폴리오: K-올웨더

EXCHANGE TRADED FUND

1) 비빔밥 레시피와 투자 포트폴리오

자, 이제 초간단 투자 포트폴리오를 소개하겠습니다. 저는 이것을 'K-올웨더'라고 부릅니다('K-올웨더'라는 이름에 대해서는 뒤에서 다시 설명하겠습니다). 이 초간단 투자 포트폴리오를 앞에서 예시를 든 '초간단 비빔밥 레시피'에 빗대어 설명하겠습니다.

비빔밥을 만들 때 탄수화물, 단백질 등 다양한 영양분을 얻기 위해 밥, 참치, 콩나물 등의 재료를 넣었죠. 이와 비슷하게 투자 포트폴리오에는 어떤 경제 상황에서도 꾸준히 수익을 얻을 수 있도록 한국주식, 미국주식, 한국국채, 미국국채, 금, 현금 등의 다양한 재료를 넣을 수 있습니다. 주식은 장기적으로 포트폴리오의 수익을 높여주는 역할을 합니다. 주식의 단점은 높은 변동성인데, 이를 낮추기 위해 국채를 포함시킵니다. 국채 역시 특정 국가에 쏠리지 않도록 한국(신흥국)과 미국(선진국)으로 분산합니다. 금이나 현금은 주식이나 국채와 다른 움직임을 보이기 때문에 포트폴리오의 위험성을 더욱 낮추는 역할을 합니다.

	초간단 비빔밥 레시피	초간단 투자 포트폴리오
재료	즉석밥, 참치(계란), 열무김치, 콩나물, 채소(상추), 고추장	한국주식, 미국주식, 한국국채, 미국국채, 골드, 현금
재료의 손질	이미 손질된 것들을 이용한다. 근처 마트에서 다 판다.	이미 만들어 파는 ETF를 이용한다. 어느 증권사에나 다 있다.
레시피	입맛에 맞게 적당량을 넣어 비빈다.	투자 성향에 맞춰서 적당량을 섞는다.
결과	쉽지만 고른 영양과 맛있는 식사	쉽지만 안전하며 적절한 수익

앞서 비빔밥을 만들 때 넣을 재료들은 이미 손질되어 있거나 포장만 뜯으면 되는 것을 사용했습니다. 비빔밥에 넣을 참치를 구하기 위해 배를 타고 먼바다로 나가는 것도 말이 안 되고, 200kg이 넘는 커다란 참치를 분해해 나누는 것도 일반인에겐 불가능합니다. 그런 일을 전문적으로 하는 분들이 참치를 나누고 조리해 작은 캔 안에 넣어서 팔고 있으니 얼마나 다행인지 모릅니다. 참치캔처럼 다양한 투자자산도 쉽게 매매할 수 있게 잘게 나누어 놓은 상품이 있는데, 그것이 바로 ETF입니다. 한국주식시장의 움직임을 따라가기 위해서, 삼성전자부터 수천 개가 넘는 종목을 모두 살 수는 없잖아요? 자산운용사는 한국주식시장과 유사한 수익률을 보여주도록 ETF라는 상품을 만들어 시장에 내놓습니다. 이 ETF들은 한 주에 몇만 원 수준이라 매매하기에도 부담이 없습니다. 마찬가지로 국채나 해외자산, 금 등도 ETF라는 캔에 작은 단위로 포장되어 매매되고 있으니 사고팔기가 정말 좋습니다.

참치캔이 제조사별로 다양하게 출시돼 있듯이 ETF도 그렇습니다. 동일한 한국주식시장지수를 추종하는 ETF라 하더라도 그 종류는 매우 다양합니다. 다양한 ETF들에 대한 소개와 고르는 방법은 차차 설명하기로 하고 우선 제가 고른 ETF들로 포트폴리오를 짜보겠습니다.

포트폴리오를 미국주식, 한국주식, 금, 한국국채, 미국국채, 현금성 자산의 6가지 자산군으로 나누었습니다. 이렇게 나눈 이유는 자산 분산, 지역 분산, 통화 분산을 하기 위함입니다. 다양하게 분산하는 이유는 포트폴리오의 위험은 낮추면서 수익을 높이기 위해서입니다. 자산 분산은 크게 주식, 채권, 대체투자 자산으로 나눕니다. 지역 분산은 선진국과 신흥국으로 나누어 미국과 한국으로 분산했습니다. 통화 분산을 위해 원화 자산 외에 달러 움직임에 영향을 받는 자산으로 나누었습니다.

음식 재료를 고르고 나면 얼마만큼의 비율로 넣어야 할지 결정해야 합니다. 투자 역시 비슷합니다. 어떤 비중으로 분산해야 최적의 조합이 될까요?

[표 1-1] 초간단 투자 포트폴리오 'K-올웨더'의 ETF 종목 및 비중

구분		ETF 상품	투자 비중
위험 자산	미국주식	TIGER 미국 S&P500 KINDEX 미국 S&P500	17.5%
	한국주식	KOSEF 200TR KBSTAR 200TR	17.5%
	금	TIGER 골드선물(H) KODEX 골드선물(H)	15%
안전 자산	한국국채	KOSEF 국고채10년 KINDEX 국고채10년	17.5%
	미국국채	TIGER 미국채10년선물 KODEX 미국채10년선물	17.5%
	현금성 자산	TIGER 단기채권액티브 KODEX 단기채권PLUS 혹은 CMA	15%

우선은 제가 만든 비율대로 조합해보시죠. 각 자산군별 추천 ETF와 편입 비중은 [표 1-1]과 같습니다. ETF 상품은 특정 회사에 치우치지 않기 위해 시가총액, 총보수 등을 감안하여 상위그룹에서 2개씩 선정하였습니다.

2) 투자 포트폴리오 성과 알아보기: 백테스트

비빔밥은 비벼서 먹어보면 바로 맛을 알 수 있습니다. 하지만 투자 포트폴리오의 성과는 미래의 일이라 투자 즉시 결과를 알긴 어렵습니다. 그러나 포트폴리오의 맛을 가늠해 볼 수 있는 방법이 있죠. 이를 백테스트backtest라고 하는데요. 과거back로 돌아가서 동일한 방법으로 투자를 했다면 어떤 결과가 나왔을까를 점검test하는 방법입니다. 과거의 일이 미래에도 반복될 것이라는 보장은 없지만, 상승과 하락, 횡보를 반복하는 시장 상황에서 어떤 모습을 보일지를 가늠해 볼 수는 있습니다. 아래는 초간단 투자 포트폴리오(이하 'K-올웨더'로 명칭)의 백테스트 결과입니다.

[그림 1-3] K-올웨더 포트폴리오 장기성과 백테스트(2000.1~2021.8, 월별 리밸런싱)

지난 21년간 주식 시장에는 다양한 사건들이 있었습니다. 2000년 초에는 IT 버블이 무너지면서 주가가 50% 이상 폭락했습니다. 2008년 금융위기 때 역시 주가가 반토막이 났었고요. 이외에도 2011년 남유럽사태, 2015년 미중 무역분쟁 등 다양한 사건들로 주가가 크게 하락했습니다. 비교적 최근인 2020년 초에는 코로나19가 전 세계적으로 유행하면서 주식 시장이 단기간에 30~40% 하락하기도 했습니다.

하락장만 있던 것은 아닙니다. 2002년부터 2007년까지 글로벌 유동성에 힘입어 주식뿐 아니라 부동산 등 다양한 자산의 가격이 크게 상승했습니다. 2008년 금융위기 직후에도 저점 대비 100% 가까운 상승이 있었습니다. 미국의 경우 2009년 이후 10년 넘는 상승장을 보여주었습니다. 그리고 2020년 3월 코로나19로 인한 급락 이후 코스피(한국주식)는 1,439포인트에서 3,266포인트까지 126%가 넘는 상승을 보여주기도 했습니다.

주가가 크게 오르지도 내리지도 않는 횡보장도 있습니다. 2011년부터 2016년까지의 한국주식시장이 대표적인 예입니다. 약 5년간 주가는 1,900에서 2,100 사이를 왔다 갔다 하며 지루한 움직임을 보였습니다.

2000년 1월부터 2021년 8월까지 21년 8개월간의 백테스트 기준으로 연환산 수익률을 계산해 보면, 초간단 포트폴리오(7.3%)가 한국주식(6.0%)이나 미국주식(5.6%)보다 높은 성과를 보여줍니다. 기간을 나누어 보면 결과는 또 달라집니다. 2000년대 초반 10년(2001~2010년)의 성과는 한국주식의 연수익률이 15.7%로 초간단 포트폴리오(9.2%)나 미국주식(-0.5%)보다 월등히 높습니다. 그 이후 10년(2011~2020년)을 기준으로 하면 미국주식의 연수익률이 11.2%로 초간단 포트폴리오(6.1%)나 한국주식(2.8%)보다 더 좋습니다.

투자를 하는 이유는 수익을 높이기 위해서입니다. 문제는 어느 기간에,

어떤 자산에 투자를 했느냐에 따라 투자 성과가 달라진다는 점이죠. 투자 도중 발생하는 다양한 시장 상황 때문에 투자자들의 성과는 제각각이며, 심리적인 스트레스 역시 컸을 것입니다. 하지만 제가 제안하는 K-올웨더 포트폴리오는 큰 하락을 겪지 않으며 꾸준히 우상향하므로, 안정적이며 나쁘지 않은 성과를 보입니다.

[그림 1-4] 한국주식, 미국주식, K-올웨더 연단위 수익률 비교(2000.1~2021.8)

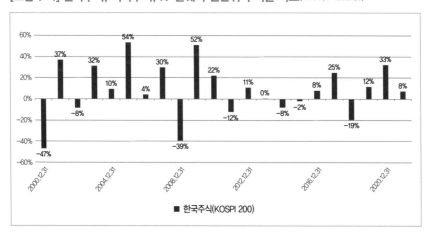

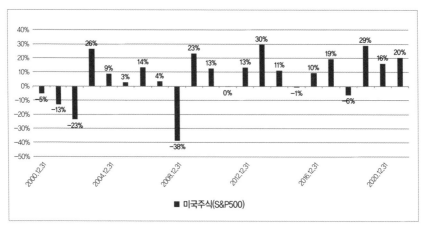

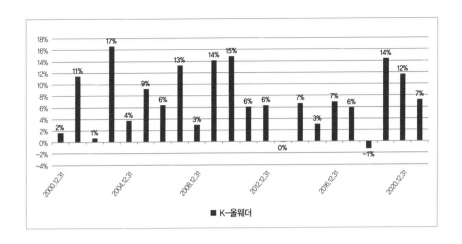

K-올웨더 포트폴리오로 매년 초에 투자해 연말에 성과를 확인했다면 어땠을까요? 시장 상황에 따라 수익의 편차가 있긴 하지만 21년간 2차례 -1% 정도의 손실을 보였습니다. 반면 한국주식은 7번의 손실이 있었고 -47%, -39% 등 손실의 폭도 매우 컸습니다. 미국주식 역시 비슷합니다. 6번의 손실 중에 -38%, -23% 등의 손실폭을 보여줬습니다.

[그림 1-5] K-올웨더 1년 보유 시 성과

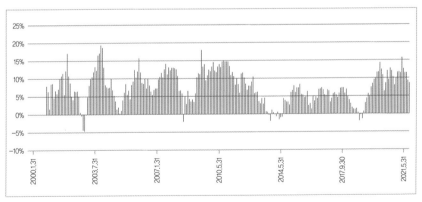

언제 투자를 시작할지 알 수 없으니, 아무 달에나 K-올웨더 포트폴리오로

투자를 시작하고 1년 후 수익을 확인했다면 어땠을까요? 몇 차례의 손실 발생 구간이 있습니다. IT 버블기였던 2002년 1~3월에 시작했다면 1년 후 성과는 -0.4%~-4.6%, 2007년에 투자했다면 2008년(금융위기)에 -2.1% 등의 손실이 발생했을 것입니다. 손실의 크기는 크지 않으나 1년간 투자한 결과가 손실이라면 심리적으로 매우 불편할 수 있습니다.

[그림 1-6] K-올웨더 2년 보유 시 성과

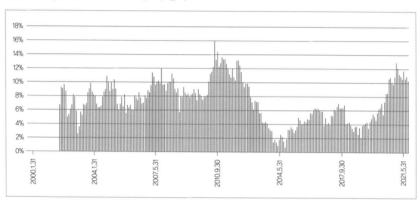

어느 달에 시작했건 2년간 K-올웨더 포트폴리오 투자를 유지했다면 어땠을까요? 위와 그래프와 같이 손실이 발생한 경우가 없게 됩니다. 어느 때 시작했건 평균적으로 7.4%의 연수익률을 보였을 것입니다. 운이 좋아 투자하는 시점을 잘 잡았다면 16.0% 연수익이 났을 것이고, 운이 나빠 투자 시점을 잘못 잡았더라도 최소 0.7%의 연수익이 났을 겁니다.

보유기간 1년일 때 투자 시작 시점에 따른 수익률은 최대 19.5%, 최소 -4.6%로 그 차이가 24.1%포인트나 발생합니다. 하지만 보유기간이 2년으로 늘어나면 연수익률의 최대, 최소값 차이가 15.3%포인트로 감소하며, 보유기간을 5년으로 늘리면 연수익률의 최대, 최소값이 10.7%와 3.5%로 그 편차가

7.2%포인트로 상당히 줄어듭니다. 이렇듯 장기투자를 하게 되면 좋지 않은 시기에 투자를 시작했더라도 발생하는 불운의 영향을 줄일 수 있습니다. 자산을 적절히 분산해 장기투자해야 하는 이유를 백테스트 결과에서 알 수 있습니다.

3) 올웨더와 K-올웨더, 어떻게 다른가

앞서 초간단 포트폴리오의 이름을 'K-올웨더'라고 불렀습니다. 이는 국내 투자자들에게도 많이 알려진 미국의 '올웨더'라는 자산배분 포트폴리오를 한국의 투자자에게 더 적합하게 개선했다는 의미에서 붙인 이름입니다.

'올웨더All Weather'란 브리지워터에서 운용하는 펀드 중 하나입니다(다른 하나는 '퓨어 알파Pure Alpha'라고 부릅니다). 브리지워터Bridgewater Associates는 세계 최대 규모의 자금을 운용하고 있는 헤지펀드 운용사입니다. 이 회사의 창업자인 레이 달리오Ray Dalio는 타임지가 선정한 세계에서 가장 영향력 있는 100인, 블룸버그 마켓이 선정한 가장 영향력 있는 50인에 뽑히기도 했습니다. 그가 탄생시킨 올웨더 역시 장기간의 꾸준한 수익과 운용자금 규모로 전 세계적으로 유명해졌습니다.

올웨더란 경제의 모든 계절(상황)을 잘 견뎌낼 수 있는 포트폴리오라는 의미입니다(그래서 자료에 따라 '전천후all weather' 혹은 '사계절4 seasons' 포트폴리오라고 부르기도 합니다). 레이 달리오는 경제 환경을 4개의 상황으로 나눕니다. 경제 성장률과 물가상승률, 그리고 각각 이것이 기대보다 높을 때와 낮을 때로 나누었을 때 각 상황별로 좋은 자산이 다르다고 얘기합니다. 그리고 4개의 경제 상황에 대처할 수 있도록 각 상황의 발생 가능성을 동일하게 25%라고 가정합니다. 이런 자산배분은 위험 균형risk parity 방식의 하나로 어떤 상황이 발생할지 알 수 없고, 모든 상황에 대응할 수 있게 하자는 논리에 기반합니다. 그가 자신의 책에서 얘기한 '원칙'과도 일치하는 논리입니다.

> 나는 초기의 실패로부터 아무리 확실한 투자라고 생각해도 내가 틀릴 수 있다는 사실을 배웠다. 그리고 수익의 감소 없이 위험을 줄이는 방법의 핵심은 적절한 분산투자라는 것도 깨달았다. 적절히 분산된 안정적인 수익 흐름으로 구성된 포트폴리오를 만들 수 있다면, 고객들에게 다른 곳이 제공하는 것보다 훨씬 더 지속적이고 신뢰할 수 있는 포트폴리오로 수익을 제공할 수 있다고 생각했다.
>
> - 레이 달리오, 《원칙》, 한빛비즈

[표 1-2] 브리지워터의 올웨더 자산배분[7](Bridgewater All Weather Allocation)

	경제성장률	물가상승률(인플레이션)
기대보다 높을 때	(경제성장률이 기대보다 높을 때 좋은 자산) 주식 회사채 원자재/금 신흥국 채권	(물가상승률이 기대보다 높을 때 좋은 자산) 물가연동채권 원자재/금 신흥국 채권
기대보다 낮을 때	(경제성장률이 기대보다 낮을 때 좋은 자산) 미국 국채 물가연동채권	(물가상승률이 기대보다 낮을 때 좋은 자산) 주식 미국 국채

---

7   올웨더 포트폴리오의 자산배분 논리를 설명하는 펜실베이니아 공립학교 직원 퇴직 시스템(Pennsylvania Public School Employees' Retirement System)에 게시된 '브리지워터 올웨더 자산배분'. 출처: https://www.psers.pa.gov/About/Board/Resolutions/Documents/2010/tab35combined.pdf

[표 1-3] 올웨더 자산배분에 따른 자산군별 편입비중

	경제성장률 기대 이상	경제성장률 기대 이하	물가상승률 기대 이상	물가상승률 기대 이하	비율 합계
주식	6.25%			12.5%	18.75%
미국 국채		12.5%		12.5%	25.00%
회사채	6.25%				6.25%
물가연동채권		12.5%	8.34%		20.84%
신흥국 채권	6.25%		8.33%		14.58%
원자재/금	6.25%		8.33%		14.58%
위험 분산	25%	25%	25%	25%	

브리지워터의 올웨더 자산배분 자료에 기반해 편입비중과 자산군을 산출해보면 다음과 같습니다.

> 올웨더 A: 미국주식 18.75%, 미국 장기 국채 25.00%, 미국 물가연동채권 20.84%,
> 미국 회사채 6.25%, 신흥국 채권 14.58%, 원자재 7.29%, 금 7.29%

올웨더 뒤에 'A'라는 글자를 붙인 이유는 이 자산배분이 저의 추정치이기 때문입니다. 레이 달리오는 토니 로빈스가 쓴 《머니》(알에이치코리아, 2015)에서 미국의 개인투자자를 위한 올웨더 포트폴리오의 비율을 아래와 같이 공개했습니다.

> 올웨더 B: (미국)주식 30%, (미국)장기 국채 40%, (미국)중기 국채 15%, 원자재 7.5%,
> 금 7.5%

국내에서 올웨더 전략을 가장 많이 분석한 전문가로는 이루다투자일임의 김동주(김단테) 대표를 꼽을 수 있습니다. 그는 자신의 저서 《절대수익 투자법칙》(이레미디어, 2020)에서 올웨더에 대한 상세한 분석과 함께 올웨더 포트폴리오의 자산군별 비율을 공개합니다(《절대수익 투자법칙》 117페이지, 표 4-7 인용). 또한 각 자산군에 실제 투자가 가능한 미국 상장 ETF를 소개합니다.

> 올웨더 C: (전 세계)주식(VT) 36%, 미국 제로쿠폰 장기채(EDV) 18%, 물가연동채권(만기 15년 이상)(LTPZ) 18%, 미국 회사채(VCLT) 7%, 이머징마켓 채권(로컬화폐)(EMLC) 7%, 원자재(DBC) 7%, 금(IAU) 7%

이 3개의 올웨더 포트폴리오 A, B, C는 실제 브리지워터가 운용하는 올웨더와는 다릅니다. 실제 포트폴리오는 계속 변하고 있고, 공개되지 않았기 때문입니다. 다만 올웨더의 투자 철학에 근거해 포트폴리오를 구성했다는 공통점은 있습니다.

3가지 올웨더와 K-올웨더를 비교하기 위해 백테스트를 수행했습니다. 백테스트 기간은 2000년 1월부터 2021년 8월까지 약 22년간입니다. 사용한 데이터는 [표 1-4]에 나온 ETF와 관련 데이터를 이용하였고, 연간 리밸런싱을 한 데이터 기준이며, 각 ETF가 출시되기 전의 데이터는 기초지수와 유사지수를 사용하여 최대한 정밀성을 높이고자 노력하였습니다.

[표 1-4] 백테스트를 위해 활용한 자산별 ETF와 관련 지수

	참고 ETF	ETF 출시 전 데이터 추정 관련 지수
미국주식	VTI	S&P 500 TR
전 세계 주식	VT	MSCI WORLD
미국 중기 국채	IEF	US 10 YR(QTAA)
미국 장기 국채	TLT	US 30 YR(QTAA)
미국 제로쿠폰 장기채	EDV	Bloomberg 20-30 Year Treasury Strips TR
물가연동채권	LTPZ	TIPS 2.4배 레버리지(TIPS 출시 전: US 10 YR(QTAA))
미국 회사채	VCLT	Bloomberg US Corporate 10+ years Total Return Index
신흥국 채권	EMLC	T. Rowe Price Emerging Markets Bond Fund
원자재	DBC	Deutsche Bank DBIQ Optimum Yield Diversified Commodity Index
금	IAU	ISHARES GOLD TRUST

다음 페이지의 백테스트 결과를 보면 올웨더 A~C의 성과는 비슷해 보입니다. 연수익률은 5.5~5.7%이고, 연변동성은 7.0~9.5%입니다. 최대 낙폭은 14~26%로 다소 차이가 납니다. 올웨더 A~C는 달러 자산 기반입니다. 따라서 원화 환산 성과를 살펴볼 필요가 있어 각 기간의 달러원환율을 반영한 원화 기준 성과도 분석하였습니다. 원화 기준 성과의 경우 수익률은 달러 기준과 유사한 수준인 5.7% 전후입니다. 반면 변동성은 달러 기준보다 0.4~3.1%로 커졌습니다. 최대 낙폭은 A와 C의 경우 달러 기준보다 훨씬 낮아졌습니다. 변동성과 최대 낙폭의 이러한 차이는 달러원환율의 움직임 때문입니다. 환율 얘기는 잠시 뒤로 미루고 K-올웨더와 올웨더 A~C의 성과를 비교해 보겠습니다.

[표 1-5] 올웨더 포트폴리오 백테스트 결과(2000.1~2021.8)

	K-올웨더	올웨더 A	올웨더 B	올웨더 C	올웨더 A (원화기준)	올웨더 B (원화기준)	올웨더 C (원화기준)
기간수익률	362%	216%	233%	223%	225%	243%	232%
연수익률	7.3%	5.5%	5.7%	5.6%	5.6%	5.9%	5.7%
연변동성	5.6%	8.1%	7.0%	9.5%	9.8%	10.1%	9.9%
최대 낙폭	8%	22%	14%	26%	15%	18%	14%
손실최장기간	15	34	27	32	41	45	28
손실고통크기	0.6	2.2	1.4	2.8	2.9	3.9	1.8
수익률/ 변동성	1.31	0.67	0.82	0.59	0.57	0.58	0.58
수익률/ 최대 낙폭	0.95	0.25	0.40	0.22	0.38	0.33	0.42

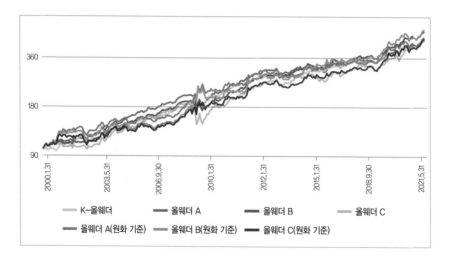

K-올웨더는 올웨더 A~C(달러 기준 및 원화 기준)보다 연수익률이 1%포인트 이상 높습니다. 더욱 중요한 것은 연변동성 5.6%로, 올웨더보다 1.4~4.5%포인트나 낮습니다. 최대 낙폭 역시 8%로, 올웨더의 14~26%의 절반 수준입니

다. 다른 위험지표인 손실최장기간이나 손실고통크기 역시 K-올웨더가 더욱 우수하다고 나왔습니다. 위험대비수익을 계산한 수익률/변동성, 수익률/최대 낙폭값 역시 K-올웨더가 2~3배 이상 우수하게 나왔습니다. 이런 성과 차이는 어디서 오는 걸까요?

[표 1-6] 올웨더 포트폴리오간 상관관계(2000.1~2021.8)

	K-올웨더	올웨더 A	올웨더 B	올웨더 C	올웨더 A (원화기준)	올웨더 B (원화기준)	올웨더 C (원화기준)
K-올웨더	1.00	0.49	0.50	0.53	0.44	0.38	0.55
올웨더 A	0.49	1.00	0.94	0.97	0.34	0.18	0.44
올웨더 B	0.50	0.94	1.00	0.94	0.38	0.31	0.50
올웨더 C	0.53	0.97	0.94	1.00	0.26	0.13	0.42
올웨더 A (원화기준)	0.44	0.34	0.38	0.26	1.00	0.96	0.97
올웨더 B (원화기준)	0.38	0.18	0.31	0.13	0.96	1.00	0.93
올웨더 C (원화기준)	0.55	0.44	0.50	0.42	0.97	0.93	1.00

올웨더 포트폴리오간 상관관계를 보면 달러 기준 올웨더 A~C는 상관관계가 0.94~0.97로 매우 높습니다. 원화 기준 올웨더 A~C 역시 상관관계가 0.93~0.97로 매우 높습니다. 반면 달러 기준과 원화 기준 올웨더의 상관관계는 매우 낮은 수준인 0.13~0.44로 나옵니다. 이는 달러원환율의 변화 때문입니다. K-올웨더는 달러 및 원화 기준 올웨더 A~C와 상관관계가 상당히 낮은 0.38~0.55 수준입니다.

이런 차이가 발생하는 이유는 포트폴리오 내 원화 자산과 달러 자산에 대한 분산, 즉 통화 분산이 다르기 때문입니다. 올웨더 A~C는 포트폴리오 내에 자산별 분산(주식, 국채, 대체투자 등)이 되어 있습니다. 올웨더 A와 C는 지역별(선진국과 신흥국) 분산 역시 수행하고 있습니다. 올웨더 C는 신흥국 채권에 대해 로컬통화 기준인 ETF를 선정함으로써 통화 분산 역시 일부 적용된 것으로 보입니다. 다만 신흥국 채권 비중이 7%로, 통화간 분산이 제한적이라고 보여집니다. 반면 K-올웨더는 자산 분산, 지역 분산뿐 아니라 통화 분산을 적극적으로 적용하였습니다. 미국주식과 미국국채를 달러 환노출 상품으로 편입하여 달러 자산을 35% 포함하였습니다. 상관관계가 낮은 자산을 편입함으로써 포트폴리오의 위험은 낮아지고 수익은 개선된 것입니다.

[표 1-7] K-올웨더 및 올웨더 C 포트폴리오 내 자산간 상관관계

	TIGER 미국S&P500	KBSTAR 200TR	TIGER 골드선물(H)	KOSEF 국고채 10년	TIGER 미국채 10년 선물	TIGER 단기채권 액티브
TIGER 미국S&P500	1,00	0,45	−0,18	−0,23	0,00	−0,14
KBSTAR 200TR	0,45	1,00	0,13	−0,17	−0,45	−0,17
TIGER 골드선물(H)	−0,18	0,13	1,00	0,10	−0,05	0,03
KOSEF 국고채10년	−0,23	−0,17	0,10	1,00	0,02	0,26
TIGER 미국채10년선물	0,00	−0,45	−0,05	0,02	1,00	0,12
TIGER 단기채권액티브	−0,14	−0,17	0,03	0,26	0,12	1,00

	VT	EDV	LTPZ	VCLT	EMLC	DBC	IAU
VT	1.00	−0.26	0.14	0.31	0.63	0.53	0.15
EDV	−0.26	1.00	0.60	0.60	0.00	−0.26	0.16
LTPZ	0.14	0.60	1.00	0.69	0.39	0.16	0.41
VCLT	0.31	0.60	0.69	1.00	0.54	0.16	0.27
EMLC	0.63	0.00	0.39	0.54	1.00	0.45	0.41
DBC	0.53	−0.26	0.16	0.16	0.45	1.00	0.35
IAU	0.15	0.16	0.41	0.27	0.41	0.35	1.00

[표 1-8] 각 올웨더 포트폴리오의 연단위 수익률

date	K-올웨더	올웨더 A	올웨더 B	올웨더 C	올웨더 A (원화기준)	올웨더 B (원화기준)	올웨더 C (원화기준)
2000-12-31	2%	12%	11%	7%	26%	25%	21%
2001-12-31	11%	1%	−2%	−5%	5%	2%	−1%
2002-12-31	1%	7%	3%	4%	−3%	−7%	−7%
2003-12-31	17%	13%	11%	18%	13%	11%	18%
2004-12-31	4%	11%	8%	14%	−4%	−6%	−1%
2005-12-31	9%	5%	6%	9%	3%	4%	6%
2006-12-31	6%	5%	5%	8%	−4%	−3%	−1%
2007-12-31	13%	11%	9%	13%	12%	9%	13%
2008-12-31	3%	−8%	−1%	−13%	23%	34%	18%
2009-12-31	14%	8%	−2%	8%	0%	−9%	0%
2010-12-31	15%	10%	10%	9%	7%	6%	6%
2011-12-31	6%	12%	14%	10%	14%	17%	13%
2012-12-31	6%	7%	5%	7%	0%	−3%	0%

2013-12-31	0%	-8%	-1%	-5%	-9%	-3%	-6%
2014-12-31	7%	8%	11%	7%	12%	15%	12%
2015-12-31	3%	-9%	-5%	-9%	-3%	2%	-3%
2016-12-31	7%	6%	5%	5%	9%	8%	9%
2017-12-31	6%	9%	10%	13%	-3%	-3%	0%
2018-12-31	-1%	-8%	-5%	-10%	-4%	-1%	-6%
2019-12-31	14%	15%	16%	17%	19%	20%	22%
2020-12-31	12%	14%	15%	14%	7%	8%	7%
2021-08-31	7%	3%	5%	5%	10%	12%	12%

각 올웨더 포트폴리오의 연단위 수익률을 보면, K-올웨더는 손실이 난 해가 2번 있었고, 손실폭이 -1% 수준입니다. 달러 기준 올웨더들은 손실 난 해가 4~6번이며 손실폭이 -5% 이상인 경우가 대부분입니다. 원화 기준의 올웨더들은 손실 난 해가 8~9번이며 손실폭이 -5% 이상인 경우가 상당히 많습니다. 즉 한국의 투자자들에게 원화 기준 수익률의 변동성은 큽니다. 올웨더를 이용해 투자하며 이를 원화로 환전 후 생활비에 쓴다거나 하는 등의 계획이 있다면 검토해봐야 할 내용입니다.

김동주 대표는 그의 책《절대수익 투자법칙》56페이지에서 이런 내용을 밝히고 있습니다. "원화 기준 수익률은 변동성이 크다. (중략) 미국상장 ETF에 투자하는 것이 장점만 있는 것은 아니다. 원화 기준으로 수익률을 측정하는 경우 그 변동성이 아주 극심하다는 문제가 있다. 이것은 달러/원 환율의 변동성이 크기 때문이다. 우리는 원화로 생활하기에 원화 기준 수익률에서 자유로울 수 없다. 하지만 달러로 투자한 자금은 위기에서 큰 힘을 발휘하는 장점도 분명 존재한다." 그리고 같은 책 157페이지에서 "필자는 개인적으로 원화 기준 수익률은 신경 쓰지 않는다. 달러를 늘려나가는 데 집중하고 있기 때문이다. 여러분이 한국에서 지내고 있다면 원화와 달러화를 모두 갖고 있어야 리스크를 줄일 수 있다."라고 얘기합니다.

아무리 좋은 포트폴리오라도 해당 전략의 특성을 명확히 이해하고 투자할 필요가 있습니다. 김동주 대표와 같이 달러를 늘릴 목적이 있다면 달러 기반 ETF로 올웨더를 운용하는 것도 좋은 방법입니다. 하지만 달러 자산이 좋을 것이라는 막연한 기대만으로 투자를 하면 위험한 상황에 처할 수 있다는 것도 알아야 합니다. K-올웨더는 포트폴리오 내에 원화와 달러를 모두 갖고 있는 반면, 올웨더의 경우 달러로만 구성되어 있기 때문에 별도의 원화 자산에 대한 고려가 필요합니다.

4 투자의 단맛과 쓴맛: 수익과 위험

EXCHANGE TRADED FUND

1) 변동성과 손실가능성

생물학적으로 사람이 느낄 수 있는 음식의 맛은 여섯 가지라고 합니다. 단맛, 쓴맛, 짠맛, 신맛, 감칠맛, 지방맛이 그것입니다. 매운맛과 떫은맛은 맛이 아니라 통각과 압각이라고 합니다. 동물이 맛을 느끼는 이유는 생존에 필요한 영양소와 위협이 되는 독소를 감지하기 위해서입니다.

우리는 흔히 투자의 결과를 맛과 비교합니다. 수익이 좋으면 달다고 하고 손실이 나면 쓰다고 합니다. 손실이 너무 크면 매운맛을 봤다고도 합니다. 음식에 영양소와 독소가 있는 것처럼 투자에도 영양소와 독소가 있습니다. 투자의 영양소는 수익입니다. 1,000만 원을 넣어서 100만 원을 벌었을 경우 수익금 100만 원은 영양소입니다. 수익률로 표현하면 10%입니다(100만 원 ÷ 1000만 원 = 10%). 이 투자로 얻은 영양소입니다. 그렇다면 투자의 독소는 무엇일까요?

투자에서의 독소를 금융투자 용어로는 금융 위험financial risk이라고 합니다. 크게 두 가지 위험이 있는데, 하나는 손실가능성이고, 다른 하나는 변동성입니다. 손실가능성은 말 그대로 천만 원을 투자했을 때 얼마나 손실이 날 수 있느냐를 말합니다. 투자라는 행위 자체가 위험을 감당하며 수익을 높이려는 것이기 때문에 언제나 위험에 처할 수 있습니다. 그래서 위험에 대해 잘 이해하고 있어야 합니다. 내가 하는 투자가 얼마의 수익을 낼 수 있는가만 따져볼 것이 아니라 얼마의 위험을 내포하고 있는지도 알아야 합니다.

먼저 변동성이라는 것은 내 투자금의 잔고가 '변동'한다는 말입니다. 잔고가 늘어나는 변동성은 반갑지만, 하락하는 쪽으로도 발생하는 것이 변동성이죠. 예를 들어, 1,000만 원을 투자했는데, 잔고가 1,100만 원이 되거나 900만 원이 되는 경우의 변동성을 숫자로 표현하면 ±100만 원입니다. 비율로 표현하면 ±10%가 됩니다. 다른 표현으로 '10%의 변동성이 있다'라고도 합니다. 수익이 나는 변동성은 좋아 보이는데 왜 위험이라고 할까요? 그건 사람의 마음을 불안하게 만들기 때문입니다. 투자 잔고가 900만 원에서 1100만 원 사이를 왔다 갔다 하면 기분이 어떨까요? 100만 원 정도의 잔고에 크게 신경이 안 쓰이는 분도 있을 겁니다. 그러나 투자금이 1억 원이라고 하면 어떨 것 같습니까? 수시로 1,000만 원이 왔다 갔다 하면 꽤나 부담스러울 수밖에 없습니다.

다음으로 손실가능성은 이렇게 설명할 수 있습니다. 만약 2000년 1월에 코스피에 투자했다면 계속 주가가 빠지면서 투자금 대비 하락폭이 최대 -56%까지 갔을 것입니다. 그 하락폭만큼 심리적으로 고통을 느끼게 됩니다. 이것을 수치로 표현한 것이 '최대 낙폭MDD, maximum drawdown'입니다. 만약

2011년 4월에 코스피에 투자를 시작했다면 68개월 이후에야 손실에서 벗어났을 것입니다. 무려 5년 8개월 동안 마이너스인 계좌를 바라보는 것은 매우 스트레스 받는 일입니다. 단 1%만 손실이 나도 느껴지는 심리적인 불편함은 겪어본 사람만 알 것입니다. 이를 '손실기간underwater period'이라고 합니다. 'underwater'라는 영어 단어의 뜻으로 풀어보면, 수면 아래에 있는 기간을 말하죠. 수면 아래에 있으니 숨쉬기가 어려워 고통스럽습니다. 수면 아래에 있던 기간과 그 깊이를 포함해 면적으로 계산하면 '손실크기underwater size'라고 할 수 있습니다. -50%의 손실을 1개월간 겪었다면 손실크기가 50일 것입니다. -1%의 손실이라고 해도 이를 60개월간 겪었다면 손실크기가 60이 됩니다. 많이 하락한 것도 고통스럽지만, 작은 하락이더라도 길게 지속되면 그 스트레스 역시 무시할 수 없다는 의미입니다.

　이 개념들을 바탕으로 한국주식, 미국주식, 그리고 초간단 포트폴리오 K-올웨더의 수익률과 손실, 낙폭 등의 성과를 비교해보면 어떨까요?

[표 1-9] 한국주식, 미국주식, K-올웨더 지표 비교(2000.1~2021.8)

	한국주식(KOSPI 200)	미국주식(S&P 500)	K-올웨더
기간수익률	253%	224%	362%
연수익률	6.0%	5.6%	7.3%
연변동성	22%	15%	6%
최대 낙폭	51%	53%	8%
손실최장기간	72	80	15
손실고통크기	14.6	18.8	0.6
샤프비율(수익률/변동성)	0.28	0.37	1.31
김씨비율(수익률/MDD)	0.12	0.11	0.95
김씨비율(수익률/UWP)	0.08	0.07	0.49
김씨비율(수익률/UWS)	0.41	0.30	11.78

지난 21년간의 성과를 돌아보면, 한국주식은 6.0%, 미국주식은 5.6%의 연수익률을 보였습니다. K-올웨더는 7.3%입니다. 수익만 보면 번거롭지 않게 그냥 주가지수에 투자해도 됐을 것 같습니다. 하지만 위험지표들을 살펴보면 생각이 조금 달라질 것입니다. 변동성은 한국주식, 미국주식, K-올웨더가 각각 22%, 15%, 6%입니다. 최대 낙폭은 한국주식, 미국주식, K-올웨더가 각각 51%, 53%, 8%였습니다. 손실최장기간은 한국주식, 미국주식, K-올웨더가 각각 72개월, 80개월, 15개월이었습니다. 최대손실크기는 한국주식, 미국주식, K-올웨더가 각각 14.6, 18.8, 0.6입니다.

자, 어떤가요? 위험지표들을 보고 나니 수익만 따질 게 아니라 위험도 같이 살펴야 할 것 같다는 생각이 들죠? 이렇게 위험 대비 수익을 비교하기 위해 사용하는 방법이 '샤프 비율'입니다. 노벨경제학상을 받은 미국의 경제학자인 윌리엄 샤프William F. Sharpe가 만든 방법인데요. 초과수익률(수익률에서 무위험수익률을 뺀 값)을 변동성으로 나누는 방법입니다(무위험수익률은 단기국공채 수익률을 사용해 계산했습니다). K-올웨더의 샤프 비율은 1.31로 한국주식(0.28), 미국주식(0.37)보다 3배 이상 우수하게 나옵니다.

앞서 말씀드렸듯이 변동성 외의 위험지표에 대해서도 위험대비수익을 비교할 필요가 있습니다. 최대 낙폭으로 수익률을 나눈 값인 김씨비율(수익률/MDD)은 K-올웨더가 0.95로 한국주식(0.12), 미국주식(0.11)보다 8배 이상 높습니다. 최장손실기간으로 수익률을 나눈 값은 K-올웨더가 0.49로 한국주식(0.08), 미국주식(0.07)보다 6배가량 높습니다. 최대손실크기로 수익률을 나눈 값은 K-올웨더가 11.78로 한국주식(0.41), 미국주식(0.30)보다 수십 배 이상 높습니다. 즉, 다양한 위험지표를 감안한 성과를 살펴보면 K-올웨더 포트폴리오가 여러 면에서 더 우수하다는 것을 알 수 있습니다.

2) 1등 기업에 장기투자하면 된다?

초등학생들 사이에 '이 시국'이라는 말이 유행한 적이 있습니다. 예를 들어 일본과 마찰이 심한 상황일 때 일본 만화 주인공에 대한 팬심을 거침없이 늘어놓는 친구들에게 이 시국에 그런 말을 꼭 해야겠냐는 의미로 '이 시국'이라고 별명을 붙이곤 하는 식입니다.

2020년 3월 11일, 코로나19로 인해 세계보건기구WHO가 팬데믹[8]을 선언했

---

8 팬데믹(pandemic): 전염병이나 감염병이 범지구적으로 유행하는 것을 말합니다.

사이드카(sidecar)

증시 충격을 완화하기 위한 요소로, 선물 시장의 급등락에 따른 현물시장의 혼란을 막을 때에 발동되며 매매호가 효력이 5분간 정지됩니다.

서킷브레이커 (circuit breakers)

주식시장에서 가격이 급격히 떨어지는 경우에 반응하여, 시장을 진정시키기 위해 매매를 일시적으로 정지시키는 것을 말합니다.

습니다. 그리고 세계 증시 대부분이 역대급 폭락을 보였습니다. 2020년 3월 13일 우리나라 역시 코스피와 코스닥이 동반 폭락하며 사이드카와 서킷브레이커가 동시에 발동됐습니다. 2월 19일 2,210이었던 코스피 지수는 한 달 후인 3월 19일 1,439까지 35%나 폭락했습니다. 같은 기간 코스닥 지수는 684에서 419로 39% 하락했습니다. 한편 3월 20일에는 코스피와 코스닥 시장에 매수 사이드카가 발동됐습니다. 전날 600억 달러 규모의 한미통화스와프 체결로 코스피 및 코스닥 지수가 급등한 데 따른 것입니다. 이날 하루 동안 코스피는 7.4%, 코스닥은 9.2% 급등했습니다. 말 그대로 롤러코스터 같은 시장입니다.

2월 19일 이후 한 달간 투자자별 순매수[9] 현황을 보면, 외국인은 약 13조 원을 순매도했습니다. 개인의 순매수 금액이 약 12조 원이니 외국인이 던지고 간 주식을 개인이 매수한 모양새입니다. 그리고 개인 순매수 금액 12조 원 중 5조 원 이상이 삼성전자로 향했습니다(외국인의 삼성전자 순매도 금액도 5.8조 원입니다).

'이 시국'에 개인들이 삼성전자에 몰린 이유는 무엇이었을까요? '대장주는 언젠가는 반드시 오른다', '저점매수 찬스', '묻어놓으면 오르게 되어 있다'. 언론에 나오는 이런 얘기들이 원인일까요? 2월 19일 삼성전자의 종가는 60,200원이었습니다. 한 달이 지난 3월 19일엔 하루 동안 7.4% 하락하며

---

9 매수액에서 매도액을 뺀 값이 플러스일 때 '순매수', 마이너스일 때 '순매도'라고 표현합니다.

42,950원으로 마감했습니다. 한 달 동안 주가가 29%나 하락했습니다. 삼성전자에 투자했던 개인투자자들은 어떤 기분이었을까요? 그들의 믿음처럼 대장주는 언젠가 오를까요? 묻어놓으면 오를까요? 미래는 알 수 없으나 과거를 되돌아볼 순 있습니다.

[그림 1-7] 삼성전자 고점 대비 낙폭 추이(수정주가, 2007.1~2021.8)

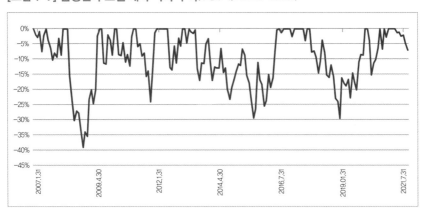

'고점 대비 낙폭'이란 이전 고점에서 현재 주가가 얼마나 하락했는지를 계산한 값입니다. 이 값을 그래프로 표시해 놓으면 얼마나 많이 하락했었는지와 얼마나 오랫동안 전고점을 회복하지 못했는지를 알 수 있습니다. 즉, 투자자가 느끼는 고통의 정도를 수치화한 것이라고 볼 수 있습니다. 삼성전자가 시가총액 1위를 시작한 2007년부터 2021년 8월까지 월별 수정주가를 이용해 고점 대비 낙폭을 살펴봤습니다. 삼성전자 주가가 가장 많이 하락했던 시기는 2008년 말 금융위기 때임을 알 수 있습니다. 전고점 대비 39%나 하락했습니다. 고점에 투자했다면 투자금의 39%가 사라졌다는 말입니다. 전고점 대비 10% 이상 하락했던 달은 91번이나 됩니다. 가장 긴 하락기간은 언제일까요? 2013년 2월에 삼성전자에 투자를 시작했다면 원금을 회복하는 데

무려 41개월이 걸렸을 것입니다. 손실 난 주식을 보며 기다려야 하는 41개월(3년 5개월)은 결코 짧지 않은 시간입니다. 불면의 밤을 버텨야 하거나, 중간에 매도했을 가능성도 높습니다. 물론 이런 고통의 시간들을 다 견뎠다면, 연복리 13.8%의 수익을 얻었을 것입니다(2007년 1월부터 2021년 8월 기준). 그러니 다시 한번 생각해볼 필요가 있습니다. 지금이 과연 저점인가? 저런 변동성과 하락을 견뎌낼 수 있을까? 내가 견뎌낼 수 있는 투자 위험은 어느 정도인가?

[그림 1-8] 삼성전자와 코스피 지수 ETF(TIGER 200)의 성과 분석(2020.3~2021.8)

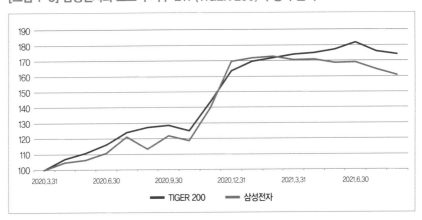

만약 2020년 3월에 삼성전자에 투자했다면 어떤 성과가 있었을까요? 1년 반이 경과한 시점에서 삼성전자를 보유하고 있었다면 61%의 누적수익률이 발생했을 것입니다. 매우 높은 수익률 같습니다만, 같은 기간 코스피 지수는 74% 상승했습니다. 지수에 비하면 삼성전자의 상대적인 수익은 오히려 낮습니다.

1등 기업에 투자하기 어려운 또 다른 이유도 있습니다. 1등 기업은 계속해서 바뀌기 때문이죠. 2007년 글로벌 시총 상위 10위 기업은 '엑손모빌, 제

너럴일렉트릭, 마이크로소프트, 셸, AT&T, 씨티그룹, 가스프롬, BP, 도요타 자동차, 뱅크오브아메리카'였습니다. 이들 중 2020년 기준 10위 안에 남아 있는 기업은 마이크로소프트뿐입니다. 2007년 1월 시총 1위 기업인 엑손모빌에 투자해 현재(2021년 8월)까지 보유하고 있었다면 어땠을까요? 약 14년간 연환산수익률 -2.1%로 누적 -26%의 손실을 기록 중일 것입니다. 그만큼 영원한 1등을 찾기는 매우 어렵다고 봐야 하지 않을까요?

[그림 1-9] 엑손모빌 주가 추이(2007.1~2021.8)

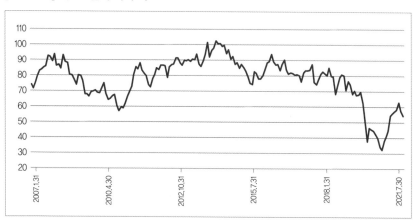

2020년 초 시가총액 기준 코스피 상장 기업 순위를 보면, ①삼성전자 ②SK하이닉스 ③네이버 ④삼성바이오 ⑤현대차 순입니다. 삼성전자는 2007년 이후 꾸준히 1위를 지키고 있습니다. 개인투자자들이 삼성전자에 대한 믿음을 갖게 된 것은 이런 실적의 결과일 수 있습니다. 그런데 과연 삼성전자가 앞으로 10년, 20년 후에도 시총 1위 기업으로 남아 있을 수 있을까요?

1957년 미국주식 상위 500개 기업 중 단지 74개 기업(37%)만이 1997년에도 상위 500대 기업 명단에 남아 있었으며, 이들 중 12개 기업(6%)만이 지수 대비 초과 수익을 냈습니다. 또한 살아남았던 74개 기업의 평균 주식수익률은 매년 시장 대비 20% 정도 낮았던 것으로 조사되었습니다. 우리나라 역시 1965년 100대 기업 중 2004년에 남아 있는 기업은 12개뿐이었습니다. 이와 비슷한 연구 결과들은 무수히 많습니다.

현재 1등 기업이라고 해서 앞으로도 계속 1등일 것이라는 믿음은 위험할 수 있습니다. 설사 계속 1등을 유지하더라도 주가가 계속 우상향하기는 쉽지 않을 수 있습니다. 기약할 수 없는 언젠가의 수익을 위해 견뎌야 할 고통이 생각보다 심할 수 있음을 미리 알아야 합니다. 하나의 기업에 '몰빵'하는 것은 이런 위험을 가장 극단적으로 안고 가는 행위일 수 있습니다.

5 최적의 투자 비율을 찾으려면

EXCHANGE TRADED FUND

1) 국내외 연기금의 자산배분 현황

앞서 본 K-올웨더 포트폴리오의 각 자산별 투자 비중을 보면, 한국국채, 미국국채, 현금성자산에 전체 자산의 50%가 배분되어 있습니다. 상대적으로 안전한 자산의 비중이 높은 것을 알 수 있습니다. 과연 이 배분 비중이 최적일까 하는 의문이 들 수 있습니다. 좀 더 나은 비중은 없을까요? 이 질문에 대한 답을 찾기 위해 세계의 다양한 연기금이 어떻게 자산배분을 하는지 알아보겠습니다.

연기금이란 연금과 기금을 합쳐 부르는 것입니다. 연금이란 노후 소득보장을 위해 근로기간에 기여금을 내고 일정한 연령에 도달하면 급여를 받는 제도이고, 기금이란 특정 목적의 자금을 마련하기 위해 정부나 대학 등이 조성하는 자금을 말합니다. 우리나라에는 국민연금기금, 공무원연금기금 등이 있습니다. 이들 연기금들은 연기금의 목적 또는 자산운영의 목적을 달성하기 위해 자산운용정책에 따라 자산배분을 수행합니다.

아래 표에서 국내 연기금의 자산배분 현황을 살펴보면 각기 다른 배분 비중을 보임을 알 수 있습니다. 국민연금, 공무원연금, 군인연금, 사학연금은 채권 비중이 40% 이상으로 높습니다. 행정, 교직원, 군인, 경찰 등 일부 공제회는 대체투자 비중이 절반 이상을 차지합니다. 해외투자 비중 역시 각 연기금마다 다릅니다. 이런 비중 역시 다양한 사유로 매해 계속 변경됩니다.

[표 1-10] 주요 공적연기금 또는 공제회 기금의 자산배분 비중 현황[10](2018년 기준, 단위:%)

구분		4대 연기금				주요 공제회 기금				
		국민	공무원	군인	사학	행정	교직원	군인	건설 근로자	경찰
자산 배분 비중	주식	34.8	33.6	12.6	39.8	17.0	14.6	17.0	12.5	5.4
	채권	52.9	46.9	45.5	41.4	12.7	28.7	16.9	60.8	39.7
	대체투자	12.0	19.5	1.3	17.2	65.0	56.7	66.1	19.7	48.5
해외투자비중		30.1	17.6	8.8	27.0	45.9	42.0	33.3	19.7	37.5
자산규모(조원)		638	7.8	1.0	16.5	10.9	26.2	7.6	3.7	2.6

국가별로도 다양한 연기금이 있습니다. 해외의 현황을 보면 자산 크기 순으로 일본의 공적연금펀드(GPIF, 1,645조 원), 노르웨이의 국부펀드(GPFG, 1,130조 원)가 있고, 우리나라의 국민연금(NPS, 638조 원) 등을 꼽을 수 있습니다. 연기금별 자산배분 현황을 보면 미국CalPERS, 캐나다CPPIB, 노르웨이GPFG는 자산 구성항목 중 주식 비중(56% 이상)이 상대적으로 높습니다. 반면 한국NPS

---

10 국민연금기금의 자산배분 및 수익률 국내외 비교(국회예산정책처, 2019)

의 경우 채권 비중(52.9%)이 높으며, 해외투자 비중은 30.1%로 다른 연기금에 비해 낮은 편입니다(미국CalPERS의 경우 자국 시장의 크기가 커서 해외투자 비중이 작은 것으로 보이며, 노르웨이GPFG는 100% 해외에 투자합니다).

[표 1-11] 주요국 연기금의 자산배분 현황[11](2018년 기준, 단위:%)

국가 (기금명)		한국 (NPS)	일본 (GPIF)	미국 (CalPERS)	캐나다 (CPPIB)	네덜란드 (ABP)	노르웨이 (GPFG)
자산 배분 비중	주식	34.8	48.0	56.6	59.1	33.3	66.3
	채권	52.9	45.6	22.5	21.6	40.2	30.7
	대체투자	12.0	–	10.8	23.5	27.2	3.0
	기타	0.3	6.4	10.1	-4.2	–	–
대체투자 비중		12	(0.21)	10.8	23.5	27.2	3.0
해외투자 비중		30.1	41.7	26.8	84.9	–	(100.0)
자산규모 (원화 기준,조 원)		638	1,645	428	326	532	1,130

이 중에 어떤 투자 비중이 가장 좋은 걸까요? 연기금의 성과를 비교해 보겠습니다. 5년간은 미국CalPERS과 캐나다CPPIB가 가장 좋은 수익률(연 10% 초과)을 보였습니다. 하지만 10년간으로 보면 네덜란드ABP와 노르웨이GPFG가 수익률 상위(연 8% 초과)를 차지합니다. 2018년 하락장에서의 성과를 보면 캐나다CPPIB가 8.4%로 1위이고, 한국NPS이 -0.9%로 2위였습니다. 이렇듯 조사 기간에 따라 각기 다른 성과를 보여줍니다. 결국 어떤 연기금의 자산배분 비중이 가장 우수하다고 결론 짓기가 어렵습니다. 최적의 비중을 찾는 일은 아

---

11 국민연금기금의 자산배분 및 수익률 국내외 비교(국회예산정책처, 2019)

더왕의 성배를 찾는 것처럼 불가능의 영역일 가능성이 높습니다.

[표 1-12] 주요국 연기금 누적 운용수익률 현황[12](단위:%)

기금명	한국 (NPS)	일본 (GPIF)	미국 (CalPERS)	캐나다 (CPPIB)	네덜란드 (ABP)	노르웨이 (GPFG)
5년(2014~2018)	4.14	5.80	10.24	12.20	6.24	4.75
10년(2009~2018)	5.53	4.04	4.95	8.12	8.70	8.33
15년(2004~2018)	5.45	3.91	7.43	8.96	6.65	5.78
2018년	−0.9	−7.7	−3.5	8.4	−2.3	−6.1

올웨더 전략으로도 잘 알려진, 세계 최대 규모 헤지펀드인 브리지워터의 창업자인 레이 달리오는 그의 책《원칙》에서 이렇게 얘기합니다. "나는 초기의 실패로부터 아무리 확실한 투자라고 생각해도 내가 틀릴 수 있다는 사실을 배웠다. 그리고 수익의 감소 없이 위험을 줄이는 방법의 핵심은 적절한 분산투자라는 것도 깨달았다. 적절히 분산된 안정적인 수익 흐름(서로 간에 수익의 균형을 맞추는 방식으로 움직이면서)으로 구성된 포트폴리오를 만들 수 있다면, 고객들에게 다른 곳이 제공하는 것보다 훨씬 더 지속적이고 신뢰할 수 있는 포트폴리오로 수익을 제공할 수 있다고 생각했다."

윌리엄 번스타인은 그의 책《현명한 자산배분 투자자》(에이지21, 2019)에서 "꾸준히 자산배분 정책을 해나가는 것이 '최고의' 배분을 찾아 헤매는 것보다 훨씬 중요하다."라고 얘기합니다. 또한 그는 미래를 예측할 수 없기 때문에, 미래를 위해 가장 좋은 자산배분이 어떤 것인지 미리 알아내는 것은 불가능하며, 오히려 광범위한 상황에서 꽤 잘 움직일 배분을 찾는 것이 맞다고 말

---

12 국민연금기금의 자산배분 및 수익률 국내외 비교(국회예산정책처, 2019)

합니다. 목표 자산배분에 시종일관 변함없이 집중하는 것이 더 좋은 자산배분을 찾아내는 것보다 훨씬 더 중요하다고도 합니다.

저 역시 레이 달리오나 윌리엄 번스타인의 의견에 동의합니다. '최고' 혹은 '최적'의 배분 비중을 찾는 것은 불가능하다고 봅니다. 오히려 다양한 시장 상황에 휩쓸리지 않는 '견고한robust' 비중으로 배분하고, 그 원칙을 꾸준히 유지하는 것이 훨씬 더 중요하다고 생각합니다. 그래서 탑다운top-down 방식으로 비중을 결정합니다. 탑다운은 투자자의 위험감내도에 따라 위험 자산과 안전 자산의 비중을 먼저 결정하고, 세부 비중을 나누어 가는 방식입니다.

2) 투자자의 위험감내도

투자자마다 위험에 대한 태도가 다릅니다. 이를 금융용어로 위험감내도라고 부릅니다. 위험감내도가 큰 사람들은 더 위험해도 좋으니 더 큰 수익을 노릴 수 있는 투자를 합니다. 반면 위험감내도가 작은 사람은 너무 위험한 건 싫어하고 예금이자보다 조금 나은 수익이면 만족하기도 합니다. 위험감내도가 매우 낮은 경우는 예금만 하기도 합니다.

위험감내도

투자 시 얼마나 큰 위험을 감당할 수 있느냐는 뜻입니다. 위험감내도(risk tolerance)는 다른 말로 위험선호도(risk appetite 혹은 risk preference)라고도 부르며, 유사한 개념입니다.

문제는 사람들이 자신의 위험감내도를 잘 모른다는 데 있습니다. 또 투자를 시작하기 전과 투자한 후의 위험감내도가 달라지기도 합니다. 주가가 지속해서 오르는 상승장에서는 자신의 위험감내도가 높다고 생각하는 경향이 생기고 위험이 큰 투자를 합니다. 반대로 주가가 지속해서 빠지는 하락장이 오면 자신의 위험감내도가 낮다고 생각해 안전한 투자처를 찾기도 합니다. 주가가 오르락내리락을 반복하는 변동성 장세가 오거나, 상승·하락이 뚜렷하지 않고 주가가 지지부진하게 흘러가는 횡보장이 오면 위험감내도가 또달라집니다. 투자는 '심리 80에 기술 20'이라는 말이 있습니다. 투자 성과에심리가 큰 영향을 미친다는 얘기죠. 그만큼 심리를 극복하기가 어렵다는 의미입니다. 심리에 휘둘린다는 뜻이기도 하고요.

자신의 위험감내도가 어느 정도인지 알고 있나요? 초보투자자라면 위험감내도가 낮을 가능성이 높습니다. 그렇다면 초간단 포트폴리오 어떠신가요? 위험은 낮추고 수익은 지켜주므로 투자를 시작하는 분이라면 도전할 만합니다. 투자가 처음이라면 증권사를 고르는 방법부터 실제 매매하는 방법까지 상세히 안내해드리겠습니다. 아직 준비가 덜 되셨다고요? 더 공부를 해봐야겠다고요? 좋은 생각입니다. 책을 끝까지 다 읽은 후에 투자를 시작해도전혀 늦지 않습니다. 다른 책이나 교육, 강의 등을 접하고 나서 하셔도 됩니다. 그런데 혹시 완벽하게 이해하고 난 뒤에야 투자를 시작하려고 하나요?

자전거 배울 때를 떠올려 보세요. 자전거의 원리나 부품의 종류와 특징을완벽하게 이해하고 나서 자전거를 탔나요? 아니죠. 보통 네발자전거로 시작합니다. 페달을 밟는 법, 핸들과 브레이크를 잡는 법만 알면 바로 타기 시작합니다. 부모나 친구의 도움으로 균형 잡는 법을 익히죠. 자전거 타기가 익숙해지면서 조금씩 자전거에 대해 더 알게 됩니다. 자전거를 타다 넘어지면체인이 빠지기도 합니다. 그때 체인을 끼우는 방법을 배우고, 타이어가 펑크나면 직접 펑크 때우는 방법을 배웁니다. 비에 젖어 체인에 녹이 슬면, 인터넷을 검색해 녹을 제거하는 방법을 배우기도 하고요.

투자도 이와 비슷합니다. 주식, 채권 같은 어려운 개념들을 완벽하게 숙

지한 후에 투자를 시작하려 한다면 언제 시작할지 모릅니다. 20여 년째 투자를 하며 관련 학위도 따고, 연구를 하는 저도 완벽하게는 모르거든요. 그러니 기본을 익혔다면 소액으로라도 투자를 시작해보시길 권합니다. 그래야 관심도 더 가고, 공부도 더 하게 되면서 투자에 깊이를 더해갈 수 있습니다.

3) 위험감내도별 투자 비율 및 성과 백테스팅

앞서 소개한 K-올웨더 포트폴리오의 투자 비중은 중립형이라고 할 수 있습니다. 중립형은 위험 자산 50%에 안전 자산 50%로 구성하였습니다. 안정형은 위험 자산 30%에 안전 자산 70%로 하고, 세부 비중을 균등한 수준으로 나눕니다. 성장형은 위험 자산 70%에 안전 자산 30%로 구성한 후 세부 비중을 추가로 나눕니다.

[표 1-13] K-올웨더 포트폴리오의 위험감내도별 자산배분 비율

구분		ETF 상품	투자 비중		
			K-올웨더 안정형	K-올웨더 중립형	K-올웨더 성장형
위험 자산	미국주식	TIGER 미국 S&P500 KINDEX 미국 S&P500	12.5%	17.5%	25%
	한국주식	KOSEF 200TR KBSTAR 200TR	12.5%	17.5%	25%
	금	TIGER 골드선물(H) KODEX 골드선물(H)	5.0%	15%	20%
안전 자산	한국국채	KOSEF 국고채10년 KINDEX 국고채10년	20.0%	17.5%	10%
	미국국채	TIGER 미국채10년선물 KODEX 미국채10년선물	20.0%	17.5%	10%
	현금성자산	TIGER 단기채권액티브 KODEX 단기채권PLUS 혹은 CMA	30.0%	15%	10%

[그림 1-10] K-올웨더 포트폴리오 장기성과 비교(2000.1~2021.8)

한국주식(KOSPI)　미국주식(S&P 500)　성장형　중립형　안정형

[표 1-14] 한국주식, 미국주식, K-올웨더 포트폴리오별 성과 분석(2000.1~2021.8)

	한국주식	미국주식	안정형	중립형	성장형
기간수익률	253%	224%	274%	362%	429%
연수익률	6.0%	5.6%	6.3%	7.3%	8.0%
연변동성	22%	15%	4%	6%	8%
최대 낙폭	51%	53%	5%	8%	14%
손실최장기간	72	80	12	15	17
손실고통크기	14.62	18.80	0.28	0.62	1.38

　이 세 가지 포트폴리오의 백테스트 결과를 비교해보면 앞의 그래프(그림 1-11)에서 보이듯이 셋 다 한국주식이나 미국주식에 비해 매우 변동성이 적으며 우상향하는 모습을 보여줍니다. 안정형, 중립형, 성장형의 순서로 보면, 수익은 높아지는 한편 위험지표들도 증가하고 있는 것을 확인할 수 있습니다. 안정형과 성장형을 비교하면 수익률이 6.3%에서 8.0로 상승하는데 동시에 위험지표인 변동성이 4%에서 8%로 높아지고, 최대 낙폭 역시 5%에서 14%로 높아집니다. 물론 8%의 변동성이나 14%의 최대 낙폭도 주식에 비하면 매우 낮은 수준입니다. 하지만 투자자의 성향에 맞춰 신중하게 포트폴리오 비중을 선택할 필요가 있습니다.

COLUMN

외발자전거를 타는 주린이

　태어나서 가장 먼저 스스로 운전하는 교통수단은 대부분 자전거일 것입니다. 사람들이 가장 많이 이용하는 자전거는 두발자전거지만, 어린이가 자전거를 배울 때는 주로 네발자전거를 탑니다. 두발자전거는 계속해서 달리지 않거나 균형을 잃으면 잘 넘어집니다. 하지만 네발자전거는 뒷바퀴 양옆에 보조 바퀴가 있어서 멈추거나 균형을 잡지 못할 때도 넘어지지 않죠. 자전거 타기에 익숙하지 않은 어린이는 네발자전거로 시작해 자전거와 친해집니다.

　페달을 힘차게 밟고 브레이크를 잘 잡을 수 있을 때쯤에야 보조 바퀴 두 개를 떼어내고 두발자전거를 탑니다. 어린이가 처음 자전거를 시작할 때 도움을 얻는 방법이 하나 더 있습니다. 바로 엄마, 아빠의 손길이죠. 뒤에서 엄마나 아빠가 잡아주고 있으니 용기를 낼 수 있고, 균형을 잃고 넘어질 순간에도 위기를 모면합니다. 그렇게 도움을 받아 자전거를 배운 어린이는 키가 더 자라고, 근육에 힘이 붙으면서 두발자전거를 타게 됩니다. 아주 가끔 외발자전거를 타는 사람도 있습니다.

　자전거를 배우듯 투자를 배우는 일 역시 이런 단계가 필요하지 않을까요?

요즘 흔히 쓰는 줄임말 중에 '주린이'가 있습니다. '주식'과 '어린이'라는 단어를 합해 만든 신조어죠. 주린이들이 주식에 입문하는 계기 중 하나는 가까운 사람의 투자 성공담입니다. 지인의 투자 얘기를 들으며, 그의 스마트폰 화면에 보이는 종목 이름과 차트와 화려한 수익률을 보게 됩니다. 처음엔 "난 주식 같은 거 안 해"라고 얘기하며 돌아섭니다. 하지만 어느덧 통장에 남아 있던 여윳돈으로 덜컥 그 주식을 사버렸단 걸 깨닫게 되곤 하죠. 지인의 고수익에 대한 부러움과 질투와 호기심으로 뇌가 '나도 모르게' 주식을 사버린 것입니다.[13]

주린이는 이제 주가의 상승과 하락에 일희일비하며 하루하루를 보내기 시작합니다. 내일 주가가 오를까 내릴까 생각하느라 밤에 잠도 잘 안 옵니다. 회사 일을 하다가도 틈틈이 스마트폰 앱으로 주가를 확인하죠. 아무리 들여다봐도 주가는 내 마음 같지 않습니다. 뉴스와 인터넷 게시판을 돌아다니며 그 주식에 대한 글을 찾아 모조리 읽습니다. 그 기업에 대해 모르는 게 없는 것처럼 생각됩니다. 하지만 위아래로 출렁거리는 주가를 보면 출렁거리는 배 위에 누워 있는 것 같습니다. 속이 불편하고 잠도 잘 오지 않죠.

이런 주린이는 외발자전거를 타는 어린이와 같습니다. 외발자전거로 자전거를 배우기 시작한 어린이는 대부분 실패하게 됩니다. 바퀴 하나로는 균형을 잡기가 매우 어렵기 때문이죠. 물론 극소수의 어린이는 성공하기도 합니다. 저도 그런 어린이를 본 적이 있습니다. 직접 본 것이 아니라 TV 프로그램에서 봤습니다. 특이한 일들을 소개하는 프로그램이었습니다. 그만큼 쉽

---

13 이런 현상을 '뇌동매매(雷同賣買)'라고 부르기도 합니다. '투자자 자신이 확실한 예측을 갖지 않은 채 시장 전체의 인기나 다른 투자자의 움직임에 편승하여 매매에 나서는 것'을 말합니다(참고 : 기획재정부 '시사경제용어사전').

지 않은 일이란 것이죠. 한 종목 혹은 한 자산에 투자금을 전부 넣는 것은 외발자전거를 탄 것과 같습니다. 자전거를 오래 탄 어른들도 성공하기 어려운 게 외발자전거입니다. 투자를 전문적으로 오래 해온 사람들도 성공하기 어려운 게 이런 식의 몰빵 투자입니다. 주린이의 몰빵 투자는 실패할 가능성이 매우 높습니다. 한두 번은 성공하더라도 지속적으로 성공시키기는 정말 어렵습니다. 계속 높은 수익을 낸 경우는 TV에서나 볼 수 있을 것입니다. '특이한 일들을 소개하는' 그런 프로그램 말이죠.

자전거를 배우는 어린이가 네발자전거로 시작하듯, 주린이도 여러 자산으로 나눠서 투자를 시작하는 건 어떨까요? 이렇게 돈을 나누어 분산해서 하는 투자를 포트폴리오 투자라고 합니다. 다각화된 포트폴리오로 투자를 하면 한 투자처의 가격이 오르고 내리는 것에 일희일비하지 않게 됩니다. 투자금의 운명이 한 종목, 한 자산의 성과에 갈리지 않는 것이죠. 어느 자산이 하락할 때면 다른 자산이 상승해 손실 부분을 보충해주기도 합니다. 최소한 덜 하락해서 재투자의 기회를 줄 수도 있습니다.

투자는 장기간에 걸쳐 이루어지는 게임입니다. 하루하루의 손해나 이익으로 스트레스를 받고 있다면 장기 관점의 투자를 지속할 수 없습니다. 자신이 투자 초보라면 한 종목에 명운을 걸 게 아니라 잘 분산된 포트폴리오로 시작하는 게 어떨까요? 그렇게 투자를 배우며 투자 근육을 기르는 겁니다. 키가 크고 다리 근육이 단단해진 후에 두발자전거로 넘어가듯이, 투자 근육을 키우고 경험을 쌓은 후에 집중 투자로 들어가도 결코 늦지 않습니다.

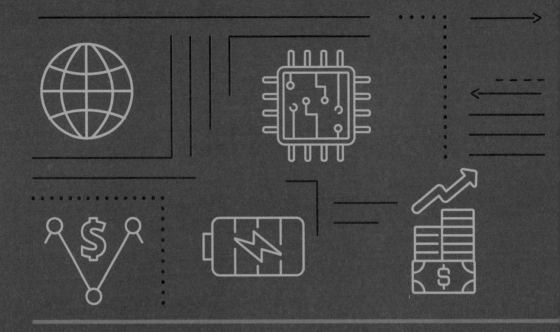

2장

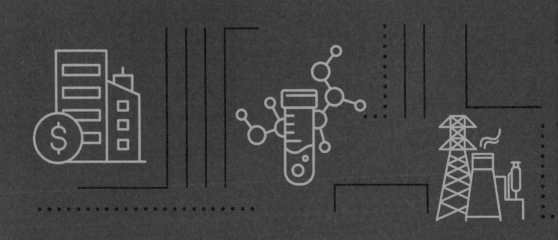

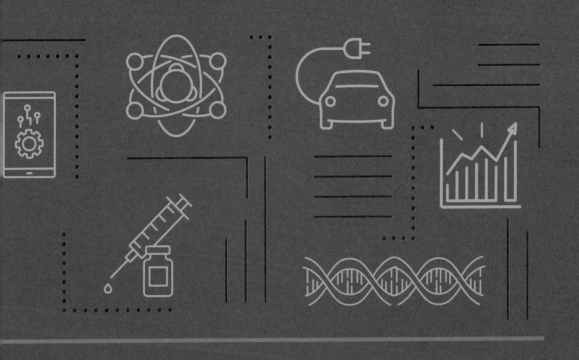

ETF 따라 투자

어린이가 처음 자전거를 배울 때 자전거의 구성부품과 작동원리를 모두 이해한 후 타는 것은 아닙니다. 페달을 밟으면서 타보고, 그러면서 핸들과 브레이크 조정법도 차츰 익힙니다. 자주 타다 보면 요령이 생기고, 균형을 잡고 적절하게 속도를 조절할 수 있게 됩니다. 투자 역시 모든 것을 완벽히 알고 시작할 수는 없습니다. 투자를 해보면서 배우는 것이 훨씬 많습니다. ETF 역시 마찬가집니다. 처음 보는 낯선 용어들이 어색하고 어려울 수 있습니다. 모두 마찬가지니 처음부터 다 알아야 한다고 생각하며 스트레스 받지 마세요. 자전거를 타듯이 부딪히며 실제 투자를 해보며 배우면 됩니다.

ETF 거래를 위한 계좌 개설은 일반 주식 거래 시 계좌 개설 단계와 동일합니다. 따라서 증권계좌가 있다면 기존의 계좌를 이용해 거래하면 됩니다. 증권계좌가 없는 경우 다음의 절차에 따라 신규로 계좌를 개설합니다.

1) 증권회사 선택하기

ETF 상품은 모든 증권회사에서 거래가 가능합니다. 따라서 신뢰도가 높고 전산시스템이 잘 되어 있고 거래수수료가 저렴한 곳이면 어디든지 무난합니다. 감독기관의 관리 등으로 대부분 증권회사의 전산시스템은 상향평준화되어 있습니다. 다만 중소형 증권사보다는 대형사가 상대적으로 안정적일 수 있습니다. 2020년 말 기준 금융투자협회에 등록된 증권사는 총 58개입니다. 이중 국내 증권사가 38개, 외국계 증권사가 20개입니다. 국내 증권사 28개 중 코스피나 코스닥 시장에 상장한 회사는 21개입니다.

[표 2-1] 2020 좋은 증권사 평가항목 및 배점

부문		평가 항목 및 배점	
안정성	40%	순자본비율	20%
		유동성비율	10%
		자기자본비율	5%
		자산총계	5%
소비자성	30%	활동계좌 10만 좌당 민원 건수	10%
		민원증감률	5%
		소비자 인지·신뢰도	10%
		금융투자상품위탁매매 수수료	5%
건전성	20%	총자본	10%
		대손충당금	5%
		고정이하자산비율	5%
수익성	10%	총자산순이익률	5%
		당기순이익	5%

출처: 금융소비자연맹

사단법인 금융소비자연맹kfco.org이 2019년 기준 금감원과 증권사 공시자료를 수집하여 안정성(40%), 소비자성(30%), 건전성(20%), 수익성(10%) 등 4대 부문 13개 항목을 기준으로 '2020년 소비자 평가 좋은 증권사 순위'를 발표했습니다. 상위 10개사는 NH투자증권, 한국투자증권, 삼성증권, 신한금융투자, KB증권, 미래에셋대우, 메리츠종합금융증권, 하나금융투자, 키움증권 순입니다. 이 순서가 절대적인 것은 전혀 아닙니다. 안정성, 건전성, 수익성이 높은 증권사가 기업 관점에서 좋을 수 있으나, 상위권이라 하더라도 거래 수수료가 비싼 경우도 많고, 연금저축펀드, IRP, ISA 등 다양한 계좌를 서비스하지 않는 곳도 많기 때문입니다. 특히 증권사별로 가입방법, 매매방법에 따라 거래수수료가 크게 차이 나기 때문에 반드시 확인을 해봐야 합니다.

거래수수료란 ETF나 주식을 사고팔 때 증권사에 지불하는 비용으로 거래 금액에 따라 지불됩니다. 거래수수료는 계좌개설방법과 거래방법에 따라 다르게 부과되지만, 일반적으로 가장 저렴한 방법은 각 증권사 앱을 이용해 비대면으로 가입하는 것입니다.

현재 증권사별 ETF 거래수수료는 0.013%가 가장 낮은 수준이고, 비싼 곳은 0.5% 수준으로 35배 이상 차이가 나니 반드시 확인해야 합니다. 통상 오프라인/영업점 개설인 경우가 온라인/비대면 개설보다 수수료가 비싸고, 모바일MTS이 HTS/WTS[1]보다 저렴한 경우가 많습니다. 즉, 비대면(온라인)으로 개설하고 모바일로 매매하는 것이 수수료 측면에서 유리합니다. 증권사별로 신규 고객, 휴면 고객 대상으로 수수료 무료혜택 이벤트를 하기도 하니 개설하려는 시점의 이벤트 유무를 꼭 조사하기 바랍니다. 이벤트 수수료가 0.0036396%처럼 완전히 0%가 아닌 이유는 유관기관수수료 때입니다. 이는 증권사의 수익이 아니라 의무적으로 유관기관에 납부되는 수수료입니다. 실제 증권사 입장에서는 수취하는 수수료가 무료라는 의미죠.

---

1 HTS(홈트레이딩시스템, Home Trading System)란 개인 컴퓨터에 증권사가 제공하는 프로그램을 설치해 매매하는 것을 말하고, MTS(Mobile Trading System)은 스마트폰 등 모바일 기기에 앱(App)을 설치해서 매매하는 것입니다. 증권사 홈페이지에서 직접 매매하는 경우를 WTS(Web Trading System, 웹 트레이딩 시스템)라고 부르기도 합니다.

[표 2-2] 증권사별 이벤트 수수료 비교(2021.8.31 기준)

증권사	이벤트 수수료(ETF 기준)	수수료 우대 기간
미래에셋증권	0.0036396%	평생
신한금융투자	0.0036396%	평생
한화투자증권	0.0040595%	평생
삼성증권	0.0042087%	평생
SK증권	0.0043976%	평생
KB증권	0.0050483%	평생
유진투자증권	0.008%	평생
키움증권	0.0036396%	6개월
이베스트투자증권	0.0036396%	1년
대신증권	0.0036396%	3년
하이투자증권	0.01%	100년

2) 비대면으로 계좌 개설하기

오프라인 개설은 증권사 영업점에 직접 방문하여 계좌를 만드는 것을 말합니다. 모바일이나 인터넷 사용이 불편한 분들이 이런 방식으로 개설하는데, 매매수수료가 매우 비싸기 때문에 되도록 비대면으로 계좌를 개설하는게 좋습니다.

비대면으로 계좌를 만들려면, 스마트폰에 증권사별 앱을 설치하여 진행하게 됩니다. 이때 준비물로 신분증(주민등록증 혹은 운전면허증)이 있어야 되며, 이체가능한 본인 명의 타금융사의 계좌번호를 알고 있어야 합니다. 비대면 개설 순서는 일반적으로 '본인 확인' → '신분증 확인' → '임시계좌 신청' → '기존계좌 확인' → 'ID·비밀번호 등록(선택)' 등으로 진행됩니다.

증권사별로 계좌개설 방법은 다소 다릅니다. 또한 개설 절차가 수시로 변경될 수 있어 주요 증권사별 계좌개설 안내 홈페이지와 유튜브 영상 링크를 QR 코드로 정리하였습니다. 계좌를 만들고 싶은 증권사에 대해 QR코드를 찍으면 해당 내용으로 연결됩니다. ETF 거래수수료는 수시로 변경 가능하니 가입시점이나 매매시점 기준으로 꼭 확인하시기 바랍니다.

[표 2-3] 주요 증권사별 계좌개설 방법 및 ETF 거래수수료(2021.8.31 기준, 거래수수료는 소수점 4자리 반올림 표기)

증권사 / 앱이름 / 웹주소	계좌개설 홈페이지	계좌개설 설명영상	ETF 거래수수료 (개설방법, 거래채널, 금액별)
삼성증권 앱이름: mPOP www.samsungpop.com			오프라인: 0.497%(~2억 원) HTS/MTS: 0.147%+1,500원(~1천만 원)
미래에셋증권 앱이름: m.ALL securities.miraeasset.com			오프라인 개설시 -오프라인: 0.49% -HTS/MTS: 0.14% 온라인 개설시 -오프라인: 0.49% -HTS/MTS: 0.014%
NH투자증권 앱이름: QV www.nhqv.com			오프라인: 0.497%(~2억 원) HTS: 0.499%(~50만 원) MTS: 0.197%+500원(~2백만 원)
KB증권 앱이름: M-able www.kbsec.com			오프라인: 0.500%(~2억 원) HTS: 0.158%+1,000원(~1천만 원) MTS: 0.198% 제휴은행연계 개설(HTS: 0.015%, MTS: 0.12%)

신한금융투자 앱이름: 알파 www.shinhaninvest.com			오프라인 개설시 –오프라인: 0.500% –HTS: 0.500%(~50만 원) –MTS: 0.190% 모바일 개설시 –MTS/HTS/WTS: 0.013%
한국투자증권 앱이름: 한국투자 securities.koreainvest- ment.com			비대면(MTS/HTS): 0.015% 영업점(MTS/HTS): 0.500% (~50 만 원)
키움증권 앱이름: 영웅문 www.kiwoom.com			MTS: 0.015% HTS: 0.015%

아래는 신한금융투자의 비대면 계좌 개설 방법입니다. 증권사별 개설 절차는 대동소이합니다. 예시로 먼저 살펴본 뒤 거래하려는 각 증권사별 계좌 개설 홈페이지 QR코드 링크를 이용하면 해당 증권사별 개설방법을 알 수 있습니다.

[그림 2-1] 신한금융투자 앱을 이용해 비대면 계좌 개설하는 방법과 순서

❚ 계좌개설 절차

01	02	03	04	05
스토어 접속	**APP 다운로드**	**실행**	**정보입력**	**거래 시작**
· App 스토어 · Play 스토어 실행	· 알파 다운로드	· 신한금융투자 계좌개설하기 · 실행	· 본인정보 입력	· ID 등록 및 로그인 · 거래시작

❚ 알파 이용안내

· 비대면 실명확인 방법을 통해 지점방문(대면)이 아닌 방식으로 인증하여 계좌개설이 가능한 서비스 입니다.

· 계좌개설 유의사항

 - 반드시 본인만 가능

 - 휴대폰인증 또는 공동인증, 실명증표, 영상통화에 의한 본인인증 혹은 타금융기관계좌 확인 및 이체절차를 거쳐야만 계좌가 개설됩니다.

 - 실명확인 증표(주민등록증, 운전면허증, 여권) 사진이 심하게 훼손되는 등 육안으로 확인이 불가능한 경우 개설이 제한될 수 있습니다.

3) 증권사로 입금하기

증권사에 계좌가 개설되었으면, 해당 계좌로 투자할 자금을 입금합니다. 은행 등 금융회사의 영업점, 인터넷뱅킹, 모바일 등의 모든 매체에서 상대은행으로 본인의 증권사를 선택하고, 증권계좌번호를 입력하고 송금합니다.

4) 모바일에서 ETF 매매하기 및 잔고 확인

투자할 자금을 입금하였으면 이제 주식을 거래하듯 ETF를 매매하면 됩니다. 증권사별로 앱 구성이 다르니 본인이 사용하는 증권사 앱의 메뉴를 확인하여 매매합니다. 일부 증권사의 경우 유튜브 등 동영상으로 매매 방법을 안내하고 있으므로 참고하면 좋으며, 조사한 링크는 아래와 같습니다.

[표 2-4] 주요 증권사별 ETF 매매방법 유튜브 링크(2021.8.31 기준)

증권사	매매방법 영상링크	증권사	매매방법 영상링크
삼성증권 앱이름: mPOP		미래에셋증권 앱이름: m.ALL	
NH투자증권 앱이름: QV		신한금융투자 앱이름: 알파	

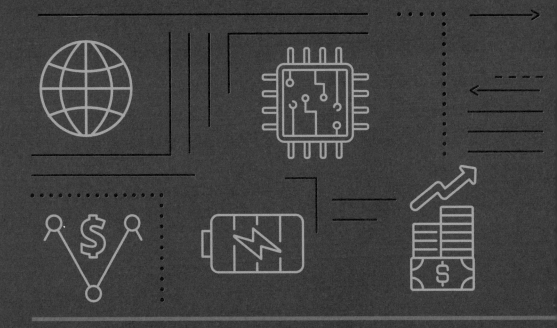

3장

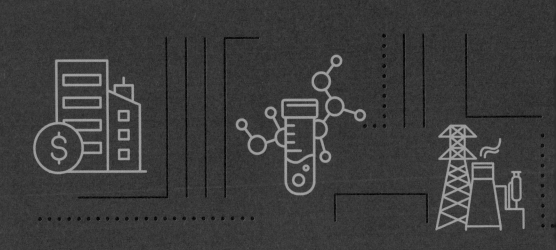

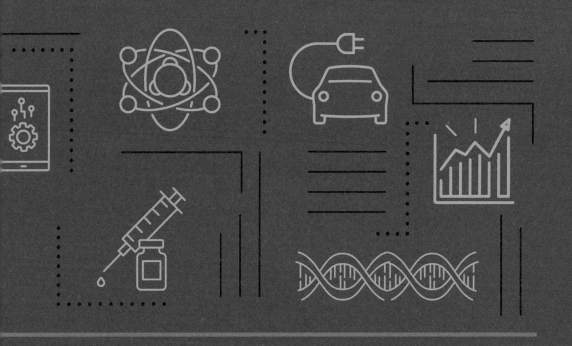

ETF 기초 학습

1 ETF 초간단 이해하기

EXCHANGE TRADED FUND

1) ETF의 조상은 인덱스 펀드

펀드fund란 사람들의 돈을 모아서 수익을 내기 위해 펀드 매니저가 굴려주는 금융 상품을 말합니다. 펀드는 크게 인덱스 펀드와 액티브 펀드로 나눌 수 있습니다. 인덱스 펀드는 코스피 200(한국주식)이나 S&P 500(미국주식)과 같은 주가지수 및 국채, 금, 원유, 부동산 같은 지수를 추종하도록 설계된 펀드입니다. '추종'한다는 말은 해당 지수와 거의 같은 수익률을 보여준다는 뜻입니다. 반면 액티브 펀드는 펀드 매니저의 노력과 실력을 통해 인덱스를 초과하는 수익을 내려고 합니다. 펀드 매니저가 여러 명 필요할 수도 있고, 조사와 분석에 더 많은 비용이 필요하기 때문에 액티브 펀드의 운용보수가 인덱스 펀드보다 높습니다. 그렇다면 액티브 펀드가 인덱스 펀드보다 더 성과가 좋을까요? 이에 대한 자세한 이야기는 이 장의 뒷부분에서 하겠습니다.

주식투자 하드캐리

인덱스란 무엇일까?

인덱스(Index)는 우리말로 지수(指數)를 뜻합니다. 물가지수, 소비지수 같은 단어를 들어본 적이 있을 것입니다. 지수의 사전적인 뜻은 '물가나 임금 따위와 같이, 해마다 변화하는 사항을 알기 쉽게 보기 위해 어느 해의 수량을 기준으로 잡아 100으로 하고, 그것에 대한 다른 해의 수량을 비율로 나타낸 수치'입니다. 하나의 항목을 중심으로 한 것을 단순지수(Simple Index), 여러 가지 항목을 종합한 것을 종합지수(Composite Index)라고 합니다. 주식 시장에도 주가지수라는 게 있는데요. 코스피(KOSPI)는 한국종합주가지수(KOrea composite Stock Price Index)의 약자입니다. 코스피 200도 뉴스에서 자주 볼 수 있는데요. 이것은 코스피 시장에 상장되어 거래되는 종목 중 시가 총액 상위 200개를 묶어서 만든 지수입니다.

[그림 3-1] 펀드의 종류와 구성

2) ETF는 장점 많은 투자수단

ETF는 간접투자 상품인 펀드와 직접투자 상품인 주식의 장점을 골고루 갖추고 있습니다. 펀드의 장점과 비슷하게 소액으로 분산투자가 가능하며, 일반 펀드보다 운용보수가 저렴하고 중도환매수수료가 없습니다. 주식처럼 실시간 매매가 가능해 환금성이 높은데, 증권거래세는 면제돼서 세금 측면에서 유리합니다. ETF가 보유한 종목을 매일 공시하기 때문에 운용도 투명합니다. 반면 일반 펀드는 3개월에 한 번 발행되는 운용보고서에 보유 종목이 표시됩니다.

중도환매수수료

보통 매수하고 3개월 이내에 환매할 경우 수익금의 70%를 수수료로 내야 하는데, 이는 펀드운용 시 환매에 따른 사무처리 비용을 충당하기 위함이며, 장기투자를 권장하기 위한 목적도 있습니다. 펀드에 따라 중도환매수수료가 없는 경우도 있습니다.

환금성이란 무엇일까?

환금성이란 어떤 상품을 팔아서 현금으로 바꿀 수 있는 정도를 말합니다. 펀드의 경우 환매(판다는 뜻) 신청 후 결제되어 현금이 입금되기까지 3~8영업일 정도 소요되지만, ETF는 주식처럼 즉시 매도할 수 있고, 2영업일 이후에 현금을 찾을 수 있습니다. 영업일이란 말은 주말, 공휴일 등을 제외하고 금융회사가 영업을 하는 날 기준이라는 뜻입니다. 참, 주식 중에 거래량이 작은 소형주들은 매도하고 싶을 때 매수자가 없으면 매도가 안 되는 경우도 많지만, ETF는 LP라는 제도가 있어 대부분 즉시 매도할 수 있습니다. LP에 대해서는 이후에 더 알아보겠습니다.

3) ETF가 상대적으로 안전한 이유

ETF는 주식처럼 거래할 수 있으면서 주식보다 훨씬 더 안전한 상품이라고들 합니다. 어째서 그럴까요? 첫째, 거래소가 감독관 역할을 합니다. 상장심사라는 과정을 통해 상품구조에 문제는 없는지 숨겨진 위험은 없는지를 살펴봅니다. 상장 이후에도 상품에 문제가 없는지를 지속적으로 감시합니다. 둘째, 상품 자체를 규제합니다. ETF가 사용할 수 있는 기초지수의 최소 분산요건 등을 통제합니다. 셋째, 운용을 규제합니다. 펀드매니저가 마음대로 운용하는 것을 막기 위해 PDF를 매일 공개하고 운용의 결과로 산출되는 추적오차라는 지표를 공개하여 인덱스 펀드로서 운용이 잘되고 있는지를 통제합니다. 추적오차가 심한 경우 상장폐지까지 될 수 있습니다. 넷째, 시장을 통제합니다. 잘 분산된 ETF를 만들어 운용을 아무리 잘한다고 해도 투자자가 거래소를 통해 매매할 때 잘못된 가격으로 매매하거나 원하는 수량을 매매하지 못한다면 그림의 떡입니다. 유동성공급자라는 시장참가자를 통해

증권거래세는 왜 붙나요?

증권거래세는 주식을 매도할 때 내는 세금입니다. 주권 또는 지분의 양도에 대해 부과되는 조세이지요. 예를 들어 삼성전자 주식을 매도하면 매도금액에 세율을 곱한 만큼을 세금으로 납부하게 됩니다. 2021년 세제 개편으로 기존 0.25%였던 증권거래세가 0.23%로 하향 조정되었습니다. 코스피 시장의 경우 거래세 0.08%에 농특세 0.15%를 더해 0.23%이며, 코스닥 시장은 농특세 없이 거래세만 0.23%입니다.

올바른 가격에 원하는 수량의 매매가 원활히 이루어질 수 있도록 유동성공급자의 유동성 공급 활동을 통제합니다. 일반 액티브 펀드에는 이러한 거래소라는 감시자가 없기 때문에 같은 지수를 추종하는 펀드라도 ETF가 상대적으로 더 안전하다고 말하는 것입니다.

4) ETF는 주식처럼 매매되는 펀드

ETF_{Exchange Traded Fund}(상장지수펀드)는 인덱스 펀드와 유사하게 특정 지수의 가격 움직임과 연동되도록 설계된 펀드인데, 거래소에 상장되어 주식처럼 거래된다는 차이점이 있습니다.

ETF는 일반 주식처럼 거래소에 상장되어 있기 때문에 계좌개설, 매매시간, 매매방법, 증거금율, 신용, 상하한가제도, 결제방법 등에서 주식과 동일합니다.

ETF의 매매 시간은 주식과 마찬가지로 오전 9시에서 오후 3시 30분까지입니다. 참고로 일반 펀드의 경우 오전 8시에서 오후 5시에 매수(혹은 가입)를 신청한 경우 당일 저녁 정해지는 기준가격으로 매수됩니다. 그 외의 시간에는 예약 매매가 가능한 경우도 있습니다.

ETF의 결제 주기는 T+2일입니다. 이 말의 의미는 오늘 내가 보유한 ETF를 팔면 현금으로 출금하는 건

처공용어 뽀개기

상장
'상장되어 있다'는 말은 주식을 거래하는 곳인 거래소에 올라왔다는 말입니다. 마트에 물건이 진열되는 것처럼, 거래소에 ETF가 진열되어 매매가 가능하다는 의미입니다.

처공용어 뽀개기

증거금율
증거금은 계약자가 결제일에 선물거래 약속 이행을 담보하기 위해 납부하는 금액입니다. 증거금율에는 현금주문을 낼 때 필요한 '위탁증거금율'과 신용주문을 낼 때 필요한 '신용증거금율'이 있습니다.

처공용어 뽀개기

상하한가제도
우리나라의 경우 주식이나 ETF의 가격 움직임에 제한을 둡니다. 전일 종가의 30%를 상하한선으로 해서 그 이내에서만 움직이도록 하고 있습니다.

2일 후에 가능하다는 말입니다. 따라서 현금이 필요하여 출금할 계획이 있다면 최소한 2일 전에 ETF를 팔아야 합니다. 펀드의 경우, 종류마다 환매 일정이 다르게 정해져 있는데, 통상 3~8일 정도 걸립니다.

ETF의 다양한 매매방법과 세금 내용은 4장 'ETF 심화 학습'에서 다루겠습니다.

[표 3-1] ETF, 펀드, 주식의 차이점 한눈에 보기

	펀드	ETF	주식
결제주기	T+3~8일	T+2일	
운용보수	1~3%	0.05~2.22%	없음
매매수수료	판매수수료(0~1.5%)	위탁수수료(0~0.5%)	
중도환매수수료	부과하는 경우 있음	없음	

매도시 과세		국내주식형	국내주식형 외	거래세(0.25%)
	매매차익	비과세	소득세(15.4%)	
	배당/이자	소득세(15.4%)		

5) ETF 종목명 이해하기

ETF의 종목명에는 일정한 규칙이 있습니다. 상품의 정보가 종목명에 포함되도록 하고 있기 때문에 종목명을 이해하면 그 상품의 큰 특징을 파악할 수 있습니다.

[그림 3-2] ETF 종목명 예시

TIGER	+	글로벌자산배분	+	(합성)	+	(H)
①ETF 브랜드		②상품명(선물,인버스,레버리지 여부)		③합성ETF여부		④환헤지여부(H)

자산운용사별로 고유의 ETF 브랜드가 있습니다. 운용사별 ETF 브랜드와 홈페이지 정보는 다음 페이지의 [표 3-2]를 참고하세요.

ETF 상품명은 ETF 상품의 투자대상, 투자전략과 목표를 알 수 있는 핵심적인 부분입니다. ETF 브랜드 다음의 상품명에 ETF가 추종하고자 하는 기초지수가 표시됩니다. 기초지수가 선물을 이용하는 경우 '선물'이라고 표기하며, 필요시 레버리지(2배), 인버스(-1배), 인버스2X(2배 인버스) 등도 표기합니다.

합성 ETF는 자산운용, 투자위험 등의 특징이 실물 복제 ETF와 다르므로 '합성'이라고 표시합니다. 환헤지형의 경우 환노출형과 구분하기 위해 'H'를 표시합니다. H 표시가 없으면 환노출형입니다.

6) ETF를 만드는 회사들

ETF를 만들어 운용하는 회사를 '자산운용사'라고 부릅니다. 좀 더 정확하게 표현하자면, ETF를 포함해 다양한 펀드를 만드는 곳을 말합니다. 2021년 8월 말 기준 16개 자산운용사에서 502개의 종목이 상장되어 운용 중입니다.

운용사별 상장 ETF 수는 총 502개이며, 이중 상위 7개 회사의 ETF가 480개로 96%를 차지합니다. 순자산가치총액 기준으로는 상위 2개사가 77%를 차지합니다. 일평균 거래대금은 상위 2개사가 88%나 차지하고 있습니다. 회사별로는 삼성자산운용이 두 번째로 많은 124개의 ETF를 운용 중이나 순자산가치총액은 45.2%로 1위, 일평균 거래대금은 71.4%로 압도적인 1위를 차지하고 있습니다. 미래에셋자산운용은 131개로 가장 많은 ETF를 운용 중이지만, 순자산가치총액은 31.6%로 2위, 일평균 거래대금은 16.9%로 2위입니다. 그러나 이러한 순위만으로 특정 자산운용사가 좋다거나 나쁘다고 말할 수는 없습니다. 다만, 어떤 자산운용사의 상장 ETF 수, 순자산가치총액, 일평균 거래대금 등이 과도하게 적을 경우에는 시장 참여자들의 관심이 낮을 가능성이 높습니다. 따라서 ETF를 고를 때 운용사별 현황도 참고하면 좋습니다. ETF를 고르는 방법은 다음 장에서 자세히 다루니 조금만 기다려주세요.

[표 3-2] ETF 운용사 현황(순자산가치 총액순, 2021.8.31 기준)

구분	로고	브랜드	홈페이지
삼성자산운용	KODEX	KODEX	www.kodex.com
미래에셋자산운용	TIGERETF	TIGER	www.tigeretf.com
케이비자산운용	KB STAR ETF	KBSTAR	www.kbstaretf.com
한국투자신탁운용	KINDEX KIM-Korea Index	KINDEX	www.kindexetf.com
키움투자자산운용	KOSEF Korea Stock Exchange Trade Fund	KOSEF	www.kosef.co.kr
엔에이치아문디자산운용	HANARO	HANARO	www.nh-amundi.com
한화자산운용	ARIRANG ETF	ARIRANG	www.arirangetf.com
신한자산운용	SOL ETF	SOL	www.soletf.com
교보악사자산운용	파워ETF	파워	www.kyoboitm.co.kr
브이아이자산운용	브이아이자산운용 VI AMC KOREA	FOCUS	www.viamc.kr
유리에셋	유리자산운용	TREX	www.yurieasset.co.kr
디비자산운용	DB자산운용	마이티	www.db-asset.co.kr
하나UBS자산운용	하나UBS자산운용	KTOP	www.ubs-hana.com
마이다스에셋	MIDAS ASSET	마이다스	midasasset.com
흥국자산운용	Heungkuk Asset Management	흥국	www.hkfund.co.kr
타임폴리오자산운용	TIMEFOLIO Asset Management	TIMEFOLIO	https://timefolio.co.kr

[표 3-3] ETF 운용사별 순자산가치총액, 거래대금(출처: KRX, 2021.8.31 기준)

구분	상장 ETF 수		순자산가치총액		일평균 거래대금	
	종목수	비중	금액	비중	금액	비중
삼성자산운용	124	24.7%	289,853	45.2%	19,096	71.4%
미래에셋자산운용	131	26.1%	203,000	31.6%	4,514	16.9%
케이비자산운용	84	16.7%	56,793	8.8%	1,837	6.9%
한국투자신탁운용	51	10.2%	33,284	5.2%	320	1.2%
키움투자자산운용	26	5.2%	16,939	2.6%	698	2.6%
엔에이치아문디자산운용	22	4.4%	18,268	2.8%	102	0.4%
한화자산운용	42	8.4%	17,636	2.7%	153	0.6%
신한자산운용	5	1.0%	3,684	0.6%	7	0.0%
교보악사자산운용	4	0.8%	551	0.1%	0.4	0.0%
타임폴리오자산운용	2	0.4%	600	0.1%	6.7	0.0%
브이아이자산운용	2	0.4%	426	0.1%	0.3	0.0%
유리에셋	2	0.4%	210	0.0%	0.7	0.0%
디비자산운용	2	0.4%	155	0.0%	0.1	0.0%
하나UBS자산운용	1	0.2%	111	0.0%	0.1	0.0%
마이다스에셋	1	0.2%	92	0.0%	0	0.0%
흥국자산운용	3	0.6%	209	0.0%	1	0.0%
전체	502	100.0%	641,871	100.0%	26,736	100.0%

2 ETF 시장 소개

EXCHANGE TRADED FUND

1) ETF의 탄생

ETF가 최초로 소개된 것은 1976년 〈구매력 펀드: 새로운 종류의 금융상품〉이라는 논문에서였습니다. 닐스 하칸손Nils Hakansson이 고안한 신규 상품이었지요. 하지만 ETF가 실질적으로 탄생한 것은 1988년입니다. 미국증권거래소AMEX 직원이었던 네이선 모스트Nathan Most가 창고 물품보관증이 실물의 이동 없이 증서 형태로만 거래되는 것에 착안해 개발했습니다. 미국 증권거래소와 캐나다 토론토증권거래소TSX가 공동으로 상품을 만들어 상장을 추진했으나 미국의 승인이 늦어지는 바람에 1990년 3월 토론토증권거래소에 먼저 상장되었습니다. 그래서 세계 최초의 ETF는 1990년 3월 캐나다 증권거래소에 상장된 TIPS Toronto 35 Index Participation Units입니다. 그 후 ETF 시장은 미국을 중심으로 전 세계적으로 급성장했습니다.

미국의 ETF는 1993년 1개에서 시작해 2002년에 102개, 2009년 말 1,000개에 가까운 상품이 출시되었습니다. 리서치업체 ETFGI에 따르면 2020년 5월 기준, 전 세계적으로 거래되는 ETF는 7,100개 이상이라고 합니다.

2) 세계 ETF 시장을 선도하는 미국

미국에서 최초로 상장된 ETF는 스탠더드앤드푸어스 500 종합지수위탁증권**SPDR: S&P Depositary Receit**으로 1993년 1월에 상장되었습니다. S&P 500지수를 추적하는 펀드인데, 흔히 '스파이더'라고 부릅니다. 현재 순자산 규모로 세계에서 가장 큰 ETF입니다.

SPDR S&P 500 이후 QQQ(나스닥 100지수 ETF)와 다우존스산업평균지수를 추적하는 DIA**Dow Jones Industrial Average ETF**(흔히 '다이아몬드'라고 부름)가 차례로 상장되었습니다. 지금은 뉴욕증권거래소의 총 주식거래량 중 ETF 거래량이 40%에 육박하는 수준에 이르렀습니다.

미국의 ETF 시장은 초기에는 투자자의 관심을 끌지 못했지만, 1997년부터 비약적으로 발전했습니다. ETF 순자산총액은 2010년 1.3조 달러에서 2021년 2월 8.1조 달러에 이르러 10년간 연 18%의 증가율을 보였습니다. ETF의 종류 역시 2010년 2,476개에서 2021년 7,741개로 연 11%씩 많아졌습니다. 순자산총액 기준으로 글로벌 시장의 68%는 미국이 차지하고 있습니다.

미국의 ETF 시장이 이토록 괄목할 만한 발전을 이룬 배경은 국가별 지수, 레버리지 ETF 등 다양한 지수가 많이 개발된 것과 더불어, 주가지수 이외에 채권, 통화, 금, 원유 등 다양한 상품 ETF가 상장되어 거래가 활발하게 이루어졌기 때문입니다.

세계 ETF 시장은 미국이 선도하고 있습니다. 미국의 3대 자산운용사가 전세계 운용자산의 70% 이상을 차지하고 있으며, 미국 ETF 시장은 84.9%를 점유하고 있습니다

[그림 3-3] 글로벌 ETF 종류 및 순자산총액 증가 현황(2021.2 기준, 출처: ETFGI)

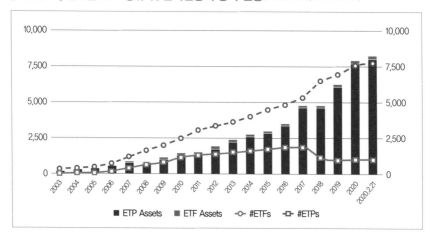

ETF 종류 (단위: 개)	글로벌	미국	아시아 태평양	ETF 순자산총액 (단위: 십억 달러)	글로벌	미국	아시아 태평양
2010	2,476	902	212	2010	1,313	893	54
2021.2	7,741	2,282	1,697	2021.2	8,074	5,576	449
연증가율	11%	9%	21%	연증가율	18%	18%	21%
비중	55%	36%	9%	비중	28%	68%	4%

3) 국내 ETF 시장 동향

순자산총액

순자산총액은 영어로 AUM(Asset Under Management)으로 표기하며, ETF나 펀드가 운용하는 자금의 크기를 말합니다. 순자산총액이 64조 원이라는 말은 투자자들이 ETF에 투자한 금액이 64조 원이라는 얘기지요.

우리나라 ETF 시장은 어떨까요? 2002년 10월, 2개 자산운용사에서 4개의 ETF가 처음 상장되었습니다. 그리고 20여 년이 지난 2021년 8월 말 기준, 16개 자산운용사에서 502개의 종목이 상장되어 운용 중이고, 순자산총액은 64조 원으로 빠르게 성장했습니다.

[그림 3-4] ETF 상장종목 수 및 순자산가치 총액 변화(2021.8.31)

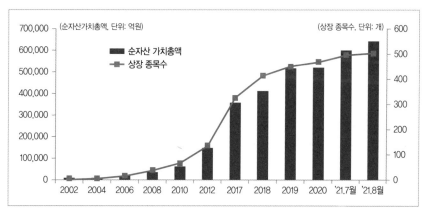

[표 3-4] KOSPI 대비 ETF 자산총액(단위: 조 원)

구분	2002	2004	2006	2008	2010	2012	2014	2016	2018	2020	21.7월	21.8월
KOSPI 시가총액(A)	259	413	705	577	1,142	1,154	1,606	1,344	1,476	1,981	2,253	2,309
ETF 자산총액(B)	0.3	0.5	1.6	3.4	6.1	15	36	41	52	52	60	64
(비중=B/A)	0.1%	0.1%	0.2%	0.6%	0.5%	1.3%	2.2%	3.1%	3.5%	2.6%	2.6%	2.8%

[표 3-5] KOSPI 대비 ETF 거래대금(단위: 천억 원)

구분	2002	2004	2006	2008	2010	2012	2014	2016	2018	2020	21.7	21.8
KOSPI 거래대금(A)	30	22	34	52	56	48	53	65	50	122	138	148
ETF 거래대금(B)	0.3	0.1	0.2	1.0	1.1	5.4	10	15	13	38	22	27
(비중=B/A)	1.1%	0.5%	0.7%	1.9%	2.0%	11.3%	18.4%	22.3%	26.7%	31.5%	16.2%	18.0%

2002년과 비교하면 2021년 8월 ETF 시가총액은 0.1%에서 2.8%로 28배 성장했습니다. 코스피 전체 시장에서 ETF 거래대금 역시 1.1%에서 16.2%로 16배 성장했습니다. 2021년 8월 기준 ETF의 자산총액은 코스피 대비 2.8% 수준이지만, 거래대금은 18.0%로 많은 사람들이 ETF를 이용해 투자하고 있음을 알 수 있습니다.

[표 3-6] ETF 상품유형별 종목수 및 순자산가치총액(단위: 개, 억 원)

		상장종목수		시가총액	
		종목수	비중	금액	비중
국내	국내주식	230	45.8%	326,904	50.9%
	채권	28	5.6%	62,869	9.8%
	부동산	1	0.2%	1,039	0.2%
	통화	3	0.6%	1,286	0.2%
	혼합자산	9	1.8%	1,392	0.2%
	기타	1	0.2%	2,572	0.4%
	레버리지/인버스	54	10.8%	80,605	12.6%
	액티브	28	5.6%	35,485	5.5%
	소계	354	70.5%	512,152	79.8%

	해외주식	90	17.9%	109,775	17.1%
	채권	7	1.4%	1,738	0.3%
	원자재	13	2.6%	7,603	1.2%
해외	부동산	6	1.2%	2,323	0.4%
	혼합자산	7	1.4%	1,554	0.2%
	레버리지 · 인버스	23	4.6%	4,820	0.8%
	액티브	2	0.4%	1,905	0.3%
소계		148	29.5%	129,718	20.2%
시장 전체		502	100.0%	641,870	100.0%

ETF 상품 유형별로는 국내 ETF가 354개로 71%를 차지합니다. 국내 상품 중에서는 주식 종류가 230개로 절반 정도 됩니다. 시가총액 기준으로는 국내가 79.8%를 차지하는데, 50.9%가 국내주식형이고, 두 번째가 12.6%인 국내 레버리지·인버스 상품입니다.

국내 ETF의 순자산총액은 2002년 이후 연 32%씩 커지고 있으나 거래량과 투자금액이 일부 종목에 쏠려있다는 것은 아쉬운 부분입니다. 주식, 채권부터 해외, 대체투자까지 다양한 상품이 상장되어 있지만 자산의 63%가 국내주식형(레버리지, 인버스 포함)에 쏠려 있습니다. 또한 2020년 일평균거래대금의 73%가 국내 레버리지·인버스에 집중되어 있습니다. 이는 ETF를 단기투자나 투기적 목적으로 사용하는 투자자도 많다는 뜻입니다.

현재 증권사, 자산운용사, 은행 등에서 ETF를 활용한 간접투자상품들을 지속적으로 출시하고 있으며, 외국인투자자도 한국증시 편입방법으로 ETF 활용을 늘려가고 있습니다. 정부 역시 ETF 시장을 활성화시키기 위해 노력하고 있으며, 연기금의 ETF 투자 확대를 위해 제도를 개선하고 있습니다.

2015년 10월, 금융위는 'ETF 시장 발전 방안'에서 연기금의 ETF 투자를 활성화하겠다는 방침을 발표하며 국민연금의 ETF 투자를 허용했습니다. 공무원연금과 사학연금은 2014년부터 ETF 투자를 시작했으며, 점차 ETF 비중을 늘려갈 계획입니다.

개인연금과 퇴직연금에서의 ETF 활용 기회도 점진적으로 늘어나고 있습니다. 2015년 금융위는 'ETF 시장 발전방안'에서 개인연금을 통한 ETF 투자를 허용하고, 퇴직연금이 ETF를 편입할 수 있도록 ETF 투자가능 상품군을 확대했습니다. 중위험·중수익 등 맞춤형 투자수요를 충족하고 연기금 등 기관투자자의 안정적 운용 수단으로 ETF를 활용하는 것에 적극적으로 정책 지원을 하고 있습니다. 2016년 9월에는 해외지수나 원자재를 대상으로 만들어진 합성 ETF도 퇴직연금에 투자할 수 있도록 허용했습니다. 2017년 11월 금융위원회가 기획재정부와 협의해 연금저축에서 ETF 투자시 세금 문제가 발생하지 않도록 유권해석을 내리면서 증권사 연금저축계좌에서도 ETF 거래가 본격화됐습니다. 미래에셋대우가 업계 최초로 연금저축계좌 내에서 ETF 매매가 가능한 시스템을 구축하고 서비스를 개시했고, 이후 NH투자증권, 한국투자증권, 키움증권, 삼성증권 등이 해당 서비스를 시작했습니다.

3 ETF의 장점

1) 소액으로 분산투자할 수 있다

대부분의 ETF가 한 주당 가격이 1~2만 원(채권 ETF는 5~10만 원) 수준이어서 소액으로 투자가 가능합니다(ETF의 가격대는 자산운용사가 처음 설계할 때 결정됩니다). 주식형 ETF의 경우 최소 10종목 이상에 의무적으로 분산투자해야합니다. 한 종목에 대한 투자비중도 ETF 자산의 30%를 초과할 수 없는 등 분산투자 원칙에 충실합니다. 원자재 ETF처럼 단일 상품에 투자하는 경우도 있는데, 이는 투자대상 자산이 기업부도와 같은 신용위험으로 갑작스러운 손실을 초래할 위험이 없을 경우에만 가능합니다.

2) 비용이 저렴하다

2021년 4월 말 기준 한국거래소 상장 ETF 총보수는 평균적으로 0.32%이며 전체 펀드(1.01%)의 3분의 1 수준입니다. 238개 국내 주식형 ETF의 평균 보수는 0.29%로 국내 주식형 펀드의 총보수 평균(1.55%) 대비 5분의 1 수준입니다. 88개 해외 주식형 ETF의 평균 보수는 0.40%로 해외 주식형 펀드의 평균 총보수(2.01%)의 5분의 1 수준입니다[1]. 가장 비싼 ETF가 0.99%, 가장 저렴한 ETF는 0.012%로 국내 ETF 운용사간 경쟁이 치열해지면서 보수가 점차 낮아지는 추세입니다.

일반 펀드의 경우 가입 이후 일정 기간 이내 환매 시는 수익금의 30%에서 70%를 수수료로 내야 하고, 펀드에 따라서는 3년 미만 환매 시 별도의 판매수수료를 부과합니다. ETF도 매도할 때 주식처럼 매매수수료(0.013~0.5%)를 부과합니다. 그러나 주식과 달리 증권거래세(0.3%)가 면제됩니다.

3) 운영에 대한 투명성이 높다

일반 펀드는 분기별로 자산운용보고서를 제공하는 데 반해 ETF는 일별 납입자산 구성내역을 통해 언제 어떤 자산에 투자하는지가 매일 투명하게 공개됩니다.

---

1 주식형 펀드는 선/후취 판매수수료가 없는 상품으로 연금형, 기관형 등의 펀드는 제외하여 국내 주식형은 약 1,200개, 해외 주식형은 1,000여 개를 대상으로 계산함(출처 : 펀드다모아, http://fundamoa.kofia.or.kr/).

[그림 3-5] ETF(TIGER 200)의 구성종목 정보(네이버증권, 2021.10.20 조회분)

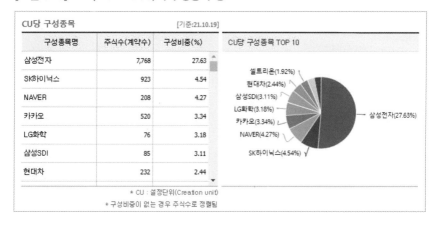

CU당 구성종목		
		[기준:21.10.19]
구성종목명	주식수(계약수)	구성비중(%)
삼성전자	7,768	27.63
SK하이닉스	923	4.54
NAVER	208	4.27
카카오	520	3.34
LG화학	76	3.18
삼성SDI	85	3.11
현대차	232	2.44

CU당 구성종목 TOP 10

셀트리온(1.92%)
현대차(2.44%)
삼성SDI(3.11%)
LG화학(3.18%)
카카오(3.34%)
NAVER(4.27%)
SK하이닉스(4.54%)
삼성전자(27.63%)

* CU : 설정단위(Creation unit)
+ 구성비중이 없는 경우 주식수로 정렬됨

[그림 3-6] 펀드(미래에셋 코스피200 인덱스)의 구성종목 정보(미래에셋자산운용, 2021.10.20 조회분)

주요보유종목 TOP10	
	기준일(21.09.19 종가기준)
종목명	비중
1. 삼성전자	21.01%
2. TIGER 200	18.30%
3. KODEX 200	5.01%
4. SK하이닉스	3.55%
5. NAVER	2.94%

4) 실시간으로 매매할 수 있어 환금성과 유동성이 높다

국내 주식형 펀드에 가입(매입)할 때는 오후 3시 30분 이전에 신청하면 다음날 고시되는 기준가격으로, 오후 3시 30분 이후에 신청하면 2일 후 고시되는 기준가격으로 처리됩니다. 기준가격은 매일 저녁에 산출해 그다음 영업일에 판매회사가 고시하기 때문에 오후 3시 30분 이전 신청분은 당일 종가로 펀드를 매입하는 것과 같게 됩니다. 이때 '오후 3시 30분'이라는 시간이 한국 지역의 컷오프 시간cut-off time(마감시간)이 되므로, 컷오프 시간 이후에 신청하면 1영업일이 더 소요됩니다.

컷오프란?

한국의 컷오프 제도는 펀드 편입 자산에 대한 자산평가ㆍ매매체결ㆍ가격정보 제공 등의 기준을 새롭게 정한 것으로 2020년 10월 5일부터 개정 내용이 시행되었습니다. 한국과 일본의 컷오프 시간은 각국 증시 종료시간 기준입니다. 그 외 지역에 해당하는 국가는 중국 본토, 중국(홍콩), 베트남, 유럽, 미국, 브라질 등입니다.
컷오프 시간과 매입기준가 적용일은 국가마다 다릅니다. 컷오프 시간은 한국은 15:30, 일본은 15:00, 그 외 지역은 17:00입니다.

컷오프 시간과 매입기준가 적용일은 국가마다 다릅니다. 컷오프 시간은 한국은 15:30, 일본은 15:00, 그 외 지역은 17:00입니다. 매입기준가는 한국 지역의 경우 신청 당일 저녁 기준으로 산정해 다음날(T+1) 아침 공시하는 기준가로 처리됩니다. 한국 이외의 지역은 신청 당일 저녁 기준으로 산정하고 2영업일(T+2) 후에 공시되는 기준가로 매입처리됩니다. 환매기준가 적용일은 펀드와 지역마다 다를 수 있는데, 다음 페이지 표의 예시처럼 보통 4~6영업일이 소요되며, 환매대금 입금에는 8영업일이 소요됩니다.

[표 3-7] 컷오프 제도 적용 전후 펀드별 매수 및 환매기준가 적용일 변경 예시[2]

펀드명	매수결제일		환매기준가적용일		환매결제일
	변경 전	변경 후	변경 전	변경 후	변경 없음
삼성노무라일본30 증권자투자신탁1호(채권혼합)	2영업일 (T+1)	3영업일 (T+2)	3영업일 (T+2)	4영업일 (T+3)	8영업일 (T+7)
한국투자베트남그로스 증권자투자신탁(주식)	2영업일 (T+1)	3영업일 (T+2)	5영업일 (T+4)	6영업일 (T+5)	8영업일 (T+7)

이와 같이 펀드는 최소한 하루 또는 그 이상의 기간 동안 가격을 모르는 채 가입과 환매가 이루어집니다. 더구나 해외펀드라면 더욱 늦어져 4~6영업일 이후 기준가격으로 결정되기도 합니다. 그러나 ETF는 매 순간 가격이 변화하여 실시간으로 매매가 가능하기 때문에 일반 주식과 동일하게 쉽게 거래할 수 있습니다.

ETF는 일정 수준의 유동성을 제공하는 유동성공급자 LP, Liquidity Provider 제도가 있습니다. ETF의 LP 역할은 자산운용사와 계약을 맺은 별도의 증권회사가 담당하며, 1개 이상의 LP가 존재해야 상장을 할 수 있기 때문에 모든 상장 ETF에는 LP가 있습니다. LP는 매수와 매도 양쪽 방향으로 최소 100증권 이상씩 호가를 제출해야 하는데, 보통 1호가당 1,000증권 이상씩 양방향의 호가를 제출하고 있습니다. 단, 단일가매매 호가 접수 시간(오전 8~9시, 오후 3시 20분~3시 30분)과 증권시장 개시 후 5분간(오전 9시~9시 5분)에는 LP가 호가를 제출하지 않는다는 점은 주의하셔야 합니다.

거래가 활발하여 유동성이 높은 종목이라 함은 LP가 제출한 호가뿐 아니

---

2 출처: 삼성증권, https://www.samsungpop.com/ux/kor/customer/notice/notice/noticeViewContent.do?MenuSeqNo=17016

라 일반 투자자의 호가도 풍부하여 현재가에 가까운 가격의 호가가 많이 제출되어 있음을 뜻합니다. 하지만 거래량이 매우 적거나 심지어 하루 1주도 거래되지 않아 유동성이 매우 낮은 종목이라 하더라도 언제든지 즉시 거래가 가능한 LP호가가 존재하기 때문에 거래량 수준이 낮다고 해서 그 종목을 외면할 이유는 없습니다. 또한 시장가격과 iNAV 간 가격 괴리가 크게 발생하지 않도록 하기 위해 규제에 의해 LP들은 호가스프레드(매수호가와 매도호가 간 간격)를 일정 수준 이하에서 유지합니다.

5) 배당수익까지 얻을 수 있다

ETF의 분배금은 주식의 배당금과 유사한 개념입니다. 주식형 ETF의 경우 기초자산으로 기업의 주식을 보유하고 있으므로 해당 기업에서 배당을 실시하면 ETF는 해당 배당금을 모아 ETF 투자자에게 '분배금'으로 돌려줍니다.

물론 모든 ETF에 분배금이 있는 것은 아닙니다. 분배금을 지급하지 않고 재투자하여 수익에 반영되도록 설계된 상품도 있습니다(이러한 지수를 총수익지수TR, Total Return Index라고 부릅니다. TR에 대해서는 4장에서 자세하게 다룹니다).

분배금에 대해서는 배당소득세라는 세금이 원천징수된 후 입금됩니다. 한편 모든 ETF의 분배금과 국내 주식형 이외의 ETF에서 발생하는 매매차익은 15.4%의 배당소득세가 발생합니다[3]. 또한 금융소득에 해당하기 때문에 금융소득 종합과세 대상이 될 수 있습니다. 금융소득 종합과세는 이자소득,

---

3 참고로 개인연금(연금저축펀드)계좌 및 개인형퇴직연금(IRP)계좌에서 발생한 배당소득세는 과세이연, 저율과세 혜택을 볼 수 있습니다. 상세한 내용은 필자의 책《마법의 연금 굴리기》를 참고하세요.

배당소득 등의 금융소득 합계가 연간 2,000만 원이 넘는 경우 근로소득 등 다른 소득과 합산하여 높은 세율로 과세하는 제도를 말합니다. 이와 별개로 외국에 상장된 ETF에 직접 투자하는 경우에는 배당소득세가 아닌 양도소득세(22%)가 부과되며, 이는 금융소득 종합과세 대상이 아닙니다.

4장

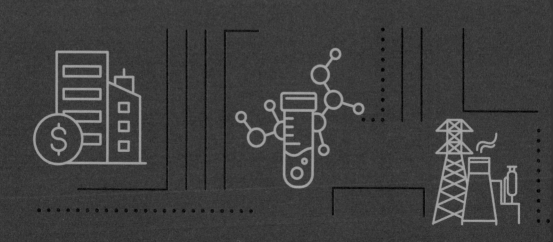

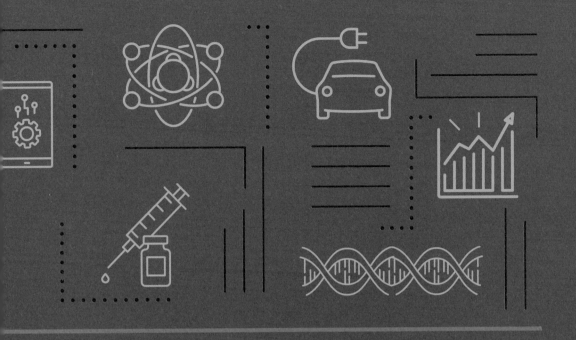

ETF 심화 학습

1 ETF의 분배금과 배당소득세

EXCHANGE TRADED FUND

1) ETF 분배금 지급

ETF의 기초자산이 제공하는 현금 배당금, ETF 내 여유현금의 운용, ETF가 보유 중인 기초자산의 대여와 같은 자산운용을 통해 얻는 이익 등이 ETF 내에 많이 쌓이게 되면 기초지수 성과를 초과하는 일이 발생합니다. 운용을 잘해서 초과 이익이 발생하는 것은 환영할 일이지만 이러한 이익도 결국은 양(+)의 추적오차를 발생시키게 됩니다. 기초지수를 정확히 추적하는 것이 목적인 ETF 입장에서는 양의 추적오차도 제거해야 합니다. 이를 위해 수행하는 것이 분배금 지급입니다. ETF 내에 쌓인 일정 수준의 현금을 분배금이라는 이름으로 ETF 투자자에게 돌려주는 것이죠.

[그림 4-1] ETF의 추적오차와 분배금(출처: 한국거래소)

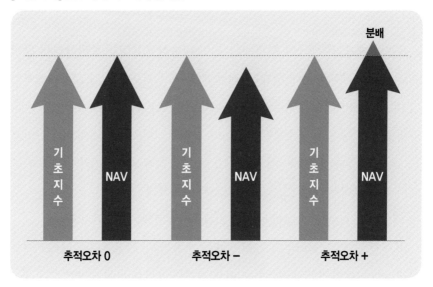

모든 ETF는 분배금 지급기준일을 사전에 정해 놓습니다. 주식형 ETF의 경우 매년 1월, 4월, 7월, 10월, 그리고 12월의 마지막 거래일이 분배금 지급기준일이고 그 밖의 대부분의 ETF들은 12월 마지막 거래일이 기준일입니다. 분배금이 지급되면 그 금액만큼 ETF 시장가격이 떨어지는 '분배락'이 발생합니다. 분배금이 증권계좌로 실제 입금되는 시점은 분배금 지급기준일로부터 7~10영업일 이내이므로 그 시점에 계좌를 확인하면 됩니다. 이때 지급되는 분배금에 대해서는 배당소득세(15.4%)가 원천징수됩니다.

예를 들어, 어떤 ETF의 오늘 종가가 10,000원이었는데 분배금 200원이 발생하면, 다음날 ETF 가격은 분배금을 뺀 9,800원이 되고, 내 증권계좌로 200원에서 배당소득세 31원(=200원×15.4%)을 뺀 금액인 169원이 입금됩니다. 이렇게 분배금에 의한 가격변경을 분배락이라고 하며, 분배락을 반영한 주가(종가)를 '수정주가(수정종가)'라고 합니다.

2) ETF 매도 시 세금

ETF도 매도 시 세금이 부과됩니다. 국내주식형 ETF는 증권거래세 방식으로 세금을 부과하는데 현재는 0%를 적용하기 때문에 실제로는 매매차익에 대한 과세가 없습니다. 하지만 나머지 모든 ETF, 즉 해외지수, 채권, 상품, 파생형 ETF 등은 배당소득세(15.4%)가 발생합니다. 이때 매매차익에 바로 15.4%를 곱하여 과세하는 것은 아니고, 매매차익과 과표기준가격 상승분 중에서 적은 금액에 대해 15.4%의 배당소득세가 부과됩니다. 모든 ETF 운용사는 매일 저녁 NAV를 산출할 때 과표기준가격을 함께 산출합니다.

파생형 ETF 중 국내주식 레버리지 ETF인 경우, 기초자산인 국내주식과 장내파생상품 자체가 매매차익에 대해 세금이 부과되지 않는 상품이기 때문에 레버리지 ETF에서는 과표기준가격의 상승이 미미합니다. 나머지 해외지수, 채권, 상품 ETF의 경우 매매차익, 환차익 등 이익의 대부분이 과세 대상 소득이 되므로 ETF 시장가격과 과표기준가격이 거의 비슷합니다. 즉, 국내주식형 ETF를 제외한 나머지 ETF는 매매차익에 배당소득세(15.4%)가 부과된다고 이해하면 됩니다.

2 ETF에 투자할 때 알아두면 좋은 것

EXCHANGE TRADED FUND

1) NAV(순자산가치)

기업은 매년 연말에 1년간의 기업 활동의 결과를 정리하는 '결산'을 합니다. 이를 통해 자산과 부채, 매출과 이익을 산출합니다. 결산 주기는 기업마다 다른데, 연간 또는 반기, 분기별로도 할 수 있습니다. 이와 같은 개념으로 ETF도 거래시간이 종료되면 매일 '회계처리'를 합니다. 이때 ETF가 보유하고 있는 자산(기초자산)에 대해서 가치와 수량의 변화를 확인하거나 부채를 따져봅니다.

ETF의 자산에서 부채[1]를 차감한 것을 순자산 또는 순자산총액이라고 합니다. 이 순자산을 발행된 ETF의 총 증권수로 나눈 값을 순자산가치NAV, Net

---

[1] ETF 자산에서 운용사에게 지급해야 하는 운용보수를 말합니다. 매일 회계처리 시 하루치 보수를 미지급보수라는 이름으로 NAV에서 차감합니다.

Asset Value라고 부르며 이는 일반 펀드의 기준가격에 대응되는 개념입니다. NAV가 ETF의 본질가치라고 한다면 ETF의 가격은 시장(거래소)에서 형성되는 시장가치라고 할 수 있습니다. 펀드 투자 시 가입과 환매의 기준이 되는 것은 기준가격입니다. 반면 ETF 매매는 NAV가 아니라 시장가격에 거래를 합니다. 따라서 펀드의 기준가격과 ETF의 NAV의 개념은 정확히 같지는 않습니다.

ETF의 NAV는 보통 하루 한 번 저녁에 산출되고 다음날 공표하기 때문에 '전일 NAV'라고 부릅니다. ETF별 NAV값을 조회할 때는 각 증권사 HTS나 MTS를 사용해도 되고, 각종 포털 사이트에서도 조회가 가능합니다. 아래 예시는 네이버 금융에서 'TIGER 200'이라는 ETF를 검색한 것입니다. 화면 우측 하단에서 NAV값을 확인할 수 있습니다.

[그림 4-2] TIGER 200의 NAV값

출처: 네이버 증권

2) iNAV(실시간 추정 순자산가치)

앞서 설명한 전일 NAV만을 이용할 수 있다면 실시간 매매라는 ETF의 장점이 떨어질 수 있습니다. 투자자들이 적절하지 못한 가격으로 매매하는 것을 방지하고 ETF의 시장가격이 기초지수의 성과대로 움직이도록 하기 위해 ETF의 NAV가 실시간으로 제공됩니다. 이 지표를 실시간 추정 순자산가치 iNAV, Indicative Net Asset Value라고 부릅니다. 실시간 가치를 100% 정확히 산출하기는 어렵기 때문에 '추정'이라는 표현을 사용하지만, 정확성이 높아 사실상 실제 가치라고 볼 수 있습니다. ETF 중에서 국내에서 거래되는 자산에 투자하는 ETF의 iNAV는 특히 정확성이 높습니다.

증권회사마다 iNAV를 표현하는 방식은 다를 수 있으며 iNAV, 장중/당일/현재 NAV라고도 하고, 그냥 NAV로 표시되기도 합니다. 해당 숫자가 변하고 있다면 iNAV라고 보면 됩니다. iNAV를 산출하기 위해서 ETF 운용사가 자산구성 정보PDF를 매일 최신 형태로 작성해야 하는데, 이 정보에 오류가 발생하기도 하며 이때 iNAV도 부정확한 값이 될 수 있습니다.

■ iNAV가 산출되는 원리

iNAV의 계산방식은 직접방식(PDF 방식)과 간접방식(기초지수 방식)으로 나누어집니다. 직접방식은 ETF가 투자하는 자산의 실제 가격정보를 이용하여 계산하며, 간접방식은 ETF 기초지수 변동률을 이용하여 계산합니다. 직접방식은 국내주식형 등 기초자산의 가격정보를 편리하게 이용할 수 있는 국내형 ETF에서 주로 사용합니다. 간접방식은 가격정보 이용이 어려운 해외 자산 ETF에서 주로 사용합니다.

직접방식을 PDF 방식이라고 하는 이유는 iNAV 산출 시 ETF 운용사가 작성하는 PDF 정보가 이용되기 때문입니다. ETF 운용사는 자산구성내역을 보여주는 PDF를 매일 최신의 정보로 갱신하고 거래소를 통해 투자자에게 공시합니다. PDF에는 ETF가 보유하고 있는 기초자산 이름, 수량 등의 정보가 있고, 전날 저녁에 작성돼서 다음날 공시됩니다. 이 정보는 하루 동안에는 변경되지 않습니다. 따라서 이 정보에 각 종목별 실시간 시세만 적용하면 iNAV 산출이 가능하기 때문에 PDF 방식이라고 부릅니다.

직접방식의 iNAV 산식은 'Σ(기초자산별 실시간 가격×수량)+여유현금'입니다. PDF가 정확하다면 직접방식 iNAV는 매우 정확합니다. 다만 PDF 정보에 종종 오류가 발생해 iNAV가 잘못 산출되는 경우가 있으니 참고하시기 바랍니다.

간접방식은 ETF가 추적오차 없이 기초지수를 100% 정확하게 따라가고 있다는 전제하에 전일까지의 최종 NAV에 전일 대비 다음날의 기초지수 변동률을 곱해 산출하는 방식입니다. 산식은 '전일NAV×(당일 실시간 기초지수÷전일 기초지수 종가)'이며 환노출 ETF인 경우 환율로 곱해 줍니다. 대부분의 ETF가 크고 작은 추적오차가 생기기 마련이기 때문에 직접방식에 비해서는 정확성이 다소 떨어질 수 있습니다.

시장가격과 가격괴리

ETF에 투자할 때에는 시장가격과 실질가치(iNAV)가 얼마나 차이 나는지 체크할 필요가 있습니다. 때로는 iNAV보다 높을 수도 있고 그 반대일 수도 있습니다. 일시적인 괴리는 발생할 수 있으나, 그 상태가 오래 지속되는 종목은 투자에 주의해야 합니다. 이러한 차이를 '가격괴리'라고 합니다.

가격괴리가 발생하는 경우는 크게 3가지 있습니다. 첫 번째는 유동성이 적은 종목에서 발생할 가능성이 높습니다. 유동성이 적다는 건 투자자 간에 매매가 활발하지 않거나 거래량이 적은 것입니다. 호가 경쟁이 드물기 때문에 그만큼 호가 간격이 넓거나 호가당 수량이 적어집니다. 두 번째는 분배금에 과세되는 배당소득세를 회피하기 위해 사전 매도하는 경우입니다. 이 경우 매수자 입장에서는 ETF 매수 시 본인이 배당소득세를 떠안아야 하기 때문에 정상 가격보다 싸게 매수하려는 심리가 작용하게 됩니다. 이로 인해 매수 호가가 낮아지고 이런 호가에 거래가 체결되면 시장가가 낮아지는 현상이 발생할 수 있습니다. 세 번째는 유동성공급자의 유동성공급 활동이 원활하지 못할 때입니다. 유동성 공급자는 유동성공급 활동, 즉 매도호가를 제시하기 위해 필요한 ETF 증권을 가지고 있어야 합니다. 이를 위해서는 ETF 증권의 추가설정[2]을 실시해야 합니다. 추가설정이 완료되면 유동성공급자는 ETF를 다량 보유한 상태에서 매도호가를 제시하고 ETF 가격이 비정상적으로 체결되는 것을 막는 역할을 수행하게 됩니다. 따라서 필요한 시점에 ETF 증권의 추가 공급이 지연되는 경우, ETF 가격은 통상적으로 정상 수준보다 높게 거래되는 현상이 나타날 수 있습니다.

---

2   추가설정: ETF에 투자하는 또 하나의 방법인데, 거래소에서 ETF를 매수하는 방법 외에 발행시장에서 '추가설정'이라는 절차를 통해 ETF 증권을 보유하는 것을 말합니다.

■ ETF 가격 괴리

[그림 4-3] ETF 현재가 화면(예시)

〈ETF 현재가 화면 : 투자지표 시장가격 및 가격괴리〉

정규시장 09:29:10			
현재가	25,230		
대비	▼ 120	등락률(%)	-0.47
iNAV	25,273.83	전일 NAV	25,446.14
기초지수	250.29	전일 기초지수	252.00
거래량	928,484	전일 거래량	6,347,735
거래대금	23,423,451,045	전일 거래대금	162,225,304,865
매도호가	25,235	매수호가	25,230

예시에서 iNAV는 25,273.83원이라고 나오고, 현재가는 25,230원으로 형성되어 있습니다. 이 경우는 실제 가치보다 다소 낮은 가격에 거래되고 있다는 것을 알 수 있습니다(물론 그 차이는 43.83원(0.17%)으로 아주 작은 수준입니다).

ETF 시장가격이 iNAV보다 높으면 할증(premium)이 되었다고 하고, 낮으면 할인(discount)되었다고 부르기도 합니다. 할증 또는 할인의 정도를 괴리율[3]이라고 하는데 괴리율이 낮을수록 좋은 상품이라고 할 수 있습니다. 괴리율이 기준을 벗어나 오래 지속되면 한국거래소가 유동성공급자 교체를 요구하거나 해당 종목을 상장폐지할 수도 있습니다.

오해하지 말아야 할 점은, 할증된 경우 그 종목의 전망이 좋아 상승 확률이 높다는 의미가 아니며, 그 반대로 할인된 경우도 향후 가격하락을 예상할 수 있다는 의미가 아닙니다. [표 4-1]의 2개의 ETF는 모두 은행지수에 투자하는 ETF인데 일별로 보면 같은 날에도 가격괴리의 수준은 물론 방향(+ 혹은 -)도 같지 않습니다. 즉, 가격괴리의 정도와 방향이 그 ETF의 향후 전망과는 아무런 관계가 없다는 의미입니다.

---

3   괴리율(%)=(시장가격-NAV)÷NAV

iNAV나 NAV가 ETF의 가치를 보여주는 지표이긴 하지만, 결국 투자자들은 시장에서 형성된 시장가격에 매매를 한다는 점에서 iNAV를 이론가치라고도 합니다. 이에 비해 시장가격은 주식과 마찬가지로 매수호가와 매도호가가 서로 일치되는 수준에서 형성되는 실제 가격입니다. ETF는 호가를 제출할 때 최소 단위가 5원인 반면 iNAV는 5원 미만으로도 표시되는데, 이 역시 매일 가격괴리를 발생시키는 원인입니다.

[표 4-1] 동종 ETF간 괴리율 사례

구분	KODEX 은행			TIGER 은행		
날짜	순자산가치 (NAV)	ETF종가	괴리율(%)	순자산가치 (NAV)	ETF종가	괴리율(%)
2021-04-09	7,149.59	7,145	-0.06	7,439.21	7,430	-0.12
2021-04-08	7,213.92	7,210	-0.05	7,507.10	7,510	0.04
2021-04-07	7,280.65	7,245	-0.49	7,577.44	7,540	-0.49
2021-04-06	7,117.38	7,100	-0.24	7,405.50	7,370	-0.48
2021-04-05	7,175.00	7,155	-0.28	7,466.24	7,465	-0.02

3) 기초지수와 ETF의 추적오차

ETF가 기초지수의 움직임을 얼마나 잘 쫓아가는지를 보여주는 지표가 추적오차Tracking Error입니다. 기초지수와 NAV간의 수익률 차이가 얼마나 큰지를 보는 건데, 일별 수익률 차이의 표준편차로 계산합니다. 예를 들어 특정 기간 동안 코스피 200 지수가 10% 상승했다면 그 지수를 추종하는 ETF의 NAV도 10% 올라가고, 그 ETF의 가격도 10% 올라야 합니다.

추적오차가 발생하는 원인으로는 복제방법과 복제수준, 운용보수 등 각종 비용, ETF가 보유 중인 기초자산의 변경과 그에 따른 거래비용, 기초자산에서 발생하는 배당금이나 이자 등이 있습니다. 앞서 설명한 가격괴리는 ETF 거래 과정에서 발생하는 문제이므로 자산운용사의 운용능력과는 직접적인 관련이 없지만 추적오차는 자산운용의 결과로 나타나는 현상입니다. 따라서 추적오차를 작게 유지하는 것이 자산운용사의 ETF 운용능력이라고 볼 수 있습니다.

ETF 운용을 잘했는지 못했는지를 따져보려면 앞서 언급한 괴리율이 아니라 일정 기간 동안의 추적오차를 살펴봐야 합니다. 이것을 확인하기 위해서는 반드시 기초지수에 대한 정보가 있어야 합니다. 인덱스 펀드인 ETF 상품에 있어 기초지수 정보는 가장 기본이 되는 정보입니다. 거래소 홈페이지나 증권회사 HTS, MTS 또는 ETF 운용사 홈페이지 등에서 실시간 기초지수나 일자별 기초지수 정보를 확인할 수 있습니다. 또한 각종 포털사이트에서도 정보를 제공하는데, 네이버 금융에서 궁금한 ETF를 조회한 뒤 'ETF 분석'을 선택하면 [그림 4-4]와 같이 '순자산가치' 추이를 볼 수 있습니다.

TIGER 200 ETF의 순자산가치 추이를 조회해보니 1년간 큰 괴리 없이 기초지수를 잘 따라간 것으로 보입니다. 파란색 막대가 괴리율인데, 괴리율이 가장 컸던 때가 2020년 3월 코로나19로 인한 증시 급락 시기였음을 알 수 있습니다.

같은 기초지수를 추종하는 ETF 중에서 한 종목을 고를 때, 유동성이 높거나 운용보수가 싼지를 확인하는 것도 중요하지만, 추적오차 역시 잘 살펴봐야 할 항목입니다. 운용보수가 반영된 결과물인 NAV 또는 시장가격이 기초지수를 잘 따라가고 있는지를 비교하는 것이 더 중요할 수 있습니다. 추적오

[그림 4-4] ETF 순자산가치 추이 사례(출처: 네이버 금융)

차를 본다는 것은 운용보수를 포함한 각종 비용까지 모두 포괄하여 본다는
의미이기 때문입니다.

4) ETF 시장 구조

ETF 시장은 ETF 증권을 새로 발행하거나 이미 발행된 증권을 일부 소각시키는 발행시장과 발행된 ETF 증권을 상호 매매하는 유통시장으로 구분합니다. 발행시장은 기관, 법인만이 참여가 가능하며 개인 투자자는 참여할 수 없습니다.

발행시장에서 ETF 증권을 새로 발행하는 절차를 '설정creation'이라고 하며 발행된 ETF 증권을 일부 소각하는 절차를 '환매redemption'라고 합니다. 설정 또는 환매가 발생하면 ETF 증권 수의 증감에 영향을 미치게 됩니다. 이는 마치 상장법인이 유상증자를 통해 주식을 새로 찍어내고 이를 거래소에 추가 상장하는 것과 유사한 개념입니다. 설정 절차에서 ETF에 자산을 납부하는 절차를 '납입'이라고 하며 어떤 자산을 얼마만큼 납입해야 하는지를 보여주는 정보가 앞서 언급한 PDF입니다. 따라서 PDF는 기관이나 법인투자자가 설정할 때 납입해야 하는 자산(환매 시에는 돌려받게 되는 자산)의 내용을 보여주는 정보가 되는 한편, ETF가 어떤 자산에 얼마만큼 투자하는지를 보여주는 정보로서도 의미가 있습니다. 투자자와 자산운용사 사이에 개입하여 설정과 환매 업무를 대행하는 증권회사가 있는데, 이를 지정참가회사AP, authorized participant라고 합니다.

[그림 4-5] ETF 시장 구조

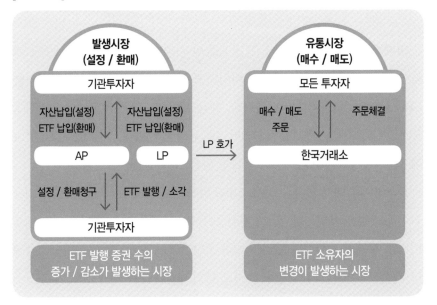

출처: 한국거래소

　　유통시장은 모든 투자자 간에 매수 또는 매도 행위가 일어남으로써 ETF 증권 수에는 변함이 없는 대신 그 소유자가 변경되는 시장입니다. 투자자 간 매매가 원활하게 이루어질 수 있도록 도와주는 시장참가자를 유동성공급자라고 하는데 개인 투자자에게는 중요한 역할을 수행하는 참가자이기 때문에 뒤에서 자세히 설명합니다. 참고로 유동성공급자는 위에서 언급한 AP 중에서 1개사 이상이 그 업무를 수행할 수 있습니다.

5) ETF 가격대가 다른 이유

거래소에 상장되어 있는 ETF 종목들의 가격 수준을 살펴보면 1주당 가격이 12만 원대부터 2천 원까지 다양하고 또 동일한 기초자산에 투자하는 ETF 사이에서도 가격대가 다릅니다. 예를 들어 3년 만기 국고채에 투자하는 'KODEX 국고채 3년'의 경우 약 5만 7천 원대인데 비해 다른 'KBSTAR 국고채 3년', 'KOSEF 국고채 3년' 등은 11만 원이 넘습니다.

ETF의 가격대가 높다는 것이 그 ETF의 수익률이 좋다거나 비싸다는 것을 의미하는 것은 아닙니다. 단지, 자산운용사가 ETF를 처음 설계할 때 가격을 어떻게 정하느냐에 따라 달라집니다. 'KODEX 국고채 3년'의 경우는 1증권당 가격을 5만 원으로 책정한 것이고 나머지 ETF들은 10만 원에 가격을 책정한 것일 뿐입니다. ETF의 최초 가격은 ETF 상품을 설계하여 운용하는 자산운용사가 결정하는 문제입니다. 보통 ETF 운용사는 투자자들이 부담 없이 거래할 수 있는 1~2만 원대 수준(채권 ETF는 5~10만 원대)에서 매매를 할 수 있도록 상품을 설계합니다.

3 ETF의 투자 위험

EXCHANGE TRADED FUND

1) 가격변동위험

ETF는 기초지수의 움직임에 연동되도록 설계된 인덱스형 상품이기 때문에 기초지수가 하락하면 손실이 발생하는 원금 비보장형 상품입니다. 또한, ETF 매매 시 증권회사에 지불하는 위탁수수료(매매수수료)가 발생하므로 너무 자주 거래하는 것은 비용 측면에서 비효율적일 수 있습니다.

2) 신용위험

일반적으로 ETF는 신용위험이 거의 없는 상품입니다. 반면, ETF와 비슷한 이름인 ETN은 무보증·무담보 사채와 동일하게 발행자에 대한 신용위험을 갖습니다. 신용위험이란 ETN을 발행한 증권회사의 부도 등으로 투자금을 돌려받지 못하는 위험입니다. 미국의 경우 2008년 9월 글로벌 금융위기로 3개의 ETN을 발행하고 있던 리먼브라더스가 파산하면서 신용위험이 현실화된 바 있습니다. 한국거래소는 ETN의 신용위험을 관리하기 위해 발행회사의 자격을 엄격하게 제한하고 있지만, 갑작스러운 신용위험이 발생할 경우 투자금의 상당 부분을 손해 볼 수 있다는 점을 반드시 알고 있어야 합니다.

ETF 중에서도 자산운용사가 자산을 직접 운용하지 않고 특정 거래 상대방과 계약을 맺는 합성Synthetic ETF가 있는데, 이때는 거래 상대방의 부도위험이 있습니다. ETN에 비해 신용위험이 적다고 볼 수 있지만 자산운용사가 실물 자산을 직접 운용하는 경우에 비해서는 신용위험이 높다고 할 수 있습니다. 이런 위험이 있기 때문에 합성 ETF의 경우 종목명에 '합성'을 표기하여 일반 ETF와 구분하도록 하고 있습니다.

3) 상장폐지위험

ETF는 거래소에서 거래되는 것을 목적으로 탄생한 금융투자상품이기 때문에 거래소에서 정한 일정한 요건을 준수하지 못하는 경우 상장폐지될 수도 있습니다.

추적오차나 괴리율이 너무 심하게 장기간 발생하는 경우, 수요가 없어서 규모가 너무 작은 경우(50억 원 미만) 거래소는 일정기간 동안 이를 해소할 수 있는 기간을 부여하고 그래도 이를 해결하지 못할 경우에 상장폐지를 실시합니다. 그 외 기초지수가 더 이상 제공되지 않거나, 합성 ETF의 거래 상대방 회사에 문제가 생기는 경우에도 상장폐지가 될 수 있습니다.

ETF의 상장폐지는 일반 주식의 상장폐지처럼 투자금을 거의 잃게 되는 상황은 아닙니다. ETF는 상장폐지가 되더라도 ETF가 투자한 기초자산은 ETF 운용사로부터 독립된 수탁은행에 보관되어 있습니다. 따라서 ETF 운용사는 이를 모두 매각하여 현금화한 뒤, 상장폐지 시점에 평가한 NAV대로 계산하여 투자금을 지급하기 때문에 금전적인 측면에서 ETF를 매도한 것과 차이가 없습니다.

4) 가격괴리위험

ETF의 시장가격은 NAV와 최대한 근접하게 형성되는 것이 바람직합니다. 가격괴리 위험은 ETF의 유동성과 관련된 위험으로 적정 가격보다 비싸게 사거나 싸게 팔 위험을 말합니다. 주식은 유동성이 너무 낮으면 매매 자체가 불가능할 수도 있지만, ETF는 유동성공급자가 있어 매매 자체가 불가능한 경우는 거의 없습니다. 다만, 유동성이 낮은 경우 적정가격, 즉 NAV보다 다소 비싸게 사거나 싸게 팔아야 할 위험이 있습니다.

또한 ETF의 신속한 추가공급이 지연되어 가격괴리가 발생할 수도 있습니다. 특히 ETN의 경우 최초 발행 이후 투자자에게 인기가 있을 경우 추가상장을 통해 신속하게 물량을 공급해 지표가치ⅳ에 근접하게 거래되도록 하는데, 이 추가상장이 늦어질 경우 가격이 왜곡될 위험이 있습니다. 실제로 미국에서 2012년 2월 크레딧스위스사가 발행한 ETN 상품에 대해 추가발행을 중단하여 가격이 급격하게 상승했다가 추가발행을 재개하면서 다시 급락한 사례가 있었습니다. ETF의 경우 추가발행을 복수의 지정참가회사가 할 수 있기 때문에 추가상장 지연으로 인한 가격괴리 위험은 훨씬 적습니다.

5) 추적오차위험

추적오차는 ETF의 NAV가 기초지수의 성과를 추정하는데 오차가 얼마나 있느냐를 보여주는 지표입니다. 추적오차가 적다는 것은 그만큼 자산운용사가 운용을 잘했다는 것을 말합니다. 추적오차는 주로 기초지수의 구성종목을 그대로 편입하지 않고 일부만 편입하거나 지수 구성종목과 다른 자산을 이용하는 경우, 그리고 운용보수와 같은 비용이 높은 경우에 주로 발생합니다.

현재 코스피 200 ETF는 9개가 운용되고 있는데 적은 경우 187개 종목, 많은 경우 201개 종목을 편입하는 등 운용사마다 실제 편입한 종목 수가 다릅니다.

[표 4-2] 운용사별 코스피 200 ETF의 구성종목 수

종목명	구성종목수(개)
KODEX 200	200
TIGER 200	201
KBSTAR 200	200
ARIRANG 200	200
KINDEX 200	201
KOSEF 200	187
HANARO 200	200
파워 200	201
TREX 200	196

6) 환율변동위험

　미국주식, 원자재 등 해외자산에 투자하는 ETF의 경우 기초자산의 가격은 해당 국가의 통화 단위에 기초하여 표시되는 반면, 투자자들이 보는 NAV는 원화로 산출된 수치로 표시되는 등 통화가 다릅니다. 이렇게 원화가 아닌 외국통화로 표시되는 자산에 투자하는 종목 중 환율 변동 위험을 제거한, 즉 환헤지를 실시한 상품을 '환헤지형'이라고 부르며, 상품명에 '(H)' 표시를 합니다. 환헤지를 하지 않는 상품을 '환노출형'이라고 부릅니다. 환노출형의 경우 기초자산의 가격 또는 환율에 변동이 생긴다면 ETF 가격에도 영향이 있을 수밖에 없습니다.

　환헤지형 상품이라 해도 외화자산 전체에 대해 100% 정확하게 환헤지를 수행하는 것은 어렵습니다. 환율은 수시로 변하는데 환헤지 수준을 자주 조정하면 비용이 많이 발생하기 때문입니다. 완벽하지 않은 환헤지는 결과적으로 추적오차로 나타날 수 있습니다.

　환헤지형과 환노출형은 어느 상품이 더 좋거나 나쁘다고 말하기 어려우며, 투자 목적에 따라 적절하게 투자해야 합니다.

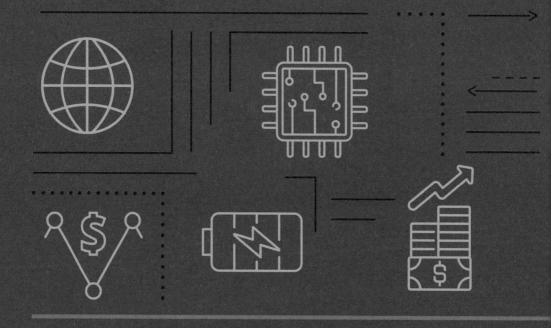

5장

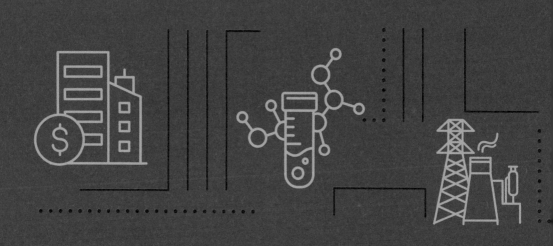

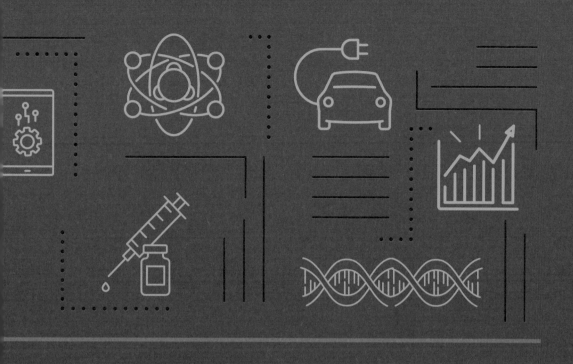

복잡하지만
궁금했던 개념들

1 PR, TR, NTR 비교

EXCHANGE TRADED FUND

TR ETF가 국내에 처음 출시된 시기는 2017년 11월입니다. TR은 '총수익 Total Return'의 약자인데, ETF 분배금에 따른 수익까지 합산해 지수가 산출된다는 의미입니다. 예를 들어 '코스피 200TR' 지수는 분배금 수익을 지수 수익률에 더해 산출합니다. TR지수를 추종하는 TR ETF는 분배금을 투자자들에게 지급하는 대신 이를 재투자에 활용합니다.

TR과 반대되는 개념은 PRPrice Return입니다. 분배금이 나올 때마다 투자자들에게 곧바로 지급하는 방식으로 기존의 '코스피 200' 지수가 여기에 해당합니다. 이밖에 TR과 유사한 NTR도 지수명에서 종종 찾아볼 수 있습니다. NTR은 '순수익Net Total Return'을 의미하는데요. 분배금까지 포함한 전체 수익에서 배당소득세를 빼는 방식입니다. 지수나 ETF에 TR, NTR이라고 따로 표기되어 있지 않다면 대부분 PR 방식이라고 보면 됩니다.

국내에 TR ETF가 출시된 지 몇 년 되지 않았지만 종류도 급속히 늘어나고 시가총액도 늘어나는 등 인기가 높습니다. 특히 기관투자자들 사이에서 인기가 높은데, 분배금에서 세금을 떼고 회계처리를 할 필요 없이 곧바로 재투자할 수 있기 때문입니다. 게다가 TR ETF가 일반적인 PR ETF에 비해 수수료도 저렴한 편입니다.

[표 5-1] 코스피 200 PR과 TR ETF 비교(2021.8.31. 기준)

기초지수: 코스피 200					기초지수: 코스피 200TR					보수 차이
종목명	상장일	총 보수	일거래 대금 (백만원)	시가 총액 (억원)	종목명	상장일	총 보수	일거래 대금 (백만원)	시가 총액 (억원)	
KODEX 200	2002 1014	0.15	211,783	54,349	KODEX 200TR	2017 1120	0.07	917	12,492	-0.08
TIGER 200	2008 0403	0.05	26,908	23,220	TIGER 200TR	2018 1119	0.09	61	359	0.04
KBSTAR 200	2011 1020	0.017	8,238	10,890	KBSTAR 200TR	2020 0820	0.012	66	561	-0.005
KINDEX 200	2008 0910	0.04	10,750	7,192	KINDEX 200TR	2019 0827	0.03	127	3,747	-0.01
KOSEF 200	2002 1014	0.13	1,425	5,789	KOSEF 200TR	2018 0420	0.012	1,060	4,953	-0.118
HANARO 200	2018 0329	0.036	3,157	6,183	HANARO 200TR	2019 0827	0.07	741	2,178	0.034

[표 5-2] 코스피 PR과 TR ETF 비교(2021.8.31. 기준)

기초지수: 코스피					기초지수: 코스피 TR					보수 차이
종목명	상장일	총 보수	일거래 대금 (백만원)	시가 총액 (억원)	종목명	상장일	총 보수	일거래 대금 (백만원)	시가 총액 (억원)	
ARIRANG 코스피	2015 0922	0.2	133	99	ARIRANG 코스피TR	2019 0624	0.15	1,744	1,130	−0.05
KODEX 코스피	2015 0821	0.15	3,766	3,252	KODEX 코스피TR	2020 0720	0.07	78	356	−0.08

앞 페이지의 [표 5-1]은 코스피 200 ETF와 코스피 200TR ETF를 동시에 운용하는 운용사의 보수와 거래대금 등의 정보를 정리한 것입니다. 두 곳을 제외하고는 PR보다 TR ETF의 보수가 낮습니다. TR ETF의 출시가 늦었음에도 불구하고 운용규모도 수천억 원대이고, 일평균 거래대금도 수억 원대로 거래가 적지 않음을 알 수 있습니다.

다만, TR ETF는 배당소득세를 내지 않는 대신 보유기간 과세가 발생합니다. 보유기간 과세란 ETF 매매차익과 과세표준가격 증가분 중 더 작은 값에 15.4%의 원천징수 세금이 부과되는 것입니다. 기존 PR ETF의 경우 분배금 발생 시 해당 분배금에 대해서는 배당소득세가 발생하지만, 매매 차익에 대한 세금이 없습니다.

[그림 5-1] KODEX 200 및 KODEX 200TR의 수정종가, 과표기준가, 주당배당액[1]

(2017.12.01~2021.03.31)

KODEX 200

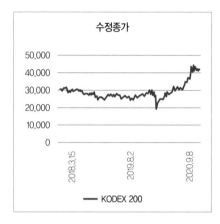

KODEX 200TR

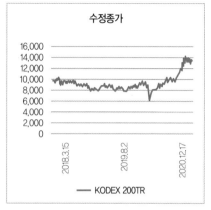

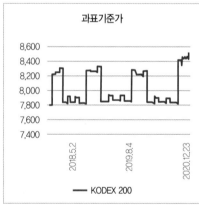

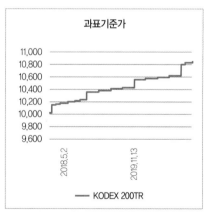

---

1   참조 : 미래에셋증권 HTS 중 'ETF/ETN 종목별 과표기준가 조회(0794)'

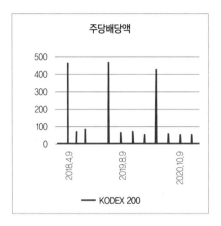

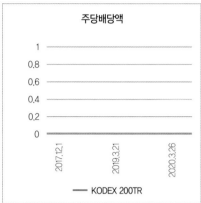

주당배당액

2018.4.9   2019.8.9   2020.10.9

— KODEX 200

주당배당액

2017.12.1   2019.3.21   2020.3.26

— KODEX 200TR

　　실제로 어느 정도 과세가 되는지 확인해 볼 필요가 있습니다. TR ETF 중 가장 먼저 출시된 KODEX 200TR을 기준으로 같은 자산운용사에서 운용하는 KODEX 200과 비교했습니다. [그림 5-1]에 그래프로 정리했습니다. 비교 기간은 KODEX 200TR이 출시된 직후인 2017년 12월 1일부터 2021년 3월 31일까지의 3년 4개월입니다. 시작일에 각 ETF를 1주씩 샀고, 마지막날에 매도했다고 가정했습니다(계산의 편의를 위해 과세는 매도 시 일괄하여 적용했다고 가정합니다).

　　해당 기간 KODEX 200은 1,830원의 배당금을 분배했습니다. 이에 따라 배당소득세 282원이 발생했습니다. 단, KODEX 200은 보유기간 과세 대상이 아니므로 매매 차익에 대한 세금은 없습니다. 반면 KODEX 200TR은 배당금은 없으며 보유기간 과세 대상입니다. 따라서 매매차익(3,785원)과 과세표준가격 증가분(825원) 중 더 작은 값인 825원의 15.4%인 127원이 세금으로 원천징수됩니다. 세후 연환산수익률을 비교해보면 KODEX 200TR이 9.998%로 KODEX 200의 수익률 9.984%보다 0.014% 높은 것을 알 수 있습니다.

[표 5-3] KODEX 200 및 KODEX 200TR의 과세 내역 비교(2017.12.01~2021.03.31)

구분		KODEX 200	KODEX 200TR
배당 내역 과세	주당배당액(누적) (a)	1,830	0
	배당소득세 (b=a*15.4%)	282	0
	배당수익(세후) (c=a-b)	1,548	0
보유 기간 과세	매매차익	11,667	3,785
	과표기준가증가분	706	825
	보유기간과세	대상외	127
기간수익률(세전)		38.23%	38.66%
기간수익률(세후)		37.31%	37.36%
연환산수익률(세후)		9.984%	9.998%

"TR ETF는 배당소득세를 내지 않는 대신 보유기간 과세가 이뤄진다. (중략) 매도 시 세금이 발생하지 않는 기존 주식형 ETF와 비교하면 다소 불리한 부분이다."[2]

TR ETF 관련해서 위와 같은 문구를 볼 수도 있습니다. 다만 앞서 계산해본 것처럼 TR ETF가 매도 시 세금이 발생한다는 것 자체로 기존 PR ETF보다 불리하다고 말하기는 어렵습니다. KODEX ETF 계산 사례에서는 TR ETF가 세후 수익률이 더 높았습니다. 이는 단순히 매매차익에 대해 과세하는 게 아니라, 매매차익과 과표기준가 증가분 중 작은 것에 대해 과세를 하기 때문입니다.

또한 세금 부분에서 TR ETF는 국내주식형 ETF가 아니라 해외지수 ETF에

---

2 한국거래소 ETF 블로그, 'TR과 PR, 그리고 NTR', 2019. 5. 20, https://bit.ly/3gChu4E

가깝다는 내용의 기사도 봤을 것입니다. 여기에는 하나의 유의 사항도 담겨 있습니다. TR ETF 거래 시 과세 금액이 2,000만 원이라면 금융소득 2,000만 원 이상을 거둔 것으로 간주돼 금융소득 종합과세 대상이 될 수도 있다는 내용입니다. TR ETF의 세금 부과 형태는 해외지수 ETF와 동일한 보유기간 과세가 맞습니다. 다만, 앞서 보여드린 것처럼 보유기간 과세를 계산하는 방법이 단순히 매매차익에 과세하는 것은 아닙니다. 매매차익과 과세표준가격 증가분 중 더 작은 값에 15.4% 세금을 징수하는 것입니다.

예를 들어 KODEX 200TR 및 KODEX 미국 S&P 500선물(H)의 과세내역을 비교해보겠습니다. KODEX 200TR은 매매차익(3,785원)에 비해 과표기준가증가분(825원)이 훨씬 적으며 따라서 보유기간과세(127원)도 적습니다. 반면 KODEX 미국 S&P 500선물(H)의 경우 매매차익(6,255원)에 비해 과표기준가 증가분(6,415원)이 다소 높습니다. 따라서 보유기간 과세는 둘 중 작은 값인 매매차익을 기준으로 산정되어 963원이 됩니다. KODEX 200TR의 경우 과세로 인한 수익률 차이는 1.30%로 연환산 0.388% 수준이지만, KODEX 미국 S&P 500선물(H)은 과세로 인한 수익률 차이는 7.58%로 연환산 2.219%가 발생합니다. 즉 과세 형태의 차이도 중요하지만, 과표기준가를 어떻게 산정하는가가 더 중요할 수 있습니다.

[표 5-4] KODEX 200TR 및 KODEX 미국 S&P 500선물(H)의 과세 내역 비교(2017.
12.01~2021.03.31)

구분		KODEX 200TR	KODEX 미국 S&P 500선물(H)
배당 내역 과세	주당배당액(누적)	0	0
	배당소득세	0	0
	배당수익(세후)	0	0
보유 기간 과세	매매차익	3,785	6,255
	과표기준가증가분	825	6,415
	보유기간과세	127	963
기간수익률(세전)		38.66%	49.25%
기간수익률(세후)		37.36%	41.67%
과세 전후 수익률 차이(누적)		1.30%	7.58%
과세 전후 수익률 차이(연환산)		0.388%	2.219%

[그림 5-2] KODEX 200TR 및 KODEX 미국 S&P 500선물(H)의 수정종가, 과표기준
가, 주당배당액(2017.12.01~2021.03.31)

KODEX 200TR

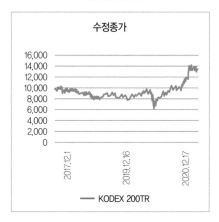

KODEX 미국 S&P 500선물(H)

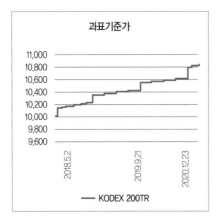

과표기준가

KODEX 200TR

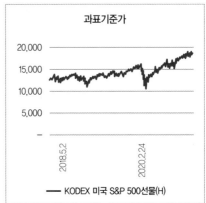

과표기준가

KODEX 미국 S&P 500선물(H)

주당배당액

KODEX 200TR

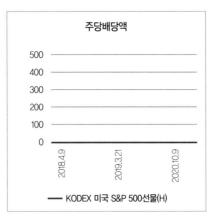

주당배당액

KODEX 미국 S&P 500선물(H)

2 선물과 선물 거래 이해하기

EXCHANGE TRADED FUND

1) 선물이란

ETF 이름 중에 '선물'이라는 단어가 들어간 경우를 많이 보셨을 것입니다. 'KODEX WTI원유선물(H)', 'TIGER 골드선물(H)', 'KOSEF 미국달러선물'과 같은 ETF가 그 사례입니다. 여기서 말하는 선물은 남에게 무엇을 줄 때 사용하는 선물(膳物)present이 아닌 파생상품의 일종인 선물(先物)futures입니다. 영어나 한자로는 구분이 잘 되는데 우리말로는 같은 글자를 사용하기 때문에 헷갈리고 자주 쓰지 않아 어색하지만 자주 접할 단어이므로 개념은 알고 가는 것이 좋습니다.

원유, 골드와 같은 상품의 경우 부피가 커서 수송 및 보관에 따르는 비용이 많이 소요되기 때문에 직접 현물(現物)을 사고팔지 않고 선물(先物)로 거래를 합니다. 또한 해외 주가지수나 미국 국채 등의 경우 운용규모가 작으면 해당 실물로 운용하기가 불가능하기 때문에 선물로 거래합니다. 선물의 유리한 점은 해외시장과 거래 시간대가 달라서 유동성공급자들이 반대매매를 할 때 해당 시장이 안 열려 있으니 파생시장을 이용할 수 있다는 점입니다.

예를 들어 KODEX 골드선물(H)은 금 현물에 투자하지 않고 선물에 투자하는 ETF입니다. 추정순자산가치(이하 iNAV)는 CME Globex의 실시간 골드선물의 가격 움직임을 반영합니다. KODEX 골드선물(H)의 iNAV는 지수방식으로 산출되며, 본 ETF의 기초지수인 S&P GSCI Gold Index Total Return의 실시간 지수는 CME Globex의 실시간 골드선물 가격 움직임을 반영합니다. 단, 미국 휴장일에는 기초지수인 S&P GSCI Gold Index Total Return의 실시간 지수가 산출되지 않아 iNAV값은 변동하지 않지만, 유동성공급자(LP)는 GLOBEX에서 거래되는 골드선물의 가격 움직임을 반영하여 호가를 제시할 수 있습니다.

선물futures거래란 장래 일정 시점에 미리 정한 가격으로 매매할 것을 현재 시점에서 약속하는 거래로, 미래의 가치를 사고 파는 것입니다. 선물의 가치는 현물시장에서 운용되는 기초자산(채권, 외환, 주식, 원자재 등)의 가격 변동에 의해 파생적으로 결정됩니다. '파생적'이라는 말은 어떤 기초자산에 근거해 파생derive되어 나왔다는 것이며 이런 상품을 파생상품이라고 부릅니다. 선물은 파생상품derivatives의 일종입니다. 이 책에서 다루는 ETF 역시 파생상품입니다. 예를 들어 TIGER200 ETF는 코스피 200이라는 주가지수를 기초자산으로 파생되어 만들어졌기 때문에 파생상품으로 분류합니다.

선물의 개념을 배추 거래를 예로 들어 설명해보겠습니다. 배추 도매상 이씨와 농부 박씨가 있다고 하겠습니다. 현재 배추의 가격은 1포기당 3,000원인데 3개월 후 수확할 때의 배추가격이 어떻게 될지 알 수가 없습니다. 도매상 이씨는 배추를 너무 비싸지 않은 적정한 가격에 공급받고 싶어합니다. 반면 농부 박씨는 배춧값이 떨어지면 큰 손해를 보기 때문에 너무 싸지 않은 안정적인 가격으로 팔고자 합니다. 두 사람은 현재 가격인 포기당 3,000원이 적정한 편이라고 생각해서, 3개월 후에 수확할 배추를 포기당 3,000원에 매매하기로 미리 계약합니다. 여기서 이씨와 박씨의 거래는 미래에 일어날 매매를 현재 시점에서 약속한 것이죠. 이런 거래를 선물future거래라고 합니다. 사실 배추 밭떼기 거래는 정확하게는 선도forward거래입니다. 선도거래와 선물거래는 유사한 개념입니다. 주요 차이점은 거래소에서 표준화되어 거래되느냐인데, 이해의 편의를 위해 배추 밭떼기를 선물거래의 사례로 들었습니다. ETF 중에는 선도거래가 없으니까요.

선물은 미리 정한 가격으로 매매를 약속한 것이기 때문에 가격변동 위험을 피할 수 있다는 특징이 있습니다. 선물과 같은 파생상품들은 위험회피를 목적으로 출발하였으나, 다양한 첨단금융기법을 이용해 위험을 능동적으로 받아들이거나 투기적 수단으로 사용되기도 합니다.

1848년에 미국의 시카고에서 82명의 회원으로 시작된 세계 최초의 선물거래소인 시카고상품거래소CBOT; Chicago Board of Trade가 설립되어 콩, 밀, 옥수수 등의 주요 농산물에 대해 선물계약을 거래하기 시작했습니다. 이때 거래된 농산물은 당시 세계 농산물 선물거래의 80%를 차지할 정도였습니다. 1960년대 이후 세계 경제환경이 급변하면서 금융변수들에 대한 효율적인 관리수단의 필요성이 제기되어 1970년대 금융선물이 등장했습니다. 1972년에는 미국의 시카고상업거래소CME; Chicago Mercantile Exchange에서 밀턴 프리드먼 등 경제학자들의 자문을 통해 통화선물이 도입되었습니다. 그 후 1973년에 개별주식옵션, 1976년에 채권선물 등 각종 선물 관련 금융상품이 개발되기 시작했습니다. 우리나라도 1996년 5월 주가지수 선물시장을 개설한 데 이어 1999년 4월 23일 선물거래소가 부산에서 개장되었습니다.[3]

2) 롤오버 효과

선물의 특징 중 하나는 롤오버Rollover(만기이월)입니다. 만기월 선물을 팔고 교체대상월 선물을 사는 것을 말합니다. 이때 두 선물의 가격 차이 때문에 매매하면서 수익이나 손실이 발생할 수 있는데 이를 롤오버 효과Rollover Effect(만기이월효과)라고 합니다.

앞서 나왔던 배추를 다시 예로 들겠습니다. 저의 고향 대관령은 배추를 키우기에 적합한 기후라 연중 배추가 출하됩니다. 다만 조합에서 출하를 관리하다 보니 출하 일정은 매년 1월, 4월, 7월, 10월 말로 정해져 있습니다. 배추 도매 계약을 전문으로 하는 제 사촌 김씨는 배추 도매상들에게 배추를 넘기는 일을 합니다. 김씨는 5월에 필요한 배추를 사전에 확보하기 위해 4월 말에 나오는 배추에 대해 포기당 3,000원에 사기로 미리 계약했습니다. 그런데 김씨에게 사정이 생겨 사전에 확보한 배추(선물)를 다른 도매상에게 팔고 다음에 출하되는 배추를 계약해야 했습니다. 그리고 7월에 나오는 물량이 포기당 3,300원으로 가격이 올랐습니다. 이때 김씨는 포기당 3,000원짜리 배추(4월물)를 팔고, 3,300원짜리 배추(7월물)를 사야 하므로 포기당 300원의 손실을 봅니다. 이렇게 4월물을 7월물로 바꾸는 과정이 롤오버입니다. 이때 4

---

3 시사경제용어사전, 2017. 11., 기획재정부

월물(3,000원)보다 7월물(3,300원)이 비싼 현상을 '콘탱고'라고 합니다. 즉 롤오버 과정에서 손실(300원)이 발생한 거죠. 반대로 7월물 배추가 포기당 2,700원일 경우 김씨는 3,000원짜리를 팔고 2,700원짜리 배추를 사게 되니 포기당 300원의 이익이 발생합니다. 이때 롤오버 수익이 발생하게 되고 이런 현상을 '백워데이션'이라고 부릅니다. (참고로 제 고향이 대관령이라거나 사촌 김씨, 배추 조합 등의 얘기는 이해를 돕기 위한 가상의 설정입니다.)

- **최근월물**: 현재 시점에서 만기가 가장 먼저 오는(만기가 임박한) 월물
- **차월물**: 최근월물 이후에 만기가 도래하는 매월물들을 통칭한다.
- **차근월물**: 차월물들 중 최근월물 이후 최초로 만기가 도래하는 월물
- **원월물**: 만기가 최근월물보다 뒤에 설정된 종목

선물 매수자(김씨) 입장에서 원월물(7월물)이 근월물(4월물)보다 비싼 현상(콘탱고)이 나타날 때 롤오버 손실이 발생합니다. 싼 근월물을 매도하여 청산하고 비싼 원월물을 매수하는 과정(롤오버)에서 손실이 발생하는 것입니다. 반대의 경우(백워데이션)에는 롤오버 수익이 발생하기도 합니다.

콘탱고

콘탱고(contango): 선물가격이 현물가격보다 높거나 결제월이 멀수록 선물가격이 높아지는 현상을 콘탱고라고 부릅니다. 통상 선물거래 가격에는 만기까지 소요되는 현물의 보유비용 즉, 이자, 창고료, 보험료 등의 비용이 추가적으로 포함되기 때문에 선물가격이 현물가격에 비해 높은 것이 일반적입니다. 같은 논리로 선물시장에서 결제월이 먼 선물가격은 결제월이 가까운 선물가격보다 높습니다. 이런 상태의 시장에서는 통상 수요가 공급을 초과하는데, 이런 점에서 콘탱고 상태를 흔히 정상시장(正常市場)이라고 부릅니다.

예를 들어 금선물 가격은 계절적인 수요는 없지만 창고보관 비용부담이 커서 만기가 먼 선물계약일수록 가격이 높아질 수밖에 없어 전형적인 콘탱고를 보입니다. 그러나 여름철 난방유처럼 공급이 수요보다 많은 경우에는 선물가격이 낮아지고 때로는 현물가격보다 낮아질 수도 있어 백워데이션을 보일 수 있습니다.

■ 콘탱고와 백워데이션 사례[4]

KODEX WTI원유선물(H)은 현물에 투자하지 않고 선물에 투자하는 ETF입니다. 만기가 있는 선물에 투자하는 상품으로, 롤오버 효과로 인하여 선물시장의 상황에 따라 원유현물가격과 KODEX WTI원유선물(H) ETF의 수익률은 상이하게 나타날 수 있습니다. 기초지수 구성종목의 변경은 원유 선물계약의 전진 이연Rolling Forward 시기인 매월 5일째 영업일부터 9일째 영업일

---

4 참고: http://www.kodex.com/product_view.do?fId=2ETF72

Roll period(이연기간)에 이루어집니다. 전진 이연이란, 가까운 선물계약(첫 번째로 가까운 선물계약, 이하 '최근월물'이라 한다)의 만기로부터 멀어져 있는 선물계약(두 번째로 가까운 선물계약, 이하 '차근월물'이라 한다)으로 이연하는 것을 의미하며 동 기초지수는 이연기간인 5일 동안 매일 20%씩(포트폴리오의 가치가 아닌 계약수 기준임)의 비율로 매일 종료시간에 일일 정산가격으로 전진 이연이 발생하는 것처럼 산출됩니다. 따라서, 9번째 영업일 종료시간에는 나머지 20%에 대해 이연이 진행되어 전체 원유 선물계약은 차근월물로만 구성되게 됩니다. 이 시점부터 차근월물이 최근월물이 되며 다음 이연 과정에서도 위와 같은 과정으로 반복됩니다.

■ 콘탱고 사례

최근월물 가격이 차근월물 가격보다 낮은 콘탱고 상황에서는 선물의 월물 교체 시 비용이 발생합니다. 사례에서 최초 투자 시 1월물 1계약을 60달러에 매수합니다. 다음달 유가가 10달러 상승하면 갖고 있던 1월물의 가치는 70달러가 됩니다. 이때 1월물이 만기가 되면 2월물로 교체해야 하는데, 2월물의 가격은 73달러입니다. 결국 1월물 1계약을 70달러에 팔고, 2월물 0.95계약을 사야 하는데, 이 롤오버를 통해 3달러의 비용이 발생합니다. 청산할 때 2월물은 계약당 80달러가 되었고, 보유 중인 0.95계약을 매도하면 76.7달러가 남게 되겠죠. 이 사례에서 유가는 20달러 상승했는데, 원유 선물 보유와 롤오버 효과로 인해 손익은 16.7달러가 됩니다. 롤오버로 인한 손실(-3.3달러)이 발생했기 때문이죠.

[표 5-5] 콘탱고 상황에서 원유선물을 통한 유가 투자의 사례

	WTI 원유 선물가격	선물 매매	투자금 가치	누적 손익(A)	WTI 유가 누적변동 (B)	Excess Return (A − B)
최초투자	1월물: $60	1월물 1계약 매수	$60	–	–	–
월물교체	1월물: $70 2월물: $73	1월물 1계약 매도 2월물 0.95(=70/73) 계약매수	$70 비용발생: $3 (=73−70)	$10	$10	0
청산	2월물: $80	2월물 청산(매도) $80 X 0.95 = $76.7	$76.7	$16.7	$20	−$3.3

■ 백워데이션 사례

최근월물 가격이 차근월물 가격보다 높은 백워데이션 상황에서는 선물의 월물 교체 시 수익이 발생합니다. 사례에서 최초 투자 시 1월물 1계약을 60 달러에 매수합니다. 다음달 유가가 10달러 상승하면 갖고 있던 1월물의 가치는 70달러가 됩니다. 1월물이 만기가 되면 2월물로 교체해야 하는데, 2월 물의 가격은 67달러입니다. 결국 1월물 1계약을 70달러에 팔고, 2월물 1.04 계약을 사야 합니다. 이 롤오버를 통해 3달러의 수익이 발생하게 됩니다. 청 산할 때 2월물은 계약당 80달러가 되었고, 보유 중인 1.04계약을 매도하면 83.2달러가 남으니까요. 이 사례에서 유가는 20달러 상승했는데, 원유 선물 보유와 롤오버 효과로 인해 누적손익은 23.2달러가 됩니다. 롤오버로 인한 수익(3.2달러)이 발생한 것이죠.

[표 5-6] 백워데이션 상황에서 원유선물을 통한 유가 투자의 사례

	WTI 원유 선물가격	선물 매매	투자금 가치	누적 손익(A)	WTI 유가 누적변동 (B)	Excess Return (A − B)
최초투자	1월물: $60	1월물 1계약 매수	$60	–	–	–
월물교체	1월물: $70 2월물: $67	1월물 1계약 매도 2월물 1.04(=70/67) 계약매수	$67 수익발생: $3 (=70−67)	$10	$10	0
청산	2월물: $80	2월물 청산(매도) $80 X 1.04 = $83.2	$80 수익발생: $3	$23.20	$20	$3.2

3) 선물의 ER과 TR

선물 지수는 Spot 지수, Excess Return 지수, Total Return 지수의 3가지 유형이 있습니다.

- SPOT 지수: 지수를 구성하고 있는 원자재 선물의 최근월물가격(현물가격)을 단순 연결하여 산출한 지수로, 실제 실물을 보유하는 것을 가정하는 것과 유사한 산출 방법입니다. 실제로는 원자재 선물의 만기가 존재하기 때문에 이 지수를 기초로 하는 상품을 운용하는 것은 거의 불가능합니다.
- Excess Return(ER) 지수: 지수를 구성하고 있는 원자재 선물의 가격 변화에 선물 만기 시 발생하는 만기이월효과Rollover Effect를 반영하여 산출하는 지수입니다. ETF 같은 상품에서 실질적으로 추적이 가능한 지수입니다.

• Total Return(TR) 지수: 선물을 이용하는 대부분의 상품 투자에서 투자자는 1계약 가치에 대해 증거금만 납부하면 투자가 가능합니다. 따라서 투자가 이루어지지 않는 자금이 발생하게 되고 이를 단기국채(T-bill) 등에 투자한다고 가정하여 Excess Return에 단기국채 수익률을 더해 Total Return을 계산하고 지수화한 것입니다.

참고로, 주식지수에서 말하는 TR total return은 배당수익을 포함하여 재투자하는 것을 가정하여 만드는 인덱스로 PR price return과 비교되어 쓰입니다. 선물지수에서의 TR은 주식지수의 TR과 이름은 동일하지만 구성방식은 다릅니다.

4) 현물과 선물, ER과 TR, 무엇을 선택할까?

ER과 TR의 성과 차이를 실제 사례로 살펴보겠습니다. 비슷한 이름을 가진 ETF더라도 상품별 추종지수는 다를 수 있습니다. 미국 대형주 지수(S&P 500) ETF인 'TIGER 미국 S&P 500선물(H)'와 'KODEX 미국 S&P 500선물(H)'는 S&P 500 선물futures 지수를 추종하지만, 각각 ER, TR 지수를 추종합니다. 즉, 상품명은 같지만 다른 지수를 추종하는 상품입니다.

S&P 500 선물 ER 및 TR 지수의 장기 성과를 비교해보면, 2000년 1월부터 2021년 3월까지 TR 지수가 ER 지수보다 연평균 1.7% 높은 수익을 보여주었습니다. 20년간 누적된 기간수익률로는 106%의 수익률 차이를 보입니다. 비슷한 경우라도 ER보다는 TR 지수를 추종하는 상품이 더 나은 성과를 보일

것이라고 추정할 수 있습니다.

[표 5-7] S&P 500선물 ER 및 TR 지수의 장기 성과 분석(2000.1~2021.3)

	S&P 500선물 ER	S&P 500선물 TR
기간수익률	168%	274%
연수익률	4.8%	6.4%
연변동성	15.4%	15.3%
최대 낙폭	59.5%	52.3%

[그림 5-3] S&P 500선물 ER 및 TR 지수의 장기 성과(2000.1~2021.3, 월별 수익률)

이번에는 실제 두 ETF의 성과가 어땠는지 비교해보겠습니다. 최근 출시한 상품에 맞추어 조사 기간은 2015년 5월 29일부터 2021년 3월 31일까지로 합니다. 그래프로 보면 두 상품의 움직임은 거의 유사합니다. 연수익률은 TR을 추종하는 'KODEX 미국 S&P 500선물(H)'가 0.05%p 높습니다. 두 상품의 보수차이가 0.04%p(0.36-0.32%)임을 감안했을 때, TR을 추종해서 더 높은 성과가 나는 건지 보수 차이에 따른 것인지 명확하게 확인하긴 어렵습니다.

다만 장기적인 관점에서 TR 지수를 추종하는 경우가 ER보다는 나을 것이라고 생각해볼 수 있습니다.

[그림 5-4] S&P 500선물 지수 추종 성과 데이터 분석(2015.5~2021.3)

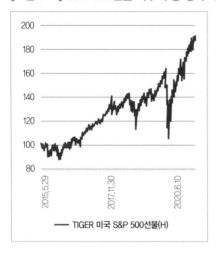
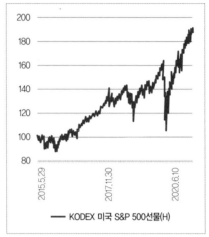

[표 5-8] S&P 500선물 지수 추종 ETF간 성과(2015.5~2021.3)

	TIGER 미국 S&P500선물(H)	KODEX 미국 S&P500선물(H)	차이
연수익률	11.52%	11.56%	−0.05%
연변동성	21.12%	21.17%	−0.05%
최대 낙폭	35.0%	34.8%	−0.18%
기초지수	S&P 500 Futures Index(ER)	S&P 500 Futures Total Return Index	
상장일	20110718	20150527	
총보수	0.36%	0.32%	

최근에 해외 투자 규모가 늘어나면서 선물이 아닌 현물을 이용해 투자하는 ETF가 새로 나오고 있습니다. 이번에는 선물이 아닌 현물을 투자하는 경우와 비교해봅니다. 우선 현물과 선물을 비교해보면 'S&P 500 PR'은 'S&P 500선물 ER'보다 연 0.3%p가량 나은 수익을 보입니다. 'S&P 500 TR' 역시 'S&P 500선물 TR'보다 0.7%p 높은 수익을 보여줍니다. 현물이든 선물이든 TR의 성과가 더 높게 나옵니다. 이 분석에 따르면 같은 미국 대형주 지수(S&P 500)를 추종하는 ETF라 하더라도 선물보다는 현물을 선택하는 것이 나아 보입니다. 또한 현물이든 선물이든 TR의 수익이 더 나은 것을 알 수 있습니다. 물론 실제 ETF 상품의 경우 매년 지불되는 총보수의 차이가 있을 수 있으니 그런 부분을 더 자세히 확인해봐야 할 것입니다.

[표 5-9] S&P 500 현물 및 선물 지수간의 장기 성과 분석(2000.1~2021.3)

	S&P 500 PR	S&P 500 TR	S&P 500선물 ER	S&P 500선물 TR
기간수익률	185%	329%	168%	274%
연수익률	5.1%	7.1%	4.8%	6.4%
연변동성	15.2%	15.2%	15.4%	15.3%
최대 낙폭	52.6%	50.9%	59.5%	52.3%

5) ETF 해외투자와 국내투자, 무엇이 좋을까?

S&P 500를 투자하는 방법은 2가지로 나뉩니다. 첫 번째는 사례로 들었던 국내 상장 ETF를 이용하는 것입니다. 환노출형, 환헤지형 등 다양한 상품이 나와있어 국내 증권사를 통해 쉽게 매매할 수 있습니다. 그런데 미국 증시에도 S&P 500 지수에 투자할 수 있는 ETF들이 상장되어 있습니다. 미국주식계좌를 열어서 직접투자를 통해 해당 ETF에 투자할 수도 있습니다.

S&P 500을 추종하는 SPY와 같은 상품에 직접 투자할 경우 고려해야 하는 것이 몇 가지 있습니다. 먼저 환전비용입니다. 미국주식을 매매하려면 달러로 해야 하기 때문에 원화를 달러로 바꿔야 하는데 이때 환전비용이 듭니다. 통상 환전금액의 0.5~1% 정도가 환전비용으로 나가게 됩니다. 물론 투자금 규모가 매우 크거나 할 경우 금융회사와 협상을 통해 환전비용을 우대받을 수 있다고는 하는데 소액투자자의 경우는 해당 사항이 없습니다. 두 번째로 매매수수료가 국내보다 미국이 훨씬 비쌉니다. 국내의 경우 온라인 거래로 하면 통상 0.015%의 매매수수료가 나오지만, 미국은 0.1~0.25% 수준으로 약 10배 비쌉니다. 세 번째는 미국주식 계좌로 투자하게 되면 기본적으로 환노출 상태라는 것을 알고 있어야 합니다. 물론 환노출로 투자를 하고자 하는 경우에는 문제가 없겠지만, 환헤지로 투자하고자 하는 경우 별도로 신경 써야 합니다. 환헤지 비용 역시 무시할 수 없는 수준입니다. 그리고 세금 역시 신경 써야 할 부분입니다. 국내 상장 미국 ETF에서 수익이 나면 수익의 15.4%를 과세합니다. 반면 미국 상장 ETF일 경우 22%의 양도소득세를 부과합니다. 이때 250만 원까지는 공제되고 그 이상의 수익에 대해서만 과세됩니다. 국내의 경우 연금저축펀드나 IRP 등의 계좌에서 미국 ETF를 매매하면

기존 15.4%보다 낮은 3.3~5.5%로 세율이 낮아지고, 과세 시점을 연금수령 시까지 미뤄주기 때문에 복리효과를 누릴 수 있습니다. 또한 ISA 계좌에서 미국 ETF를 거래할 경우 손익통산과 200만 원까지 비과세, 200만 원 초과분에 대해 9.9%의 분리과세를 해줍니다.

이러한 다양한 비용을 고려했을 때 미국에 상장된 ETF로 거래하는 것이 과연 더 나은지 꼼꼼하게 검토해 보기 바랍니다. 아래의 표는 국내와 미국에 상장된 S&P 500 ETF들입니다. 국내 상품들이 환노출 상품이라 SPY 등에 투자한 것과 같은 환노출 효과를 보입니다. 국내 상품들도 출시된 지 얼마 되지 않았지만, 급격하게 운용규모가 커지고 있습니다. 운용보수 역시 매우 낮은 수준이라 경쟁력이 있다고 생각됩니다.

[표 5-10] 국내외 S&P 500 지수 투자 ETF 비교(2021.7.10 기준, 1달러 = 1,145원)

상품명 (티커)	미국 상장 ETF			한국 상장 ETF		
	SPY	IVV	VOO	TIGER 미국 S&P 500	KODEX 미국S&P 500TR	KBSTAR 미국S&P 500
운용사	SPDR State Street	iShares	Vanguard	미래에셋 자산운용	삼성자산 운용	KB자산 운용
운용규모	3,740억 달러 (428조 원)	2,870억 달러 (329조 원)	7,534억 달러 (862조 원)	3,848억 원	699억 원	250억 원
운용보수(%)	0.09	0.03	0.03	0.07	0.05	0.021
출시일	1993.01.22	2000.05.15	2010.09.07	2020.08.06	2021.04.07	2021.04.07

3 합성 ETF 이해하기

EXCHANGE TRADED FUND

ETF는 기초지수를 복제하는 방법에 따라 실물 복제Physical replication와 합성 복제Synthetic replication로 나뉩니다. 실물 복제는 자산운용사가 기초지수를 구성하는 주식, 채권 같은 자산을 실제로 편입해서 운용하는 방법이고, 합성 복제는 수익률 스와프Swap라는 장외파생상품을 활용하는 방법입니다. 합성 복제 방식으로 운용되는 ETF를 '합성 ETF'라고 줄여 부릅니다. 국내에는 2013년에 처음 도입되었으며, ETF 명칭에 '합성'이라는 단어를 표기하여 일반 ETF와 구분하고 있습니다.[5]

스와프는 계약에 따라 정해진 시점에 자금이나 자산을 교환하는 금융거래를 말합니다. 합성 ETF는 자산운용사가 거래 상대방인 증권사와의 스와프 계약을 통해 목표지수의 수익률을 제공받고 그 대가로 비용을 지불합니다.

---

5   한국거래소(https://bit.ly/2TTVtop) 및 www.kodex.com 참조.

1) 합성 ETF의 장점

직접 운용하기 어려운 투자대상을 상품화할 수 있다는 것이 합성 ETF의 가장 큰 장점입니다. 해외부동산, 원자재와 같이 그동안 접근이 어려웠던 해외 실물자산지수를 활용해서 상품을 만들 수 있기 때문에, 합성 ETF를 통해 더욱 다양한 자산에 투자할 기회가 생깁니다.

합성 ETF의 운용방식은 기초지수의 특성을 고려해서 합성 ETF에 가장 적합한 방식을 선택한 결과입니다. 현재 우리나라에 상장된 합성 ETF들이 따라가는 지수를 보면 공통된 특징들이 있습니다. 우리나라 증시가 열리는 시간에는 거래할 수 없고, 지수를 기초자산으로 하는 파생상품이 상장되어 있지 않고, 지수 구성종목을 거래하기도 쉽지 않다는 것입니다. 이런 특징을 가졌으므로 자산운용사가 지수 구성종목을 실제로 편입하는 것보다는 증권사와의 계약을 통해 운용하는 것이 비용이나 성과 측면에서 효율적입니다.

2) 합성 ETF 투자 시 유의점

합성 ETF에 투자할 경우 유의할 점은 신용위험입니다. 신용위험은 거래 상대방인 증권사가 부도가 나거나 약속을 이행하지 않아 스와프 계약조건을 이행하지 못하는 경우를 말합니다. 신용위험이 발생하면 ETF에 손실이 날 수 있습니다. 이런 경우에 대비하여 자산운용사에서는 매일 거래 상대방의 위험평가를 하고 그에 상응하는 담보를 제공받아 위험 가능성을 최소화하고 있습니다. 신용위험을 줄이기 위해 담보를 설정(자금공여형)하는 경우라도 부

적합한 자산으로 담보를 설정하거나, 설정한 담보가치가 급락하게 되면 담보가치 부실에 따른 위험이 발생할 수 있습니다.

우리나라에서는 이러한 거래 상대방 및 담보 관련 위험을 관리하기 위해 스와프 거래 상대방의 자격요건 등을 거래소 상장 규정에 마련하고 있습니다. 적정 담보자산요건, 담보비율, 담보정산 기준 등을 마련하여 위험을 체계적으로 관리하고 있습니다. 합성 ETF별 상세 내용은 각 자산운용사의 홈페이지를 통해서 확인할 수 있습니다.

3) 스와프의 구조

■ 자금 공여형(Funded Swap, 담보설정형)

ETF는 스와프 계약 거래 상대방(증권사)에게 현금을 주고, 대신 거래 상대방으로부터 담보자산을 받습니다. 이 담보자산은 제3의 은행계좌에 보관하게 됩니다. 거래 상대방은 매일 기초지수 수익률에 해당하는 수익을 ETF에 제공해야 하며, 이를 위해 ETF로부터 받은 현금으로 기초지수에 투자를 합니다. 만일 이 과정에서 기초지수 수익률을 초과해서 수익을 올린 경우 거래 상대방은 그 차익을 얻을 수 있는 장점이 있습니다.

[그림 5-5] 자금 공여형 스와프의 구조(출처: 한국거래소)

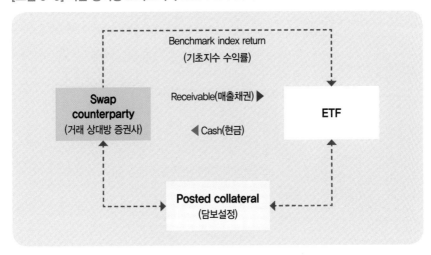

■ **자금 비공여형**(Unfunded Swap, 자신소유형)

ETF는 스와프 거래 상대방(증권사)에게 현금을 주고, 대신 거래 상대방이 제공하는 증권 등을 받습니다. 그런 후 거래 상대방은 매일 기초지수 수익률에 해당하는 수익을 ETF에 제공하고, ETF로부터 자신이 제공한 증권 등으로부터 발생한 수익을 받게 됩니다. 즉, 수익률을 서로 교환하는 구조입니다.

[그림 5-6] 자금 비공여형 스와프의 구조(출처: 한국거래소)

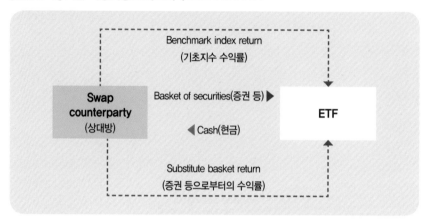

4 액티브 ETF 이해하기

EXCHANGE TRADED FUND

1) 액티브 ETF 개요

기존의 패시브 ETF는 비교지수와 동일하게 자산을 구성해야 했습니다. 그러나 액티브 ETF는 비교지수와 동일하게 자산을 구성할 의무가 없습니다. 따라서 일반적인 ETF처럼 단순히 지수(코스피 200 등)를 추종하는 데 그치지 않고, 자산운용사의 운용 능력을 발휘해 지수 이상의 수익을 추구할 수 있습니다.

액티브 펀드와는 달리 액티브 ETF의 역사는 의외로 짧습니다. 국내 액티브 ETF는 2017년 채권형이 처음으로 상장됐습니다. 2020년 7월 공모펀드 활성화 방안의 일환으로 채권형에만 허용되었던 액티브 ETF를 주식형으로 확대 허용함에 따라 국내에서도 주식형 액티브 ETF가 도입되었죠. 국내 액티브 ETF는 2017년 6월 채권형에 한해 허용되면서 당해 말 상장 종목 수 7개,

자산총액 1조 3,297억 원(비중 3.7%)으로 시작하여 2021년 1월 기준 상장 종목 수 14개, 자산총액 2조 934억 원으로 성장하였으나 아직 초기 단계입니다.[6]

2) 다양해지는 주식형 액티브 ETF

주식형 액티브 ETF 8개 종목이 2021년 5월 25일 신규 상장하며 많은 관심을 받고 있습니다. 주식형 액티브 ETF는 2020년 상장이 허용돼 3종목이 상장돼 있었는데 8종목이 추가 상장되면서 국내에서는 주식형과 채권형 액티브 ETF가 각각 11종이 되었습니다. 신규 8개 종목은 미래에셋과 삼성, 한국투자신탁, 타임폴리오 4개 자산운용사에서 각 2개씩 주식형 액티브 ETF로 출시했습니다. 타임폴리오자산운용은 이번 상장으로 ETF 시장에 새로 진입한 곳이며, 이로써 ETF 발행사는 기존 15개사에서 16개사로 늘어났습니다.

ETF 상품별 개요는 다음과 같습니다.

● **타임폴리오자산운용**

① TIMEFOLIO Kstock 액티브: 코스피 지수를 비교지수로 하여 코스피 시장 대비 초과 성과를 추구하는 주식형 액티브 ETF.

- 운용자산의 50%는 코스피 지수 구성종목 비중을 추종하고, 나머지 50%는 타임폴리오자산운용 내 운용역이 발굴하여 구성한 포트폴리오에 투자(주식시장 전반·섹터·테마 및 종목에 대한 정성적·정량적 분석을 활용한 포트폴리오).

---

6 자본시장연구원, 2021-02호, "미국주식형 액티브 ETF의 성장과 시사점".

[표 5-11] 신규 상장 액티브 ETF 8종 비교

자산운용사	액티브 ETF 종목명	비교지수	지수 산출기관	총보수	운용보수
타임폴리오 자산운용	TIMEFOLIO Kstock 액티브	코스피	한국거래소 (KRX)	0.80%	0.69%
	TIMEFOLIO BBIG 액티브	KRX BBIG K-뉴딜지수			
한국투자 신탁운용	네비게이터 ESG 액티브	MSCI Korea Country ESG Leaders Custom Capped	MSCI	0.50%	0.46%
	네비게이터 친환경자동차밸류체인 액티브	FnGuide 친환경 자동차밸류체인	FnGuide		
삼성자산 운용	KODEX K- 미래차 액티브	FnGuide K-미래차	FnGuide	0.50%	0.45%
	KODEX K- 신재생에너지 액티브	FnGuide K-신재생 에너지플러스			
미래에셋 자산운용	TIGER 글로벌 BBIG 액티브	나스닥 100	NASDAQ	0.55%	0.50%
	TIGER 퓨처모빌리티 액티브	FnGuide 퓨처모빌리티	FnGuide	0.77%	0.72%

출차: 한국거래소

② TIMEFOLIO BBIG 액티브: 국내 BBIG 산업(배터리·바이오·인터넷·게임)에 집중적으로 투자.

- 운용자산의 50%는 KRX BBIG K-뉴딜지수 구성종목 비중을 추종하고, 나머지 50%는 타임폴리오자산운용 내 운용역이 발굴하여 구성한 포트폴리오에 투자(TIMEFOLIO Kstock 액티브와 유사한 분석을 통해 운용역의 재량으로 구성한 포트폴리오).

● 한국투자신탁운용

① 네비게이터 ESG 액티브: ESG 항목을 종합적으로 고려하여 투자 대상 기업을 선정하여 투자.

- 한국투자신탁운용 내 주식운용본부와 협업하여 최종 종목을 선정하며, 비교지수에 대한 정해진 복제비율 없이 펀드매니저의 재량에 따라 투자(종목 선정시 계량적 지표 외에도 조직 내·외부 ESG 분석 자료를 종합적으로 고려).

② 네비게이터 친환경자동차밸류체인 액티브: 완성차·소재·부품 등 친환경 자동차 산업 사이클 전반에 투자.

- 내부 리서치팀의 전문 애널리스트의 분석을 토대로 1차 종목을 선정하고, 비교지수에 대한 정해진 복제비율 없이 펀드매니저의 재량적 판단에 따라 최종 종목 선정

● 삼성자산운용

① KODEX K-미래차 액티브: 친환경자동차·자율주행 등 미래 자동차 기술 관련 기업에 투자.

- 비교지수인 FnGuide K-미래차 지수를 자산의 60% 이상 복제하고, 40% 이내 범위에서 애널리스트의 의견을 고려하여 펀드매니저의 재량적 종목 선정을 통해 최종 포트폴리오 확정(동 ETF는 발행사(삼성자산운용)가 '삼성액티브자산운용'에 운용 업무 위탁).

② KODEX K-신재생에너지 액티브: 풍력, 수소에너지 등 신재생에너지 및 친환경 이동수단 기업에 투자.

- 자산의 60% 이상 FnGuide K-신재생에너지플러스 지수를 복제하고, 40% 이내 범위에서 펀드매니저 재량적 판단에 따라 종목 선정(동 ETF는 발행

사(삼성자산운용)가 '삼성액티브자산운용'에 운용 업무 위탁).

● **미래에셋자산운용**

① TIGER 글로벌 BBIG 액티브: 전 세계 BBIG(배터리·바이오·인터넷·게임) 업종 ETF에 투자하는 해외재간접 주식형 액티브 ETF.

- 운용자산의 50%는 나스닥100지수 추종 ETF에 투자하고, 나머지 50%는 글로벌 BBIG ETF에 투자하여 초과수익 추구(미래에셋자산운용 내 자산배분운용본부와 협업을 통해 BBIG 업종별 1개 이상의 ETF 편입).

② TIGER 퓨처모빌리티 액티브: 2차전지 및 수소차 등 미래차 관련 기업에 투자.

- 운용자산의 60% 이상은 FnGuide 퓨처모빌리티 지수 구성종목 비중을 추종하고, 나머지는 미래에셋자산운용 내 주식운용본부와 협업을 통해 경쟁력과 성장가능성에 초점을 둔 종목에 투자.

3) 액티브 ETF 투자 시 유의 사항

액티브 ETF는 비교지수와 동일하게 자산을 구성할 의무가 없기 때문에 액티브 펀드처럼 자산운용사 고유의 운용 능력을 발휘할 수 있고 지수 이상의 수익을 추구합니다. 운용사의 운용능력에 따라 '지수+α(알파)'의 수익률을 기대할 수 있다는 장점이 있지만, 지수보다 못한 성적을 낼 수 있다는 위험도 동시에 갖고 있습니다. 참고로, 액티브 ETF라고 해도 ETF이기 때문에 비교지수와 최소한의 상관계수를 지켜야 합니다. 상관계수 관련 상장폐지 요건은 기존 패시브 ETF는 0.9 미만, 액티브 ETF는 0.7 미만입니다.

운용보수도 확인해 보아야 할 사항입니다. 신규 출시된 8종의 주식형 액티브 ETF의 경우 운용보수가 0.45~0.72% 수준으로 패시브 ETF보다 월등히 높습니다. 반면 코스피 200을 추종하는 패시브 ETF의 경우 시가총액 상위 3개 상품인 KODEX 200, TIGER 200, KBSTAR 200의 보수는 0.15%, 0.05%, 0.017%에 불과합니다. 특히 'TIGER 글로벌 BBIG 액티브'의 경우 운용자산의 일부를 다른 ETF에 투자하는 재간접 ETF이므로 투자자가 피투자 ETF의 보수도 부담하는 이중보수가 발생하게 된다는 점을 알고 있어야 합니다. 비용 대비 얼마나 좋은 성과를 내는지도 지켜봐야 합니다.

국내 ETF는 규정상 의무적으로 매일 보유종목 등 자산구성 내역을 공개해야 합니다. 패시브 ETF와 동일하게 매일의 납부자산구성내역(PDF)을 체크 단말기, 한국거래소 및 자산운용사 홈페이지에 제공하게 됩니다. 자산운용사가 어떤 운용 전략을 사용하는지 추정해볼 수 있는 보유 종목 정보가 공개되는 것이죠. 참고로 미국은 상관계수 의무규정이 없으며 포트폴리오를 매일 공개하지 않아도 되는 PDF 공개지연 및 불투명·반투명 액티브 ETF가 등장했습니다.

내 액티브 ETF의 실제 성과는?

미래를 예측하는 것은 불가능하지만 과거를 돌아보는 것은 가능하며 의미가 있다고 생각합니다. 새로 상장된 ETF와 상장될 ETF들의 미래를 점쳐볼 수는 없으니 2020년에 출시한 주식형 액티브 ETF의 성과를 돌아보겠습니다.

2020년 9월에 국내 주식형 액티브 ETF 중 처음 상장한 'TIGER AI코리아그로스 액티브'와 'KODEX 혁신기술테마 액티브'의 2021년 6월까지의 누적수익률은 43.7%, 44.5%로 연환산 수익률이 62~63% 수준으로 매우 높아 보입니다. 하지만 이들의 수익률은 같은 기간 코스피 200 지수를 추종하는 KODEX 200 ETF의 성과와 거의 동일합니다. 위험지표인 연변동성, 최대 낙폭 역시 거의 비슷한 수준입니다. 지수와의 상관관계를 계산해보면 두 상품 모두 0.96이 넘는 매우 높은 상관성을 보입니다. 그래프를 통해 확인해보아도 매우 유사하게 움직였음을 알 수 있습니다. [그림 5-7]을 보면 2020년 12월에 출시된 'KODEX K-이노베이션액티브' 역시 유사한 흐름을 보였음을 그래프에서 확인할 수 있습니다.

[표 5-12] 액티브 ETF 성과표(2020.9.29.~2021.6.30, 일별 기준)

	TIGER AI코리아그로스 액티브	KODEX 혁신기술테마 액티브	KODEX 200
기간수익률	43.7%	44.5%	43.8%
연수익률	62.1%	63.3%	62.3%
연변동성	20.4%	20.7%	22.2%
최대 낙폭	6.6%	8.0%	7.3%

[그림 5-7] 액티브 ETF와 지수 ETF의 가격 흐름(2020.9.29.~2021.6.30, 수정종가, 일별 기준)

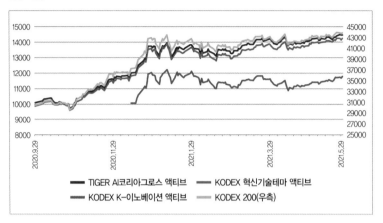

지수와 움직임이 거의 유사한데도 이들 상품의 운용보수는 0.3~0.5%나 됩니다. 반면 지수 ETF의 운용보수는 KODEX 200의 경우 0.15%이며, KBSTAR 200은 0.017% 수준입니다. 지수에 비해 초과 성과를 추구하는 것이 액티브 상품의 목표인데, 아직은 뚜렷한 초과 성과를 보이지 못했습니다. 과거의 성과가 미래의 성과를 담보하는 것은 아니지만, 참고할 필요는 있어 보입니다.

액티브 ETF 상품의 거래대금을 살펴보면, 출시 초기 2~3개월간 20~50억 원 수준으로 활발하게 거래되지만 그 이후엔 거래가 굉장히 줄어든 것을 알 수 있는데요. 시가총액 역시 50~200억 원 수준으로 급격하게 늘고 있지는 않습니다.

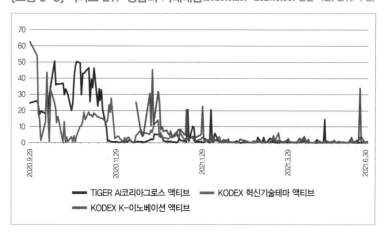

[그림 5-8] 액티브 ETF 상품의 거래대금(2020.9.29.~2021.6.30, 일별 기준, 단위:억 원)

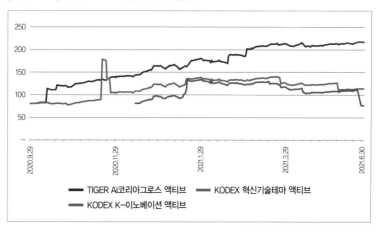

[그림 5-9] 액티브 ETF 상품의 시가총액(2020.9.29.~2021.6.30, 일별 기준, 단위:억 원)

각 액티브 ETF에 대한 상세 설명은 기사 등을 참고하였고 아래와 같습니다.

• TIGER AI코리아그로스 액티브: 국내 성장주에 투자하는 TIGER AI코리아그로스 액티브
ETF는 코스피 지수 대비 초과수익 추구를 목표로 편입종목과 매매시점 등을 인공지능
알고리즘 모델을 활용해 결정한다. 저렴한 비용으로 거래가 편리한 ETF의 장점과 시장
수익률 대비 초과수익을 실현할 수 있는 액티브 펀드의 특징이 합쳐진 국내 첫 주식형

액티브 ETF다. 인공지능 알고리즘 모델의 투자 변수와 세부 방법론은 기술 변화·시장 변화에 따라 변동될 수 있다.

• KODEX 혁신기술테마 액티브: 삼성자산운용은 빅데이터 전문기업 '딥서치'와 협력해 개발한 AI를 사용한다. AI가 기업 공시와 관련 기사, 특허 발원 건수 등을 분석해 혁신 기술을 보유한 종목을 선정한다. 자금의 30%가 이 종목들에 투자한다. 미래 성장성이 높은 산업을 빅데이터 기반으로 뽑은 뒤 해당 산업과 관련성이 높은 기업을 데이터 근거로 선별해 투자하는 상품으로 모든 결정이 데이터를 기반으로 이루어진다.

• KODEX K-이노베이션 액티브: FnGuide K-이노베이션 지수를 비교지수로 해 국내 혁신성장 기업에 투자한다. 지수 구성종목에 70%를 투자하고 나머지는 펀드매니저의 리서치를 통해 혁신성장 가능성이 큰 종목에 선별투자한다.

2021년 5월 출시한 8종의 주식형 액티브 ETF의 경우 아직 출시 초기라 최소 6개월~1년 이상의 움직임을 지켜볼 필요가 있습니다. 그 뒤에 투자 결정을 해도 늦지 않을 것입니다.

세계 최초 인공지능 액티브 ETF 성적은?

앞서 살펴본 주식형 액티브 ETF 중 2020년 9월에 상장한 2개 상품의 공통점은 인공지능 (AI) 기술을 사용한다는 점입니다. 과거에도 인공지능을 활용한 ETF가 출시된 적이 있습니다. 2017년 11월 2일 미래에셋자산운용은 인공지능(AI)을 활용해 글로벌 시장에 투자하는 상장지수펀드(ETF)를 캐나다 토론토 증권거래소에 출시했습니다. ETF 이름은 '호라이즌 액티브 AI 글로벌주식 ETF'이며 약자로 MIND ETF입니다. 이 상품은 주로 북미 지역에 상장된 ETF를 활용해 글로벌 시장에 투자하는 상품으로 AI가 모든 투자를 결정하는

데, 딥러닝 기술이 적용된 인공신경망에 50개 이상의 데이터를 분석해 포트폴리오를 구성하고 기대수익, 상관관계, 변동성 등을 고려해 지역과 국가별 투자비중을 매월 조정합니다. 2017년 11월에 출시되었기 때문에 수년간의 성과를 확인할 수 있습니다.

[그림 5-10] 인공지능 ETF MIND의 누적수익(2017.11~2021.3, 월별)

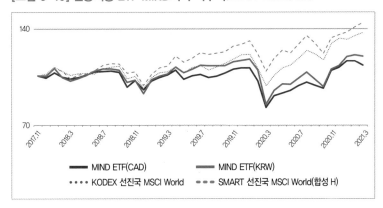

[표 5-13] 인공지능 ETF MIND의 성과분석(2017.11~2021.3, 월별수익률 기준)

	MIND ETF (CAD)	MIND ETF (KRW)	KODEX 선진국 MSCI World	SMART 선진국 MSCI World(합성 H)
연수익률	2.3%	4.3%	12.1%	9.8%
연변동성	18%	21%	18%	17%
최대 낙폭	25%	28%	20%	20%
손실고통크기	1.3%	1.5%	0.6%	0.6%
샤프비율	0.05%	0.13%	0.60%	0.49%

---

7 finance.yahoo.com 및 한국은행 환율정보 참고

2017년 11월부터 2021년 3월까지 3년 4개월간의 성과를 보면, MIND ETF의 연수익률은 2.3%로, 벤치마크로 볼 수 있는 글로벌 주식 시장 ETF들의 수익률 9.8~12.1%에 비해 매우 낮은 수준입니다. MIND ETF를 국내 투자자가 투자했을 경우를 가정해 현지 통화(CAD)를 원화(KRW)로 바꿨을 경우도 계산해보았으나 역시 4.3%로 낮습니다. 반면, 연 변동성이나 최대 낙폭 등의 위험지표는 선진국 지수 ETF와 비슷하거나 더 나쁘게 나옵니다. (그림 5-10)에서 보이는 것처럼 상승과 하락의 움직임은 비슷한데, 전반적인 수익률이 나쁘게 나옵니다. 물론 과거에 성과가 안 좋았으니 미래에도 성과가 안 좋을 것이라는 말은 아닙니다. 다만 최소한 점검해볼 수 있는 데이터는 확인해보자는 의미에서 분석해보았습니다.

5 환노출과 환헤지 이해하기

EXCHANGE TRADED FUND

해외자산에 투자하기 전에 가장 먼저 고려되어야 할 것이 환율에 대한 부분입니다. 해외에 있는 자산은 그 나라 통화로 거래되기 때문에 해당국 통화와 우리나라 통화와의 관계, 즉 '환율'에 대해 반드시 검토해야 합니다. 환율의 움직임이 자산가격의 움직임보다 더 큰 영향을 주기도 하기 때문이죠. ETF 투자 시 환율에 대해 투자자가 취할 수 있는 방법은 크게 두 가지로, 환헤지와 환노출입니다. 환헤지 상품은 ETF 이름에 '(H)'라고 표기를 하고, 환노출인 경우 별다른 표시가 없습니다. 국내 상품들은 당연히 아무 표시가 없고, 다른 통화인 상품들에 대해 표기가 달라집니다.

1) 환헤지

우선 환헤지에 대해 알아볼까요? 헤지hedge란 울타리를 말합니다. 늑대로부터 양을 지켜주는 그런 울타리 말이죠. 투자시장에서의 헤지는 위험으로부터 돈을 지키는 것을 말하는데, 환헤지란 환율 변동으로 인한 위험을 없애는 것을 말합니다. 환헤지를 하기 위해서는 관련 비용이 소요됩니다. 환헤지 비용은 이론적으로 양국 간의 금리 차이를 반영한다고 합니다. 예를 들어 금리가 5%인 나라의 투자자가 2%대 금리가 유지되는 나라의 외화 자산에 투자하면서 환헤지를 한다면 비용은 3% 정도가 발생하게 됩니다. 2008년 금융위기 시기에 우리나라의 신용위험이 급속히 상승함에 따라 원과 달러의 환헤지 비용이 연 5~15%까지 치솟은 적이 있습니다. 또한 인도와 브라질 같은 고금리 국가의 경우 환헤지 비용만 연 4~10% 수준(혹은 그 이상)이 발생하기도 합니다. 환헤지 ETF들은 모두 이런 식의 환헤지 비용이 소요되는 구조입니다.

환헤지 ETF는 상품설명서에 아래와 같이 환헤지 여부를 명시합니다.

> KODEX S&P500선물(H)는 통화 관련 파생상품거래를 통해 환위험을 회피하는 것을 목표로 하고, 미실현 손익에 대해서는 주기적으로 환헤지 비율을 조정하여 최대한 환위험을 회피하고자 합니다.
>
> 그럼에도 불구하고, 투자신탁 설정·해지의 반복, 가격변동, 최소 환헤지 거래규모 등으로 인하여 KODEX S&P500선물(H)에서 투자하는 외화자산의 환위험에 대하여 100% 헤지를 하는 것이 불가능할 수 있습니다.

2) 환노출

환노출이란 환헤지를 하지 않는 것을 말하는데, 환율의 변동성을 없애지 않겠다는 의미입니다. 헤지가 위험을 막아준다고 했는데, 왜 헤지를 하지 않는 걸까요? 예를 들어 자산배분전략으로 투자할 경우 상관관계가 낮은 자산을 이용해 포트폴리오의 위험을 낮추곤 합니다. 한국주식과 달러원 환율은 대표적으로 상관관계가 낮은 자산입니다. 따라서 달러원 환율에 노출함으로써 환율 움직임을 오히려 장점으로 사용할 수 있습니다.

한국금융연구원의 '해외주식투자 환헤지에 대한 연구'에 따르면, 우리나라 투자자의 환헤지 성향이 글로벌 투자자들에 비해 과도하다고 지적합니다. 또한 장기투자자의 경우 환위험을 헤지하지 않는 것이 수익률과 위험 측면 모두에서 유리하다고 밝히고 있습니다. 국내주식투자 관점에서 해외주식 및 환율과의 상관관계가 마이너스값을 갖기 때문입니다. 환노출에 대한 해외의 연구결과도 유사합니다. 하버드 대학의 경제학 교수 캠벨은 글로벌 증시와 미 달러화, 유로화, 스위스 프랑화가 반대로 움직였음을 보였으며, 위험을 최소화하려는 주식투자자는 환헤지를 하지 않아야 한다고 주장했습니다. 주가와 환율의 상관관계가 변동하기 때문에 환헤지 전략을 세우기 어려우며 헤지 비용이 과다하게 발생할 수 있다는 점도 강조했습니다.

홍춘욱 박사는 그의 책《환율의 미래》(에이지21, 2016)에서 주요 자산 간의 상관관계를 분석했습니다. 그의 분석에 따르면 국내주식(코스피)과 음의 상관관계를 보이는 자산으로 달러와 미국국채가 있습니다. 따라서 국내주식과 미국국채를 조합하여 분산투자 하기를 권합니다. 그는 또 다른 책《돈 좀 굴려봅시다》(스마트북스, 2012)에서 이런 생각을 밝힙니다. "한국주식과 미국 국채 간의 분산투자 효과가 없어지려면 가장 중요한 조건으로 한국의 경제구조가 수출이 아닌 내수성장 위주로 바뀌어야 한다. 그래야 해외의 충격에 대한 내성이 생겨서 경제위기 시에 환율이 급등하고 주가가 선진국보다 더욱 폭락하는 경우가 줄어들 것이기 때문이다. 그리고 한국의 주력 수출품목이 자본집약적 제품에서 지식집약적 제품으로 바뀌어야 한다. 높은 품질의 제품을 통한 안정적 매출이 있어야 세계 경기의 영향을 덜 받기 때문이다. 여러 가지 요인을 감안할 때 먼 미래에는 몰라도 적어도 10년 안에 한국 등 아시아 수출국들이 세계 경제의 동향에 휘둘리지 않는 경제구조를 가지는 것은 쉽지 않을 것이다. 그러므로 한국 투자자들은 세계 경기가 예상과 달리 악화될 가능성에 대비해 자산의 일부를 미국 달러표시 국채 등 안전자산에 분산해 투자하는 것이 바람직하다."《돈 좀 굴려봅시다》가 출간된 지 10년이 지났으나 그의 분석과 통찰은 여전히 유효합니다.

3) 환노출과 환헤지, 무엇을 선택할까?

동일한 기초지수를 추종하는 ETF라고 하더라도 환노출과 환헤지 상품의 움직임은 매우 다릅니다. 다음 페이지의 표를 보면 미국 국채(10년) 선물 지수를 추종하는 경우 환노출과 환헤지의 경우 매우 다른 움직임을 보인다는 것을 확인할 수 있습니다. 이 상품 하나에만 투자한다고 했을 때는 상대적으로 변동성이 낮은 환헤지 상품을 선택할 수 있을 것입니다. 반면 주식을 보유한 투자자의 포트폴리오 관점에서 본다면 환노출 상품을 선택하는 것이 더 나은 결과를 보여줄 수 있습니다. 왜냐하면 환노출 상품의 경우 달러 상승에 따라 ETF 가격도 상승하게 되는데 2008년 금융위기나 2020년 코로나 19 등의 요인으로 환율 상승 시 환노출 ETF 가격이 오르면서 주가하락으로 인한 손실을 만회해줄 수 있기 때문입니다. 한국주식과의 상관관계를 계산해보면 환헤지 지수의 경우 -0.22가 나오지만, 환노출 지수는 -0.44의 상관관계를 보여줍니다. 결국 환노출과 환헤지 어느 게 더 낫다고 단정적으로 말할수는 없습니다. 각자의 목적이나 투자 전략에 맞게 선택해야 합니다.

[표 5-14] 환노출과 환헤지 지수의 성과 분석(2001.1~2021.3)

	미국 국채(10년) 선물 (H)	미국 국채(10년) 선물
연수익률	3.7%	3.2%
연변동성	6%	13%
최대 낙폭	9%	26%

[그림 5-11] 환노출과 환헤지 지수의 움직임 비교(2001.1~2021.3)

— 미국 국채(10년) 선물(H)　— 미국 국채(10년) 선물

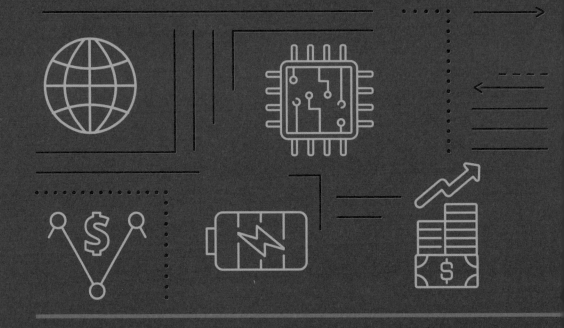

6장

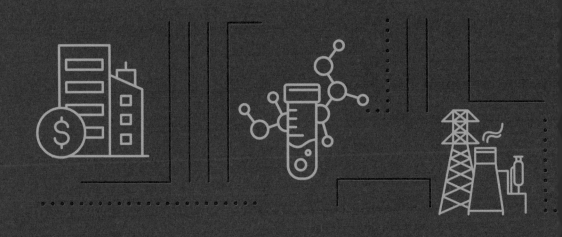

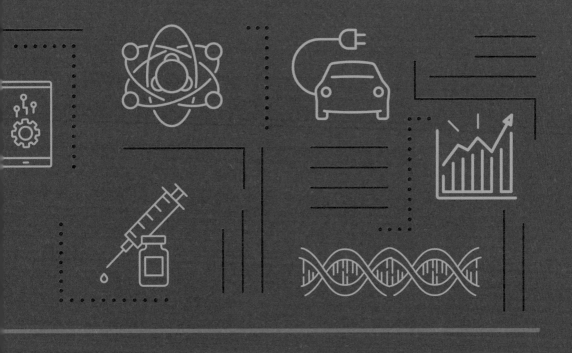

주요 ETF
소개 및 분석

1 기초지수의 이해

EXCHANGE TRADED FUND

ETF는 '기초지수underlying index'를 기반으로 만든 금융 상품입니다. 기초지수가 움직이는 만큼 ETF 가격도 움직이기 때문입니다. ETF의 수익률은 기초지수에 연동됩니다. 특정 지수를 추종한다고 해서 '추종지수'라고 부르기도 하며, ETF의 '목표지수'라고 하기도 합니다. 따라서 ETF를 잘 이해하려면 기초지수를 먼저 이해해야 합니다.

지수index는 특정 시장이나 산업, 자산군 등의 가격 변동 상황을 나타내는 수치, 지표를 말합니다. 지수의 대상은 주식, 채권, 부동산, 원자재 등 다양한 자산군에 걸쳐 있으며, 지역별로도 한국, 미국, 유럽 등을 포함합니다. 코스피 200처럼 특정 주식시장을 대표하는 경우 대표지수라고 부르며, 반도체나 자동차와 같은 업종별 지수는 업종지수라고 합니다. 배당, 사이즈, 모멘텀 등을 다루는 팩터 지수도 있고, 다양한 전략을 구현해 추종하는 지수도 있습니다.

ETF의 기초지수가 되려면 일정 조건을 충족해야 합니다. 국내 주식형 ETF의 기초지수는 지수 구성 종목이 10종목 이상이어야 하며, 한 종목의 지수 내 비중이 시가총액 기준으로 30%를 넘으면 안 됩니다. 또한 지수 구성 종목이 일정 수준 이상의 유동성을 갖추어야 합니다. 채권 지수의 경우 국고채나 통안채처럼 신용도가 높은 채권은 3종목 이상이면 ETF 기초지수의 자격을 갖출 수 있지만, 그 외의 경우에는 10종목 이상이어야 합니다.

국내외에서 발표되는 신뢰도 높은 자산 가격을 반영해야 하며, 공신력 있는 지수 전문 산출회사에서 매일 산출하는 지수만이 기초지수로 허용됩니다. 국내의 대표적인 지수 개발기관으로는 한국거래소, 에프앤가이드, KIS채권평가, 한국자산평가 등을 꼽을 수 있습니다. 이러한 지수를 개발해 제공하는 사업자는 지수 제공의 대가로 ETF로부터 수수료를 받습니다. 각 ETF별로 어떤 기초지수를 추종하는지는 한국거래소 홈페이지나 각 ETF 운용사 홈페이지에서 쉽게 찾아볼 수 있으며, 이 책의 ETF별 소개 페이지에서도 표기하였습니다. 특정 지수의 경우 '배타적 사용권'을 갖기도 합니다. 예를 들어 한국거래소에서 출시한 K-뉴딜 지수의 경우 특정 운용사가 지수 개발의 아이디어를 한국거래소에 먼저 제안했고, 이에 따라 아이디어 제공 운용사에 배타적 사용권이라는 일종의 '우대권'을 부여한 경우입니다.

이번 장에서는 투자자가 시장에서 접할 수 있는 주요 ETF를 크게 5개 분야로 나누어 선진국 주식, 신흥국 주식, 선진국 채권, 신흥국 채권, 대체투자로 분류하여 소개합니다. 각 ETF 소개 시 주요 기초지수에 대한 설명을 추가하였습니다. 섹터, 팩터, 혼합형, 전략형, 테마형 등의 보다 복잡하고 공부가 필요한 ETF는 다음 장에서 소개합니다. 주요 ETF를 먼저 이해한 후 이런 분야의 상품들을 검토하길 권합니다.

1) 지수 산출기관 및 기업들

국내외의 다양한 지수 사업자가 여러 가지 지수를 개발하고 있습니다. ETF의 기초가 되는 지수를 만드는 곳은 어떤 곳인지 알아보겠습니다.

한국거래소Korea Exchange, KRX는 증권 및 파생상품의 공정한 가격 형성과 원활한 매매 및 효율적 시장관리를 목적으로 설립된 기관입니다. 1956년 2월 11일 대한증권거래소가 먼저 설립되고, 다음달인 3월 3일 대한민국 증권시장이 개장했습니다. 현재의 한국거래소는 2005년 1월 27일, 기존의 한국증권거래소, 한국선물거래소, 코스닥증권시장, 코스닥위원회 등 4개 기관이 통합되어 설립된 주식회사입니다.

에프앤가이드는 2000년 설립된 기업으로 지수를 개발하여 제공하는 민간사업자이며, FnGuide index, WISE index, MF Wealth Index, MKF 등 다양한 지수를 제공하고 있습니다.

KIS채권평가는 2000년에 설립되어 채권가격평가, 채권 및 금융정보처리 제공·DB 관리 등의 서비스를 하며 주로 채권 관련 지수를 제공합니다.

한국자산평가는 2000년에 설립되었고, KAP index라는 채권가격 지수를 제공하고 있으며, 실시간 지수인 KEB 지수나 주식연계파생결합증권(ELS)을 기초자산으로 하는 지수 등을 제공합니다.

MSCI(모건스탠리 캐피털 인터내셔널)는 미국의 투자은행 모건스탠리의 자회사입니다. 이 회사의 지수는 전 세계를 대상으로 하는 글로벌 펀드의 주요 지표로 사용되고 있기 때문에 영향력이 큽니다. 미국 펀드의 95%가 이 지수를 참고하고 추종합니다. MSCI 지수는 선진국 23개국과 신흥국 26개국으로 구성되어 있습니다. 한국은 현재 신흥국에 포함되어 있습니다. 반면 S&P(스탠다드앤푸어스)와 FTSE Financial Times Stock Exchange에는 한국이 선진국 지수에 편입되어 있습니다. 특정 지수에 편입되거나 퇴출되는 것은 해당 종목의 수급에 큰 영향을 미칩니다. 이 지수를 추종하는 ETF나 펀드들은 해당 지수에 포함된 종목을 어느 정도는 기계적으로 보유하기 때문입니다. MSCI 지수에 새롭게 편입되면 외국인 자금 유입이 많아지고, 반대의 경우 자금이 유출됩니다. MSCI 지수의 경우 각국의 일반적인 기업 주식들이 모두 편입 대상에 들어갑니다. 한국의 우선주도 편입 대상입니다. 반면 같은 방식을 사용하는 코스피 200에는 우선주가 없습니다. MSCI가 사용하는 유동비율 규정을 보면 비유동에 해당하는 주주 유형에 이사회 임원, 자사주, 정부기관, 우리사주 등이 포함됩니다. 이러한 유동비율 규정의 차이에 따라 코스피 200과 MSCI KOREA 지수 간의 움직임에 차이가 발생하기도 합니다.

S&P DJI S&P Dow Jones Indices는 1882년에 설립된 다우존스를 S&P가 2012년에 인수하며 출범한 회사입니다. 이 회사의 가장 잘 알려진 지수는 각각 1957년과 1896년에 만들어진 S&P 500과 다우존스 산업평균지수입니다. 또한 1882년 월스트리트 저널의 창립자인 찰스 다우에 의해 만들어진 가장 오래된 지수인 다우존스 교통 지수를 관리하고 있습니다.

ICE Data Indices사는 2000년 포춘지 선정 500대 기업 중 하나였던 인터콘티넨털 익스체인지 Intercontinental Exchange가 지수화 관련 사업을 위해 2003년 설립한 자회사입니다.

Indxx, LLC사는 미국 뉴욕에 소재한 지수 사업자로 2005년에 설립되어 글로벌 테마형 위주의 독창적 지수 개발을 중점으로 하는 회사입니다.

Solactive AG사는 2007년에 설립되어 프랑크푸르트에 본사를 둔 독일 지수 사업자입니다.

릭소Lyxor는 프랑스 자산규모 2위 은행인 소시에테제네랄Societe Generale의 자회사인 'Lyxor Asset Management(1998년 설립)'가 출시한 상장지수펀드(ETF) 브랜드로 유럽 및 아시아에 관련 ETF들이 상장되어 있습니다.

2) 기초지수 산정 방식

기초지수는 계산 방식에 따라 크게 가격 가중방식, 동일 가중방식, 시가총액 가중방식으로 나뉩니다. 이 중 시가총액 가중방식이 가장 많이 사용되고 있습니다. 흔히 쓰는 유동시가총액 가중방식도 시가총액 가중방식의 일종입니다. 아래 이어지는 내용은 다소 복잡한 수식이 있으니 기초지수가 산출되는 과정에 관심 있는 분들만 보셔도 좋습니다.

■ 가격 가중방식(Price weighting)

가격 가중방식은 포트폴리오가 구성 종목의 주식들을 모두 한 주씩 담고 있다고 가정하고 작성됩니다(주가가 높은 종목은 많은 돈을 들여 사고, 주가가 낮은 종목은 적은 돈을 들여서 사는 방식). 가격 가중방식은 계산의 편의성 때문에 가장 먼저 개발된 방식이나, 현재는 다우존스 산업평균 지수 정도에만 사용되고 있습니다. 현대적인 지수들은 이 방식을 쓰지 않는 추세입니다.

$$w_i^P x = \frac{P_i}{\sum_{j=1}^{N} P_j}$$

(w_i^P 는 i번째 주식의 지수 내 비중, P_i 는 i번째 주식의 주가, N은 지수의 전체 종목수)

■ 동일 가중방식(Equal weighting)

동일 가중방식은 포트폴리오에 구성 종목들의 비중이 동일하게 들어있다고 보고 계산하는 방식입니다. 예를 들어, 구성 종목이 10개이고 포트폴리오 투자금액이 1,000만 원이면, 각 종목에 100만 원씩 투자한 것과 같습니다. 이상태에서 하루 동안에도 각 주가가 다르게 변동되기 때문에, 포트폴리오의 각 주식 비중은 항상 1/N에서 벗어나게 됩니다. 따라서 동일 가중방식은 주식 비중을 1/N로 만들기 위한 지수 리밸런싱 작업이 항상 필요합니다(매년, 매분기 혹은 매일 등의 주기로 리밸런싱).

$$w_i^P x = \frac{1}{N}$$

(w_i^P 는 i 번째 주식의 지수 내 비중, N은 지수의 전체 종목수)

■ 시가총액 가중방식(Market Cap weighting)

시가총액 가중방식은 지수 내에서 한 종목의 비중이 구성 종목 전체의 시가총액 합계 대비 해당 종목의 시가총액의 비율로 계산되는 방식입니다. 이방식에서는 주가가 변동하면, 그 주식의 시가총액 변화에 따라 개별 주식의 포트폴리오 혹은 지수 내 비중이 자연스럽게 변화하게 됩니다. 주가 변동에 대해서 원론적으로 지수의 리밸런싱이 필요없다는 점이 장점입니다.

$$w_i^P x = \frac{Q_i P_i}{\sum_{j=1}^{N} Q_i P_j}$$

(w_i^P 는 i 번째 주식의 지수 내 비중, Q_i 는 i 번째 주식의 주식수, P_i 는 i 번째 주식의 주가,
N은 지수의 전체 종목수. $Q_i P_i$ 가 i 번째 주식의 시가총액임)

■ 유동시가총액 가중방식

시가총액 가중방식의 개선 버전인 유동시가총액 가중방식(시가총액 대신 유동시가총액을 사용)도, 동일하게 개별 종목의 비중이 자연스럽게 변화한다는 장점을 가지고 있습니다. 유동시가총액 가중방식이 현재 가장 대중적인 지수 가중방식입니다. S&P 500 지수, MSCI 지수, 코스피 200 지수 등이 유동시가총액 가중방식을 사용합니다. 반면, 코스피 지수는 시가총액 가중방식을 사용합니다.

$$w_i^P x = \frac{f_i Q_i P_i}{\sum_{j=1}^{N} f_i Q_i P_j}$$

(w_i^P는 i번째 주식의 지수 내 비중, f_i는 i번째 주식의 유동비율, Q_i는 i번째 주식의 주식수, P_i는 i번째 주식의 주가, N은 지수의 전체 종목수. $f_i Q_i P_i$가 i번째 주식의 유동시가총액임)

2
선진국 주식 ETF

1) 선진국 주식

우리나라에 출시된 선진국 주식 ETF는 총 4가지가 있습니다. 3개는 환헤지형(H)이고, 1개는 환노출형입니다. 같은 선진국 주식형이라도 기초지수와 환헤지 여부에 따라 성과나 움직임이 다릅니다. 따라서 기초지수에 대해 이해하고, 환헤지 여부를 살펴본 후 ETF를 선택해야 합니다. 환헤지형 중에서 선택하고자 한다면, 보수가 저렴하며 시가총액이 높은 순으로 'SOL 선진국 MSCI World(합성 H)'나 'ARIRANG 글로벌 MSCI(합성 H)'를 우선적으로 검토할 수 있습니다. 환노출형 선진국 주식 ETF는 'KODEX 선진국MSCI World'가 유일합니다. 이 상품은 다른 상품 대비 보수가 낮고, 시가총액이나 거래대금도 월등히 높음을 알 수 있습니다.

■ 환헤지형   단위표기: 총보수: %, 거래대금: 백만 원, 순자산총액: 억 원

기초지수	ETF 이름	코드	상장일	총보수	거래대금	순자산총액
MSCI World	SOL 선진국 MSCI World(합성 H)	A208470	2014-11-24	0.35	1	115
MSCI ACWI Index	ARIRANG 글로벌 MSCI(합성 H)	A189400	2013-12-10	0.4	15	92
MSCI EAFE Index	ARIRANG 선진국 MSCI(합성 H)	A195970	2014-05-13	0.5	78	65

■ 환노출형 　　　　　　　　　　　　　단위표기: 총보수: %, 거래대금: 백만 원, 순자산총액: 억 원

기초지수	ETF 이름	코드	상장일	총보수	거래대금	순자산총액
MSCI World	KODEX 선진국 MSCI World	A251350	2016-08-17	0.3	1,897	2,968

■ 지수(혹은 ETF) 상세 정보

MSCI ACWI 지수는 23개 선진시장(DM) 및 27개 신흥시장(EM) 국가의 대형주, 중형주를 편입합니다. 2,978개의 종목으로 구성되며, 해당 국가별 시가총액의 약 85%를 커버합니다.

ACWI는 All Country World Index의 약자입니다. '모든 국가를 포함하는 세계 지수'라는 의미입니다. 1990년 3월부터 발행되었습니다.

선진시장DM, Developed Market 국가들은 23개이며 다음과 같습니다. 호주, 오스트리아, 벨기에, 캐나다, 덴마크, 핀란드, 프랑스, 독일, 홍콩, 아일랜드, 이스라엘, 이탈리아, 일본, 네덜란드, 뉴질랜드, 노르웨이, 포르투갈, 싱가포르, 스페인, 스웨덴, 스위스, 영국, 미국.

신흥시장EM, Emerging Market 국가들은 27개이며 다음과 같습니다. 아르헨티나, 브라질, 칠레, 중국, 콜롬비아, 체코, 이집트, 그리스, 헝가리, 인도, 인도네시아, 한국, 쿠웨이트, 말레이시아, 멕시코, 파키스탄, 페루, 필리핀, 폴란드, 카타르, 러시아, 사우디아라비아, 남아프리카공화국, 대만, 터키, 아랍에미리트.

MSCI World 지수는 선진국 시장을 대표하는 지수로 23개 선진국의 대형주, 중형주를 편입하는 지수입니다. 1,586개의 종목으로 구성되며, 각 국가별 시가총액의 85% 정도를 커버합니다.

MSCI EAFE 지수는 미국과 캐나다를 제외한 유럽, 호주, 극동지역 국가 등

21개 선진국 증시에 걸쳐 대형주, 중형주를 편입하는 지수입니다. 약 876개의 종목으로 구성되며, 각 국가별 시가총액의 85% 정도를 커버합니다. EAFE는 Europe, Australia, and Far East의 앞 글자를 따서 만든 약어입니다. MSCI World와 MSCI EAFE는 1986년 3월 31일에 시작되어 가장 오래된 국제지수 중 하나입니다.

[표 6-1] 각 지수의 국가별 편입비중(msci.com, factsheet, 2021.3.31)

	MSCI World	MSCI EAFE	MSCI ACWI
미국	66.5%	(미포함)	57.8%
일본	7.5%	24.8%	6.5%
중국	(미포함)	(미포함)	4.9%
영국	4.3%	14.3%	3.8%
프랑스	3.4%	11.1%	2.9%
캐나다	3.2%	(미포함)	2.4%
기타	15.1%	49.8%	21.7%

각 지수에 포함되어 있는 주식의 국가별 분포를 보면, MSCI World의 미국 비중이 66.5%로 상당히 높은 비중을 차지하고 있으며 선진시장 지수이므로 중국을 편입하지 않았음을 알 수 있습니다. MSCI ACWI는 선진시장 및 신흥시장을 포함했으며, 이 지수 역시 미국 비중이 57.8%로 매우 높습니다. MSCI EAFE는 미국과 캐나다를 제외한 선진시장 지수이므로 미국, 캐나다, 중국 등이 편입되지 않았으며, 일본의 비중이 24.8%로 가장 큽니다. 선진국 중에서 미국을 제외하고 두 번째로 일본의 경제 규모가 크다는 것을 알 수 있습니다.

[표 6-2] MSCI ACWI 보유 상위 종목(msci.com, factsheet, 2021.3.31)

기업명	국가	시가총액(USD)	인덱스 비중(%)	섹터
APPLE	US	2076.77	3.36	Info Tech
MICROSOFT CORP	US	1693.41	2.74	Info Tech
AMAZON.COM	US	1319.59	2.13	Cons Discr
FACEBOOK A	US	708.04	1.14	Comm Srvcs
ALPHABET A	US	620.08	1	Comm Srvcs
ALPHABET C	US	614.14	0.99	Comm Srvcs
TAIWAN SEMICONDUCTOR MFG	TW	506.78	0.82	Info Tech
TESLA	US	506.51	0.82	Cons Discr
JPMORGAN CHASE & CO	US	464.03	0.75	Financials
TENCENT HOLDINGS LI (CN)	CN	451.22	0.73	Comm Srvcs

MSCI ACWI 지수가 보유한 종목 중 상위 비중을 차지하는 종목의 대부분이 미국 회사임을 알 수 있습니다. 애플, 마이크로소프트, 아마존, 페이스북, 알파벳(구글), 테슬라, 제이피모건 등이 상위에 포진되어 있습니다. 대만의 TSMC(대만 반도체 제조 기업, Taiwan Semiconductor Manufacturing Company)는 세계에서 가장 큰 반도체 제조 기업으로 7위에 랭크되어 있습니다. 10번째가 중국의 텐센트입니다.

MSCI ACWI 지수에 포함된 종목의 섹터별 편입 비중을 보면 정보기술 21.28%, 금융 14.31%, 임의소비재 12.79%, 헬스케어 11.38%, 산업 10%, 통신 서비스 9.4%, 필수소비재 6.98%, 소재 5%, 에너지 3.38%, 유틸리티 2.86%, 부동산 2.61%로 다양하게 분산되어 있음을 알 수 있습니다.

■ 성과 데이터 분석

ACWI vs. World vs. EAFE

분석 기간: 2001.1~2021.8 (코스피 움직임은 참고용, 해당 기간의 예금금리: 연 3.4%)

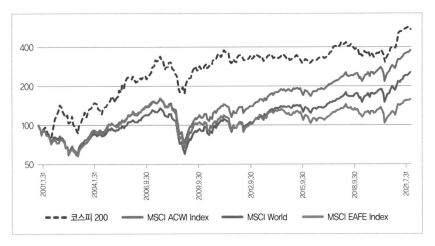

[그림 6-1] ACWI, WORLD, EAFE 비교

	코스피 200	MSCI ACWI Index	MSCI World	MSCI EAFE Index
연수익률	8.5%	6.6%	4.6%	2.2%
연변동성	20.0%	15.9%	15.6%	16.9%
최대 낙폭	47.0%	54.9%	55.4%	58.2%

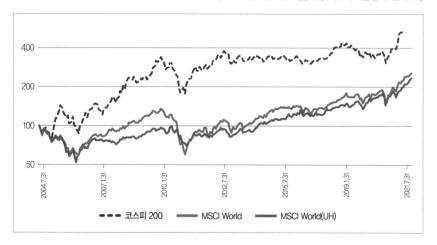

World: 환헤지 vs. 환노출(UH)

분석 기간: 2001.1~2021.8 (코스피 움직임은 참고용, 해당 기간의 예금금리: 연 3.4%)

●●● 코스피 200 ── MSCI World ── MSCI World(UH)

[그림 6-2] MSCI World의 환헤지, 환노출 비교

	코스피 200	MSCI World	MSCI World(UH)
연수익률	8.5%	4.6%	4.2%
연변동성	20.0%	15.6%	14.0%
최대 낙폭	47.0%	55.4%	47.6%

2) 미국 대형주

■ 환헤지형

기초지수	ETF 이름	코드	상장일	총보수	거래대금	순자산총액
S&P 500 Futures Index(ER)	TIGER 미국 S&P500선물(H)	A143850	2011-07-18	0.3	3,920	2,658
S&P 500 Futures Total Return Index	KODEX 미국 S&P500선물(H)	A219480	2015-05-29	0.25	996	1,274
S&P 500	ARIRANG 미국 S&P500(H)	A269540	2017-05-16	0.3	296	372

■ 환헤지 & 레버리지형

기초지수	ETF 이름	코드	상장일	총보수	거래대금	순자산총액
S&P 500	TIGER 미국 S&P500 레버리지(합성 H)	A225040	2015-07-29	0.58	589	1,151

■ 환노출형

기초지수	ETF 이름	코드	상장일	총보수	거래대금	순자산총액
S&P 500	TIGER 미국 S&P500	A360750	2020-08-07	0.07	7,441	5,640
S&P 500	KINDEX 미국 S&P500	A360200	2020-08-07	0.07	4,251	3,314
S&P 500 Total Return Index	KODEX 미국 S&P500TR	A379800	2021-04-09	0.05	2,195	1,155
Dow Jones Industrial Average	TIGER 미국 다우존스30	A245340	2016-07-01	0.35	495	686
S&P 500	KBSTAR 미국 S&P500	A379780	2021-04-09	0.021	723	390

■ 지수(혹은 ETF) 상세 정보

S&P 500 지수는 미국주식시장에 상장되어 거래되는 종목으로 시가총액 상

위 500개 종목으로 구성되며, 미국 대형주를 추종하는 가장 유명한 지수입니다. 미국의 금융정보 서비스 회사인 S&P 다우존스 인디시즈에서 산출합니다. 참고로 S&P는 국제 신용평가기관인 미국의 스탠더드 앤드 푸어스Standard and Poors의 약칭입니다. 스탠더드 앤드 푸어스는 무디스Moody's, 피치Fitch와 함께 세계 3대 신용평가 기관으로 불립니다. 지수 산정 방식은 전 종목을 대상으로 시가총액 순으로 지수를 산출하기 때문에 시장 전체의 동향 파악이 DJIA식보다 용이하고 시장 구조에 적절히 대응할 수 있는 장점이 있습니다. 반면 대형주의 영향을 크게 받고, 개별 투자자가 느끼는 주가의 변동추이와 지수 움직임이 차이를 보이는 경우도 흔하다는 단점이 있습니다.

다우존스 산업평균Dow Jones Industrial Average, DJIA 지수는 미국주식시장에 상장되어 거래되는 종목 중 우량 주식 30종목으로 구성된 지수입니다. 월스트리트 저널 편집자이자 다우존스앤컴퍼니의 공동창립자 찰스 다우가 창안한 주가 지수로서 DJIA, Dow 30 또는 비공식적으로 다우 지수 등으로도 불립니다. 가장 오래된 주가지수 산출방식으로 1884년 7월 3일에 처음으로 발표되었습니다. 현재 이 지수는 S&P 다우존스 인디시즈에서 산출합니다. 다우지수의 지수 산출 방식은 주식분할이나 다른 조정의 효과를 상쇄시키기 위하여 주가 수익률의 산술 평균을 사용합니다. 개별기업의 수익률의 총합을 총 기업수로 나누는 수익률 평균 방식으로 지수를 사용합니다. 30종목만으로 시장 전체를 대변하기 어렵다는 점이 한계로 지적됩니다. 다만, 역사가 오래되었기 때문에 미국의 증시 흐름을 살필 때는 다우지수를 많이 사용합니다.

■ 성과 데이터 분석

S&P 500 vs. 다우존스

분석 기간: 2001.1~2021.8 (코스피 움직임은 참고용, 해당 기간의 예금금리: 연 3.4%)

[그림 6-3] S&P 500과 다우존스 비교

	코스피 200	S&P 500	DJIA
연수익률	8.5%	6.0%	5.9%
연변동성	20.0%	15.0%	14.7%
최대 낙폭	47.0%	52.6%	49.3%

S&P 500: 환헤지 vs. 환노출(UH)

분석 기간: 2001.1~2021.8 (코스피 움직임은 참고용, 해당 기간의 예금금리: 연 3.4%)

[그림 6-4] S&P 500 환헤지와 환노출 비교

	코스피 200	S&P 500	S&P 500(UH)
연수익률	8.5%	6.0%	5.6%
연변동성	20.0%	15.0%	14.4%
최대 낙폭	47.0%	52.6%	46.8%

S&P 500: 지수 vs. 레버리지

분석 기간: 2015.7~2021.8 (코스피 움직임은 참고용, 해당 기간의 예금금리: 연 3.4%)

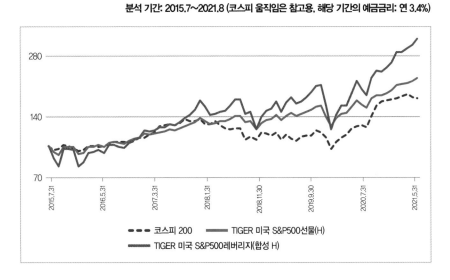

[그림 6-5] S&P 500 지수와 레버리지 비교

	코스피 200	TIGER 미국 S&P500선물 (H)	TIGER 미국 S&P500레버리지 (합성 H)
연수익률	9.3%	13.7%	22.1%
연변동성	15.4%	15.3%	31.3%
최대 낙폭	29.0%	20.8%	39.8%

3) 미국 중소형주

▪ 환헤지형

단위표기: 총보수: %, 거래대금: 백만 원, 순자산총액: 억 원

기초지수	ETF 이름	코드	상장일	총보수	거래대금	순자산총액
FTSE Russell 2000	KODEX 미국 러셀 2000(H)	A280930	2017-11-09	0.45	296	383

▪ 지수(혹은 ETF) 상세 정보

러셀 2000 지수FTSE Russell 2000는 미국 중소형주 시장을 대표하는 지수입니다. 미국주식을 시가총액 순으로 나열하여 1,001~3,000위에 해당하는 종목을 편입합니다.

▪ 성과 데이터 분석

S&P 500 vs. 러셀 2000

분석 기간: 2001.1~2021.8 (코스피 움직임은 참고용, 해당 기간의 예금금리: 연 3.4%)

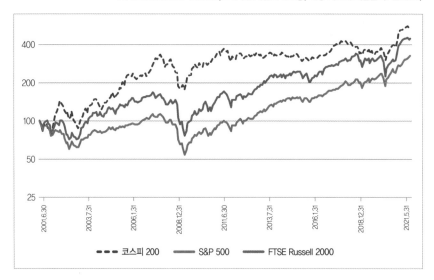

[그림 6-6] S&P 500과 러셀 2000 비교

	코스피 200	S&P 500	FTSE Russell 2000
연수익률	8.5%	6.0%	7.5%
연변동성	20.0%	15.0%	20.0%
최대 낙폭	47.0%	52.6%	54.1%

4) 미국 나스닥

■ **환헤지형**

단위표기: 총보수: %, 거래대금: 백만 원, 순자산총액: 억 원

기초지수	ETF 이름	코드	상장일	총보수	거래대금	순자산총액
NASDAQ 100	KODEX 미국 나스닥100선물(H)	A304940	2018-08-30	0.45	603	871

■ **환노출형**

기초지수	ETF 이름	코드	상장일	총보수	거래대금	순자산총액
NASDAQ 100	TIGER 미국 나스닥100	A133690	2010-10-18	0.07	15,979	11,271
NASDAQ 100	KINDEX 미국 나스닥100	A367380	2020-10-29	0.07	2,159	2,325
NASDAQ 100	KBSTAR 미국 나스닥100	A368590	2020-11-06	0.021	1,417	1,186
NASDAQ-100 Total Return Index	KODEX 미국 나스닥100TR	A379810	2021-04-09	0.05	2,141	1,119

■ **지수(혹은 ETF) 상세 정보**

나스닥 100 지수NASDAQ 100는 나스닥 시장에 상장된 기업 중 금융회사를 제외하고 시가총액 기준으로 1~100위까지 편입한 지수입니다.

■ 성과 데이터 분석

나스닥 100 vs. S&P 500

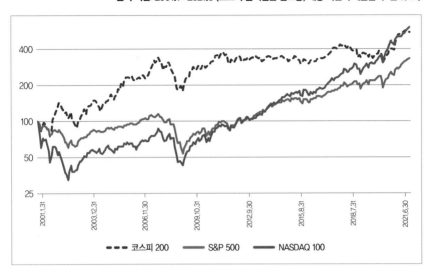

분석 기간: 2001.1~2021.8 (코스피 움직임은 참고용, 해당 기간의 예금금리: 연 3.4%)

[그림 6-7] 나스닥 100과 S&P 500 비교

	코스피 200	S&P 500	NASDAQ 100
연수익률	8.5%	6.0%	9.1%
연변동성	20.0%	15.0%	22.0%
최대 낙폭	47.0%	52.6%	67.9%

나스닥 100: 환헤지 vs. 환노출(UH)

분석 기간: 2001.1~2021.8 (코스피 움직임은 참고용, 해당 기간의 예금금리: 연 3.4%)

[그림 6-8] 나스닥 100 환헤지와 환노출 비교

	코스피 200	NASDAQ 100	NASDAQ 100(UH)
연수익률	8.5%	9.1%	8.7%
연변동성	20.0%	22.0%	21.2%
최대 낙폭	47.0%	67.9%	68.7%

5) 일본 주식형

■ 환헤지형

단위표기: 총보수: %, 거래대금: 백만 원, 순자산총액: 억 원

기초지수	ETF 이름	코드	상장일	총보수	거래대금	순자산총액
Nikkei 225	KINDEX 일본 Nikkei225(H)	A238720	2016-03-03	0.3	49	164
TOPIX	TIGER 일본 TOPIX(합성 H)	A195920	2014-04-30	0.24	30	112

■ 환헤지 & 레버리지형

기초지수	ETF 이름	코드	상장일	총보수	거래대금	순자산총액
TOPIX	KINDEX 일본TOPIX 레버리지(H)	A196030	2014-06-16	0.5	15	105

■ 환노출형

기초지수	ETF 이름	코드	상장일	총보수	거래대금	순자산총액
Nikkei 225	TIGER 일본니케이 225	A241180	2016-03-31	0.35	87	139
TOPIX100	KODEX 일본 TOPIX100	A101280	2008-02-20	0.37	22	99

■ 지수(혹은 ETF) 상세 정보

닛케이 225 지수Nikkei 225는 일본경제신문사(니혼게이자이신문, 日本經濟新聞, 약칭 닛케이)가 도쿄증권거래소 1부시장에 상장된 주식 가운데 대표적인 225개 종목의 시장가격을 평균하여 산출하는 일본증권시장의 대표적인 주가지수입니다. 닛케이 지수를 구성하는 주식들의 시가총액은 도쿄증권거래소 1부시장에 상장된 주식들의 시가총액의 약 60%를 차지하고 있습니다. 일본증권시장을 대표해온 주가지수로 폭넓게 사용되고 있으나 지난 2000년 4월 24일 225개 종목 가운데 30개 종목을 새로 교체하여 평균주가가 폭락하면서부터 닛케이 평균지수에 대한 논란이 시작되었으며 이후 일본 산업구조의 변화를 정확히 반영하지 못하고 일부 비싼 종목에 의해 좌우되고 있다는 비판을 받고 있습니다.

토픽스 지수TOPIX, Tokyo stock price index는 일본의 도쿄증권거래소가 1969년 7월부터 산출·발표하는 일본증권시장의 대표적인 주가지수입니다. 도쿄증권거래소 1부시장에 상장된 모든 종목을 대상으로 시가총액 가중방식으로 산출합니다. 채택 종목 수가 많아 대표성이 높고, 상장주식의 수가 가중(加增)되어 일부 소형주의 가격이 큰 폭으로 오르내리더라도 별로 영향을 받지 않는 특징이 있습니다. 토픽스주가지수, 도쿄주가지수라고도 불리며 2021년 3월 말 기준으로 2,187개 종목으로 구성되어 있습니다.

토픽스 100 지수는 도쿄증권거래소 1부 시장에 상장된 종목중 유동성, 시가 총액 상위 100개 기업으로 구성됩니다.

■ **성과 데이터 분석**

니케이 225 vs. 토픽스

분석 기간: 2001.1~2021.8 (코스피 움직임은 참고용, 해당 기간의 예금금리: 연 3.4%)

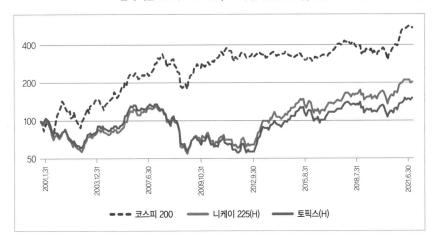

[그림 6-9] 니케이 225와 토픽스 비교

	코스피 200	니케이 225(H)	토픽스(H)
연수익률	8.5%	3.5%	2.0%
연변동성	20.0%	19.0%	17.4%
최대 낙폭	47.0%	58.3%	59.5%

니케이 225 환헤지 vs. 환노출(UH)

분석 기간: 2001.1~2021.8 (코스피 움직임은 참고용, 해당 기간의 예금금리: 연 3.4%)

[그림 6-10] 니케이 225 환헤지와 환노출 비교

	코스피 200	니케이 225(H)	니케이 225(UH)
연수익률	8.5%	3.5%	3.1%
연변동성	20.0%	19.0%	19.2%
최대 낙폭	47.0%	58.3%	51.5%

토픽스: 지수 vs. 레버리지

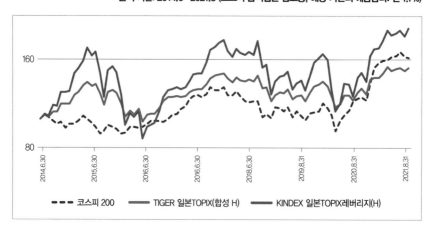

분석 기간: 2014.6~2021.8 (코스피 움직임은 참고용, 해당 기간의 예금금리: 연 1.7%)

[그림 6-11] 토픽스 지수와 레버리지 비교

	코스피 200	TIGER 일본TOPIX(합성 H)	KINDEX 일본TOPIX레버리지(H)
연수익률	6.9%	5.8%	10.4%
연변동성	14.8%	15.9%	32.4%
최대 낙폭	29.0%	26.2%	50.5%

6) 유럽 주식형

■ 환헤지형

단위표기: 총보수: %, 거래대금: 백만 원, 순자산총액: 억 원

기초지수	ETF 이름	코드	상장일	총보수	거래대금	순자산총액
EURO STOXX 50 Index	TIGER 유로스탁스 50(합성 H)	A195930	2014-04-30	0.24	902	785
EURO STOXX 50 Index	KBSTAR 유로스탁스 50(H)	A379790	2021-04-09	0.021	79	80

■ 환헤지 & 레버리지형

기초지수	ETF 이름	코드	상장일	총보수	거래대금	순자산총액
EURO STOXX 50 Index	TIGER 유로스탁스 레버리지(합성 H)	A225050	2015-07-29	0.58	38	157

■ 지수(혹은 ETF) 상세 정보

EURO STOXX 50은 유로존에 포함된 국가의 상장 주식 중 시가총액 상위 50 종목으로 구성됩니다.

■ 성과 데이터 분석

유럽 vs. 한국 vs. 미국

분석 기간: 2001.1~2021.8 (코스피 움직임은 참고용, 해당 기간의 예금금리: 연 3.4%)

[그림 6-12] 유럽(유로스탁스 50)과 미국(S&P 500) 비교

	코스피 200	S&P 500(H)	EURO STOXX 50(H)
연수익률	8.5%	6.0%	−0.6%
연변동성	20.0%	15.0%	18.7%
최대 낙폭	47.0%	52.6%	58.7%

유로스탁스 50: 지수 vs. 레버리지

분석 기간: 2015.7~2021.8 (코스피 움직임은 참고용, 해당 기간의 예금금리: 연1.6%)

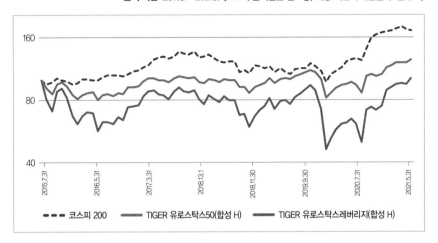

- - - 코스피 200 ────── TIGER 유로스탁스50(합성 H) ────── TIGER 유로스탁스레버리지(합성 H)

[그림 6-13] 유로스탁스 50 ETF와 레버리지 ETF 비교

	코스피 200	TIGER 유로스탁스50 (합성 H)	TIGER 유로스탁스레버리지 (합성 H)
연수익률	9.3%	3.7%	0.2%
연변동성	15.4%	18.8%	38.7%
최대 낙폭	29.0%	26.7%	53.8%

3

신흥국 주식 ETF

1) 신흥국 주식

■ 환헤지형

단위표기: 총보수: %, 거래대금: 백만 원, 순자산총액: 억 원

기초지수	ETF 이름	코드	상장일	총보수	거래대금	순자산총액
MSCI EM Index	ARIRANG 신흥국 MSCI(합성 H)	A195980	2014-05-13	0.5	313	729
iEdge Emerging Markets Futures Index(ER)	KODEX MSCI EM선물(H)	A291890	2018-03-23	0.45	4	31

■ 환헤지 & 레버리지형

기초지수	ETF 이름	코드	상장일	총보수	거래대금	순자산총액
MSCI EM Index	TIGER 이머징마켓 MSCI레버리지 (합성 H)	A225060	2015-07-29	0.58	11	84

■ 환노출형

기초지수	ETF 이름	코드	상장일	총보수	거래대금	순자산총액
S&P ASIA 50 Price Return Index	KINDEX S&P 아시아TOP50	A277540	2017-08-23	0.7	88	267
BNY Latin America 35 ADR	TIGER 라틴35	A105010	2008-08-27	0.49	40	78

■ 지수(혹은 ETF) 상세 정보

MSCI EM 지수는 27개 신흥시장 국가의 대형주 및 중형주 1,391개로 구성됩니다. 편입된 국가는 아르헨티나, 브라질, 칠레, 중국, 콜롬비아, 체코, 이집트, 그리스, 헝가리, 인도, 인도네시아, 한국, 쿠웨이트, 말레이시아, 멕시코, 파키스탄, 페루, 필리핀, 폴란드, 카타르, 러시아, 사우디아라비아, 남아프리카공화국, 대만, 터키, 아랍에미리트입니다.

iEdge Emerging Markets Futures(ER) 지수는 24개 신흥국의 중·대형주 약 800개 종목에 투자합니다(mini MSCI Emerging Markets Index Futures의 최근월물 수익률을 복제하여 산출됩니다).

S&P ASIA 50 Price Return(원화 환산) 지수는 4개 주요 아시아 시장, 즉 홍콩, 싱가포르, 한국, 대만의 주요 기업에 대한 주가 지수입니다(환노출 상품의 경우 투자자산의 가치가 원화 KRW로 환산되어 결정됩니다. 따라서 이 투자신탁의 일간수익률은 기초지수의 성과와 함께 홍콩, 대만, 싱가포르 거래통화와 원화간의 가치변동에 영향을 받습니다).

BNY Latin America 35 ADR(원화 환산) 지수는 브라질 등 중남미 지역 대형주 35종목에 분산투자합니다. 뉴욕멜론은행 The Bank of New York Mellon이 산출하며 미국 뉴욕증권거래소 등의 시장에 상장된 라틴아메리카 기업의 주식예탁증서(ADR) 35개 종목을 시가총액에 따라 구성합니다.

■ 성과 데이터 분석

신흥국 vs. 한국 vs. 미국

분석 기간: 2001.1~2021.8 (코스피 움직임은 참고용, 해당 기간의 예금금리: 연 3.4%)

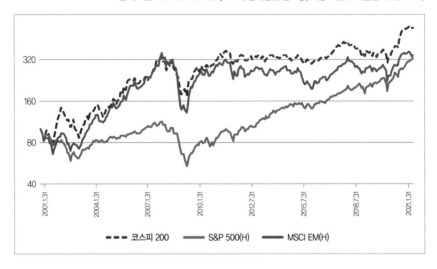

[그림 6-14] 신흥국과 미국 비교

	코스피 200	S&P 500(H)	MSCI EM(H)
연수익률	8.5%	6.0%	6.2%
연변동성	20.0%	15.0%	21.5%
최대 낙폭	47.0%	52.6%	62.7%

신흥국(H) vs. 아시아(UH) vs. 라틴(UH)

분석 기간: 2017.8~2021.8 (코스피 움직임은 참고용, 해당 기간의 예금금리: 연 1.6%)

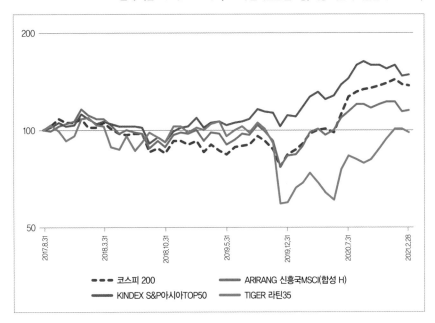

[그림 6-15] 신흥국과 아시아, 라틴 ETF 비교

	코스피 200	ARIRANG 신흥국 MSCI(합성 H)	KINDEX S&P 아시아 TOP50	TIGER 라틴35
연수익률	8.0%	3.5%	10.3%	−0.5%
연변동성	17.8%	19.1%	15.9%	31.9%
최대 낙폭	29.0%	33.5%	18.8%	45.6%

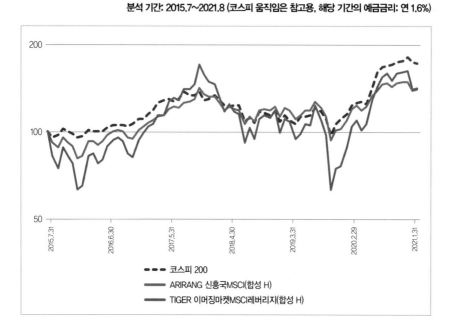

신흥국: 지수 vs. 레버리지

분석 기간: 2015.7~2021.8 (코스피 움직임은 참고용, 해당 기간의 예금금리: 연 1.6%)

- - - 코스피 200
—— ARIRANG 신흥국MSCI(합성 H)
—— TIGER 이머징마켓MSCI레버리지(합성 H)

[그림 6-16] 신흥국 ETF와 레버리지 ETF 비교

	코스피 200	ARIRANG 신흥국 MSCI (합성 H)	TIGER 이머징마켓 MSCI 레버리지(합성 H)
연수익률	9.3%	5.6%	5.8%
연변동성	15.4%	18.4%	38.2%
최대 낙폭	29.0%	33.5%	62.6%

2) 한국 대형주

■ 코스피 200

단위표기: 총보수: %, 거래대금: 백만 원, 순자산총액: 억 원

기초지수	ETF 이름	코드	상장일	총보수	거래대금	순자산총액
코스피 200	KODEX 200	A069500	2002-10-14	0.15	211,783	54,349
코스피 200	TIGER 200	A102110	2008-04-03	0.05	26,908	23,220
코스피 200	KBSTAR 200	A148020	2011-10-20	0.017	8,238	10,890
코스피 200	ARIRANG 200	A152100	2012-01-10	0.04	5,409	8,323
코스피 200	KINDEX 200	A105190	2008-09-25	0.09	10,750	7,192
코스피 200	HANARO 200	A293180	2018-03-30	0.036	3,157	6,183
코스피 200	KOSEF 200	A069660	2002-10-14	0.13	1,425	5,789
코스피 200	파워 200	A152870	2012-02-13	0.145	2	281
코스피 200	TREX 200	A108590	2009-01-23	0.325	70	107

■ 코스피 200TR

기초지수	ETF 이름	코드	상장일	총보수	거래대금	순자산총액
코스피 200TR	KODEX 200TR	A278530	2017-11-21	0.07	917	12,492
코스피 200TR	KOSEF 200TR	A294400	2018-04-23	0.012	1,060	4,953
코스피 200TR	KINDEX 200TR	A332500	2019-08-28	0.03	127	3,747
코스피 200TR	SOL 200TR	A295040	2018-04-23	0.05	322	2,707
코스피 200TR	HANARO 200TR	A332930	2019-08-28	0.07	741	2,178
코스피 200TR	KBSTAR 200TR	A361580	2020-08-21	0.012	66	561
코스피 200TR	TIGER 200TR	A310960	2018-11-20	0.09	61	359

■ 코스피 200 레버리지

기초지수	ETF 이름	코드	상장일	총보수	거래대금	순자산총액
코스피 200	KODEX 레버리지	A122630	2010-02-22	0.64	482,586	17,524
코스피 200 선물지수	TIGER 200 선물레버리지	A267770	2017-04-25	0.09	10,696	1,170

코스피 200 선물지수	HANARO 200 선물레버리지	A304780	2018-08-14	0.45	137	527
코스피 200	TIGER 레버리지	A123320	2010-04-09	0.09	2,558	382
코스피 200 선물지수	KOSEF 200 선물레버리지	A253250	2016-09-12	0.46	166	272
코스피 200 선물지수	KBSTAR 200 선물레버리지	A252400	2016-09-12	0.6	1,154	268
코스피 200 선물지수	ARIRANG 200 선물레버리지	A253150	2016-09-29	0.06	187	121
코스피 200	KINDEX 레버리지	A152500	2012-01-27	0.3	257	106

■ 코스피

기초지수	ETF 이름	코드	상장일	총보수	거래대금	순자산총액
코스피	KODEX 코스피	A226490	2015-08-24	0.15	3,766	3,252
코스피	KBSTAR 코스피	A302450	2018-07-24	0.14	206	1,815
코스피	TIGER 코스피	A277630	2017-08-31	0.15	179	618
코스피	ARIRANG 코스피	A227830	2015-09-23	0.2	133	99
코스피	KINDEX 코스피	A305050	2018-10-05	0.13	142	81

■ 코스피 TR

기초지수	ETF 이름	코드	상장일	총보수	거래대금	순자산총액
코스피 TR	ARIRANG 코스피TR	A328370	2019-06-25	0.15	1,744	1,130
코스피 TR	KODEX 코스피TR	A359210	2020-07-21	0.07	78	356

■ MSCI Korea

기초지수	ETF 이름	코드	상장일	총보수	거래대금	순자산총액
MSCI Korea Index	KODEX MSCI Korea	A156080	2012-04-30	0.15	6	98

■ MSCI Korea TR

기초지수	ETF 이름	코드	상장일	총보수	거래대금	순자산총액
MSCI Korea TR Index	KODEX MSCI Korea TR	A278540	2017-11-09	0.15	4,674	11,054
MSCI Korea TR Index	TIGER MSCI Korea TR	A310970	2018-11-20	0.12	39	6,827
MSCI Korea TR Index	HANARO MSCI Korea TR	A332940	2019-08-28	0.12	4	2,741

■ 코스피 100

기초지수	ETF 이름	코드	상장일	총보수	거래대금	순자산총액
코스피 100	KODEX 코스피100	A237350	2016-01-27	0.15	46	177
코스피 100	KOSEF 코스피100	A153270	2012-02-28	0.195	47	159
코스피 100	파워 코스피100	A140950	2011-05-03	0.155	2	143
코스피 100	마이티 코스피100	A159800	2012-07-05	0.39	5	89

■ KRX 100

기초지수	ETF 이름	코드	상장일	총보수	거래대금	순자산총액
KRX 100	KOSEF KRX100	A100910	2008-01-23	0.23	5	120

■ KRX 300

기초지수	ETF 이름	코드	상장일	총보수	거래대금	순자산총액
KRX 300	KODEX KRX300	A292190	2018-03-26	0.05	280	486
KRX 300	TIGER KRX300	A292160	2018-03-26	0.09	108	291
KRX 300	FOCUS KRX300	A292730	2018-03-26	0.1	24	195
KRX 300	SOL KRX300	A292500	2018-03-26	0.05	166	175
KRX 300	HANARO KRX300	A304760	2018-08-14	0.05	1	173
KRX 300	KBSTAR KRX300	A292050	2018-03-26	0.05	16	147
KRX 300	ARIRANG KRX300	A292750	2018-03-26	0.09	4	116

■ KRX 300 레버리지

기초지수	ETF 이름	코드	상장일	총보수	거래대금	순자산총액
KRX 300	KODEX KRX300 레버리지	A306950	2018-10-16	0.64	132	209
KRX 300	KBSTAR KRX300 레버리지	A307010	2018-10-16	0.55	27	146

■ 기타 대형주

기초지수	ETF 이름	코드	상장일	총보수	거래대금	순자산총액
FnGuide TOP 10	TIGER TOP10	A292150	2018-03-30	0.15	3,542	13,330
FnGuide TOP 5 Plus Total Return	KODEX Top5PlusTR	A315930	2019-01-22	0.15	141	4,931
코스피 대형주	KODEX 코스피대형주	A337140	2019-11-14	0.15	389	416
코스피 50	ARIRANG 코스피50	A122090	2010-01-07	0.33	187	150
코스피 50	KTOP 코스피50	A168300	2012-11-12	0.3	7	111
코스피 대형주	TIGER 코스피대형주	A277640	2017-08-31	0.29	17	101

■ 지수(혹은 ETF) 상세 정보

코스피 200 KOSPI 200 지수는 유가증권시장에 상장된 전체 종목 중에서 시장대표성, 업종대표성, 유동성 등을 감안하여 선정된 200개 종목을 시가총액 가중방식으로 산출한 지수로 대한민국의 대표적인 시장지수입니다.

코스피 200 TR KOSPI 200 TR 지수는 코스피 200 지수 구성 종목의 세전 현금배당이 재투자되는 것을 가정하여, 배당수익률이 가산된 총수익률을 반영한 지수입니다.

코스피 100 지수는 코스피 200 구성 종목 중 시가총액이 큰 상위 100종목을 구성 종목으로 하여 산출하는 지수입니다.

코스피 시가총액 규모별 지수는 유가증권시장 상장종목을 기업 규모에 따라 대, 중, 소형주로 분류하여 산출하는 지수입니다. 코스피 대형주 지수는 유가증권시장 상장종목 중 시가총액 1위부터 100위까지 시총 상위 100개 종목으로 산출하는 지수로 2003년 2월 17일부터 산출·발표하고 있습니다.

코스피 지수는 한국거래소(KRX)가 발표하는 지수로서, 유가증권시장에 상장된 우선주를 제외한 전 종목으로 비중을 구성하여 산출한 지수입니다. 국내에서 가장 오래된 주가지수로서 대한민국 유가증권시장 전체를 대표하는 지수입니다.

코스피 TR 지수는 코스피 구성 종목의 주가변동에 따른 자본차익뿐만 아니라 현금배당에 따른 배당이익까지 모두 반영하여 산출한 총수익지수Total Return Index입니다.

KRX 300 지수는 한국거래소 유가증권시장 및 코스닥시장을 통합하여 300개의 우량 종목으로 구성된 한국주식시장을 대표하는 지수입니다.

KRX 100 지수는 한국거래소 유가증권시장 및 코스닥시장을 통합하여 100개의 우량 종목으로 구성된 한국주식시장을 대표하는 지수입니다.

FnKorea 50 지수는 재무 구조가 안정적이고, 지속적으로 성장하고 있으며, 다수의 투자자들의 관심을 받는 종목 50개를 산업 부문별로 고루 선정하는 것을 목적으로 하는 지수입니다.

MSCI KOREA 지수MSCI Korea Gross Return KRW는 미국의 MSCIMorgan Stanley Capital International사가 작성해 발표하는 지수로 한국 대형·중형 주식 비중 상위 100여 종목으로 구성됩니다.

MSCI KOREA TR 지수는 MSCI KOREA 지수와 동일하게 구성되며, 구성 종목의 세전 현금배당이 재투자되는 것을 가정하여 배당수익률이 가산된 총수익률을 반영하여 산출하는 지수입니다.

FnGuide TOP 10 지수는 FnGuide가 산출하며 유가증권시장 전체 및 코스닥 유동시가총액 상위 100종목 중 유동시가총액 상위 10개 종목으로 구성합니다.

FnGuide TOP 5 Plus TR 지수는 유가증권 및 코스닥 상장 종목 중 유동시가총액 상위 30종목을 유니버스로 합니다. 배당수익률과 유동시가총액을 기준으로 10개 종목을 선정하여 유동시가총액 가중방식으로 구성한 지수입니다.

■ **성과 데이터 분석**

코스피 vs. 코스피 50 vs. 코스피 100 vs. 코스피 200

분석 기간: 2001.1~2021.8 (코스피 움직임은 참고용, 해당 기간의 예금금리: 연 3.4%)

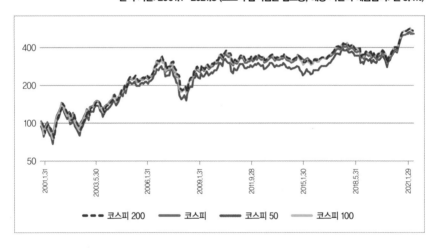

[그림 6-17] 코스피와 코스피 50, 코스피 100, 코스피 200 비교

	코스피 200	코스피	코스피 50	코스피 100
연수익률	8.5%	8.3%	8.1%	8.5%
연변동성	20.0%	19.9%	19.9%	19.9%
최대 낙폭	47.0%	48.5%	45.2%	46.1%

코스피 200 vs. MSCI Korea vs. KRX 300

분석 기간: 2010.1~2021.8 (코스피 움직임은 참고용, 해당 기간의 예금금리: 연 2.4%)

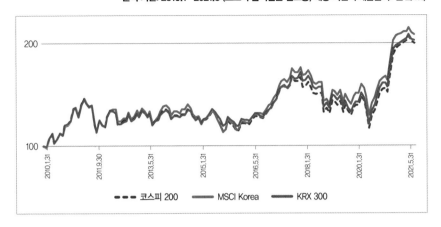

[그림 6-18] 코스피 200, MSCI Korea, KRX 300 비교

	코스피 200	MSCI Korea	KRX 300
연수익률	6.1%	6.7%	6.3%
연변동성	14.9%	15.1%	14.6%
최대 낙폭	29.0%	27.2%	29.4%

코스피 200: 지수 vs. 레버리지

분석 기간: 2010.2~2021.8 (코스피 움직임은 참고용, 해당 기간의 예금금리: 연 2.4%)

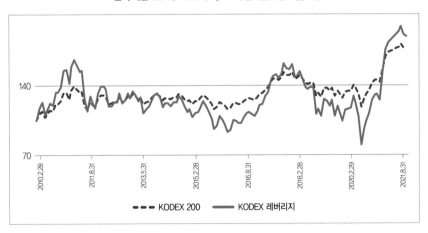

[그림 6-19] 코스피 200 ETF와 레버리지 ETF 비교

	코스피 200	KODEX 레버리지
연수익률	6.3%	7.4%
연변동성	14.9%	30.4%
최대 낙폭	29.0%	57.4%

코스피 200: PR vs. TR (ETF 성과 분석)

분석 기간: 2017.11~2021.8 (코스피 움직임은 참고용, 해당 기간의 예금금리: 연 1.6%)

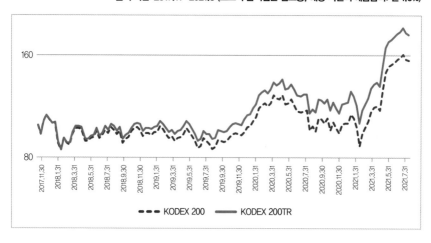

[그림 6-20] 코스피 200의 PR과 TR ETF 비교

	코스피 200	KODEX 200TR
연수익률	9.3%	9.4%
연변동성	18.4%	18.5%
최대 낙폭	25.4%	25.4%

3) 한국 중소형주

■ ETF 상품 정보

단위표기: 총보수: %, 거래대금: 백만 원, 순자산총액: 억 원

기초지수	ETF 이름	코드	상장일	총보수	거래대금	순자산총액
FnGuide-키움 스마트 중소형주 지수	KOSEF Fn중소형	A331910	2019-08-13	0.3	123	277
코스피 200 초대형 제외 지수	KODEX 200exTOP	A337150	2019-11-14	0.3	1	205
코스피 200 제외 코스피 지수	KBSTAR 코스피 ex200	A361590	2020-08-21	0.25	69	148
코스피 200 중소형주 지수	KODEX 200 중소형	A226980	2015-09-01	0.3	107	91
코스피 중형주	TIGER 코스피중형주	A277650	2017-08-31	0.29	19	90
코스피 중형주	ARIRANG 코스피중형주	A301440	2018-07-05	0.25	4	66

■ 지수(혹은 ETF) 상세 정보

FnGuide-키움 스마트 중소형주 지수는 유가증권시장에 상장된 종목 중 시가총액 상위 100개 종목을 제외한 종목들을 기초 유니버스로 하여, 8개의 재무 평가 요건을 이용한 종목별 스코어링을 통해 선정된 합산스코어 상위 100종목을 동일가중하여 산출하는 지수입니다.

코스피 200 초대형 제외 지수는 코스피 200 지수에서 유동시가총액 10% 초과한 종목을 제외하고, 유동시가총액방식으로 산출한 지수입니다. 10% 초과 종목이 없는 경우에는 유동시가총액 비중이 가장 큰 종목 1종목을 제외합니다.

코스피 200 제외 코스피 지수는 코스피 지수 구성 종목 중에서 코스피 200 구성 종목을 제외한 나머지 종목으로 산출하는 지수입니다. 한국거래소에서 산출하며 기준일은 2010년 1월 4일입니다.

코스피 중형주 지수는 유가증권시장 상장종목을 기업 규모에 따라 대·중·소형주로 분류하였을 때, 시가총액 101위부터 300위까지에 해당하는 종목으로 구성합니다.

코스피 200 중소형주 지수는 코스피 200 구성 종목 중 시가총액이 작은 하위 100종목을 대상으로 개발한 지수로서 코스피 200 구성 종목 중 코스피 200 대형주(코스피 100) 지수의 구성 종목을 제외한 나머지 종목을 구성 종목으로 하여 산출하는 지수입니다. 2010년 1월 4일 종가를 1,000포인트로 하여 산출되고 있습니다.

■ 성과 데이터 분석

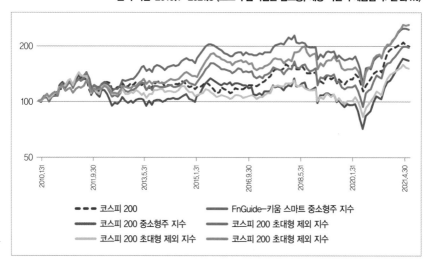

분석 기간: 2010.1~2021.8 (코스피 움직임은 참고용, 해당 기간의 예금금리: 연 2.4%)

[그림 6-21] 코스피 중소형주 지수 비교

	코스피 200	FnGuide-키움 스마트 중소형주 지수	코스피 200 중소형주지수	코스피 중형주	코스피 200 초대형제외 지수	코스피 200 제외 코스피지수
연수익률	6.1%	8.0%	4.5%	5.9%	3.7%	8.7%
연변동성	14.9%	15.9%	18.8%	17.1%	14.8%	16.0%
최대 낙폭	29.0%	45.7%	50.6%	43.2%	42.7%	38.8%

[표 6-3] 한국 중소형주 지수간 상관관계

	코스피 200	FnGuide-키움 스마트 중소형주 지수	코스피 200 중소형주 지수	코스피 중형주	코스피 200 초대형 제외 지수	코스피 200 제외 코스피 지수
코스피 200	1.00	0.75	0.77	0.74	0.95	0.67
FnGuide-키움 스마트 중소형주 지수	0.75	1.00	0.89	0.92	0.81	0.87
코스피 200 중소형주 지수	0.77	0.92	1.00	0.97	0.87	0.87
코스피 중형주	0.74	0.92	0.97	1.00	0.84	0.93
코스피 200 초대형 제외 지수	0.95	0.81	0.87	0.84	1.00	0.74
코스피 200 제외 코스피지수	0.67	0.87	0.87	0.93	0.74	1.00

[표 6-4] 코스피 200 대비 중소형주 지수의 상대성과(연단위)

	FnGuide-키움 스마트 중소형주 지수	코스피 200 중소형주 지수	코스피 중형주	코스피 200 초대형 제외 지수	코스피 200 제외 코스피 지수
2011-12-31	7%	-5%	6%	-4%	11%
2012-12-31	0%	-16%	-12%	-8%	-9%
2013-12-31	15%	-2%	3%	3%	6%
2014-12-31	15%	8%	10%	-1%	17%
2015-12-31	12%	27%	23%	1%	21%
2016-12-31	-7%	-19%	-16%	-9%	-15%
2017-12-31	-5%	-15%	-15%	-6%	-16%
2018-12-31	0%	8%	8%	2%	13%
2019-12-31	-12%	-22%	-20%	-10%	-14%
2020-12-31	-18%	-2%	-1%	-6%	2%
2021-12-31	14%	24%	13%	7%	21%

4) 한국 코스닥

■ 코스닥, 코스닥 150

단위표기: 총보수: %, 거래대금: 백만 원, 순자산총액: 억 원

기초지수	ETF 이름	코드	상장일	총보수	거래대금	순자산총액
코스닥 150	KODEX 코스닥 150	A229200	2015-10-01	0.25	56,183	3,935
코스닥 150	TIGER 코스닥150	A232080	2015-11-12	0.19	2,552	1,851
코스닥 150	KBSTAR 코스닥150	A270810	2017-06-16	0.18	284	1,704
코스닥 150	HANARO 코스닥150	A304770	2018-08-14	0.2	87	386
코스닥 150	KINDEX 코스닥150	A354500	2020-05-07	0.1	86	319
코스닥 150	KOSEF 코스닥150	A316670	2019-01-22	0.15	38	181
코스닥	KINDEX 코스닥(합성)	A251890	2016-09-06	0.3	0	89
코스닥 150	ARIRANG 코스닥150	A301400	2018-07-05	0.15	32	30

■ 코스닥 150 레버리지

기초지수	ETF 이름	코드	상장일	총보수	거래대금	순자산총액
코스닥 150	KODEX 코스닥150 레버리지	A233740	2015-12-17	0.64	147,958	8,831
F-코스닥 150 지수	KBSTAR 코스닥150 선물레버리지	A278240	2017-08-31	0.6	720	1,849
코스닥 150	TIGER 코스닥150 레버리지	A233160	2015-12-17	0.32	5,571	726
F-코스닥 150 지수	KOSEF 코스닥150 선물레버리지	A291630	2018-03-16	0.09	33	86
F-코스닥 150 지수	HANARO 코스닥 150선물레버리지	A306530	2018-09-18	0.45	36	60

■ 지수(혹은 ETF) 상세 정보

코스닥 지수KOSDAQ Index는 코스닥 시장의 변화를 종합적으로 나타내기 위하여 산출하는 시황지수로, 코스닥에 상장된 보통주를 구성하는 전체 종목으로 구성되었으며, 1997년 1월 3일부터 산출·발표하고 있습니다.

코스닥 150 지수는 코스닥시장 대표성을 가지는 150종목으로 구성합니다. 상장종목을 기술주 섹터(IT, BT, CT)와 비기술주 섹터 4개(소재, 산업재, 필수소비재, 자유소비재)로 분류하여 비기술주 섹터별로 6개월 평균시가총액 기준 누적시가액 60% 이내 종목을 선정하고 잔여 종목은 기술주 섹터에서 시가총액순으로 선정합니다.

■ 성과 데이터 분석

코스닥

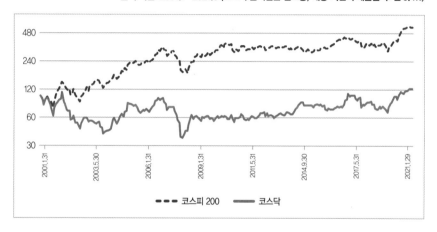

분석 기간: 2001.1~2021.8 (코스피 움직임은 참고용, 해당 기간의 예금금리: 연 3.4%)

[그림 6-22] 코스닥과 코스피 200 비교

	코스피 200	코스닥
연수익률	8.5%	1.0%
연변동성	20.0%	25.6%
최대 낙폭	47.0%	66.8%

코스닥 150　　　　　　　　분석 기간: 2010.1~2021.8 (코스피 움직임은 참고용, 해당 기간의 예금금리: 연 2.4%)

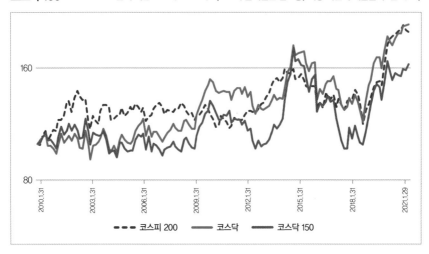

[그림 6-23] 코스닥과 코스닥 150 비교

	코스피 200	코스닥	코스닥 150
연수익률	6.1%	6.6%	4.4%
연변동성	14.9%	18.4%	19.9%
최대 낙폭	29.0%	37.7%	46.4%

코스닥 150: 지수 vs. 레버리지

분석 기간: 2015.12~2021.8 (코스피 움직임은 참고용, 해당 기간의 예금금리: 연 1.6%)

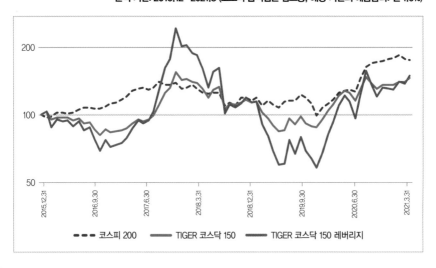

[그림 6-24] 코스닥 150 ETF와 코스닥 150 레버리지 ETF 비교

기업명	코스피 200	TIGER 코스닥150	TIGER 코스닥150 레버리지
연수익률	10.3%	6.7%	7.1%
연변동성	15.6%	23.2%	47.0%
최대 낙폭	29.0%	45.5%	75.8%

5) 중국 주식

■ 환헤지형

단위표기: 총보수: %, 거래대금: 백만 원, 순자산총액: 억 원

기초지수	ETF 이름	코드	상장일	총보수	거래대금	순자산총액
MSCI China NTR Index(USD) (Net Total Return)	KBSTAR 중국 MSCI China(H)	A310080	2018-11-28	0.6	24	120
Hang Seng China H	KBSTAR 차이나 HSCEI(H)	A250730	2016-08-10	0.4	109	73
CSI 500 지수	SOL 중국본토 중소형 CSI 500(합성 H)	A220130	2015-06-08	0.6	13	55

■ 환노출형

기초지수	ETF 이름	코드	상장일	총보수	거래대금	순자산총액
CSI 300 Index	TIGER 차이나CSI 300	A192090	2014-02-17	0.63	2,416	2,580
CSI 300 Index	KINDEX 중국본토 CSI 300	A168580	2012-11-29	0.7	1,968	2,295
CSI 300 Index	KODEX 차이나CSI 300	A283580	2017-12-13	0.55	761	1,193
CSI 100	KBSTAR 중국본토 대형주CSI 100	A174360	2013-06-04	0.65	269	781
SZSE ChiNext Price Index	KODEX 차이나 심천ChiNext(합성)	A256750	2016-11-08	0.47	551	698

기초지수	ETF 이름	코드	상장일	총보수	거래대금	순자산총액
Hang Seng China H	TIGER 차이나 HSCEI	A245360	2016–06–16	0.35	388	621
Hang Seng China H	KODEX 차이나 H	A099140	2007–10–10	0.37	817	451
FTSE China A50 Index	KODEX 차이나 A50	A169950	2013–01–21	0.99	260	311
SZSE ChiNext Price Index	ARIRANG 심천 차이넥스트(합성)	A256450	2016–11–08	0.5	24	86
Hang Seng China (Hong Kong–listed) 25 Index	TIGER 차이나 항셍 25	A117690	2009–10–21	0.49	54	70

■ 환헤지 & 레버리지형

기초지수	ETF 이름	코드	상장일	총보수	거래대금	순자산총액
Hang Seng China H	KODEX 차이나 H 레버리지(H)	A204450	2014–09–12	0.64	1,331	382

■ 환노출 & 레버리지형

기초지수	ETF 이름	코드	상장일	총보수	거래대금	순자산총액
CSI 300 Index	TIGER 차이나 CSI 300 레버리지(합성)	A204480	2014–09–01	0.58	1,864	1,189
CSI 300 Index	KINDEX 중국본토 CSI 300 레버리지(합성)	A219900	2015–05–28	0.5	98	125

■ 지수(혹은 ETF) 상세 정보

CSI 300 지수는 중국본토 상해거래소와 심천거래소에 상장된 주식 중, 시가총액, 유동성, 거래량, 재무현황 등을 고려하여 선정한 대형주 300종목으로 구성됩니다(산출기관: 중증지수유한공사China Securities Index Co., Ltd., 위안화 기준, 시가총액 가중평균).

CSI 100 지수는 CSI 300 구성 종목 중 시총 상위 100종목으로 구성됩니다(위안화 기준).

CSI 500 지수는 중국 상해와 심천거래소에 상장된 중국 A주의 시가총액 기준으로 상위 301위부터 800위인 중소형주 500종목을 기초자산으로 하는 지수입니다(위안화 기준).

HSCEI **Hang Seng China Enterprise Index** 지수는 홍콩증권거래소에 상장된 중국 기업(H주, P-Chip, Red-Chip) 중 시가총액 및 유동성 상위 50종목으로 구성됩니다(산출기관: Hang Seng Indexes Co., Ltd., 분기별 리밸런싱, 시가총액 가중방식, 홍콩달러 기준).

[표 6-5] 각 지수의 국가별 편입비중(msci.com, factsheet, 2021.3.31)

	공통점	차이점	
		설립 지역	자본
H주	○홍콩증권거래소 상장 ○주요 매출 발생: 중국 본토	중국 본토	
P-Chip		중국외 지역	비국유 자본
Red-Chip		중국외 지역	국유 자본

H주는 홍콩증권거래소에 상장되어 있는 중국 본토 상장기업의 주식입니다. P-chip은 홍콩증권거래소에 상장되어 있는 중국 외 지역에 설립된 기업들로, 이들은 비국유자본 소유이며 주요 매출 발생 지역이 중국 본토인 기업입니다. Red-chip은 홍콩증권거래소에 상장되어 있는 중국 외 지역에 설립된 기업들로, 이들은 국유(주정부 또는 지방자치단체에 의해 소유된 기관들 또는 기업들)자본으로 설립되었으며, 주요 매출 발생 지역이 중국 본토인 기업입니다.

항셍차이나 25 **Hang Seng China(Hong Kong-listed) 25** 지수는 홍콩거래소에 상장된 중국 본토 기업 주식 25개 종목(H주, Red-Chip, 그외 홍콩 상장 중국본토 기업 주식)으로 구성됩니다(산출기관: Hang Seng Indexes Co., Ltd., 분기별 리밸런싱, 홍콩달러 기준).

FTSE China A 50 지수는 중국 상해 및 심천 증권거래소에 상장되어 있는 중국 본토 주식 중 시가총액 기준 상위 50개 종목으로 구성된 지수입니다(산출기관: FTSE, 매년 4회 정기변경, 위안화 기준).

MSCI China 지수는 전 세계에 상장된 중국 신경제 관련 종목에 집중 투자하는 지수로, 홍콩에 상장된 H주, Red Chip, P-chip, ADR(미국 예탁 증권) 및 본토 A주까지 편입한 지수입니다(MSCI China NTR(Net Total Return), 미국달러 기준).

SZSE ChiNext Price 지수는 '중국판 나스닥'으로 불리며, 이 지수를 구성하는 기업들은 중국 경제의 신성장 동력으로 평가되고 있습니다. 이 지수는 심천 시가총액 상위 100개로 구성된 심천 100 지수 대비 IT, 헬스케어 등의 New Economy 섹터를 월등히 높은 비중으로 보유하고 있습니다(산출기관: 중국 심천거래소, 위안화 기준).

■ 성과 데이터 분석

환헤지 비교: MSCI China vs. Hang Seng China H vs. CSI 500

분석 기간: 2004.12~2021.8 (코스피 움직임은 참고용, 해당 기간의 예금금리: 연 3.4%)

[그림 6-25] 중국 주가 지수 비교

	코스피 200	MSCI China NTR(USD)	CSI 500	Hang Seng China H
연수익률	8.1%	10.8%	12.6%	4.0%
연변동성	18.1%	24.8%	32.2%	27.3%
최대 낙폭	47.0%	64.8%	69.3%	67.1%

환노출 비교: CSI 300 vs. CSI 100 vs. Hang Seng China H vs. A50

분석 기간: 2016.11~2021.8 (코스피 움직임은 참고용, 해당 기간의 예금금리: 연 1.6%)

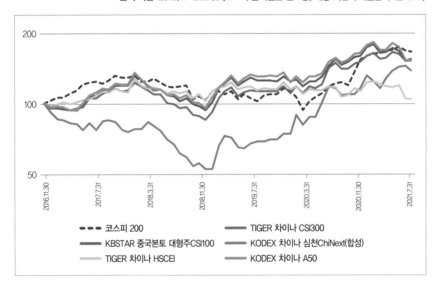

[그림 6-26] 중국 주식 ETF 비교

	코스피 200	TIGER 차이나 CSI300	KBSTAR 중국본토 대형주 CSI100	KODEX 차이나 심천 ChiNext(합성)	TIGER 차이나 HSCEI	KODEX 차이나 A50
연수익률	11.1%	9.4%	9.1%	6.9%	0.9%	9.1%
연변동성	16.7%	17.6%	17.6%	24.8%	16.2%	18.3%
최대 낙폭	29.0%	30.5%	29.3%	47.9%	19.8%	29.5%

[표 6-6] 중국 주식 ETF간 상관관계

	코스피 200	TIGER 차이나 CSI300	KBSTAR 중국본토 대형주 CSI100	KODEX 차이나 심천 ChiNext(합성)	TIGER 차이나 HSCEI	KODEX 차이나 A50
코스피 200	1.0	0.49	0.49	0.23	0.55	0.50
TIGER 차이나 CSI300	0.49	1.00	0.95	0.73	0.73	0.93
KBSTAR 중국본토대형주 CSI100	0.49	0.95	1.00	0.61	0.80	0.97
KODEX 차이나 심천ChiNext(합성)	0.23	0.73	0.61	1.00	0.38	0.54
TIGER 차이나 HSCEI	0.55	0.73	0.80	0.38	1.00	0.84
KODEX 차이나 A50	0.50	0.93	0.97	0.54	0.84	1.00

환헤지 vs. 환노출 (ETF 성과 분석)

분석 기간: 2016.8~2021.8 (코스피 움직임은 참고용, 해당 기간의 예금금리: 연 1.6%)

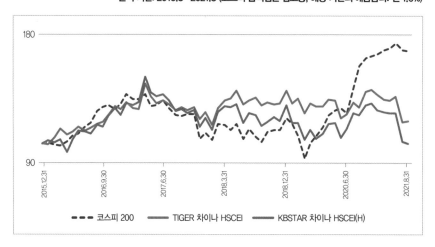

- - - 코스피 200　　—— TIGER 차이나 HSCEI　　—— KBSTAR 차이나 HSCEI(H)

[그림 6-27] 중국(HSCEI) ETF의 환헤지와 환노출 비교

	코스피 200	TIGER 차이나 HSCEI	KBSTAR 차이나 HSCEI(H)
연수익률	10.3%	2.4%	0.0%
연변동성	16.3%	16.0%	18.5%
최대 낙폭	29.0%	19.8%	30.0%

환헤지: 지수 vs. 레버리지 (ETF 성과 분석)

분석 기간: 2016.8~2021.8 (코스피 움직임은 참고용, 해당 기간의 예금금리: 연 1.6%)

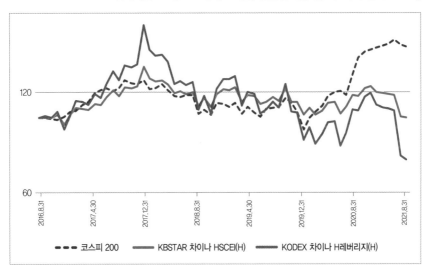

[그림 6-28] 중국(HSCEI 환헤지) ETF와 레버리지 ETF 비교

	코스피 200	KBSTAR 차이나 HSCEI(H)	KODEX 차이나 H레버리지(H)
연수익률	10.3%	0.0%	-5.6%
연변동성	16.3%	18.5%	36.5%
최대 낙폭	29.0%	30.0%	60.4%

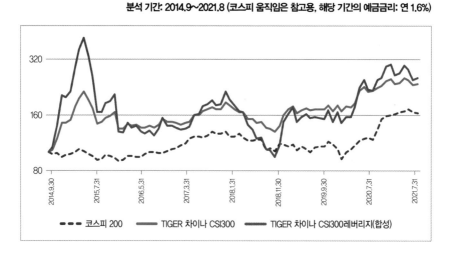

환노출: 지수 vs. 레버리지 (ETF 성과 분석)

분석 기간: 2014.9~2021.8 (코스피 움직임은 참고용, 해당 기간의 예금금리: 연 1.6%)

[그림 6-29] 중국(CSI300 환노출) ETF와 레버리지 ETF 비교

	코스피 200	TIGER 차이나 CSI300	TIGER 차이나 CSI300레버리지(합성)
연수익률	7.4%	13.0%	14.2%
연변동성	14.9%	23.1%	47.3%
최대 낙폭	29.0%	39.4%	77.3%

중국 통화(CNY, CNH), 홍콩 통화(HKD) 이해하기

중국의 통화는 1949년 중국인민은행(People's Bank of China: PBoC)이 발행한 법정 공식 화폐인 런민비(Renminbi, RMB, 人民幣(인민폐))입니다. 런민비를 헤아리는 단위를 위안(Yuan, 圓(원))이라고 부릅니다. 통화는 하나지만, 거래는 이원화하여 중국 본토에서 거래되는 CNY(중국 위안, Chinese Yuan)와 홍콩을 중심으로 하여 본토 밖에서 거래되는 CNH(홍콩 위안, Chinese Yuan traded in Hong Kong)로 나뉘어 있습니다.

홍콩 달러(Hong Kong dollar, HKD)는 홍콩에서 사용되는 통화로서, 1937년부터 사용되었습니다. 보통 달러 기호인 '$'로 줄여 쓰지만, 다른 달러들과 구별하기 위해 'HK$'로 쓰기도 합니다. 홍콩은 1983년 10월 17일부터 1 미국 달러 = 7.80 홍콩 달러의 고정 환율(페그제)을 실시하고 있습니다. 다만, 시장에서의 환율은 약간씩 변동이 있습니다.

페그란 무언가를 고정시키는 '말뚝' 또는 '못'이라는 의미를 가지고 있는데, 페그제(peg system)는 한 나라의 통화가치를 특정 국가의 통화에 고정시켜 두고, 정해진 환율로 교환을 약속한 고정환율제도입니다. 예를 들어 어떤 나라가 기축통화로 미국 달러를 채택했다면 그 나라의 통화와 미국 달러 간의 환율은 변하지 않습니다. 따라서 다른 나라의 통화에 대한 환율은 미국 달러와 다른 나라 통화의 환율 변동에 따라 자동적으로 결정됩니다. 즉, 미국 달러화에 대한 엔화의 가치가 변하면 그만큼 해당 국가의 통화와 엔화의 가치도 조정되는 것입니다. 이 제도는 환율 변동에 대한 불확실성을 감소시켜 대외교역과 외국인 투자를 통한 자본거래를 활발하게 만들지만 경제위기 시 외환 투기를 발생시킬 가능성도 커진다는 단점도 있습니다.

[그림 6-30] 미국 달러 대비 위안화(CNY, CNK), 홍콩달러(HKD) 추이
(2001.1~2021.8)

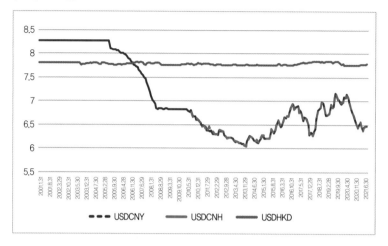

[그림 6-31] 한국 원화 대비 위안화(CNY, CNK), 홍콩달러(HKD)의 상대적
움직임(2001.1~2021.8)

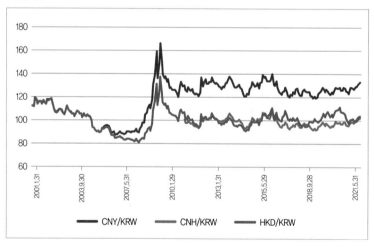

6) 인도 주식

■ 환노출형

단위표기: 총보수: %, 거래대금: 백만 원, 순자산총액: 억 원

기초지수	ETF 이름	코드	상장일	총보수	거래대금	순자산총액
Nifty 50 Index	KOSEF 인도 Nifty50(합성)	A200250	2014-06-26	0.49	478	337

■ 환노출 & 레버리지형

기초지수	ETF 이름	코드	상장일	총보수	거래대금	순자산총액
Nifty 50 Index	TIGER 인도 니프티 50레버리지(합성)	A236350	2016-05-13	0.58	200	265

■ 지수(혹은 ETF) 상세 정보

Nifty 50 지수는 인도 주식시장에 상장된 24개의 주요 업종을 대표하는 50대 기업 종목으로 구성되어 있습니다(산출기관: India Index Services & Products Limited, 산출방식: 유동비율 시가총액 가중방식, 기준통화: 인도 루피화INR).

■ 성과 데이터 분석

환노출: 지수 vs. 레버리지 (ETF 성과 분석)

분석 기간: 2016.5~2021.8 (코스피 움직임은 참고용, 해당 기간의 예금금리: 연 1.6%)

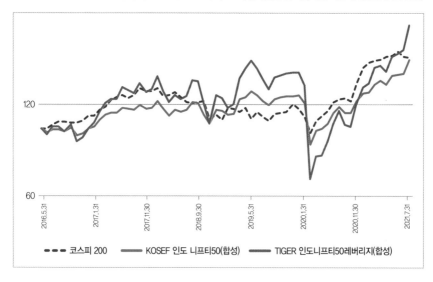

[그림 6-32] 인도 니프티 50 지수와 레버리지 비교

	코스피 200	KOSEF 인도 니프티50(합성)	TIGER 인도 니프티50레버리지(합성)
연수익률	10.9%	10.7%	16.3%
연변동성	16.0%	21.1%	43.4%
최대 낙폭	29.0%	33.2%	59.6%

7) 베트남 주식

■ 환노출형

단위표기: 총보수: %, 거래대금: 백만 원, 순자산총액: 억 원

기초지수	ETF 이름	코드	상장일	총보수	거래대금	순자산총액
VN30 Index(PR)	KINDEX 베트남 VN30(합성)	A245710	2016-07-01	0.7	3,104	2,095

■ 환헤지 & 레버리지형

기초지수	ETF 이름	코드	상장일	총보수	거래대금	순자산총액
Bloomberg VN30 Futures Excess Return Index	KINDEX 블룸버그 베트남VN30선물 레버리지(H)	A371130	2020-11-25	0.7	275	175

■ 지수(혹은 ETF) 상세 정보

VN30 PR 지수는 베트남 호치민증권거래소 Ho Chi Minh Stock Exchange, HOSE 상장 종목 중 시가총액, 유동성, 거래대금 등 시장대표성을 고려하여 선정한 30종목으로 구성됩니다(기준통화: 베트남 동화 VND).

Bloomberg VN30 Futures Excess Return 지수는 블룸버그사에서 발표하는 베트남 지수에 대한 선물 futures 지수입니다. 환헤지 상품입니다.

■ 성과 데이터 분석

지수 비교: VN 30(H) vs. Bloomberg VN 30(H)

분석 기간: 2017.8~2021.8 (코스피 움직임은 참고용, 해당 기간의 예금금리: 연 1.6%)

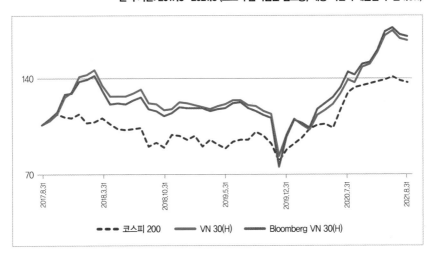

[그림 6-33] VN 30과 블룸버그 VN 30 비교

	코스피 200	VN 30(H)	Bloomberg VN 30(H)
연수익률	8.0%	16.7%	17.5%
연변동성	17.8%	26.1%	28.4%
최대 낙폭	29.0%	47.0%	48.6%

지수 비교: VN 30(H) vs. VN 30(UH)

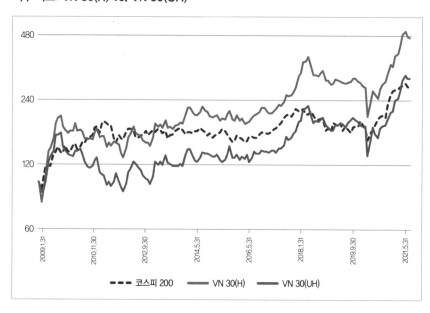

[그림 6-34] VN 30 환헤지와 환노출 비교

	코스피 200	VN 30(H)	VN 30(UH)
연수익률	8.4%	13.2%	9.3%
연변동성	16.0%	23.7%	23.4%
최대 낙폭	29.0%	47.0%	46.9%

[그림 6-35] 달러, 원, 베트남 동간 환율 움직임

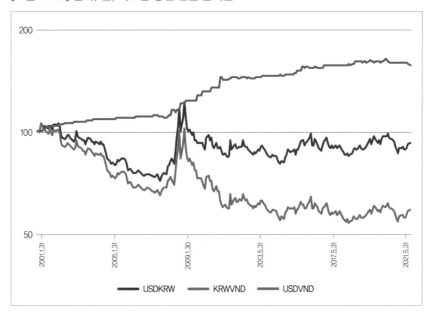

환노출 vs. 환헤지 레버리지

분석 기간: 2017.8~2021.8 (코스피 움직임은 참고용, 해당 기간의 예금금리: 연 1.6%)

[그림 6-36] VN 30 환노출, 환헤지, 레버리지 비교

	KINDEX 베트남VN30(합성)	Bloomberg VN30(H) 레버리지
연수익률	16.7%	29.7%
연변동성	25.2%	57.8%
최대 낙폭	41.4%	76.3%

8) 러시아 주식

■ 환노출형

단위표기: 총보수: %, 거래대금: 백만 원, 순자산총액: 억 원

기초지수	ETF 이름	코드	상장일	총보수	거래대금	순자산총액
MSCI Russia 25% Capped Price Return Index	KINDEX 러시아 MSCI(합성)	A265690	2017-03-21	0.5	41	112

■ 지수(혹은 ETF) 상세 정보

MSCI Russia 25% Capped PR 지수는 러시아의 중대형 기업을 대상으로 합니다. 한 종목의 비중이 25%보다 커질 경우 비중의 최대치를 20%로 제한합니다(기준통화: 러시아 루블화 RUB).

■ 성과 데이터 분석

분석 기간: 2002.5~2021.8 (코스피 움직임은 참고용, 해당 기간의 예금금리: 연 3.2%)

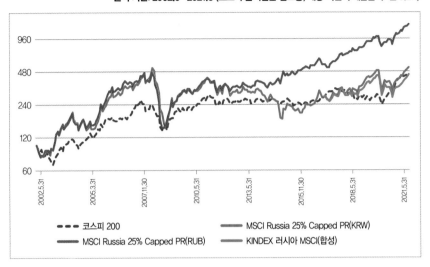

[그림 6-37] 러시아 주가 지수 루블화와 원화 기준 비교

	코스피 200	MSCI Russia 25% Capped PR(RUB)	MSCI Russia 25% Capped PR(KRW)
연수익률	7.7%	14.1%	8.9%
연변동성	18.9%	25.3%	28.7%
최대 낙폭	47.0%	69.0%	70.5%

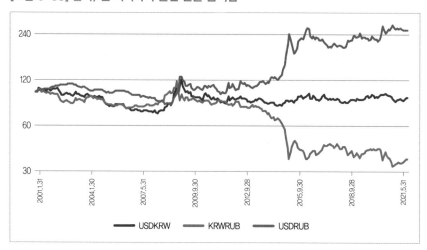

[그림 6-38] 달러, 원 러시아 루블간 환율 움직임

━━━ USDKRW   ━━━ KRWRUB   ━━━ USDRUB

9) 인도네시아 주식

■ 환헤지형

단위표기: 총보수: %, 거래대금: 백만 원, 순자산총액: 억 원

기초지수	ETF 이름	코드	상장일	총보수	거래대금	순자산총액
MSCI Indonesia Index	KINDEX 인도네시아 MSCI(합성)	A256440	2016-11-01	0.7	217	425

■ 지수(혹은 ETF) 상세 정보

MSCI Indonesia 지수는 인도네시아의 중대형 기업을 대상으로 시가총액의 85%를 커버할 수 있도록 22개 종목으로 구성합니다(기준통화: 인도네시아 루피화IDR).

■ 성과 데이터 분석

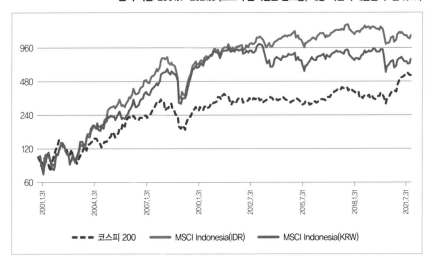

분석 기간: 2001.1~2021.8 (코스피 움직임은 참고용, 해당 기간의 예금금리: 연 3.4%)

- - - 코스피 200 ——— MSCI Indonesia(IDR) ——— MSCI Indonesia(KRW)

[그림 6-39] 인도네시아 주가 지수 루피화와 원화 기준 비교

	코스피 200	MSCI Indonesia(IDR)	MSCI Indonesia(KRW)
연수익률	8.5%	13.0%	10.3%
연변동성	20.0%	23.8%	27.6%
최대 낙폭	47.0%	57.4%	51.1%

[그림 6-40] 달러, 원, 인도네시아 루피간 환율 움직임

USDIDR ── USDKRW ── KRWIDR

10) 멕시코 주식

■ 환노출형

단위표기: 총보수: %, 거래대금: 백만 원, 순자산총액: 억 원

기초지수	ETF 이름	코드	상장일	총보수	거래대금	순자산총액
MSCI MEXICO IMI 25/50 Price return Index	KINDEX 멕시코 MSCI(합성)	A291130	2018-03-09	0.5	6	84

■ 지수(혹은 ETF) 상세 정보

MSCI MEXICO IMI 25/50 PR 지수는 멕시코 시장의 투자가능 시장지수(IMI: Investable Market Index, 대형, 중형, 소형 종목)을 대상으로 합니다. 한 종목의 비중이 25%를 초과하지 않으며, 5%를 초과하는 종목의 비중 합계가 지수의 50%를 초과하지 않도록 설계되었습니다(기준통화: 멕시코 페소MXN).

■ 성과 데이터 분석

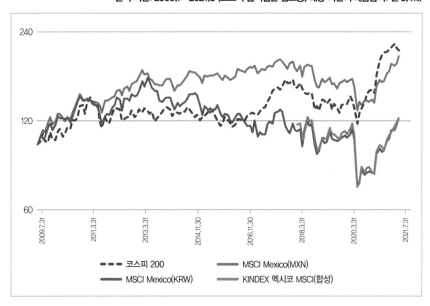

분석 기간: 2009.7~2021.8 (코스피 움직임은 참고용, 해당 기간의 예금금리: 연 3.4%)

[그림 6-41] 멕시코 주가 지수 페소화와 원화 기준 비교

	코스피 200	MSCI Mexico(MXN)	MSCI Mexico(KRW)
연수익률	6.2%	5.8%	1.7%
연변동성	15.0%	13.4%	20.2%
최대 낙폭	29.0%	32.7%	57.2%

[그림 6-42] 달러, 원, 멕시코 페소간 환율 움직임

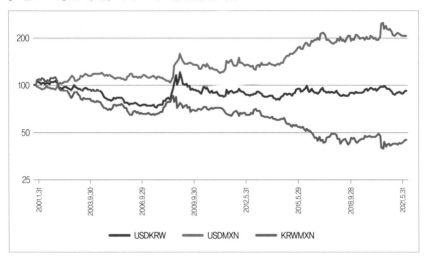

11) 필리핀 주식

■ 환노출형

단위표기: 총보수: %, 거래대금: 백만 원, 순자산총액: 억 원

기초지수	ETF 이름	코드	상장일	총보수	거래대금	순자산총액
MSCI Philippines IMI Index	KINDEX 필리핀 MSCI(합성)	A261920	2016-12-28	0.5	14	55

■ 지수(혹은 ETF) 상세 정보

MSCI Philippines IMI 지수는 필리핀 시장의 투자가능 시장지수(IMI: Investable Market Index, 대형, 중형, 소형 종목)를 대상으로 합니다(기준통화: 필리핀 페소PHP).

■ 성과 데이터 분석

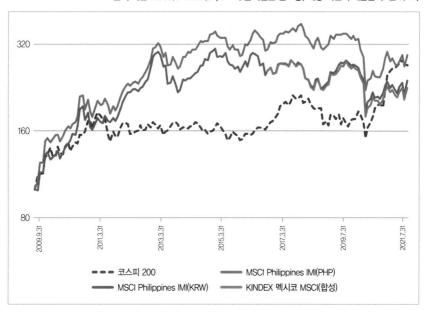

분석 기간: 2009.3~2021.8 (코스피 움직임은 참고용, 해당 기간의 예금금리: 연 3.4%)

- ● ● ● 코스피 200
- ——— MSCI Philippines IMI(KRW)
- ——— MSCI Philippines IMI(PHP)
- ——— KINDEX 멕시코 MSCI(합성)

[그림 6-43] 필리핀 주가 지수 페소화와 원화 기준 비교

	코스피 200	MSCI Philippines IMI(PHP)	MSCI Philippines IMI(KRW)
연수익률	8.2%	9.0%	7.2%
연변동성	15.5%	18.2%	18.1%
최대 낙폭	29.0%	40.6%	39.3%

[그림 6-44] 달러, 원, 필리핀 페소간 환율 비교

4

선진국 채권 ETF

1) 채권의 듀레이션

채권을 분류하는 방법은 국채와 회사채처럼 발행 주체에 따르기도 하고, 선진국과 신흥국 등 지역으로 나누기도 하지만 채권의 잔존 만기에 따라 분류하는 것이 가장 보편적입니다. 채권의 만기를 얘기할 때 흔히 듀레이션이라는 단어를 사용하는데, 평소에 잘 사용하지 않는 용어라 어색하겠지만 채권 ETF에 투자하려면 알아야 하는 개념이므로 간단하게 설명드리겠습니다.

듀레이션duration이란 채권에서 발생하는 현금 흐름의 가중평균만기로서 이자율 변화에 대한 채권가격의 민감도를 측정하기 위한 척도로써 1938년 맥컬레이F. R. Macaulay에 의해 체계화되었습니다.

예를 들어 국채 10년물 ETF는 'KIS 국고채 10년(총수익) 지수'를 기초지수로 사용하는데 이 지수가 목표로 하는 듀레이션은 6.5년입니다. 상품명에 표기되는 기간인 '10년'은 채권의 만기를 말합니다. 그리고 듀레이션이 6.5년이라는 것은 투자 원금이 회수되기까지의 기간을 말합니다. 즉 이자를 받으면서 6.5년 동안 들고 있으면 투자한 원금 수준은 회수된다는 의미입니다. 채권 만기인 10년 동안 들고 있으면, 원금과 이자를 모두 회수할 수 있을 것입니다. 여기서 설명한 듀레이션은 맥컬레이 듀레이션이라고 부르고, 이외에도 수정 듀레이션, 유효 듀레이션 등의 개념이 있으나 채권을 전문적으로 다룰 것이 아니기에 더 깊이 들어가지는 않겠습니다.

채권에서 듀레이션을 언급하는 이유는 듀레이션에 따라서 ETF의 움직임이 달라지기 때문입니다. 듀레이션이 길면 장기 수익이 클 수 있지만, 그만큼 변동성 역시 높을 수 있습니다. 아래의 그래프는 동일한 운용사(KOSEF, 키움 투자자산운용)에서 나온 3가지 채권 ETF의 과거 움직임을 보여줍니다. 각 ETF의 듀레이션은 KOSEF 단기자금이 0.5년, KOSEF 국고채 3년은 2.5~2.8년, KOSEF 국고채 10년은 6.5년입니다. 듀레이션이 길수록 장기적으로 수익은 크지만, 변동성 역시 커진다는 것을 확인할 수 있습니다. 따라서 듀레이션이 크거나 작다는 이유로 좋고 나쁨을 평가할 수는 없습니다. 각자의 목적에 따라 특성을 이해하고 사용하는 것이 중요합니다. 참고로 듀레이션은 시장 상황에 따라 변할 수 있으며, 각 ETF가 추종하는 지수별로 목표하는 듀레이션을 공시하고 있으며 각 사 홈페이지에 해당 정보를 공지하고 있습니다.

[그림 6-45] 채권 ETF의 듀레이션별 누적 성과(2011.10~2021.8)

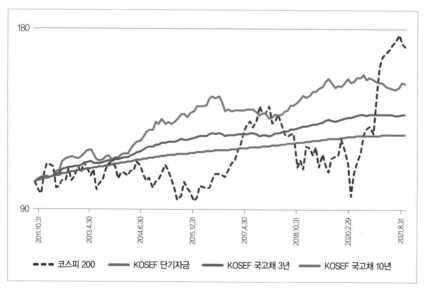

[표 6-7] 채권 ETF의 듀레이션별 성과 분석(2011.10~2021.8)

	코스피 200	KOSEF 단기자금	KOSEF 국고채 3년	KOSEF 국고채 10년
연수익률	5.4%	1.9%	2.7%	3.9%
연변동성	14.0%	0.3%	1.2%	4.0%
최대 낙폭	29.0%	0.1%	1.3%	8.3%

[표 6-8] 채권 ETF의 듀레이션별 상관관계 비교(2011.10~2021.8)

	코스피 200	KOSEF 단기자금	KOSEF 국고채 3년	KOSEF 국고채 10년
코스피 200	1.00	−0.11	−0.19	−0.16
KOSEF 단기자금	−0.11	1.00	0.63	0.44
KOSEF 국고채3년	−0.19	0.63	1.00	0.91
KOSEF 국고채10년	−0.16	0.44	0.91	1.00

채권 ETF가 추종하는 지수의 목표 듀레이션을 기준으로 단기, 중기, 장기형으로 분류할 수 있습니다. 이 책에서는 듀레이션이 1년 이하일 경우 단기형, 1~6년은 중기형, 그 이상은 장기형으로 분류합니다. 'KIS 채권평가'에서 2020년 6월 집계한 국내 채권시장 전체 듀레이션(5.6년)을 참고하여 중기형 채권의 기준으로 삼았습니다.

2) 미국·선진국 채권: 단기

아래 소개한 환노출형 상품은 달러 움직임과 유사하게 움직이고, 환헤지 상품만 다르게 움직임입니다.

■ 환헤지형

단위표기: 총보수: %, 거래대금: 백만 원, 순자산총액: 억 원

기초지수	ETF 이름	코드	상장일	총보수	거래대금	순자산총액
Markit iBoxx USD Liquid High Yield 0-5 year 지수	TIGER 단기 선진 하이일드(합성 H)	A182490	2014-03-24	0.24	19	151

■ 환노출형

기초지수	ETF 이름	코드	상장일	총보수	거래대금	순자산총액
KIS U.S. TREASURY BOND 0-1Y 지수 (총수익)	TIGER 미국달러 단기채권액티브	A329750	2019-07-24	0.3	1,087	1,131
ICE BofaAML 1-3 Y ear AAA-A US Corporate Index (총수익지수)	ARIRANG 미국 단기우량 회사채	A332610	2019-08-20	0.315	17	226

■ 지수(혹은 ETF) 상세 정보

KIS U.S. Treasury Bond 0-1Y TR 지수는 잔존만기 1개월 초과 1년 이하의 미국채로 지수의 듀레이션이 6개월 내외가 되도록 종목을 구성합니다(산출기관: KIS채권평가㈜).

참고로, TIGER 미국달러 단기채권액티브 ETF는 유가증권시장 상장규정 제113조에 따른 액티브 상장지수펀드(액티브 ETF)로 ETF 순자산가치의 변화가 지수 변화를 초과하도록 운용하는 것을 목표로 하여 비교지수(KIS U.S. TREASURY BOND 0-1Y 지수(총수익지수)) 구성 종목인 미국채 이외에 미국달

러표시 투자등급회사채, 미국달러표시 KP_{Korean Paper}, 미국달러선물 등에 투자할 수 있으며 신용 스프레드 분석을 통하여 유사 듀레이션 내 신용 스프레드가 저평가된 자산에 대한 투자비중을 확대하는 등의 전략을 활용합니다. Markit iBoxx USD Liquid High Yield 0-5 year 지수는 잔존만기 5년 이하의 미국달러표시 투기등급 선진국 회사채로 구성되며, 시장상황에 따라 유동적이나 통상적인 듀레이션은 2~3년 수준입니다(산출기관: Markit Indices Limited). ICE BofAML 1-3 Year AAA A US Corporate TR 지수는 만기가 1~3년인 미국 단기 우량회사채로 구성됩니다(산출기관: ICE(Intercontinental Exchange) Data Indices, LLC).

■ **성과 데이터 분석**

환헤지 vs. 환노출 (ETF 성과 분석)

분석 기간: 2019.8~2021.8 (코스피 움직임은 참고용, 해당 기간의 예금금리: 연 1.2%)

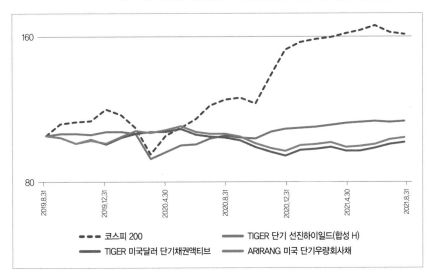

[그림 6-46] 미국·선진국 단기 채권 ETF 성과 분석

	코스피 200	TIGER 단기 선진하이일드(합성 H)	TIGER 미국달러 단기채권액티브	ARIRANG 미국 단기우량회사채
연수익률	27.3%	3.5%	−1.7%	−0.6%
연변동성	18.4%	9.8%	6.3%	6.5%
최대 낙폭	19.4%	12.5%	12.3%	11.5%

3) 미국 채권: 중장기 ━━━━━

■ **환헤지형**

단위표기: 총보수: %, 거래대금: 백만 원, 순자산총액: 억 원

기초지수	ETF 이름	코드	상장일	총보수	거래대금	순자산총액
S&P Ultra T-Bond Futures Index(ER)	KODEX 미국채 울트라30년선물(H)	A304660	2018-09-12	0.3	160	216
S&P U.S. Treasury Bond Futures Excess Return Index	KBSTAR 미국 장기 국채선물(H)	A267440	2017-04-20	0.4	8	59

■ **환노출형**

기초지수	ETF 이름	코드	상장일	총보수	거래대금	순자산총액
S&P 10-Year U.S. Treasury Note Futures(ER)	TIGER 미국채 10년 선물	A305080	2018-08-30	0.29	660	649
ICE BofaAML 15+ Year AAA-A US Corporate Index (총수익지수)	ARIRANG 미국 장기우량회사채	A332620	2019-08-20	0.315	138	295
S&P 10-Year U.S. Treasury Note Futures KRW(ER)	KODEX 미국채 10년선물	A308620	2018-10-19	0.3	172	142

■ 환헤지 & 레버리지형

기초지수	ETF 이름	코드	상장일	총보수	거래대금	순자산총액
S&P U.S. Treasury Bond Futures Excess Return Index	KBSTAR 미국 장기 국채선물레버리지 (합성 H)	A267490	2017-04-20	0.5	5	42

■ 지수(혹은 ETF) 상세 정보

S&P 10-Year U.S. Treasury Note Futures KRW ER 지수는 시카고상업거래소에 상장되어 있으며, 10-Year T-Note Futures 최근월물의 원화 환산 일간수익률에 연동된 지수입니다.

S&P Ultra T-Bond Futures ER 지수는 시카고상업거래소에 상장된 Ultra U.S. T-Bond Futures 최근월물을 연결한 값에서 롤오버 비용을 차감한 지수로 만기 25년 이상을 대상으로 합니다.

S&P U.S. Treasury Bond Futures ER 지수는 S&P Dow Jones Indices, LLC에서 산출 및 발표하는 지수로 시카고상품거래소(CBOT)에 상장된 미국채 선물(U.S Treasury Bond Futures) 최근월종목의 가격과 동일하게 연동하는 지수로 만기 15년 이상을 대상으로 합니다.

ICE BofAML 15+ Year AAA A US Corporate TR 지수는 만기 15년 이상의 미국 장기 우량회사채로 구성되며, 미국 우량 크레딧 채권 투자로 높은 캐리수익 + 안정성(평균 신용등급 A)을 동시에 추구합니다.

■ 성과 데이터 분석

지수간 비교: 환헤지

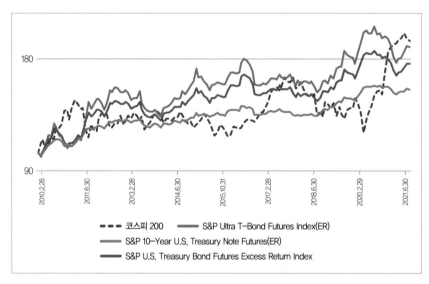

분석 기간: 2010.2~2021.8 (코스피 움직임은 참고용, 해당 기간의 예금금리: 연 2.4%)

[그림 6-47] 미국 중장기 채권 환헤지 지수성과 분석

	코스피 200	S&P Ultra T-Bond Futures Index(ER)	S&P U.S. Treasury Bond Futures Excess Return Index	S&P 10-Year U.S. Treasury Note Futures(ER)
연수익률	6.3%	5.9%	5.0%	3.5%
연변동성	14.9%	12.0%	8.6%	4.4%
최대 낙폭	29.0%	20.3%	15.4%	6.0%
채권만기		30년+	15년+	10년+

[표 6-9] 미국 중장기 채권 지수간 상관관계

	코스피 200	S&P Ultra T-Bond Futures Index(ER)	S&P U.S. Treasury Bond Futures Excess Return Index	S&P 10-Year U.S. Treasury Note Futures(ER)
코스피 200	1.00	−0.31	−0.32	−0.26
S&P U.S. Treasury Bond Futures Excess Return Index	−0.31	1.00	0.98	0.93
S&P Ultra T-Bond Futures Index(ER)	−0.32	0.98	1.00	0.87
S&P 10-Year U.S. Treasury Note Futures(ER)	−0.26	0.93	0.87	1.00

환헤지 vs. 환노출

분석 기간: 2001.1~2021.8 (코스피 움직임은 참고용, 해당 기간의 예금금리: 연 3.4%)

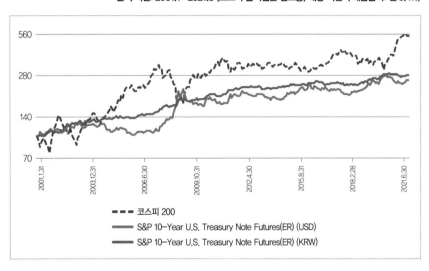

- ━ ━ ━ 코스피 200
- ──── S&P 10-Year U.S. Treasury Note Futures(ER) (USD)
- ──── S&P 10-Year U.S. Treasury Note Futures(ER) (KRW)

[그림 6-48] 미국 중장기 채권 지수 환헤지, 환노출 성과 분석

	코스피 200	S&P 10–Year U.S. Treasury Note Futures(ER) (USD)	S&P 10–Year U.S. Treasury Note Futures(ER) (KRW)
연수익률	8.5%	5.2%	4.7%
연변동성	20.0%	5.8%	11.9%
최대 낙폭	47.0%	6.4%	25.5%

[표 6-10] 미국 중장기 채권 환헤지, 환노출 지수간 상관관계

	코스피 200	S&P 10–Year U.S. Treasury Note Futures(ER) (USD)	S&P 10–Year U.S. Treasury Note Futures(ER) (KRW)
코스피 200	1.00	−0.50	−0.30
S&P 10–Year U.S. Treasury Note Futures(ER) (KRW)	−0.50	1.00	0.47
S&P 10–Year U.S. Treasury Note Futures(ER) (USD)	−0.30	0.47	1.00

레버리지 (ETF 성과 분석)

분석 기간: 2018.9~2021.8 (코스피 움직임은 참고용, 해당 기간의 예금금리: 연 1.5%)

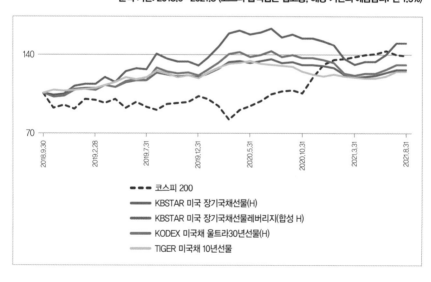

- - - 코스피 200
— KBSTAR 미국 장기국채선물(H)
— KBSTAR 미국 장기국채선물레버리지(합성 H)
— KODEX 미국채 울트라30년선물(H)
— TIGER 미국채 10년선물

[그림 6-49] 미국 중장기 채권 ETF 성과 분석

	코스피 200	KBSTAR 미국 장기국채선물레버리지(합성 H)	KBSTAR 미국 장기국채선물 (H)	KODEX 미국채 울트라30년선물 (H)	TIGER 미국채 10년선물
연수익률	12.1%	16.5%	7.6%	9.2%	7.0%
연변동성	19.7%	19.6%	9.6%	13.8%	8.8%
최대 낙폭	21.2%	27.9%	15.3%	20.1%	14.8%
만기		15년×2	15년	30년	10년

5

신흥국 채권 ETF

1) 한국 채권: 단기형

■ **국공채**　　　　　　　　　　　단위표기: 총보수: %, 거래대금: 백만 원, 순자산총액: 억 원

기초지수	ETF 이름	코드	상장일	총보수	거래대금	순자산총액
KRW Cash 지수 (총수익)	KODEX 단기채권	A153130	2012-02-22	0.15	1,311	19,935
KIS 통안채 3개월 (총수익)	TIGER 단기통안채	A157450	2012-05-16	0.09	373	13,902
KIS 종합채권국공채 3M~1.5Y지수	KBSTAR 단기국공채액티브	A272560	2017-06-29	0.07	72,881	2,589
KIS MSB 단기지수 (총수익)	KINDEX 단기통안채	A190620	2013-12-23	0.07	110	2,365
KIS 통안채 5개월 지수 (총수익)	KBSTAR 단기통안채	A196230	2014-05-19	0.13	80,755	2,193
KIS 통안채 3개월 (총수익)	TIGER 단기채권 액티브	A272580	2017-06-29	0.07	305	2,083
KAP 단기 통안채 지수 (총수익)	HANARO 단기채권액티브	A390950	2021-06-25	0.1	31	1,746
MK 통안채지수 (총수익)	KOSEF 통안채1년	A122260	2010-01-14	0.15	25,935	922
KIS 단기통안채 Index(총수익)	SOL KIS단기통안채	A363510	2020-09-09	0.13	3	631

■ 혼합

기초지수	ETF 이름	코드	상장일	총보수	거래대금	순자산총액
KRW Cash PLUS 지수 (총수익)	KODEX 단기채권 PLUS	A214980	2015-03-03	0.15	161,538	14,624
KIS 단기종합채권지수 (AA-이상)(총수익지수)	KBSTAR KIS단기종합채권 (AA-이상)액티브	A385550	2021-05-26	0.05	84	2,529
MK 머니마켓 지수 (총수익)	KOSEF 단기자금	A130730	2010-07-29	0.15	36,651	534
KOBI HALF CREDIT Index(총수익)	ARIRANG 우량회사채50 1년	A239660	2016-03-22	0.135	364	239
KAP 투자적격 크레딧 채권 1년 지수 (A- 이상,총수익)	ARIRANG 단기채권 액티브	A278620	2017-09-26	0.13	167	193

■ 기타

기초지수	ETF 이름	코드	상장일	총보수	거래대금	순자산총액
KIS CD Index(총수익)	TIGER CD금리투자 KIS(합성)	A357870	2020-07-07	0.15	659	2,572
KAP 단기변동금리부 은행채권지수	KODEX 단기변동 금리부채권액티브	A273140	2017-06-29	0.15	19	1,141

■ 지수(혹은 ETF) 상세 정보

단기채권 지수는 대부분 비슷한 움직임을 보이기 때문에 ETF 시가총액 상위 상품 위주로 분석합니다.

KRW Cash 지수(총수익)는 잔존만기 1년 미만 국고채, 통안채 중 발행잔액 및 직전 1개월 평균 거래량 상위 30종목으로 구성합니다(목표 듀레이션 0.3~0.5 년).

KRW Cash PLUS 지수(총수익)는 잔존만기 1년 이하의 국고채, 통안채, 특수 채(AAA 이상), 은행채(AAA 이상), 회사채(AA- 이상), 카드채(AA+ 이상), CP(A1

이상) 등으로 구성된 지수입니다(목표 듀레이션 0.65년).

KIS 통안채 3개월 TR 지수는 잔존만기 6개월 이하의 통안증권 3종목으로 구성됩니다(목표 듀레이션 0.25년).

KOBI HALF CREDIT(총수익) 지수는 잔존만기 3개월에서 3년 이내의 국고채, 통안채, 특수채, 기타금융채, 회사채(AA- 이상) 등 섹터를 망라한 40종목의 채권에 투자하는 채권지수입니다(목표 듀레이션 1.2년).

■ **성과 데이터 분석**

분석 기간: 2017.6~2021.8 (코스피 움직임은 참고용, 해당 기간의 예금금리: 연 1.58%)

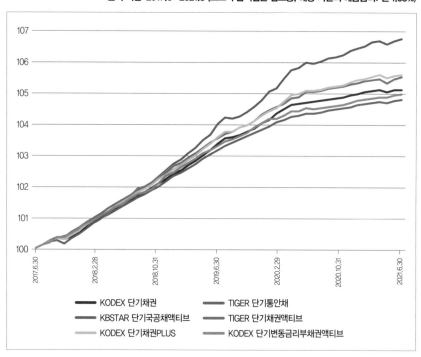

[그림 6-50] 한국 단기 채권 ETF 성과 분석

	코스피 200	KODEX 단기채권	TIGER 단기통안채	KBSTAR 단기국공채 액티브	TIGER 단기채권 액티브	KODEX 단기채권 PLUS	KODEX 단기변동 금리부채 권액티브
연수익률	7.4%	1.2%	1.1%	1.6%	1.3%	1.3%	1.2%
연변동성	17.5%	0.2%	0.2%	0.3%	0.2%	0.2%	0.2%
최대 낙폭	29.0%	0.1%	0.0%	0.1%	0.1%	0.1%	0.0%
보수		0.15%	0.09%	0.07%	0.07%	0.15%	0.15%

2) 한국 채권: 중기형

■ 국공채

단위표기: 총보수: %, 거래대금: 백만 원, 순자산총액: 억 원

기초지수	ETF 이름	코드	상장일	총보수	거래대금	순자산총액
MKF 국고채지수(총수익)	KODEX 국고채3년	A114260	2009-07-29	0.15	210	976
KTB INDEX(시장가격)	TIGER 국채3년	A114820	2009-08-27	0.15	631	665
KIS 국채 3-10년 지수 (시장가격지수)	TIGER 중장기국채	A302190	2018-07-20	0.15	130	559
KTB INDEX(시장가격)	KINDEX 국고채3년	A114460	2009-07-31	0.15	21	417
KTB INDEX(시장가격)	KOSEF 국고채3년	A114470	2009-07-31	0.15	22	337
KIS 종합채권국공채 4~5Y지수	KBSTAR 중장기 국공채액티브	A272570	2017-06-29	0.07	4	336
KTB INDEX(시장가격)	KBSTAR 국고채3년	A114100	2009-07-29	0.1115	57	271
KIS 종합채권국공채 1-10Y지수	KINDEX 중장기 국공채액티브	A272910	2017-06-29	0.08	1	160
국채선물지수	ARIRANG 국채선물 3년	A298340	2018-06-08	0.1	7	73
KTB INDEX(시장가격)	파워 중기국고채	A176710	2013-05-22	0.145	0	60
5년 국채선물 추종 지수	KBSTAR 국채선물 5년추종	A397420	2021-08-31	0.07	–	–

■ 회사채 및 혼합

단위표기: 총보수: %, 거래대금: 백만 원, 순자산총액: 억 원

기초지수	ETF 이름	코드	상장일	총보수	거래대금	순자산총액
KAP 한국종합채권지수	KODEX 종합채권 (AA-이상)액티브	A273130	2017-06-29	0.07	1,707	14,056
KIS 종합채권 지수 (A-이상)(총수익지수)	KBSTAR KIS종합 채권(A-이상)액티브	A385540	2021-05-26	0.05	5	3,717
KOBI 크레딧 지수 (총수익)	KBSTAR 중기우량 회사채	A136340	2011-04-15	0.07	213	1,580
KIS 종합채권금융채 2.5Y-3Y 지수 (총수익)	KBSTAR 금융채 액티브	A336160	2019-10-29	0.07	69	599
KIS 종합채권 AA-이상 총수익 지수 (Total return Index)	KINDEX KIS종합채 권(AA-이상)액티브	A356540	2020-07-21	0.1	138	381

■ 지수(혹은 ETF) 상세 정보

KTB index(시장가격지수)는 국고채 3년 선물(KTB 3yr)의 기초자산이 되는 바스켓 3종목(3년물 2종목, 5년물 1종목)으로 구성됩니다(목표 듀레이션 2.5~2.8년).

KIS 종합채권국공채 4~5Y지수는 KIS 종합채권지수 구성 종목 중 잔존만기 4-5년을 만족하는 국고채, 국민주택 1,2,3종, 지방채, 특수채(한전, 도로수자원, 예금보험채, AAA)로 구성한 지수이며, 액티브 ETF의 비교지수 사용을 목적으로 개발한 지수입니다(목표 듀레이션 2.5~2.8년).

KIS 국채 3-10년 지수(시장가격지수)는 3년 국채 선물 바스켓과 국채 10년 선물 바스켓을 1:1 비중으로 구성하며, 바스켓 구성 종목은 국고채 3년물 2종목, 5년물 1종목, 10년물 2종목입니다. 장기형 국고채 ETF의 추적지수 사용을 목적으로 합니다(목표 듀레이션 5.6년).

KIS 종합채권국공채 1-10Y지수는 KIS 종합채권지수 구성 종목 중 잔존만기 1-10Y을 만족하는 국고채, 국민주택 1,2,3종, 지방채, 특수채(한전, 도로수자원, 예금보험채, AA0 이상)로 구성한 지수이며, 액티브 ETF의 비교지수 사용을 목

적으로 개발한 지수입니다(목표 듀레이션 3.90년).

MKF 국고채 지수(총수익)는 한국거래소에 상장된 3년 국채선물 최근월물의 기초자산이 되는 국고채권 3종목을 대상으로 금융투자협회가 수집하는 실시간 체결가 및 매수/매도 호가를 이용하여 실시간 산출하는 지수입니다(목표 듀레이션 2.5~2.8년).

F-KTB 지수는 한국거래소에서 실시간으로 산출하고 있는 국채 3년 선물지수입니다(목표 듀레이션 2.5~2.8년).

KAP 한국종합채권(AA- 이상, 총수익) 지수는 한국의 우량채권시장을 대표하는 채권 4,000여 종목을 바탕으로 구성된 지수로서, 투자가능 회사채의 신용등급은 AA- 이상입니다. 채권투자에서 발생하는 이자수익, 자본손익, 이자재투자수익이 모두 반영된 토탈 리턴(TR) 지수로 산출됩니다(목표 듀레이션 4.3년).

KIS 종합채권금융채 2.5-3Y 지수는 발행잔액 500억 이상의 은행채 AAA(산/중금포함) 및 신용등급 A0 이상의 기타금융채가 시장비중으로 구성되었으며, 금융채 Active ETF의 비교지수 사용을 목적으로 개발한 지수입니다(목표 듀레이션 2.6년).

KOBI Credit(크레딧) 지수는 신용등급 A 이상의 회사채 등 크레딧 채권에 특화된 바스켓으로 구성된 지수로, 총 100종목의 크레딧 채권으로 구성됩니다 (목표 듀레이션 국내 채권 크레딧Credit 시장의 평균 듀레이션).

KIS 종합채권 AA- 이상 지수는 KIS 종합채권지수 구성 종목 중 신용등급 AA- 이상의 국채, 지방채, 특수채(한전, 도로수자원, 예금보험채 포함), 통안채, 은행채, 기타금융채, 회사채(보증회사채, ABS 제외)로 구성된 채권지수와 유동지수를 95:5의 비중으로 구성한 지수로 액티브 ETF의 비교지수 사용을 목적으로 개발되었습니다(목표 듀레이션 5.6년).

■ **성과 데이터 분석 (ETF 성과 분석)**

시가총액 및 출시기간, 종류 등을 감안해 5개의 ETF 성과를 직접 비교하였습니다.

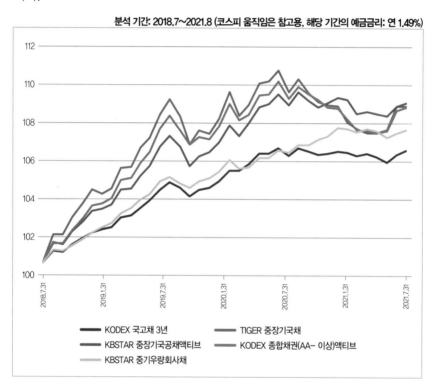

[그림 6-51] 한국 중기 채권 ETF 성과 분석

	코스피 200	KODEX 국고채3년	TIGER 중장기국채	KBSTAR 중장기국채공채액티브	KODEX 종합채권(AA-이상)액티브	KBSTAR 중기우량회사채
연수익률	11.8%	2.0%	2.7%	2.8%	2.7%	2.3%
연변동성	19.1%	1.0%	2.5%	1.7%	2.0%	1.0%
최대 낙폭	21.2%	0.8%	3.1%	1.5%	2.6%	0.6%

3) 한국 채권: 장기형

■ 국공채

단위표기: 총보수: %, 거래대금: 백만 원, 순자산총액: 억 원

기초지수	ETF 이름	코드	상장일	총보수	거래대금	순자산총액
KIS 10년 국고채 지수 (총수익)	KOSEF 국고채 10년	A148070	2011-10-20	0.15	1,898	1,406
KIS 국고채 30년 Enhanced지수(시장가격)	KBSTAR KIS국고채 30년Enhanced	A385560	2021-05-26	0.05	81	481
10년 국채선물지수	KODEX 국채선물 10년	A152380	2012-01-20	0.25	161	182
KIS 10년 국고채 지수 (총수익)	KINDEX 국고채 10년	A365780	2020-10-15	0.1	68	145
KIS 10년 국고채 지수 (총수익)	KOSEF 국고채 10년 레버리지	A167860	2012-10-30	0.3	26	93
10년 국채선물지수	ARIRANG 국채선물 10년	A289670	2018-02-07	0.13	19	80
KAP 초장기 국고채 지수 (총수익)	HANARO KAP 초장 기국고채	A346000	2020-01-16	0.2	52	69
10년 국채선물지수	KBSTAR 국채선물 10년	A295000	2018-05-11	0.07	16	26

■ 회사채 및 혼합

단위표기: 총보수: %, 거래대금: 백만 원, 순자산총액: 억 원

기초지수	ETF 이름	코드	상장일	총보수	거래대금	순자산총액
KAP 한국장기종합채권 지수(AA-이상, 총수익)	KODEX 장기종합 채권(AA-이상) 액티브KAP	A363570	2020-09-25	0.07	2	332

■ 지수(혹은 ETF) 상세 정보

KIS 국고채 10년(총수익) 지수는 국고채 10년물 3종목으로 구성된 지수로 장기형 국고채 ETF의 추적지수 사용을 목적으로 개발된 실시간 지수입니다(목표 듀레이션 6.5년).

10년 국채선물 지수는 10년 국채선물의 최근월물을 차근월물로 롤오버하는 방법으로 산출됩니다. 10년 국채선물은 만기가 10년이고, 표면금리가 연 5%이며 6개월마다 이자가 지급되는 가상의 국고채권 표준물을 그 거래대상으로 하는 선물상품입니다(목표 듀레이션 6.5년).

KAP 초장기 국고채(총수익) 지수는 국고채 발행물 중 만기 10년, 20년, 30년의 지표 종목(총 3종목)을 동일비중(Equal Weight)으로 구성합니다. 국고채 지표종목이란 10년, 20년, 30년 만기의 발행채권 중 가장 최근 발행된(On-the-run) 종목을 말합니다(목표 듀레이션 15년).

KAP 한국장기종합채권지수(AA- 이상, 총수익)는 신용등급 AA-이상, 만기 3년 초과의 국내 발행된 원화채권을 대상으로 하는 종합채권지수로서 채권 95% + Call 5%로 구성되어 있습니다. 채권투자에서 발생하는 이자수익, 자본손익, 이자재투자수익이 모두 반영된 Total Return 지수로 산출됩니다(목표 듀레이션 10.06년).

■ 성과 데이터 분석

분석 기간: 2012.10~2021.8 (코스피 움직임은 참고용, 해당 기간의 예금금리: 연 1.9%)

[그림 6-52] 한국 장기 채권 ETF 성과 분석

	코스피 200	KOSEF 국고채 10년	KOSEF 국고채 10년 레버리지	KODEX 국채 선물 10년
연수익률	6.0%	3.3%	4.7%	2.9%
연변동성	14.0%	4.0%	8.3%	4.2%
최대 낙폭	29.0%	8.3%	17.6%	8.5%

6

대체투자 ETF

1) 부동산

① 한국 부동산

단위표기: 총보수: %, 거래대금: 백만 원, 순자산총액: 억 원

기초지수	ETF 이름	코드	상장일	총보수	거래대금	순자산총액
FnGuide 부동산인프라 고배당 지수	TIGER 부동산 인프라고배당	A329200	2019-07-19	0.29	602	1,039
KIS 부동산인프라채권 TR지수	TIGER KIS부동산 인프라채권TR	A341850	2020-05-22	0.22	245	387

■ 지수(혹은 ETF) 상세 정보

FnGuide 부동산인프라고배당 지수는 유가증권시장 상장 종목 중, 아래 조건을 만족하는 특별자산군과 일반주권군으로 유니버스를 구성합니다. 유니버스 구성 종목 중 아래의 조건을 만족하는 종목을 지수 구성 종목으로 선정합니다(산출방식: 특별자산군- 시가총액 가중방식, 일반주권군- 동일 가중방식. 단, 특별자산군 최종 편입비중을 제외한 나머지 비중을 일반주권군으로 구성).

유니버스

- **특별자산군**: 리츠, 인프라를 기초자산으로 하는 특별자산집합투자기구, 부동산집합투자기구로 분류되는 종목
- **일반주권군**: 최근 3사업연도 연속 당기순이익 실현·연속 배당·평균 배당성

향 90% 미만인 종목

구성종목

- **특별자산군**: 배당수익률 기준 상위 30종목
- **일반주권군**: 특별자산군 구성종목 수가 8개 미만일 경우 일반주권군에서 30
  종목, 12개 미만일 경우 20종목을 선정하며 특별자산군 구성종목 수가 12
  개 이상일 경우 일반주권군 종목은 선정하지 않음. 일반주권군 종목은 배
  당수익률 상위순으로 선정(단, 특별자산군 종목을 우선 선정한 후 특별자산군의
  구성종목 수에 따라 일반주권군의 종목을 선정).

KIS 부동산인프라채권TR 지수는 부동산, 인프라, 리츠 등 대체자산으로 구
성된 '대체투자지수'와 국내 채권 관련 '채권지수 및 채권 ETF지수'를 일간 단
위로 7:3으로 혼합해 산출하는 혼합지수이며 자본손익 및 경과이자 수익 이
외에 발생한 배당 등의 현금을 지수에 편입된 종목에 재투자하는 것을 가정
해 산출하는 총수익Total Return지수입니다(기준일: 2010년 12월 31일, KIS 부동산인
프라채권TR 지수는 확인 불가로 분석 제외).

대체투자지수는 유가증권시장 상장 종목 중 리츠, 인프라를 기초자산으로
하는 특별자산집합투자기구, 부동산집합투자기구로 분류되는 종목으로 유
니버스를 구성하며, 유니버스 구성종목 중 배당수익률 상위 30종목을 선정
하여 시가총액 가중방식으로 편입 비중을 결정합니다.

채권지수는 최근월물 국채 3년선물 및 국채 10년선물의 최종결제기준 채권
바스켓을 1:1 비중으로 구성합니다. 채권 ETF지수는 지수 종목 구성에 필요
한 경우 시가총액 및 거래대금 요건을 충족하는 국채 및 단기통안채 ETF 중
시가총액 상위 종목을 동일 가중방식으로 편입합니다.

■ 성과 데이터 분석

분석 기간: 2010.6~2021.8 (코스피 움직임은 참고용, 해당 기간의 예금금리: 연 2.3%)

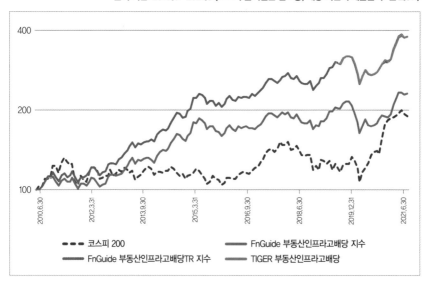

[그림 6-53] 한국 부동산 지수 성과 분석

	코스피 200	FnGuide 부동산인프라 고배당 지수	FnGuide 부동산인프라 고배당TR 지수
연수익률	5.9%	7.7%	12.6%
연변동성	14.9%	11.5%	11.4%
최대 낙폭	29.0%	24.2%	21.2%

② 미국 부동산

단위표기: 총보수: %, 거래대금: 백만 원, 순자산총액: 억 원

기초지수	ETF 이름	코드	상장일	총보수	거래대금	순자산총액
MSCI US REIT Index	TIGER 미국 MSCI 리츠(합성 H)	A182480	2013-10-10	0.24	745	1,594
Dow Jones U.S. Real Estate Index	KINDEX 미국 다우 존스리츠(합성 H)	A181480	2013-08-01	0.3	438	275
Dow Jones U.S. Real Estate PR Index	KODEX 다우존스 미국리츠(H)	A352560	2020-05-13	0.3	141	132

■ 지수(혹은 ETF) 상세 정보

MSCI US REIT 지수는 미국 거래소에 상장된 종목 중 규모, 유동성, 투자 용이성을 감안하여 선정한 2500종목을 구성 종목으로 하는 'MSCI US Investable Market 2500 지수'에 포함된 리츠 구성 종목으로 아래 조건에 해당하는 종목으로 구성합니다(산출시기: 2005.6.20).

- 배당가능이익의 90% 이상을 배당하는 종목
- 이익의 75% 이상을 부동산 임대와 매매에서 얻는 종목 단, 모기지 리츠, 특수 리츠 등의 일부 종목 제외

DowJones US Real Estate 지수는 미국 증권거래소에 상장된 리츠REITs, Real Estate Investment Trusts와 부동산 개발·관리·보유·중개 등 부동산 관련 기업으로 구성되었습니다(산출시기: 1991.12.31).

6장. 주요 ETF 소개 및 분석　293

■ 성과 데이터 분석

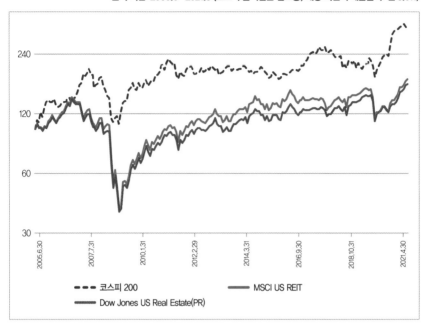

분석 기간: 2005.6~2021.8 (코스피 움직임은 참고용, 해당 기간의 예금금리: 연 3.0%)

[그림 6-54] 미국 부동산 지수 성과 분석

	코스피 200	MSCI US REIT	Dow Jones US Real Estate(PR)
연수익률	7.5%	3.6%	3.3%
연변동성	18.0%	23.5%	22.3%
최대 낙폭	47.0%	72.4%	72.9%

③ 싱가포르 리츠

단위표기: 총보수: %, 거래대금: 백만 원, 순자산총액: 억 원

기초지수	ETF 이름	코드	상장일	총보수	거래대금	순자산총액
Morningstar Singapore REIT Yield Focus Index(PR)	KINDEX 싱가포르리츠	A316300	2019-01-29	0.4	46	111
Morningstar Singapore REIT Yield Focus Income Protection Index	KINDEX 모닝스타싱가포르 리츠채권혼합	A342140	2019-12-27	0.4	2	102

▪ 지수(혹은 ETF) 상세 정보

Morningstar Singapore REIT Yield Focus PR 지수는 싱가포르에 상장된 리츠 종목 중 배당수익, 재무적 안정성 및 건전성 수준을 충족한 종목으로 구성됩니다(산출기관: 모닝스타, 기준통화: 싱가포르 달러SGD).

Morningstar Singapore REIT Yield Focus Income Protection Index는 모닝스타가 산출·발표하는 'Morningstar Singapore REIT Yield Focus Price Return Index(원화 환산)' 30%와 KIS KTB 10Y index 70%로 구성된 혼합 지수입니다.

■ 성과 데이터 분석(ETF 성과 분석)

분석 기간: 2019.12~2021.8 (코스피 움직임은 참고용, 해당 기간의 예금금리: 연 1.1%)

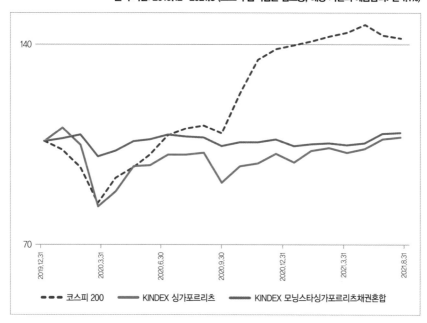

[그림 6-55] 싱가포르 부동산 ETF 성과 분석

	코스피 200	KINDEX 싱가포르리츠	KINDEX 모닝스타싱가포르리츠채권혼합
연수익률	23.9%	0.7%	1.7%
연변동성	19.6%	21.8%	8.0%
최대 낙폭	19.4%	24.0%	7.4%

④ 일본 리츠

단위표기: 총보수: %, 거래대금: 백만 원, 순자산총액: 억 원

기초지수	ETF 이름	코드	상장일	총보수	거래대금	순자산총액
Tokyo Stock Exchange REIT Index	KODEX TSE일본리츠(H)	A352540	2020-05-13	0.3	51	110

■ 지수(혹은 ETF) 상세 정보

Tokyo Stock Exchange REIT 지수는 도쿄거래소에 상장된 모든 REIT로 구성됩니다.

■ 성과 데이터 분석

분석 기간: 2016.4~2021.8 (코스피 움직임은 참고용, 해당 기간의 예금금리: 연 1.6%)

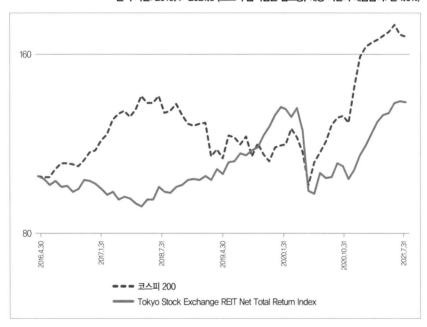

- - - 코스피 200
—— Tokyo Stock Exchange REIT Net Total Return Index

[그림 6-56] 일본 부동산 지수 성과 분석

	코스피 200	Tokyo Stock Exchange REIT Net Total Return Index
연수익률	10.6%	5.5%
연변동성	15.9%	14.3%
최대 낙폭	29.0%	28.6%

⑤ 글로벌 데이터센터 리츠   단위표기: 총보수: %, 거래대금: 백만 원, 순자산총액: 억 원

기초지수	ETF 이름	코드	상장일	총보수	거래대금	순자산총액
Benchmark Data & Infrastructure Real Estate SCTR Net Total Return Index	KBSTAR 글로벌데이터센터 리츠나스닥(합성)	A375270	2021-01-14	0.4	50	100

■ 지수(혹은 ETF) 상세 정보

Benchmark Data & Infrastructure Real Estate SCTR Net Total Return 지수는 Benchmark Investments LLC가 개발하고 나스닥Nasdaq에서 산출하는 글로벌 데이터산업 관련 부동산 섹터지수로, 선진시장에 상장된 부동산 관련 종목 중 수익이 대부분이 데이터 관련 산업에서 발생하는 데이터 센터 및 인프라 관련 리츠, 주식 등을 유동시가총액가중방식으로 구성하며 세후 배당수익을 지수 수익에 가산하는 방식의 순수익Net Total Return 지수입니다.

■ 성과 데이터 분석

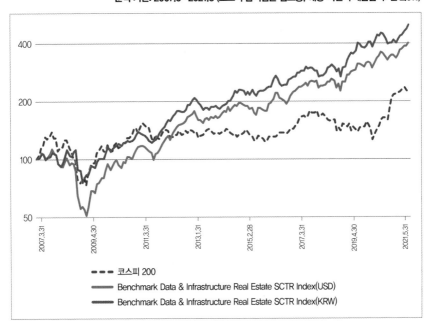

분석 기간: 2007.3~2021.8 (코스피 움직임은 참고용, 해당 기간의 예금금리: 연 2.9%)

[그림 6-57] 글로벌데이터센터 리츠 지수 성과 분석

	코스피 200	Benchmark Data & Infrastructure Real Estate SCTR Index(USD)	Benchmark Data & Infrastructure Real Estate SCTR Index(KRW)
연수익률	5.7%	10.2%	11.8%
연변동성	18.0%	17.8%	15.2%
최대 낙폭	47.0%	55.1%	32.4%

2) 통화

① 미국달러

■ 환노출형

단위표기: 총보수: %, 거래대금: 백만 원, 순자산총액: 억 원

기초지수	ETF 이름	코드	상장일	총보수	거래대금	순자산총액
미국달러선물지수	KODEX 미국달러선물	A261240	2016-12-27	0.25	2,316	883
미국달러선물지수	KOSEF 미국달러선물	A138230	2011-02-24	0.37	232	319

■ 환노출 & 레버리지형

기초지수	ETF 이름	코드	상장일	총보수	거래대금	순자산총액
미국달러선물지수	KODEX 미국달러선물레버리지	A261250	2016-12-27	0.45	1,087	237
미국달러선물지수	KOSEF 미국달러선물레버리지	A225800	2015-08-10	0.64	58	216
미국달러선물지수	TIGER 미국달러선물레버리지	A261110	2016-12-27	0.47	29	68

■ 지수(혹은 ETF) 상세 정보

미국달러선물(F-USDKRW) 지수는 한국거래소에 상장된 미국달러선물의 최근월물을 기초자산으로 하여 한국거래소에서 산출하는 선물지수로서, 미국달러선물의 만기일(최종거래일) 직전 3거래일부터 만기일까지는 최근월물과 차근월물을 이용하고, 만기일부터는 차근월물을 이용하여 산출됩니다.

■ 성과 데이터 분석

운용사별 (ETF 성과 분석)

분석 기간: 2016.12~2021.8 (코스피 움직임은 참고용, 해당 기간의 예금금리: 연 1.6%)

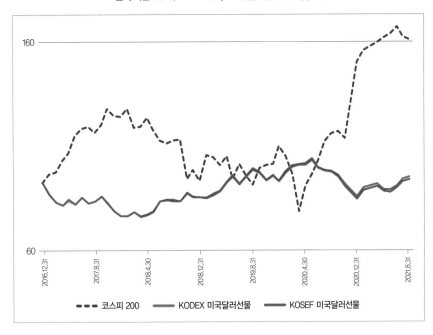

[그림 6-58] 달러 ETF 성과 분석

	코스피 200	KODEX 미국달러선물	KOSEF 미국달러선물
연수익률	10.8%	0.4%	0.2%
연변동성	16.9%	6.5%	6.6%
최대 낙폭	29.0%	11.9%	12.2%

지수 vs. 레버리지 (ETF 성과 분석)

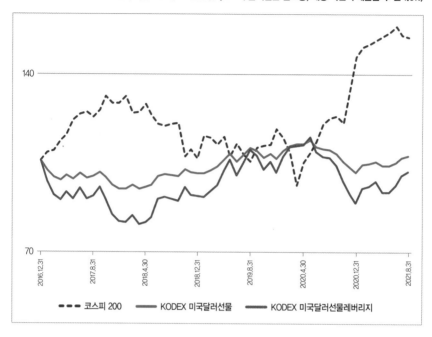

분석 기간: 2016.12~2021.8 (코스피 움직임은 참고용, 해당 기간의 예금금리: 연 1.6%)

[그림 6-59] 달러 ETF와 레버리지 ETF 성과 분석

	코스피 200	KODEX 미국달러선물	KODEX 미국달러선물레버리지
연수익률	10.8%	0.4%	−0.9%
연변동성	16.9%	6.5%	13.1%
최대 낙폭	29.0%	11.9%	22.9%

② 일본엔화

단위표기: 총보수: %, 거래대금: 백만 원, 순자산총액: 억 원

기초지수	ETF 이름	코드	상장일	총보수	거래대금	순자산총액
엔선물지수	TIGER 일본엔선물	A292560	2018-04-17	0.25	93	83

■ 지수(혹은 ETF) 상세 정보

엔선물 지수는 KRX(한국거래소) 엔선물시장에 상장된 최근월종목 가격을 대상으로 산출되는 지수입니다. 다만, 최근월종목의 최종거래일로부터 직전 2거래일에서 직전거래일까지는 최근월종목과 차근월종목을 함께 이용하여 산출하며 최종거래일에는 최근월종목이 아닌 차근월종목을 이용하여 산출됩니다.

■ 성과 데이터 분석

분석 기간: 2018.4~2021.8 (코스피 움직임은 참고용, 해당 기간의 예금금리: 연 1.5%)

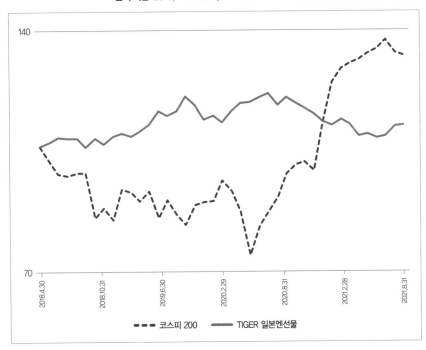

[그림 6-60] 일본엔 ETF 성과 분석

	코스피 200	TIGER 일본엔선물
연수익률	8.1%	1.8%
연변동성	18.8%	7.1%
최대 낙폭	26.8%	12.2%

3) 원자재·농산물

① 귀금속, 금(gold), 은(silver)

■ **환헤지형**

단위표기: 총보수: %, 거래대금: 백만 원, 순자산총액: 억 원

기초지수	ETF 이름	코드	상장일	총보수	거래대금	순자산총액
S&P GSCI Gold Index(TR)	KODEX 골드선물(H)	A132030	2010-10-01	0.68	2,775	2,281
S&P GSCI Silver Index(TR)	KODEX 은선물(H)	A144600	2011-07-18	0.68	2,797	1,045
S&P GSCI Gold Index(TR)	TIGER 골드선물(H)	A319640	2019-04-09	0.39	487	288
S&P GSCI Precious Metals Index(TR)	TIGER 금은선물(H)	A139320	2011-04-08	0.69	77	77

■ **환헤지 & 레버리지형**

기초지수	ETF 이름	코드	상장일	총보수	거래대금	순자산총액
S&P GSCI GOLD Index Excess Return	KINDEX 골드선물 레버리지(합성 H)	A225130	2015-07-28	0.49	256	224

■ **지수(혹은 ETF) 상세 정보**

S&P GSCI Precious Metals(TR) 지수는 미국상품거래소(COMEX, Commodity Exchange)에 상장된 귀금속선물가격 움직임을 나타내는 지수입니다. 구성종 목은 금과 은 2개이며, 종목당 비중은 세계 경제에서의 상대적 중요성을 감 안하여 세계 생산량 기준으로 결정합니다(산출기관: 스탠다드앤푸어스).

S&P GSCI Gold TR 지수는 COMEX(미국상품거래소)에서 거래되는 금(金)선물 의 가격을 기준으로 산출됩니다. 구성종목은 금선물의 최근월물로 이루어지 며 만기 도래시 5영업일에 걸쳐 보유하고 있던 최근월선물에서 차근월선물 로 교체하는 롤오버를 실행합니다(산출기관: 스탠다드앤푸어스).

S&P GSCI Silver TR 지수는 COMEX(미국상품거래소)에서 거래되는 은(銀)선물의 가격을 기준으로 산출됩니다. 구성종목은 은선물의 최근월물로 이루어지며 만기 도래시 5영업일에 걸쳐 보유하고 있던 최근월선물에서 차근월선물로 교체하는 롤오버를 실행합니다(산출기관: 스탠다드앤푸어스).

■ 성과 데이터 분석

상품별

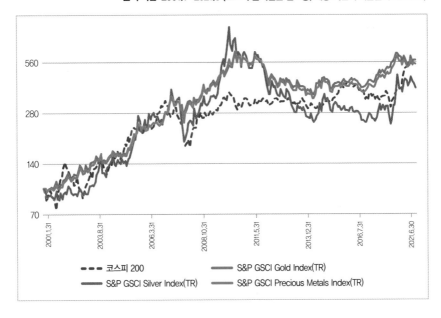

[그림 6-61] 귀금속, 금, 은 지수 성과 분석

	코스피 200	S&P GSCI Gold Index(TR)	S&P GSCI Silver Index(TR)	S&P GSCI Precious Metals Index(TR)
연수익률	8.5%	8.9%	6.9%	8.6%
연변동성	20.0%	16.7%	31.1%	17.7%
최대 낙폭	47.0%	43.4%	73.7%	47.6%

골드 vs. 레버리지 (ETF 성과 분석)

분석 기간: 2015.7~2021.8 (코스피 움직임은 참고용, 해당 기간의 예금금리: 연 1.6%)

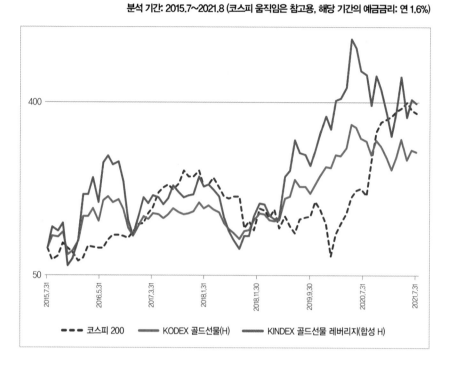

[그림 6-62] 금 ETF 및 레버리지 ETF 성과 분석

	코스피 200	KODEX 골드선물(H)	KINDEX 골드선물 레버리지(합성 H)
연수익률	9.3%	6.5%	10.0%
연변동성	15.4%	13.7%	26.8%
최대 낙폭	29.0%	16.5%	32.5%

② 구리, 금속

■ 환헤지형

단위표기: 총보수: %, 거래대금: 백만 원, 순자산총액: 억 원

기초지수	ETF 이름	코드	상장일	총보수	거래대금	순자산총액
S&P GSCI North American Copper Index(TR)	KODEX 구리선물(H)	A138910	2011-03-15	0.68	281	257
S&P GSCI Industrial Metals Select Index(TR)	TIGER 금속선물(H)	A139310	2011-04-08	0.69	115	49

■ 환노출형

기초지수	ETF 이름	코드	상장일	총보수	거래대금	순자산총액
S&P GSCI Cash Copper Index	TIGER 구리실물	A160580	2012-12-17	0.83	205	238

■ 지수(혹은 ETF) 상세 정보

S&P GSCI North American Copper TR 지수는 COMEX(미국상품거래소)에서 거래되는 구리선물의 가격을 기준으로 산출됩니다. 구성 종목은 구리선물의 최근월물로 이루어지며 만기 도래시 5영업일에 걸쳐 보유하고 있던 최근월 선물에서 차근월선물로 교체하는 롤오버를 실행합니다(산출기관: 스탠다드앤 푸어스).

S&P GSCI Cash Copper 지수는 런던금속거래소LME, London Metal Exchange에서 발표하는 구리 가격LME Official Price for Cash Copper에서 LME 공인창고의 평균 창고 보관료를 차감하여 산출합니다. 구리실물 보관에 따라 발행된 창고증권에 주로 투자대상으로 하되, 결제의 용이성 제고 및 각종 비용 및 보수 지급 등을 위해 자산의 일부를 현금으로 보유합니다. 현금 보유로 인한 추적오차 최소화를 위해 보유현금을 증거금으로 한 구리 관련 파생상품을 매매하거나

국내외에 상장된 구리 관련 ETF를 일부 편입할 수 있습니다(산출기관: 스탠다드앤푸어스).

S&P GSCI Industrial Metals Select(TR) 지수는 런던금속거래소에 상장된 금속선물가격 움직임을 나타냅니다. 구성종목은 3종목(구리, 알루미늄, 니켈)이며 종목당 비중은 세계 경제에서의 상대적 중요성을 감안하여 세계 생산량 기준으로 결정합니다(산출기관: 스탠다드앤푸어스).

■ 성과 데이터 분석

구리 vs. 금속

분석 기간: 2001.1~2021.8 (코스피 움직임은 참고용, 해당 기간의 예금금리: 연 3.4%)

- ━ ━ ━ 코스피 200
- ──── S&P GSCI North American Copper Index(TR)
- ──── S&P GSCI Industrial Metals Select Index(TR)

[그림 6-63] 구리, 금속 지수 성과 분석

	코스피 200	S&P GSCI North American Copper Index(TR)	S&P GSCI Industrial Metals Select Index(TR)
연수익률	8.5%	8.6%	5.2%
연변동성	20.0%	26.6%	21.1%
최대 낙폭	47.0%	63.6%	61.3%

구리: 환헤지 vs. 환노출 (ETF 성과 분석)

분석 기간: 2015.7~2021.8 (코스피 움직임은 참고용, 해당 기간의 예금금리: 연 1.6%)

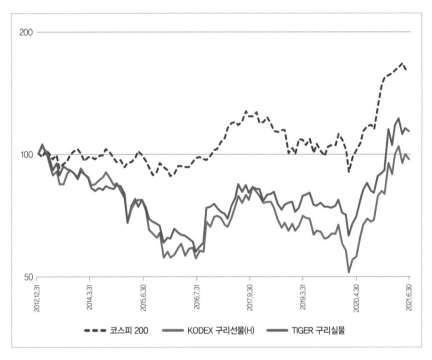

[그림 6-64] 구리 환헤지, 환노출 ETF 성과 분석

	코스피 200	KODEX 구리선물(H)	TIGER 구리실물
연수익률	5.5%	−0.4%	1.4%
연변동성	14.1%	19.6%	19.1%
최대 낙폭	29.0%	51.2%	45.4%

③ 원유

단위표기: 총보수: %, 거래대금: 백만 원, 순자산총액: 억 원

기초지수	ETF 이름	코드	상장일	총보수	거래대금	순자산총액
S&P GSCI Crude Oil Index ER	KODEX WTI원유선물(H)	A261220	2016-12-27	0.35	6,110	2,162
S&P GSCI Crude Oil Enhanced Index ER	TIGER 원유선물 Enhanced(H)	A130680	2010-08-02	0.69	992	671

■ 지수(혹은 ETF) 상세 정보

S&P GSCI Crude Oil Enhanced ER 지수는 뉴욕상업거래소 NYMEX, New York Mercantile Exchange에 상장된 WTI원유선물 가격의 움직임을 나타내는 지수로서, 선물투자시 발생하는 롤오버비용 Rollover Cost을 반영하여 산출합니다(산출기관: S&P Dow Jones Indices).

  WTI원유선물의 최근월물과 차근월물의 가격차가 0.5% 미만인 경우 차근월물(2번째 근월물)로 롤오버

  WTI원유선물의 최근월물과 차근월물의 가격차가 0.5% 이상인 경우 발생시점에 따라 다음과 같이 롤오버

  - 발생시점이 상반기(1월~6월)인 경우: 당해년도 12월물로 롤오버

  - 발생시점이 하반기(7월~12월)인 경우: 익년도 12월물로 롤오버

S&P GSCI Crude Oil ER 지수는 뉴욕상업거래소 NYMEX, New York Mercantile Exchange에 상장된 WTI원유 선물가격의 움직임을 나타내는 지수로서, 선물투자시 발생하는 롤오버비용 Rollover Cost을 반영하여 산출합니다(산출기관: S&P Dow Jones Indices).

ER Index는 최근월물로만 월물을 교체하는 지수입니다.

Enhanced Index는 원월물과 최근월물을 선택적으로 교체하는 지수입니다.

■ 성과 데이터 분석

분석 기간: 2001.1~2021.8 (코스피 움직임은 참고용, 해당 기간의 예금금리: 연 3.4%)

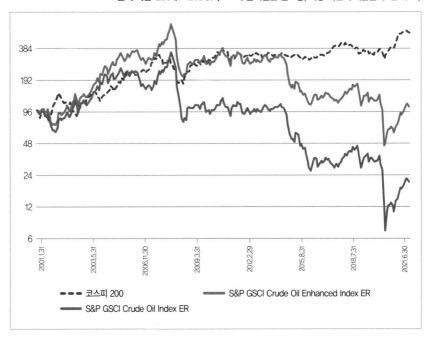

- - - 코스피 200   ▬▬▬ S&P GSCI Crude Oil Enhanced Index ER
▬▬▬ S&P GSCI Crude Oil Index ER

[그림 6-65] 원유 지수 성과 분석

	코스피 200	S&P GSCI Crude Oil Enhanced Index ER	S&P GSCI Crude Oil Index ER
연수익률	8.5%	0.3%	−7.3%
연변동성	20.0%	34.2%	39.6%
최대 낙폭	47.0%	92.9%	98.0%

④ 농산물

단위표기: 총보수: %, 거래대금: 백만 원, 순자산총액: 억 원

기초지수	ETF 이름	코드	상장일	총보수	거래대금	순자산총액
S&P GSCI Agriculture Enhanced Index(ER)	TIGER 농산물선물 Enhanced(H)	A137610	2011-01-11	0.69	258	295
S&P GSCI Grains Select Index ER	KODEX 3대농산물 선물(H)	A271060	2017-06-13	0.55	147	104
S&P GSCI Soybeans Index(TR)	KODEX 콩선물(H)	A138920	2011-03-15	0.68	54	81

■ 지수(혹은 ETF) 상세 정보

S&P GSCI Agriculture Enhanced Select(ER) 지수는 미국의 상품선물시장 (CME, CBOT)에 상장된 농산물선물가격 움직임을 나타내며, 구성 종목은 4종 목(밀, 옥수수, 대두, 설탕)으로 종목당 비중은 세계 생산량 및 거래량을 기준으로 결정되며, 롤오버비용을 경감시킬 목적으로 정해진 일정에 따라 롤오버하며 롤오버비용을 반영하여 지수를 산출합니다. 롤오버 방식은 다음과 같습니다.

- 밀: 1년에 한 번 11월에 다음해 12월물로 롤오버
- 옥수수: 1년에 한 번 5월에 다음해 7월물로 롤오버
- 대두: 1월(당해 3월물로), 3월(당해 5월물로), 5월(당해 7월물로), 7월(당해 11 월물로), 11월(다음해 1월물로) 롤오버
- 설탕: 1년에 한 번 2월에 다음해 3월물로 롤오버

S&P GSCI Grains Select ER 지수는 시카고상품거래소CBOT, Chicago Board of Trade 에 상장된 옥수수Corn 선물, 콩Soybean 선물, 밀Wheat 선물 가격에 연동되어 움 직이는 지수로 대표적인 농산물 지수입니다. 보유 선물의 월물 교체 시Roll Over 시장 상황에 따라서 추가 수익·손익Excess Return 발생이 가능합니다. 선물 증거금 이외의 여유자금을 단기 우량채권 및 예금 등으로 운용하여 이자수

익을 추구합니다. 농산물 현물은 투자 시 보관비용 및 거래비용이 큽니다. 따라서 농산물 선물 투자를 통해 증거금만으로 농산물 가격 상승 이익을 획득하면서 여유 현금을 국내 우량 채권에 투자함으로써 이자수익의 획득이 가능합니다.

S&P GSCI Soybeans TR 지수는 시카고상품거래소CBOT에 상장되어 있는 콩 선물 가격의 움직임을 추적하며 구성종목은 콩 선물의 최근월물로 이루어지며, 만기 도래시 5영업일에 걸쳐 보유하고 있던 최근월선물에서 차근월선물로 교체하는 롤오버를 실행합니다.

■ **성과 데이터 분석**

분석 기간: 2001.1~2021.8 (코스피 움직임은 참고용, 해당 기간의 예금금리: 연 3.4%)

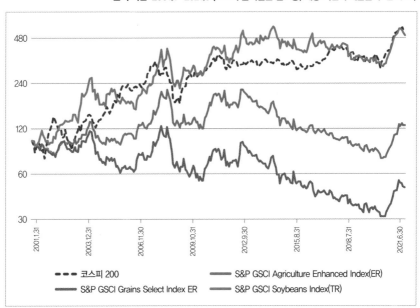

[그림 6-66] 농산물 지수 성과 분석

	코스피 200	S&P GSCI Agriculture Enhanced Index(ER)	S&P GSCI Grains Select Index ER	S&P GSCI Soybeans Index(TR)
연수익률	8.5%	1.1%	−3.5%	8.2%
연변동성	20.0%	20.4%	24.1%	24.9%
최대 낙폭	47.0%	65.7%	75.2%	46.1%

⑤ 팔라듐   단위표기: 총보수: %, 거래대금: 백만 원, 순자산총액: 억 원

기초지수	ETF 이름	코드	상장일	총보수	거래대금	순자산총액
S&P GSCI Palladium Excess Return Index	KBSTAR 팔라듐선물(H)	A334690	2019-09-24	0.6	64	57

■ 지수(혹은 ETF) 상세 정보

S&P GSCI Palladium ER 지수는 뉴욕상업거래소(NYMEX)에 상장된 팔라듐 선물(Palladium Futures) 최근월종목의 가격과 동일하게 연동하는 지수입니다. 팔라듐은 구리, 니켈 등을 제련하는 과정에서 나오는 부산물로, 주로 가솔린 자동차 촉매변환기(배기가스 정화장치)의 산화촉매로 사용되는 귀금속입니다.

■ 성과 데이터 분석

분석 기간: 2001.1~2021.8 (코스피 움직임은 참고용, 해당 기간의 예금금리: 연 3.4%)

[그림 6-67] 팔라듐 지수 성과 분석

	코스피 200	S&P GSCI Palladium Excess Return Index
연수익률	8.5%	4.0%
연변동성	20.0%	33.9%
최대 낙폭	47.0%	85.2%

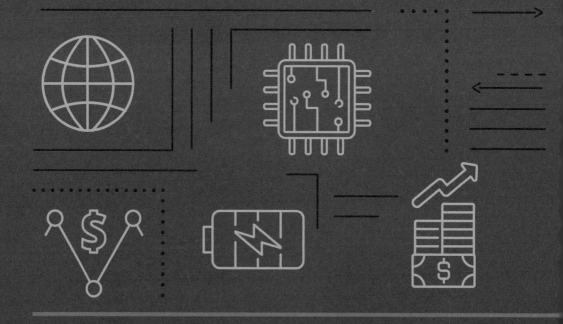

7장

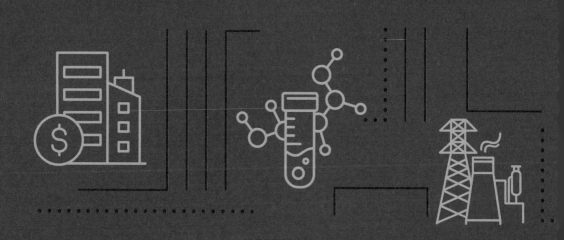

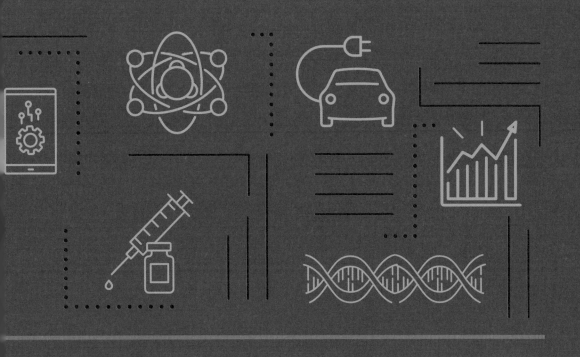

투자 목적에 맞는
ETF 상세 분류

1 다양한 산업분류 기준

EXCHANGE TRADED FUND

1) GICS

글로벌 산업분류표 GICS, The Global Industry Classification Standard는 글로벌 지수산출기관인 S&P와 MSCI가 1999년 공동으로 개발한 증시 전용 산업분류체계로서 투자분석, 포트폴리오 및 자산관리에 있어 세계적으로 가장 널리 활용되는 산업분류체계입니다. GICS 산업분류체계는 전 세계 산업을 포괄하며 11개의 경제 섹터, 24개 산업군, 69개 산업, 158개의 하위산업, 이렇게 4단계 계층 구조로 되어 있습니다. 한국거래소는 S&P로부터 국내 상장종목의 GICS 기준 산업분류(1단계 경제섹터 및 2단계 산업군) 결과를 제공받아 공표하고 있습니다.

[표 7-1] GICS(글로벌 산업분류표)

섹터	산업군	산업
에너지	에너지	Energy Equipment & Services, Oil, Gas & Consumable Fuels
소재	소재	Chemicals, Construction Materials, Containers & Packaging, Metals & Mining, Paper & Forest Products
산업	자본재	Aerospace & Defense, Building Products, Construction & Engineering, Electrical Equipment, Machinery, Industrial Conglomerates, Trading Companies & Distributors
	상업 및 전문 서비스	Commercial Services & Supplies, Professional Services
	운송	Air Freight & Logistics, Airlines, Marine, Road & Rail, Transportation Infrastructure
임의소비재	자동차 및 부품	Auto Components, Automobiles
	내구 소비재 및 의류	Household Durables, Leisure Products, Textiles, Apparel & luxury goods
	소비자 서비스	Hotels, Restaurants & Leisure, Diversified Consumer Services
	소매	Distributors, Internet & Direct Marketing Retail, Multiline Retail, Specialty Retail
필수소비재	식품 및 필수품 소매	Food & Staples Retailing
	식품, 음료 및 담배	Beverages, Food Products, Tobacco
	가정용품 및 개인용품	Household Products, Personal Products
헬스케어	헬스케어 장비 및 서비스	Health Care Equipment & Supplies, Health Care Providers & Services, Health Care Technology
	제약, 생명공학 및 생명과학	Biotechnology, Pharmaceuticals, Life Sciences Tools & Services

금융	은행	Banks, Thrifts & Mortgage Finance
	다양한 금융	Diversified Financial Services, Consumer Finance, Capital Markets, Mortgage Real Estate Investment Trusts(REITs)
	보험	Insurance
정보 기술	소프트웨어 및 서비스	IT Services, Software
	기술 하드웨어 및 장비	Communications Equipment, Technology Hardware, Storage & Peripherals, Electronic Equipment, Instruments & Components
	반도체 및 반도체 장비	Semiconductors & Semiconductor Equipment
커뮤니케이션 서비스	통신 서비스	Diversified Telecommunication Services, Wireless Telecommunication Services
	미디어 및 엔터테인먼트	Media, Entertainment, Interactive Media & Services
유틸리티	유틸리티	Electric Utilities, Gas Utilities, Multi–Utilities, Water Utilities, Independent Power and Renewable Electricity Producers
부동산	부동산	Equity Real Estate Investment Trusts(REITs), Real Estate Management & Development

출처: MSCI, Wikipedia

2) FICS

에프앤가이드 산업분류표 FICS, FnGuide Industry Classification Standard 는 국내 기관인 에프앤가이드가 개발한 산업분류로 10개의 경제 섹터 Economic Sector 와 25개의 산업 그룹 Industry Group 그리고 62개의 산업 Industry 으로 구성되어 있습니다. FICS의 개발 배경은 다음과 같습니다.

"유가증권시장과 코스닥시장이 서로 다를 뿐만 아니라 기존 산업분류체

게의 기본 기준이 제품 위주어서 산업간 연계성 및 거시경제 동향이 각 산업에 미치는 영향을 반영하기 어려운 한계가 있었습니다. 한편, 포트폴리오 투자를 위해서는 업종 배분이 매우 중요하며, 이를 위해서는 포트폴리오 분석에 의미 있는 업종분류가 필수적입니다. 정교한 산업분류는 상대평가 모형들에 의한 기업 가치평가에 유용하게 사용될 수 있고, 특정 기업의 성과를 업종평균과 의미 있게 비교하여 기업을 분석하거나, 투자 의사결정에 기여할 수 있습니다. 또한 포트폴리오의 통상적인 성과요인 분석이나 스타일 분석에 있어서도 필수적인 요소라고 할 수 있습니다. 이러한 맥락에서 해외 선진기관들은 국제적으로 통용 가능한 검증된 산업분류를 제시함으로써 고객이 투자분석, 포트폴리오 투자, 자산배분 등의 프로세스에 투명성과 효율성을 제고할 수 있도록 지원하고 있습니다. FnGuide 역시 이와 같은 목적 하에, 국제적으로 통용되고 있는 최신 산업분류의 기본 원칙에 입각하여 국내의 모든 상장법인을 사업의 특성에 따라 분류하고 있습니다."

[표 7-2] FICS(에프앤가이드 산업분류표)

섹터	산업군	산업
에너지	에너지	에너지 시설 및 서비스, 석유 및 가스
소재	소재	화학, 건축소재, 용기 및 포장, 금속 및 광물, 종이 및 목재
산업	자본재	건축자재, 건설, 전기장비, 복합 산업, 기계, 무역, 조선
	상업 서비스	상업서비스
	운송	항공운수, 해상운수, 육상운수, 운송인프라
경기소비재	자동차 및 부품	자동차부품, 자동차
	내구 소비재 및 의류	내구소비재, 레저용품, 섬유 및 의복
	소비자 서비스	호텔 및 레저, 교육

경기소비재	미디어	미디어
	유통	도소매, 온라인쇼핑, 백화점
필수소비재	음식료 및 담배	음료, 식료품, 담배
	생활용품	가정생활용품, 개인생활용품
의료	의료장비 및 서비스	의료장비 및 서비스
	제약 및 바이오	바이오, 제약
금융	은행	상업은행, 상호저축은행
	기타금융	창업투자 및 종금, 소비자 금융
	보험	보험
	부동산	부동산
	증권	증권
IT	소프트웨어	인터넷 서비스, IT 서비스, 일반 소프트웨어, 게임 소프트웨어
	하드웨어	통신장비, 휴대폰 및 관련부품, 셋톱 박스, 컴퓨터 및 주변기기, 전자 장비 및 기기, 보안장비, 사무기기
	반도체	반도체 및 관련장비
	디스플레이	디스플레이 및 관련부품
통신서비스	통신서비스	유선통신, 무선통신
유틸리티	유틸리티	전력, 가스

출처: 에프앤가이드

3) WICS

WICS는 와이즈에프엔WISEfn에서 개발한 분류 기준입니다. 2018년 7월 에프앤가이드가 와이즈에프엔을 흡수·합병하면서 현재는 에프앤가이드에서

FICS와 WICS 두 가지 분류기준을 제공합니다. WICS는 국제적으로 통용되는 분류 기준을 국내 실정에 맞게 재구성한 것으로, 크게 대·중·소 세 분류로 나눕니다. 네이버의 증권 정보에서 제공하는 분류 기준이 바로 WICS이며 10개의 대분류, 28개의 중분류와 83개의 소분류로 구성되어 있습니다.

[표 7-3] WICS(와이즈에프앤 산업분류표)

대분류	중분류	소분류
에너지	에너지	에너지장비 및 서비스, 석유와 가스
소재	소재	화학, 포장재, 비철금속, 철강, 종이와 목재
산업	자본재	우주항공과 국방, 건축제품, 건축자재, 건설, 가구, 전기장비, 복합기업, 기계, 조선, 무역회사와 판매업체
	상업서비스와 공급품	상업서비스와 공급품
	운송	항공화물운송과 물류, 항공사, 해운사, 도로와 철도운송, 운송인프라
경기관련소비재	자동차와 부품	자동차부품, 자동차
	내구소비재와 의류	가정용 기기와 용품, 레저용 장비와 제품, 섬유·의류·신발·호화품, 화장품, 문구류
	호텔,레스토랑,레저 등	호텔·레스토랑·레저, 다각화된 소비자서비스
	소매(유통)	판매업체, 인터넷과 카탈로그소매, 백화점과 일반상점, 전문소매
	교육서비스	교육서비스
필수소비재	식품과 기본식료품소매	식품과 기본식료품 소매
	식품,음료,담배	음료, 식품, 담배
	가정용품과 개인용품	가정용품
건강관리	건강관리장비와 서비스	건강관리장비와 용품, 건강관리업체 및 서비스, 건강관리기술
	제약과 생물공학	생물공학, 제약, 생명과학도구 및 서비스

금융	은행	은행
	증권	증권
	다각화된 금융	창업투자, 카드, 기타금융
	보험	손해보험, 생명보험
	부동산	부동산
IT	소프트웨어와 서비스	IT서비스, 소프트웨어
	기술하드웨어와 장비	통신장비, 핸드셋, 컴퓨터와 주변기기, 전자장비와 기기, 사무용전자제품
	반도체와 반도체장비	반도체와 반도체장비
	전자와 전기제품	전자제품, 전기제품
	디스플레이	디스플레이 패널, 디스플레이 장비 및 부품
커뮤니케이션 서비스	전기통신서비스	다각화된 통신서비스, 무선통신서비스
	미디어와 엔터테인먼트	광고, 방송과 엔터테인먼트, 출판, 게임엔터테인먼트, 양방향미디어와 서비스
유틸리티	유틸리티	전기유틸리티, 가스유틸리티, 복합유틸리티, 수도유틸리티, 독립전력생산 및 에너지거래

출처: 에프앤가이드

2
국내 섹터형

1) 에너지

■ 에너지화학

단위표기: 총보수: %, 거래대금: 백만 원, 순자산총액: 억 원

기초지수	ETF 이름	코드	상장일	총보수	거래대금	순자산총액
KRX 에너지화학	KODEX 에너지화학	A117460	2009-10-12	0.45	279	263
코스피 200 에너지화학	TIGER 200 에너지화학	A139250	2011-04-06	0.4	441	225
코스피 200 에너지화학	KBSTAR 200 에너지화학	A284990	2017-12-08	0.19	54	33

■ 에너지화학 레버리지

기초지수	ETF 이름	코드	상장일	총보수	거래대금	순자산총액
코스피 200 에너지화학	TIGER 200 에너지화학레버리지	A243890	2016-05-13	0.69	211	129

■ 지수(혹은 ETF) 상세 정보

코스피 200 에너지화학 지수는 한국거래소가 산출하며 당해연도 정기심의에서 선정된 코스피 200 지수 구성 종목 중, 글로벌섹터분류기준 GICS 체계를 적용하여 산출한 코스피 200 섹터 분류 '에너지화학'에 속하는 종목을 시가총액 가중방식으로 지수를 구성합니다.

KRX 에너지화학 지수는 한국거래소가 산출하며 에너지, 화학업종의 우량기

업 20종목을 시가총액 가중방식으로 구성한 지수로 매년 1회 지수의 정기변
경이 이루어집니다.

■ 성과 데이터 분석

지수간 비교

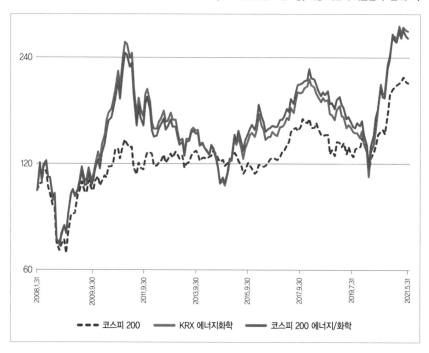

분석 기간: 2008.1~2021. 8 (코스피 움직임은 참고용, 해당 기간의 예금금리: 연 2.7%)

[그림 7-1] 에너지화학 지수 성과 분석

	코스피 200	KRX 에너지화학	코스피 200 에너지/화학
연수익률	5.3%	8.0%	7.6%
연변동성	17.5%	26.5%	26.4%
최대 낙폭	41.9%	61.0%	57.4%

지수 vs. 레버리지 (ETF 성과 분석)

분석 기간: 2016.5~2021. 8 (코스피 움직임은 참고용, 해당 기간의 예금금리: 연 1.6%)

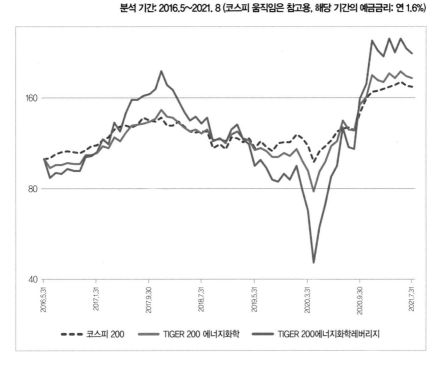

- - - 코스피 200　　　—— TIGER 200 에너지화학　　　—— TIGER 200에너지화학레버리지

[그림 7-2] 에너지화학 ETF와 레버리지 ETF 성과 분석

	코스피 200	TIGER 200 에너지화학	TIGER 200 에너지화학레버리지
연수익률	10.9%	12.4%	16.5%
연변동성	16.0%	22.1%	45.2%
최대 낙폭	29.0%	46.7%	76.9%

2) 소재

■ 철강소재

단위표기: 총보수: %, 거래대금: 백만 원, 순자산총액: 억 원

기초지수	ETF 이름	코드	상장일	총보수	거래대금	순자산총액
KRX 철강	KODEX 철강	A117680	2009-10-30	0.45	2,044	646
코스피 200 철강소재	TIGER 200 철강소재	A139240	2011-04-06	0.4	271	144
코스피 200 철강소재	KBSTAR 200 철강소재	A285020	2017-12-08	0.19	40	29

■ 지수(혹은 ETF) 상세 정보

KRX 철강 지수는 철광업, 비철금속광업, 1차 철강산업, 1차 비철금속산업, 금속주조업과 같은 종목으로 구성되어 있으며 유동성기준, 재무기준 및 시장유동성 등을 기준으로 시가총액순으로 10개의 종목을 선정하여 유동주식수가중시가총액 방식으로 산출되며 매년 1회 정기변경이 이루어집니다.

코스피 200 철강소재 지수는 코스피 200 구성 종목 중, 글로벌섹터분류기준 GICS 체계를 적용하여 산출한 코스피 200 섹터 분류 '철강소재'에 속하는 종목으로 유동주식수 적용 시가총액 가중방식으로 구성하여 산출합니다(지수 산출: 한국거래소, 단일종목 한도: 최대 25%).

■ 성과 데이터 분석

지수간 비교

분석 기간: 2008.1~2021.8 (코스피 움직임은 참고용, 해당 기간의 예금금리: 연 2.7%)

[그림 7-3] 철강소재 지수 성과 분석

	코스피 200	KRX 철강	코스피 200 철강/소재
연수익률	5.3%	2.2%	1.4%
연변동성	17.5%	26.6%	26.1%
최대 낙폭	41.9%	68.5%	63.1%

3) 산업재

① 산업재

단위표기: 총보수: %, 거래대금: 백만 원, 순자산총액: 억 원

기초지수	ETF 이름	코드	상장일	총보수	거래대금	순자산총액
코스피 200 산업재	TIGER 200 산업재	A227550	2015-09-23	0.4	82	97
코스피 200 산업재	KBSTAR 200 산업재	A287320	2017-12-22	0.19	5	16

■ 지수(혹은 ETF) 상세 정보

코스피 200 산업재 지수는 한국거래소가 산출하며 당해연도 정기심의에서 선정된 코스피 200 지수 구성 종목 중, 글로벌섹터분류기준 GICS 체계를 적용하여 산출한 코스피 200 섹터 분류 '산업재'에 속하는 종목을 시가총액 가중 방식으로 지수를 구성합니다.

■ 성과 데이터 분석

분석 기간: 2010.7~2021. 8 (코스피 움직임은 참고용, 해당 기간의 예금금리: 연 2.3%)

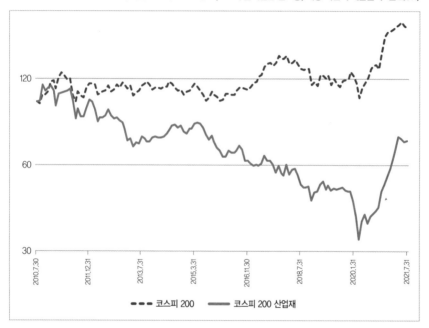

[그림 7-4] 산업재 지수 성과 분석

	코스피 200	코스피 200 산업재
연수익률	5.6%	−2.8%
연변동성	14.9%	18.8%
최대 낙폭	29.0%	71.5%

② 운송

단위표기: 총보수: %, 거래대금: 백만 원, 순자산총액: 억 원

기초지수	ETF 이름	코드	상장일	총보수	거래대금	순자산총액
KRX 운송	KODEX 운송	A140710	2011-04-26	0.45	512	229

■ 지수(혹은 ETF) 상세 정보

KRX 운송 지수는 한국표준산업분류체계가 운수업과 같은 종목으로 구성되어 있으며 유동성기준, 재무기준 및 시장유통성기준이 한국거래소KRX가 정한 요건을 충족하는 심의대상종목 중 시가총액순으로 10개 종목을 선정하여 유동주식수 시가총액 가중방식으로 산출된 지수입니다.

■ 성과 데이터 분석

분석 기간: 2009.1~2021.8 (코스피 움직임은 참고용, 해당 기간의 예금금리: 연 2.5%)

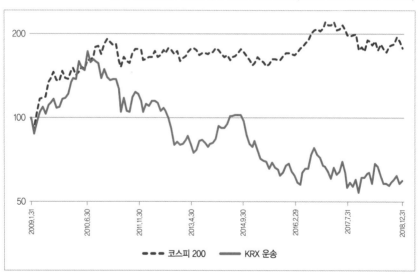

[그림 7-5] 운송 지수 성과 분석

	코스피 200	KRX 운송
연수익률	8.4%	3.2%
연변동성	16.0%	23.4%
최대 낙폭	29.0%	69.1%

③ 중공업 · 기계장비

단위표기: 총보수: %, 거래대금: 백만 원, 순자산총액: 억 원

기초지수	ETF 이름	코드	상장일	총보수	거래대금	순자산총액
코스피 200 중공업	TIGER 200 중공업	A139230	2011-04-06	0.4	1,206	512
KRX 기계장비	KODEX 기계장비	A102960	2008-05-29	0.45	312	183
코스피 200 중공업	KBSTAR 200 중공업	A285010	2017-12-08	0.19	33	50

■ 지수(혹은 ETF) 상세 정보

코스피 200 중공업 지수는 코스피 200 구성 종목 중, 글로벌섹터분류기준 GICS 체계를 적용하여 산출한 코스피 200 섹터 분류 '중공업'에 속하는 종목으로 유동주식수 적용 시가총액 가중방식으로 구성하여 산출합니다(지수산출: 한국거래소, 단일종목 한도: 최대 25%).

KRX 기계장비 지수는 국내 기계장비업종을 대표하는 우량기업을 시가총액 가중방식으로 구성한 지수로 매년 1회 지수 정기변경이 이루어집니다.

■ 성과 데이터 분석

지수간 비교

분석 기간: 2008.1~2021.8 (코스피 움직임은 참고용, 해당 기간의 예금금리: 연 2.7%)

- - - 코스피 200 ──── 코스피 200 중공업 ──── KRX 기계장비

[그림 7-6] 중공업 · 기계장비 지수 성과 분석

	코스피 200	코스피 200 중공업	KRX 기계장비
연수익률	5.3%	−5.4%	−8.4%
연변동성	17.5%	32.1%	36.2%
최대 낙폭	41.9%	82.5%	90.4%

④ 건설

단위표기: 총보수: %, 거래대금: 백만 원, 순자산총액: 억 원

기초지수	ETF 이름	코드	상장일	총보수	거래대금	순자산총액
코스피 200 건설	TIGER 200 건설	A139220	2011-04-06	0.4	1,257	1,024
KRX 건설	KODEX 건설	A117700	2009-10-30	0.45	1,839	905
코스피 200 건설	KBSTAR 200 건설	A287300	2017-12-22	0.19	63	45

■ **지수(혹은 ETF) 상세 정보**

KRX 건설 지수는 종합 건설업, 건축기술 및 엔지니어링 서비스업과 같은 종목으로 구성되어 있으며 유동주식수 적용 시가총액 가중방식으로 10개의 종목을 선정합니다.

코스피 200 건설 지수는 코스피 200 구성 종목 중, 글로벌섹터분류기준 GICS 체계를 적용하여 산출한 코스피 200 섹터 분류 '건설'에 속하는 종목으로 유동주식수 적용 시가총액 가중방식으로 구성하여 산출합니다(지수산출: 한국거래소, 단일종목 한도: 최대 25%).

■ **성과 데이터 분석**

지수간 비교

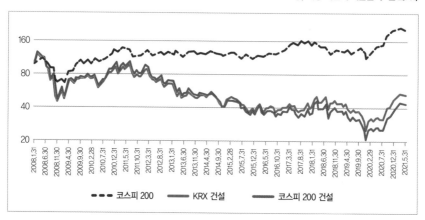

[그림 7-7] 건설 지수 성과 분석

	코스피 200	KRX 건설	코스피 200 건설
연수익률	5.3%	-4.5%	-5.9%
연변동성	17.5%	30.2%	30.2%
최대 낙폭	41.9%	79.1%	83.2%

4) 자유소비재

① 경기소비재

단위표기: 총보수: %, 거래대금: 백만 원, 순자산총액: 억 원

기초지수	ETF 이름	코드	상장일	총보수	거래대금	순자산총액
KRX 경기소비재	KODEX 경기소비재	A266390	2017-03-28	0.45	51	91
코스피 200 경기소비재	TIGER 200 경기소비재	A139290	2011-04-06	0.4	100	71
코스피 200 경기소비재	KBSTAR 200 경기소비재	A287310	2017-12-22	0.19	14	16

■ 지수(혹은 ETF) 상세 정보

코스피 200 경기소비재 지수는 코스피 200 구성 종목 중, 글로벌섹터분류기준GICS 체계를 적용하여 산출한 코스피 200 섹터 분류 '경기소비재'에 속하는 종목으로 유동주식수 적용 시가총액 가중방식으로 구성하여 산출합니다(지수산출: 한국거래소, 단일종목 한도: 최대 25%).

KRX 경기소비재 지수는 2016년 9월 정기 변경일부터 한국표준산업분류체계에서 글로벌산업분류인 GICS(경제섹터-자유소비재, 산업그룹-내구소비재, 의류, 소비자서비스, 소매업) 기준으로 변경하여 산출합니다. 이 지수는 시가총액과 거래대금을 중심으로 유니버스KRX BMI 선정 후 KRX 종목 구성 기준을 충족하는 종목을 모두 편입하여 유동시가총액 방식으로 산출됩니다.

■ 성과 데이터 분석

지수간 비교

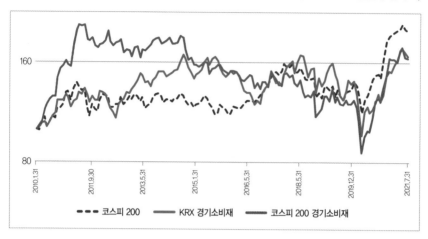

분석 기간: 2010.1~2021. 8 (코스피 움직임은 참고용, 해당 기간의 예금금리: 연 2.4%)

- - - 코스피 200 ──── KRX 경기소비재 ──── 코스피 200 경기소비재

[그림 7-8] 경기소비 지수 성과 분석

	코스피 200	KRX 경기소비재	코스피 200 경기소비재
연수익률	6.1%	4.6%	4.4%
연변동성	14.9%	18.1%	19.0%
최대 낙폭	29.0%	43.5%	59.2%

② 자동차

단위표기: 총보수: %, 거래대금: 백만원, 순자산총액: 억원

기초지수	ETF 이름	코드	상장일	총보수	거래대금	순자산총액
KRX 자동차	KODEX 자동차	A091180	2006-06-27	0.45	5,679	6,909

■ 지수(혹은 ETF) 상세 정보

KRX 자동차 지수는 국내 자동차 산업을 대표하는 20개 기업들을 시가총액
가중방식으로 구성한 지수로 매년 1회 지수 정기변경이 이루어집니다.

■ 성과 데이터 분석

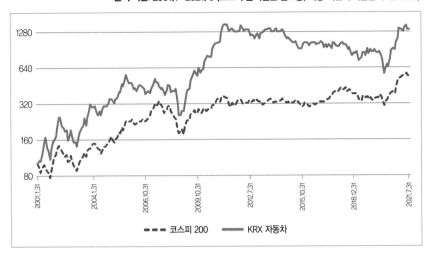

분석 기간: 2001.1~2021. 8 (코스피 움직임은 참고용, 해당 기간의 예금금리: 연 3.4%)

- - - 코스피 200   —— KRX 자동차

[그림 7-9] 자동차 지수 성과 분석

	코스피 200	KRX 자동차
연수익률	8.5%	13.4%
연변동성	20.0%	29.1%
최대 낙폭	47.0%	61.5%

③ 여행레저 · 화장품   단위표기: 총보수: %, 거래대금: 백만 원, 순자산총액: 억 원

기초지수	ETF 이름	코드	상장일	총보수	거래대금	순자산총액
WISE 여행레저 지수	TIGER 여행레저	A228800	2015-10-07	0.5	3,808	1,070
WISE 화장품 지수	TIGER 화장품	A228790	2015-10-07	0.5	825	369

■ 지수(혹은 ETF) 상세 정보

WISE 여행레저 지수는 와이즈에프앤WISEfn이 산출해 발표하는 지수로 유가

증권시장·코스닥시장 상장 종목 중, 여행과 레저 사업에 관련된 기업을 시가

총액 비중방식으로 구성하는 지수입니다.

WISE 화장품 지수는 와이즈에프앤이 산출해 발표하는 지수로 유가증권시장·코스닥시장 상장 종목 중, 화장품 사업에 관련된 기업을 시가총액 비중방식으로 구성하는 지수입니다.

■ 성과 데이터 분석

지수간 비교 (ETF 성과 분석)

분석 기간: 2015.10~2021. 8 (코스피 움직임은 참고용, 해당 기간의 예금금리: 연 1.6%)

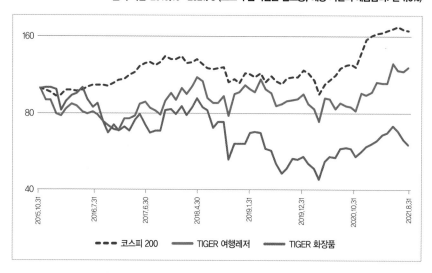

[그림 7-10] 여행레저와 화장품 지수 성과 분석

	코스피 200	TIGER 여행레저	TIGER 화장품
연수익률	9.3%	3.4%	-8.4%
연변동성	15.5%	26.8%	29.7%
최대 낙폭	29.0%	33.0%	57.1%

5) 필수소비재

■ 경기방어

단위표기: 총보수: %, 거래대금: 백만 원, 순자산총액: 억 원

기초지수	ETF 이름	코드	상장일	총보수	거래대금	순자산총액
코스피 200 경기방어소비재	TIGER 경기방어	A139280	2011-04-06	0.4	159	1,055
KRX 필수소비재	KODEX 필수소비재	A266410	2017-03-28	0.45	262	252
코스피 200 생활소비재	TIGER 200 생활소비재	A227560	2015-09-23	0.4	52	41
코스피 200 생활소비재	KBSTAR 200 생활소비재	A287330	2017-12-22	0.19	12	21

■ 지수(혹은 ETF) 상세 정보

코스피 200 경기방어소비재는 코스피 200 구성 종목 중, 글로벌섹터분류기준 GICS 체계를 적용하여 산출한 코스피 200 섹터 분류 '생활소비재' 및 '건강관리'에 속하는 종목으로 유동주식수 적용 시가총액 가중방식으로 구성하여 산출합니다(단일종목 한도: 최대 25%).

코스피 200 생활소비재는 코스피 200 구성 종목 중, 글로벌섹터분류기준 GICS 체계를 적용하여 산출한 코스피 200 섹터분류 '생활소비재'에 속하는 종목으로 유동주식수 적용 시가총액 가중방식으로 구성하여 산출합니다(단일종목 한도: 최대 25%).

KRX 필수소비재 지수는 2016년 9월 정기 변경일부터 한국표준산업분류체계에서 글로벌산업분류인 GICS(경제섹터-필수소비재) 기준으로 변경하여 산출합니다. 이 지수는 시가총액과 거래대금을 중심으로 유니버스 KRX BMI 선정 후 KRX 종목구성 기준을 충족하는 종목을 모두 편입하여 유동시가총액 방식으로 산출됩니다.

■ 성과 데이터 분석

분석 기간: 2015.10~2021. 8 (코스피 움직임은 참고용, 해당 기간의 예금금리: 연 1.6%)

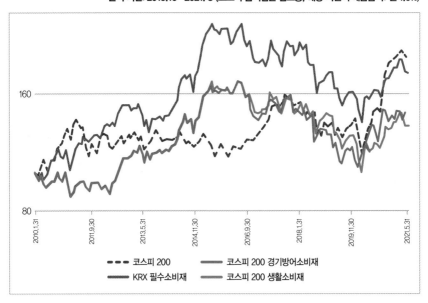

[그림 7-11] 경기방어 지수 성과 분석

	코스피 200	코스피 200 경기방어소비재	KRX 필수소비재	코스피 200 생활소비재
연수익률(ret)	6.1%	3.2%	5.3%	2.5%
연변동성(std)	14.9%	15.1%	16.6%	14.1%
최대 낙폭(MDD)	29.0%	39.9%	44.4%	41.5%

6) 건강관리

① 헬스케어

단위표기: 총보수: %, 거래대금: 백만 원, 순자산총액: 억 원

기초지수	ETF 이름	코드	상장일	총보수	거래대금	순자산총액
KRX 헬스케어	TIGER 헬스케어	A143860	2011-07-18	0.4	3,252	1,789
코스피 200 헬스케어	TIGER 200 헬스케어	A227540	2015-09-23	0.4	1,102	341
KRX 헬스케어	KODEX 헬스케어	A266420	2017-03-28	0.45	560	326
코스닥 150 헬스케어	TIGER 코스닥 150 바이오테크	A261070	2016-12-15	0.4	274	126
FnGuide 헬스케어 지수	KBSTAR 헬스케어	A253280	2016-09-23	0.45	90	71
KRX 300 헬스케어	ARIRANG KRX 300 헬스케어	A309210	2018-11-08	0.4	34	51

▪ 지수(혹은 ETF) 상세 정보

FnGuide 헬스케어 지수는 의료 업종에 포함된 종목들을 선별하여 시가총액 가중방식으로 구성한 지수입니다.

코스피 200 헬스케어 지수는 코스피 200 구성 종목 중 헬스케어(건강관리) 서비스에 속하는 종목에 시가총액 가중방식으로 구성한 지수입니다.

KRX 헬스케어 지수는 KRX 섹터지수 산업분류 의약품제조업, 의료정밀 산업군에 속하는 종목을 시가총액 가중방식으로 구성한 지수입니다.

코스닥 150 생명기술 지수는 코스닥 150 구성 종목 중 GICS 분류 생명기술에 속하는 종목으로 구성하며 시가총액 가중방식(종목 편입비중은 20%로 제한)으로 구성합니다.

■ 성과 데이터 분석

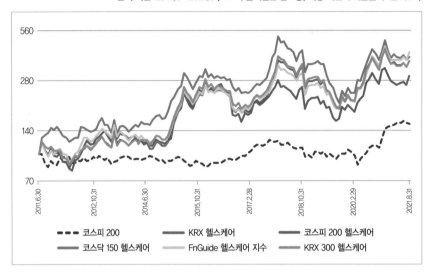

분석 기간: 2011.6~2021.8 (코스피 움직임은 참고용, 해당 기간의 예금금리: 연 2.8%)

[그림 7-12] 헬스케어 지수 성과 분석

	코스피 200	KRX 헬스케어	코스피 200 헬스케어	코스닥 150 헬스케어	FnGuide 헬스케어 지수	KRX 300 헬스케어
연수익률	4.2%	13.6%	11.2%	14.2%	15.0%	13.5%
연변동성	14.8%	29.4%	30.4%	30.4%	28.1%	29.7%
최대 낙폭	29.0%	48.9%	43.6%	60.6%	45.9%	51.8%

② 바이오

단위표기: 총보수: %, 거래대금: 백만 원, 순자산총액: 억 원

기초지수	ETF 이름	코드	상장일	총보수	거래대금	순자산총액
FnGuide 바이오 지수	KODEX 바이오	A244580	2016-05-13	0.45	1,075	345

■ 지수(혹은 ETF) 상세 정보

FnGuide 바이오 지수는 수명 연장과 저출산으로 인한 고령화 현상이 빠른 속도로 진행되고 있는 점에 착안하여, 전 세계적으로 경제 성장의 차세대 동력으로 평가받는 바이오 사업을 영위하는 종목들을 동일비중 가중방식으로 구성한 지수입니다. 바이오 사업 혹은 그와 관계된 사업을 회사의 목적사업으로 하고 있는 종목들을 선별하여 산출합니다.

■ 성과 데이터 분석

분석 기간: 2010.1~2021.8 (코스피 움직임은 참고용, 해당 기간의 예금금리: 연 2.4%)

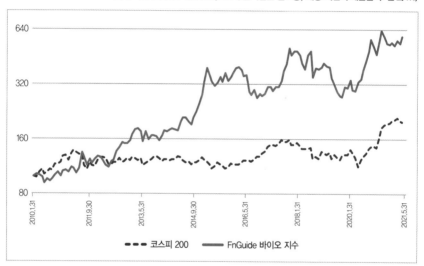

[그림 7-13] 바이오 지수 성과 분석

	코스피 200	FnGuide 바이오 지수
연수익률	6.1%	16.5%
연변동성	14.9%	28.2%
최대 낙폭	29.0%	45.8%

③ 의료기기

단위표기: 총보수: %, 거래대금: 백만 원, 순자산총액: 억 원

기초지수	ETF 이름	코드	상장일	총보수	거래대금	순자산총액
FnGuide 의료기기 지수	TIGER 의료기기	A307510	2018-11-08	0.5	101	87

■ 지수(혹은 ETF) 상세 정보

FnGuide 의료기기 지수는 유가증권시장 상장종목 중 FICS<sub>FnGuide Industry
Classification Standard</sub> 분류 체계 중 Industry 기준으로 '의료장비 및 서비스'에 속
해있는 종목을 선별하여 산출하는 지수입니다. 고령화시대를 맞아 건강에
대한 관심이 높아지는 것을 반영해 의료장비 및 서비스산업에 분산투자합
니다.

■ 성과 데이터 분석

분석 기간: 2010.6~2021.8 (코스피 움직임은 참고용, 해당 기간의 예금금리: 연 2.3%)

[그림 7-14] 의료기기 지수 성과 분석

	코스피 200	FnGuide 의료기기 지수
연수익률	5.9%	7.7%
연변동성	14.9%	27.2%
최대 낙폭	29.0%	42.3%

7) 금융

① 금융 · 은행

단위표기: 총보수: %, 거래대금: 백만 원, 순자산총액: 억 원

기초지수	ETF 이름	코드	상장일	총보수	거래대금	순자산총액
KRX 은행	KODEX 은행	A091170	2006-06-27	0.45	6,934	3,534
KRX 은행	TIGER 은행	A091220	2006-06-27	0.45	355	637
코스피 200 금융	TIGER 200 금융	A139270	2011-04-06	0.4	377	321
코스피 200 금융	KBSTAR 200 금융	A284980	2017-12-08	0.19	50	34

■ 지수(혹은 ETF) 상세 정보

KRX 은행 지수는 국내 은행을 대표하는 금융지주회사 및 은행들을 시가총액 가중방식으로 구성한 지수로 매년 1회 지수 정기변경이 이루어집니다.

코스피 200 금융 지수는 코스피 200 구성 종목 중, 글로벌섹터분류기준GICS 체계를 적용하여 산출한 코스피 200 섹터분류 '금융'에 속하는 종목으로 유동주식수 적용 시가총액 가중방식으로 구성하여 산출합니다(지수산출: 한국거래소, 단일종목 한도: 최대 25%).

■ 성과 데이터 분석

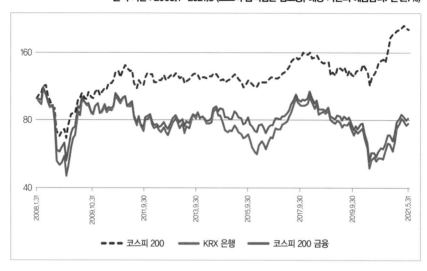

분석 기간 : 2008.1~2021.8 (코스피 움직임은 참고용, 해당 기간의 예금금리: 연 2.7%)

- - - 코스피 200   —— KRX 은행   —— 코스피 200 금융

[그림 7-15] 금융 · 은행 지수 성과 분석

	코스피 200	KRX 은행	코스피 200 금융
연수익률	5.3%	-1.9%	-1.5%
연변동성	17.5%	26.0%	23.0%
최대 낙폭	41.9%	59.6%	53.5%

② 증권   단위표기: 총보수: %, 거래대금: 백만 원, 순자산총액: 억 원

기초지수	ETF 이름	코드	상장일	총보수	거래대금	순자산총액
KRX 증권	KODEX 증권	A102970	2008-05-29	0.45	790	609
FnGuide 증권 지수	TIGER 증권	A157500	2012-05-16	0.4	76	50

■ 지수(혹은 ETF) 상세 정보

KRX 증권 지수는 국내 증권산업을 대표하는 기업들을 시가총액 가중방식으

로 구성한 지수로 매년 1회 지수 정기변경이 이루어집니다.

FnGuide 증권 지수는 유가증권시장 상장종목 중, FICS 분류 체계 Industry 기준으로 '증권'에 속하는 종목 중, 유동주식비율 반영 시가총액 가중방식으로 산출합니다(단, 지수 구성종목 수가 10개 미만인 경우 유동주식비율 반영 시가총액이 큰 순서로 편입하여 10종목으로 지수 구성, 단일 종목 비중은 25%로 제한, 3개월 일평균 시가총액 150억 원 이상, 3개월 일평균 거래대금 1억 원 이상, 유동주식비율 10% 이상).

■ 성과 데이터 분석

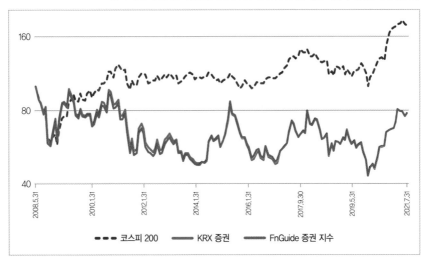

분석 기간 : 2008.5~2021.8 (코스피 움직임은 참고용, 해당 기간의 예금금리: 연 2.6%)

[그림 7-16] 증권 지수 성과 분석

	코스피 200	KRX 증권	FnGuide 증권
연수익률	4.4%	−1.9%	−1.9%
연변동성	17.6%	29.2%	28.8%
최대 낙폭	41.9%	56.9%	57.2%

③ 보험

단위표기: 총보수: %, 거래대금: 백만 원, 순자산총액: 억 원

기초지수	ETF 이름	코드	상장일	총보수	거래대금	순자산총액
KRX 보험	KODEX 보험	A140700	2011-04-26	0.45	842	161

■ 지수(혹은 ETF) 상세 정보

KRX 보험 지수는 한국표준산업분류체계가 보험업, 재보험업과 같은 종목으로 구성되어 있으며 유동성기준, 재무기준 및 시장유통성기준이 한국거래소가 정한 요건을 충족하는 심의대상종목 중 시가총액 순으로 10개의 종목을 선정하여 유동주식수 가중시가총액 방식으로 산출된 지수입니다.

■ 성과 데이터 분석

분석 기간 : 2001.1~2021.8 (코스피 움직임은 참고용, 해당 기간의 예금금리: 연 3.4%)

[그림 7-17] 보험 지수 성과 분석

	코스피 200	KRX 보험
연수익률	8.5%	8.7%
연변동성	20.0%	26.7%
최대 낙폭	47.0%	65.4%

8) 정보기술

① 정보기술

단위표기: 총보수: %, 거래대금: 백만 원, 순자산총액: 억 원

기초지수	ETF 이름	코드	상장일	총보수	거래대금	순자산총액
코스피 200 정보기술	TIGER 200 IT	A139260	2011-04-06	0.4	7,211	9,244
FnGuide IT플러스 지수	KBSTAR IT플러스	A326240	2019-06-20	0.4	3,297	1,926
FnGuide 소프트웨어 지수	TIGER 소프트웨어	A157490	2012-05-16	0.4	1,808	840
KRX 정보기술	KODEX IT	A266370	2017-03-28	0.45	444	599
코스피 200 정보기술 TR	KODEX 200 IT TR	A363580	2020-09-25	0.15	39	575
코스피 200 정보기술	TIGER 200 IT 레버리지	A243880	2016-05-13	0.69	652	436
코스피 200 정보기술	KBSTAR 200 IT	A285000	2017-12-08	0.19	23	109
코스닥 150 정보기술	TIGER 코스닥 150 IT	A261060	2016-12-15	0.4	377	89

■ 레버리지

기초지수	ETF 이름	코드	상장일	총보수	거래대금	순자산총액
코스피 200 정보기술	TIGER 200 IT 레버리지	A243880	2016-05-13	0.69	652	436

■ 지수(혹은 ETF) 상세 정보

코스피 200 정보기술 지수는 코스피 200 구성 종목 중, 글로벌섹터분류기준 GICS 체계를 적용하여 산출한 코스피 200 섹터 분류 '정보기술'에 속하는 종목으로 유동주식수 적용 시가총액 가중방식으로 구성하여 산출합니다(지수산출: 한국거래소, 단일종목 한도: 최대 25%).

FnGuide 소프트웨어 지수는 에프앤가이드에서 산출하며, 유가증권시장 및 코스닥시장 상장종목 중, FICS 분류 체계 Industry 기준으로 '인터넷서비스', 'IT 서비스', '일반 소프트웨어', '게임 소프트웨어'에 속하면서 일정 조건을 만족하는 종목을 유동주식비율 반영 시가총액 가중방식으로 편입하여 10종목으로 지수를 구성합니다.

코스닥 150 정보기술 지수는 코스닥 150 구성 종목 중 GICS 분류 정보기술에 속하는 종목으로 유동주식수 적용 시가총액 가중방식으로 구성하여 산출합니다(지수산출: 한국거래소, 단일종목 한도: 최대 20%).

KRX 300 정보기술(가격지수) 지수는 KRX 300 내 IT 섹터에 속하는 종목을 추종하는 지수입니다.

■ 성과 데이터 분석

지수간 비교

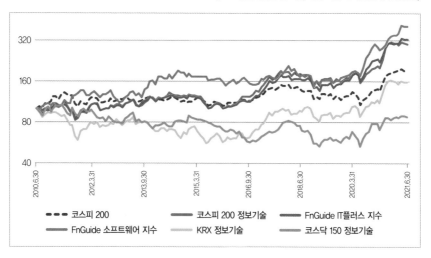

분석 기간 : 2010.6~2021.8 (코스피 움직임은 참고용, 해당 기간의 예금금리: 연 2.3%)

[그림 7-18] 정보기술 관련 지수 성과 분석

	코스피 200	코스피 200 정보기술	FnGuide IT플러스 지수	FnGuide 소프트웨어 지수	KRX 정보기술	코스닥 150 정보기술
연수익률	5.9%	10.3%	11.2%	13.5%	4.2%	−1.2%
연변동성	14.9%	17.9%	16.4%	19.1%	20.6%	18.7%
최대 낙폭	29.0%	26.0%	22.8%	30.4%	44.6%	50.8%

지수 vs. 레버리지 (ETF 성과 분석)

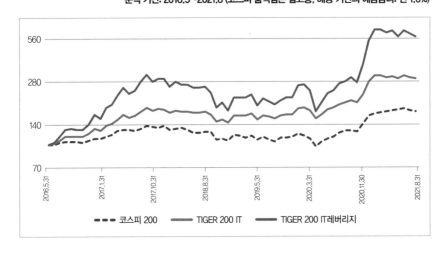

분석 기간: 2016.5~2021.8 (코스피 움직임은 참고용, 해당 기간의 예금금리: 연 1.6%)

[그림 7-19] 정보기술 ETF와 레버리지 ETF 성과 분석

	코스피 200	TIGER 200 IT	TIGER 200 IT레버리지
연수익률	10.9%	22.5%	39.6%
연변동성	16.0%	19.8%	40.7%
최대 낙폭	29.0%	21.5%	44.4%

② 반도체

단위표기: 총보수: %, 거래대금: 백만 원, 순자산총액: 억 원

기초지수	ETF 이름	코드	상장일	총보수	거래대금	순자산총액
KRX 반도체	KODEX 반도체	A091160	2006-06-27	0.45	8,201	2,496
KRX 반도체	TIGER 반도체	A091230	2006-06-27	0.46	4,416	1,525
FnGuide 반도체TOP10 지수	TIGER Fn반도체TOP10	A396500	2021-08-10	0.45	2,552	364
FnGuide 시스템반도체 지수	KODEX Fn시스템반도체	A395160	2021-07-30	0.45	688	115
FnGuide K-반도체 지수	HANARO Fn K-반도체	A395270	2021-07-30	0.45	82	76

■ 지수(혹은 ETF) 상세 정보

KRX 반도체 지수는 국내 반도체 산업을 대표하는 기업들을 시가총액 가중 방식으로 구성한 지수이며 매년 1회 지수 변경이 이루어집니다.

■ 성과 데이터 분석

분석 기간: 2001.1~2021.8 (코스피 움직임은 참고용, 해당 기간의 예금금리: 연 3.4%)

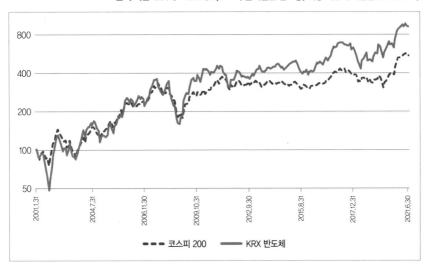

[그림 7-20] 반도체 지수 성과 분석

	코스피 200	KRX 반도체
연수익률	8.5%	11.3%
연변동성	20.0%	28.6%
최대 낙폭	47.0%	56.0%

9) 커뮤니케이션서비스

■ 방송/미디어

단위표기: 총보수: %, 거래대금: 백만 원, 순자산총액: 억 원

기초지수	ETF 이름	코드	상장일	총보수	거래대금	순자산총액
WISE 미디어컨텐츠 지수	TIGER 미디어컨텐츠	A228810	2015-10-07	0.5	2,762	674
KRX 미디어& 엔터테인먼트	KODEX 미디어& 엔터테인먼트	A266360	2017-03-28	0.45	523	465
코스피 200 커뮤니케이션서비스	TIGER 200 커뮤니케이션서비스	A315270	2019-01-15	0.4	46	82
코스피 200 커뮤니케이션서비스	KBSTAR 200 커뮤니케이션서비스	A315480	2019-01-15	0.19	17	63
KRX 방송통신	TIGER 방송통신	A098560	2007-09-07	0.46	177	61

■ 지수(혹은 ETF) 상세 정보

코스피 200 커뮤니케이션서비스 지수는 코스피 200 구성 종목 중, 글로벌섹터분류기준GICS 체계를 적용하여 산출한 코스피 200 섹터 분류 '커뮤니케이션서비스'에 속하는 종목으로 유동주식수 적용 시가총액 가중방식으로 구성하여 산출합니다(지수산출: 한국거래소, 단일종목 한도: 최대 25%).

KRX 방송통신 지수는 한국거래소에서 발표하는 지수로서 유가증권시장 및 코스닥시장에 상장된 종목 중, 글로벌산업분류기준 체계를 적용하여 산출한 KRX 섹터분류 '방송통신'에 속하는 종목으로 유동주식수 적용 시가총액 가중방식으로 구성하여 산출합니다(지수산출: 한국거래소, 단일종목 한도: 최대 20%).

WISE 미디어컨텐츠 지수는 유가증권시장 및 코스닥시장 상장 종목 중, 아래 기준에 부합하는 종목군을 대상으로 해당 종목을 편입하여 시가총액비중 방식으로 산출합니다(지수산출: 와이즈에프앤, 기준: 모회사 또는 자회사를 통하여 미

디어컨텐츠 사업을 통한 매출이 발생하는 경우, 정관의 사업 목적(신규진출사업 포함)에 미디어컨텐츠 사업을 영위한다고 명시한 경우, 미디어컨텐츠 사업에 대하여 투자를 현재 진행하고 있거나 향후 투자 계획이 있는 경우).

■ 성과 데이터 분석

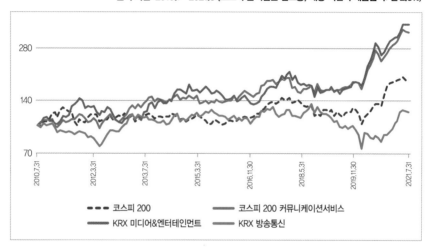

분석 기간: 2010.7~2021.8 (코스피 움직임은 참고용, 해당 기간의 예금금리: 연 2.3%)

[그림 7-21] 방송통신 · 미디어 관련 지수 성과 분석

	코스피 200	코스피 200 커뮤니케이션서비스	KRX 미디어& 엔터테인먼트	KRX 방송통신
연수익률	5.6%	11.9%	12.9%	1.8%
연변동성	14.9%	15.9%	19.1%	16.7%
최대 낙폭	29.0%	18.3%	28.1%	44.8%

3
국내 팩터형

1) 스마트베타와 팩터인베스팅

전통적인 ETF는 시장지수를 추종하는 것을 목적으로 합니다. 그런데 지수 추종에 그치지 않고 추가적인 수익을 얻으려는 시도들이 있어왔는데 그런 운용 전략 중 하나가 스마트베타smart beta입니다. 스마트베타는 시장베타에 대비되는 의미로, 대안베타alternative beta, 진보베타advanced beta, 전략베타strategic beta로도 불립니다. 또는 여러 가지 요인(팩터)을 사용하는 투자라는 의미로 팩터인베스팅factor Investing이라고도 부릅니다. 알파나 베타 등의 용어를 이해하기 위해서는 먼저 몇 가지 개념을 이해해야 합니다.

먼저 '베타'라는 단어에 대해 설명드리겠습니다. 경제나 금융을 연구하는 학자들은 개별 주식의 수익률이 어떻게 움직이는지 설명하려고 다양하게 시도했습니다. 그중 가장 유명한 이론은 '자본 자산 가격결정 모형CAPM, Capital Asset Pricing Model'입니다. 이 모형은 개별 주식의 움직임이 시장 움직임에 따라 결정된다고 봅니다. '시장 대비 어느 정도 크기로 움직이는가'를 숫자로 표현한 것이 바로 그 주식의 베타beta입니다.

$$E(R_S - R_f) = \alpha + \beta_S \times E(R_M - R_f)$$

CAPM의 수학적 표현식은 앞의 식과 같습니다. 이를 이해를 돕기 위해 아래와 같이 간략히 표현했습니다. 이 모형에 따르면 주식의 베타가 1.5라면, 시장이 10% 상승 시 주식수익률은 15%만큼 상승합니다. 만약 시장이 10% 상승했는데, 주식이 20% 상승했다면, 시장과 베타에 의해 설명되지 못한 5%의 움직임이 알파가 됩니다(20%=5%+1.5 ×10%).[1]

$$주식수익률 = 알파(\alpha) + 베타(\beta) \times 시장수익률$$

CAPM은 1960년대 개발된 이후 금융시장에 매우 큰 영향을 미쳤으며, 주식, 채권 등 자산의 기대수익률과 위험의 관계를 이론적으로 정립했다고 평가받고 있습니다. 미국의 경제학자 윌리엄 샤프William F. Sharpe는 이 이론을 개발한 공로로 1990년에 노벨상을 수상했습니다.

하지만 이 모형은 자산수익률을 시장이라는 1가지 요인factor으로 설명하려고 하기 때문에 한계가 있습니다. 여러 학자가 대안을 제시했고, 다양한 요인을 검토했습니다. 대표적인 것이 1993년 발표된 파마-프렌치의 3요인 모형 3 Factor Model입니다.

$$r = \alpha + \beta_1 \times (r_M - r_f) + \beta_2 \times (SMB) + \beta_3 \times (HML)$$

---

1 물론 이 5%를 오차항(error term)으로 처리하는 경우도 있으나 여기서는 설명의 단순화를 위해 오차항에 대한 논의는 생략합니다.

이 모형은 주식수익률이 3가지 요인에 의해 영향을 받는다고 가정합니다. 하나는 CAPM에서와 같은 시장수익률, 나머지 2개는 SMB와 HML[2]입니다. SMB는 시가총액이 작은 소형주의 수익률에서 시가총액이 큰 대형주 수익률을 뺀 값입니다. 이 요인은 소형주가 대형주보다 수익률이 좋다는 것을 설명하는데, 다른 말로 소형주 효과라고 부릅니다. HML은 고PBR 주식의 수익률에서 저PBR 주식의 수익률을 뺀 것입니다. 이 요인은 저PBR 주식의 수익률이 고PBR 주식보다 높다는 것을 설명합니다. PBR은 장부가치와 시장가치의 비율로써 가치주가 장기적으로 높은 수익률을 내는 효과가 있다는 점에서 가치주 효과라고도 부릅니다.

$$\text{주식수익률} = \text{알파} + \text{베타1} \times \text{시장수익률} + \text{베타2} \times \text{소형주효과} + \text{베타3} \times \text{가치주효과}$$

파마와 프렌치의 3요인 모형은 학계에 적잖은 파장을 불러일으켰습니다. 1993년 그들이 발표한 논문에 따르면 소형주냐 가치주냐에 따라 주식 수익률이 달라졌지만 시장 움직임과는 별 상관이 없다는 결과가 나왔기 때문입니다. CAPM에서 발전된 모형이 CAPM을 부정하는 결과를 보여준 것이죠. 이후 많은 연구들에서 다양한 요인(팩터)들을 찾아냈습니다. 모멘텀(추세), 저변동(로우볼), 고배당, 퀄리티, 가치(밸류), 사이즈(소형주), 우선주 등 다양한 요인들이 발견되었고, 이런 요인들을 이용해 지수를 가공합니다. 이렇게 가공된 지수가 기존 시장지수보다 더 '스마트smart(똑똑한)'하다는 의미로 스마트베타라고 부릅니다. 진짜 스마트한 성과를 보이는지는 곧 살펴보겠습니다.

---

2 SMB:Small Minus Big(market capitalisation), HML:High Minus Low(Book-to-market ratio).

5장에서 설명했던 액티브 ETF와 스마트베타 ETF의 차이짐은 액티브 ETF는 펀드매니저의 판단에 따라 '액티브activ하게' 투자 결정이 변할 수 있으나 스마트베타의 경우 사전에 정해진 규칙에 따라 운용된다는 점입니다. 스마트베타는 '규칙에 기반한 투자rule based investing'이기 때문에 펀드매니저가 임의로 규칙을 바꾸지 못한다는 점이 가장 큰 차이입니다.

2) 스마트베타는 진짜 스마트할까? ──

국내 상장 ETF 중에 팩터를 활용하는 스마트베타 상품들의 실제 데이터를 분석해봄으로써 실제 어떤 성과를 냈는지 조사한 결과를 공유하겠습니다. 과거 성과가 좋았다고 미래에도 좋을 것이라는 보장은 없으며, 그 반대의 경우도 마찬가지입니다. 다만, ETF 상품 이름만 보고 막연히 좋다거나 나쁘다는 생각을 갖는 것보다는 실제 데이터를 통해 확인해보는 것이 필요하다고 생각합니다. 대형 ETF 운용사 4곳의 상품 위주로 분석하였습니다.

결과를 간략히 요약하면, ETF 출시 전 기초지수의 시장 대비 성과(수익률)는 좋게 나왔으나, 출시 이후의 성과는 오히려 시장 대비 더 낮은 경우가 많았습니다. 원인에 대해서 쉽게 분석하기는 어려우나 지수 작성 시 최적화 이슈가 있을 수 있다는 생각이 들었습니다. 즉 지수(혹은 전략)를 만들 때 과거 데이터에 적합하게 파라미터 등이 조정되면 실제 운용이 되는 미래 시점에서 오히려 예상한 성과에서 많이 벗어나게 되어 견고함robustness을 잃게 되는 것입니다. 이건 저의 추측이기 때문에 증명할 방법은 없습니다. 다음에 이어지는 분석 데이터를 참고하여 판단하시길 바랍니다.

① KODEX 운용 스마트베타 ETF

기초지수	종목명	단축코드	상장일
FnGuide 고배당 Plus 지수	KODEX 고배당	A279530	20171016
FnGuide 모멘텀 Plus 지수	KODEX 모멘텀Plus	A244620	20160512
FnGuide 밸류 Plus 지수	KODEX 밸류Plus	A244670	20160512
FnGuide 퀄리티 Plus 지수	KODEX 퀄리티Plus	A244660	20160512

삼성자산운용이 운용하는 4개 ETF를 대상으로, 연단위로 각 기초지수의 수익률을 시장(코스피 200) 수익률로 뺀 값인 초과 성과를 조사[3]했습니다.

ETF 상장 전후 집계표에 따르면, 상장 전에는 각 지수가 시장보다 높은 수익을 낸 횟수가 73~100%에 달합니다. 하지만 ETF 상장 후에는 20~60% 수준입니다. 모멘텀의 경우 5번 중 3번 초과 성과를 냈으나 시장 대비 연 -2% 낮은 수익을 보였습니다. 나머지 3개의 지수는 시장 대비 저조했던 해가 더 많았고, 연환산 초과 성과는 -6~-11% 수준이었습니다.

[표 7-4] ETF 상장 전 시장 대비 각 지수의 초과 성과 집계

상장전	FnGuide 고배당 Plus 지수	FnGuide 모멘텀 Plus 지수	FnGuide 밸류 Plus 지수	FnGuide 퀄리티 Plus 지수
전체 기간(연도)	15	4	4	4
초과 성과 횟수	11	4	4	4
초과 성과 비율	73%	100%	100%	100%

---

3 연단위 수익률을 이용하였으며 ETF가 상장한 해의 데이터는 빼고 계산하였고, 시장(코스피 200) 대비 상대성과를 분석하였습니다. 2021년은 8월 말까지를 기준으로 합니다.

[표 7-5] ETF 상장 후 시장 대비 각 지수의 초과 성과 집계

상장 후	FnGuide 고배당 Plus 지수	FnGuide 모멘텀 Plus 지수	FnGuide 밸류 Plus 지수	FnGuide 퀄리티 Plus 지수
전체 기간(연도)	4	5	5	5
초과 성과 횟수	2	3	2	1
초과 성과 비율	50%	60%	40%	20%
초과 성과 누적수익률	−41%	−7%	−48%	−30%
초과 성과 연환산수익률	−11%	−2%	−10%	−6%

[표 7-6] 코스피 200 대비 각 지수의 초과 성과(연단위)

지수명	FnGuide 고배당 Plus 지수	FnGuide 모멘텀 Plus 지수	FnGuide 밸류 Plus 지수	FnGuide 퀄리티 Plus 지수
ETF명	KODEX 고배당	KODEX 모멘텀Plus	KODEX 밸류Plus	KODEX 퀄리티Plus
상장일	2017-10-16	2016-05-12	2016-05-12	2016-05-12
2002-12-31	8%			
2003-12-31	9%			
2004-12-31	9%			
2005-12-31	31%			
2006-12-31	−6%			
2007-12-31	8%			
2008-12-31	7%			
2009-12-31	−2%			
2010-12-31	−5%			
2011-12-31	1%			
2012-12-31	−2%	22%	5%	11%
2013-12-31	13%	26%	14%	20%
2014-12-31	17%	50%	20%	40%
2015-12-31	11%	42%	21%	19%
2016-12-31	4%	(ETF 상장 연도)	(ETF 상장 연도)	(ETF 상장 연도)

2017-12-31	(ETF 상장 연도)	-1%	-14%	-0.5%
2018-12-31	3%	3%	3%	7%
2019-12-31	-17%	-12%	-26%	-16%
2020-12-31	-31%	4%	-19%	-16%
2021-8-31	12%	0%	17%	-0.5%

② TIGER 운용 스마트베타 ETF

기초지수	종목명	단축코드	상장일
FnGuide Low Vol 지수	TIGER 로우볼	A174350	20130619
FnGuide 모멘텀 지수	TIGER 모멘텀	A147970	20111026
FnGuide 퀄리티 밸류 지수	TIGER 우량가치	A227570	20150922
코스피 고배당 50	TIGER 코스피고배당	A210780	20141204

미래에셋자산운용이 운용하는 4개 ETF를 대상으로, 연단위로 각 기초지수의 수익률을 시장(코스피 200) 수익률로 뺀 값인 초과 성과를 조사[4]했습니다. ETF 상장 전후 집계표에 따르면, 상장 전에는 각 지수가 시장보다 높은 수익을 낸 횟수가 80% 전후입니다. 하지만 ETF 상장 후에는 50%를 밑돌고 있습니다. 로우볼의 경우 총 8개의 기간 중 4번으로, 50%의 기간 동안 시장이 이겼습니다. 상장 후 초과수익률의 누적값은 -58%로, 연환산하면 매년 시장이 7% 더 높은 수익을 보였습니다. 모멘텀과 퀄리티밸류, 고배당의 경우 시장 대비 저조했던 해가 더 많았고, 연환산 초과 성과는 -4~-8% 수준이었습니다.

---

4 연단위 수익률을 이용하였고 ETF가 상장한 해의 데이터는 빼고 계산하였고, 시장(코스피 200) 대비 상대성과를 분석하였습니다. 2021년은 8월 말까지를 기준으로 합니다.

[표 7-7] ETF 상장 전 시장 대비 각 지수의 초과 성과 집계

상장 전	FnGuide Low Vol 지수	FnGuide 모멘텀 지수	FnGuide 퀄리티밸류 지수	코스피 고배당 50
전체 기간(연도)	11	9	13	5
초과 성과 횟수	8	8	11	4
초과 성과 비율	73%	89%	85%	80%

[표 7-8] ETF 상장 후 시장 대비 각 지수의 초과 성과 집계

상장 후	FnGuide Low Vol 지수	FnGuide 모멘텀 지수	FnGuide 퀄리티밸류 지수	코스피 고배당 50
전체 기간(연도)	8	10	6	7
초과 성과 횟수	4	4	2	3
초과 성과 비율	50%	40%	33%	43%
초과 성과 누적수익률	-58%	-37%	-49%	-34%
초과 성과 연환산수익률	-7%	-4%	-8%	-5%

[표 7-9] 코스피 200 대비 각 지수의 초과 성과

지수명	FnGuide Low Vol 지수	FnGuide 모멘텀 지수	FnGuide 퀄리티밸류 지수	코스피 고배당 50
ETF명	TIGER 로우볼	TIGER 모멘텀	TIGER 우량가치	TIGER 코스피고배당
상장일	2013-06-19	2011-10-26	2015-09-22	2014-12-04
2002-12-31	12%	5%	17%	
2003-12-31	-4%	28%	7%	
2004-12-31	24%	1%	24%	
2005-12-31	19%	34%	58%	
2006-12-31	10%	17%	6%	
2007-12-31	7%	60%	9%	
2008-12-31	10%	3%	7%	
2009-12-31	-19%	-1%	-3%	-46%

2010–12–31	–5%	7%	–2%	5%
2011–12–31	16%	(ETF 상장 연도)	12%	7%
2012–12–31	6%	–2%	5%	2%
2013–12–31	(ETF 상장 연도)	–2%	16%	24%
2014–12–31	8%	15%	17%	(ETF 상장 연도)
2015–12–31	8%	9%	(ETF 상장 연도)	9%
2016–12–31	–9%	–19%	–0.1%	–7%
2017–12–31	–11%	–3%	–7%	–7%
2018–12–31	5%	5%	5%	4%
2019–12–31	–17%	–18%	–20%	–13%
2020–12–31	–37%	–25%	–34%	–33%
2021–8–31	8%	15%	20%	25%

③ KBSTAR 운용 스마트베타 ETF

기초지수	종목명	단축코드	상장일
FnGuide 셀렉트 밸류 지수	KBSTAR V&S셀렉트밸류	A234310	20160201
FnGuide 고배당포커스 지수	KBSTAR 고배당	A266160	20170413
FnGuide 모멘텀&로우볼 지수	KBSTAR 모멘텀로우볼	A252730	20161013
FnGuide 모멘텀&밸류 지수	KBSTAR 모멘텀밸류	A252720	20161013

KB자산운용이 운용하는 4개의 ETF를 대상으로, 연단위로 각 기초지수의 수익률을 시장(코스피 200) 수익률로 뺀 값인 초과 성과를 조사[5]했습니다.

ETF 상장 전후 집계표에 따르면, 상장 전에는 각 지수가 시장보다 높은 수익을 낸 횟수가 57~100%에 달합니다. 하지만 ETF 상장 후에는 40~60% 수준

---

5 연단위 수익률을 이용하였으며 ETF가 상장한 해의 데이터는 빼고 계산하였고, 시장(코스피 200) 대비 상대성과를 분석하였습니다. 2021년은 8월 말까지를 기준으로 합니다.

입니다. 모멘텀&로우볼의 경우 5번 중 3번 초과 성과를 냈고, 시장 대비 연 0.6% 높았습니다. 나머지 3개의 지수는 시장 대비 저조했던 해가 더 많았고, 연환산 초과 성과는 -0.3~-6% 수준이었습니다.

[표 7-10] ETF 상장 전 시장 대비 각 지수의 초과 성과 집계

상장 전	FnGuide 셀렉트 밸류 지수	FnGuide 고배당포커스 지수	FnGuide 모멘텀& 로우볼 지수	FnGuide 모멘텀& 밸류 지수
전체 기간(연도)	6	15	7	7
초과 성과 횟수	6	10	5	4
초과 성과 비율	100%	67%	71%	57%

[표 7-11] ETF 상장 후 시장 대비 각 지수의 초과 성과 집계

상장 후	FnGuide 셀렉트 밸류 지수	FnGuide 고배당포커스 지수	FnGuide 모멘텀& 로우볼 지수	FnGuide 모멘텀& 밸류 지수
전체 기간(연도)	5	4	5	5
초과 성과 횟수	2	2	3	2
초과 성과 비율	40%	50%	60%	40%
초과 성과 누적수익률	-2%	-23%	3%	-16%
초과 성과 연환산수익률	-0.3%	-6%	0.6%	-3%

[표 7-12] 코스피 200 대비 각 지수의 초과 성과(연단위)

지수명	FnGuide 셀렉트 밸류 지수	FnGuide 고배당포커스 지수	FnGuide 모멘텀& 로우볼 지수	FnGuide 모멘텀& 밸류 지수
ETF명	KBSTAR V&S 셀렉트밸류	KBSTAR 고배당	KBSTAR 모멘텀로우볼	KBSTAR 모멘텀밸류
상장일	2016-02-01	2017-04-13	2016-10-13	2016-10-13
2002-12-31		10%		
2003-12-31		16%		

2004–12–31	21%		
2005–12–31	−10%		
2006–12–31	5%		
2007–12–31	−2%		
2008–12–31	7%		
2009–12–31	−25%	−6%	−14%
2010–12–31	1%	2%	−1%	9%
2011–12–31	8%	9%	5%	0%
2012–12–31	7%	−4%	1%	12%
2013–12–31	20%	1%	1%	2%
2014–12–31	18%	10%	14%	0%
2015–12–31	16%	−1%	7%	−3%
2016–12–31	(ETF 상장 연도)	7%	(ETF 상장 연도)	(ETF 상장 연도)
2017–12–31	6%	(ETF 상장 연도)	4%	5%
2018–12–31	5%	2%	1%	−2%
2019–12–31	−2%	−7%	−2%	−4%
2020–12–31	−5%	−21%	−5%	−17%
2021–8–31	6%	6%	5%	3%

④ KINDEX 운용 스마트베타 ETF

기초지수	종목명	단축코드	상장일
FnGuide 스마트 로우볼 지수	KINDEX 스마트로우볼	A322130	20190415
FnGuide 스마트 모멘텀 지수	KINDEX 스마트모멘텀	A272220	20170707
FnGuide 스마트 밸류 지수	KINDEX 스마트밸류	A272230	20170707
FnGuide 스마트 퀄리티 지수	KINDEX 스마트퀄리티	A322120	20190415

한국투자신탁운용이 운용하는 4개의 ETF를 대상으로, 연단위로 각 기초지수의 수익률을 시장(코스피 200) 수익률로 뺀 값인 초과 성과를 조사[6]했습니다. ETF 상장 전후 집계표에 따르면, 상장 전에는 각 지수가 시장보다 높은 수익을 낸 횟수가 50~100%에 달합니다. 하지만 ETF 상장 후에는 50~75% 수준입니다. 스마트 모멘텀의 경우 4번 중 3번 초과 성과를 냈고, 시장 대비 연 1% 높았습니다. 나머지 3개의 지수는 시장 대비 저조했던 절반이었고, 연환산 초과 성과는 -4~1% 수준이었습니다.

[표 7-13] ETF 상장 전 시장 대비 각 지수의 초과 성과 집계

상장 전	FnGuide 스마트 로우볼 지수	FnGuide 스마트 모멘텀 지수	FnGuide 스마트 밸류 지수	FnGuide 스마트 퀄리티 지수
전체 기간(연도)	8	6	6	8
초과 성과 횟수	8	4	3	7
초과 성과 비율	100%	67%	50%	88%

[표 7-14] ETF 상장 후 시장 대비 각 지수의 초과 성과 집계

상장 후	FnGuide 스마트 로우볼 지수	FnGuide 스마트 모멘텀 지수	FnGuide 스마트 밸류 지수	FnGuide 스마트 퀄리티 지수
전체 기간(연도)	2	4	4	2
초과 성과 횟수	1	3	2	1
초과 성과 비율	50%	75%	50%	50%
초과 성과 누적수익률	-6%	3%	0%	2%
초과 성과 연환산수익률	-4%	1%	0%	1%

---

6   연단위 수익률을 이용하였으며 ETF가 상장한 해의 데이터는 빼고 계산하였고, 시장(코스피 200) 대비 상대성과를 분석하였습니다. 2021년은 8월 말까지를 기준으로 합니다.

[표 7-15] 코스피 200 대비 각 지수의 초과 성과

지수명	FnGuide 스마트 로우볼 지수	FnGuide 스마트 모멘텀 지수	FnGuide 스마트 밸류 지수	FnGuide 스마트 퀄리티 지수
ETF명	KINDEX 스마트로우볼	KINDEX 스마트모멘텀	KINDEX 스마트밸류	KINDEX 스마트퀄리티
상장일	2019-04-15	2017-07-07	2017-07-07	2019-04-15
2011-12-31	4%	1%	-2%	4%
2012-12-31	3%	-1%	2%	1%
2013-12-31	2%	4%	2%	0%
2014-12-31	1%	3%	3%	3%
2015-12-31	1%	9%	-1%	8%
2016-12-31	0%	-7%	-0.3%	-6%
2017-12-31	1%	(ETF 상장 연도)	(ETF 상장 연도)	-0.6%
2018-12-31	2%	1%	-0.3%	1%
2019-12-31	(ETF 상장 연도)	0%	1%	(ETF 상장 연도)
2020-12-31	-7%	4%	-5%	4%
2021-8-31	1%	-2%	5%	-1.6%

3) 동일비중

단위표기: 총보수: %, 거래대금: 백만 원, 순자산총액: 억 원

기초지수	ETF 이름	코드	상장일	총보수	거래대금	순자산총액
KTOP 30	KODEX KTOP30	A229720	2015-10-14	0.25	36	140
코스피 200 동일가중지수	TIGER 200 동일가중	A252000	2016-09-20	0.25	50	120
코스피 200 동일가중지수	KODEX 200 동일가중	A252650	2016-09-20	0.25	279	105
KTOP 30	TIGER KTOP30	A228820	2015-10-14	0.25	22	81
FnGuide TOP10 동일가중 지수	KODEX Fn Top10 동일가중	A395170	2021-07-30	0.15	1,487	80
코스피 200 동일가중지수	ARIRANG 200 동일가중	A295820	2018-05-11	0.23	14	48

■ 지수(혹은 ETF) 상세 정보

KTOP 30 지수는 한국거래소가 산출하며 유가증권시장 및 코스닥시장에 상장된 종목 중, 경제대표성·시장대표성·투자자접근성·지속성장성·지수영향도 5개 부문별 심사결과를 지수 산출기관 내부 심의에서 종합적으로 판단하여 선정하며, 특정 섹터에 편중되지 않도록 섹터별 균형을 고려하여 30개의 대표종목을 구성종목으로 하는 주가평균식 지수입니다.

코스피 200 동일가중지수는 코스피 200 지수의 구성종목 시가총액비중을 일정주기(분기)마다 동일한 비중으로 조정해주는 지수입니다. 동일가중방식의 지수는 시가총액가중지수가 대형주 중심으로 지수성과가 나타나는 것과 달리, 중소형주의 주가변화가 상대적으로 높게 반영되는 특징을 가지고 있습니다. 코스피 200 동일가중지수는 2009년 1월 2일 1,000P를 기준으로 하여 2011년 5월 2일부터 산출·발표하고 있습니다.

■ 성과 데이터 분석

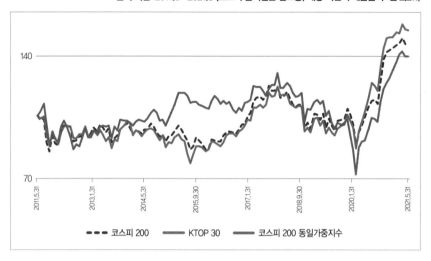

분석 기간: 2011.5~2021.8 (코스피 움직임은 참고용, 해당 기간의 예금금리: 연 2.2%)

- - - 코스피 200 ── KTOP 30 ── 코스피 200 동일가중지수

[그림 7-22] 동일가중지수 성과 분석

	코스피 200	KTOP 30	코스피 200 동일가중지수
연수익률	3.9%	4.9%	3.3%
연변동성	14.7%	15.1%	16.6%
최대 낙폭	29.0%	29.4%	43.8%

4) 배당

단위표기: 총보수: %, 거래대금: 백만 원, 순자산총액: 억 원

기초지수	ETF 이름	코드	상장일	총보수	거래대금	순자산총액
FnGuide 고배당주 지수	ARIRANG 고배당주	A161510	2012-08-29	0.23	1,170	2,056
FnGuide 고배당 포커스 지수	KBSTAR 고배당	A266160	2017-04-14	0.2	276	800
FnGuide 고배당 Plus 지수	KODEX 고배당	A279530	2017-10-17	0.3	156	338
FnGuide 고배당 알파 지수	HANARO 고배당	A322410	2019-04-23	0.25	79	229
코스피 고배당 50	TIGER 코스피 고배당	A210780	2014-12-05	0.29	102	198
FnGuide KQ고배당 포커스 지수	KBSTAR KQ고배당	A270800	2017-07-07	0.3	49	114
MKF 웰스 고배당20	KOSEF 고배당	A104530	2008-07-29	0.4	29	85

■ 지수(혹은 ETF) 상세 정보

FnGuide 고배당주 지수는 예상 배당수익률이 높은 30종목으로 구성되며 동일가중 편입비중을 종목별 배당수익률Tiliting Score을 이용하여 최종 편입비중을 산출하는 지수입니다.

FnGuide 고배당포커스 지수는 MKF 500 종목 중 전년도 결산 기준 현금배당을 한 종목을 선별하고, 현금배당수익률 상위 80위 이내의 종목을 우선적으로 편입하는 배당총액 가중방식의 지수입니다.

FnGuide 고배당 Plus 지수는 유가증권시장에 상장된 기업 중 전년도 배당수익률과 변동성 지표를 이용하여 편입 종목을 결정하는 지수입니다. 배당수익률이 기초 유니버스의 상위 30%이며, 변동성이 낮은 안정적인 종목으로

약 50개의 종목을 지수에 편입합니다(본 지수는 삼성자산운용이 FnGuide에 개발 의뢰를 하여 산출한 지수입니다).

FnGuide KQ 고배당포커스 지수는 코스닥 유동시가총액 상위 600종목으로 이루어진 유니버스 중 전년도 결산 기준 현금배당을 한 종목을 선별하고, 현금배당수익률 상위 80위 이내의 종목을 우선적으로 편입하는 배당총액 가중 방식의 지수입니다.

MKF 웰스 고배당 20 지수는 MKF 중대형 구성 종목 중 배당수익률 상위 20 종목으로 구성된 지수입니다.

■ **성과 데이터 분석**

[표 7-16] 코스피 200 대비 각 지수의 초과 성과

	FnGuide 고배당주 지수	FnGuide 고배당 포커스 지수	FnGuide KQ고배당 포커스 지수	FnGuide 고배당 Plus 지수
ETF명	ARIRANG 고배당주	KBSTAR 고배당	KBSTAR KQ고배당	KODEX 고배당
상장일	2012-08-29	2017-04-14	2017-07-07	2017-10-17
2002-12-31	21%	10%	-8%	8%
2003-12-31	28%	16%	-24%	9%
2004-12-31	20%	21%	-6%	9%
2005-12-31	-4%	-10%	24%	31%
2006-12-31	-4%	5%	-15%	-6%
2007-12-31	10%	-2%	-4%	8%
2008-12-31	4%	7%	0%	7%
2009-12-31	-5%	-25%	-11%	-2%
2010-12-31	4%	2%	-6%	-5%
2011-12-31	7%	9%	34%	1%
2012-12-31	(ETF 상장 연도)	-4%	6%	-2%
2013-12-31	5%	1%	20%	13%

2014-12-31	-3%	10%	18%	17%
2015-12-31	2%	-1%	13%	11%
2016-12-31	4%	7%	-5%	4%
2017-12-31	-6%	(ETF 상장 연도)	(ETF 상장 연도)	(ETF 상장 연도)
2018-12-31	6%	2%	0%	3%
2019-12-31	-15%	-7%	-2%	-17%
2020-12-31	-44%	-21%	6%	-31%
2021-8-31	14%	6%	-1%	12%

[표 7-17] ETF 상장 전후 코스피 200 대비 각 지수의 초과 성과 집계

상장 전	FnGuide 고배당주 지수	FnGuide 고배당포커스 지수	FnGuide KQ고배당 포커스 지수	FnGuide 고배당 Plus 지수
전체 기간(연도)	10	15	15	15
초과 성과 횟수	8	10	7	11
초과 성과 비율	80%	67%	47%	73%

상장 후	FnGuide 고배당주 지수	FnGuide 고배당포커스 지수	FnGuide KQ고배당 포커스 지수	FnGuide 고배당 Plus 지수
전체 기간(연도)	9	4	4	4
초과 성과 횟수	5	2	2	2
초과 성과 비율	58%	55%	55%	55%
초과 성과 누적수익률	-54%	-23%	2%	-41%
초과 성과 연환산수익률	-6%	-6%	1%	-11%

[표 7-18] KODEX 200 대비 각 ETF의 초과 성과

ETF명	KOSEF 고배당	ARIRANG 고배당주	TIGER 코스피 고배당	KBSTAR 고배당	KODEX 고배당
상장일	2012-08-29	2017-04-14	2017-07-07	2017-07-07	2017-10-17
2008-12-31	(ETF 상장 연도)				
2009-12-31	-42%				
2010-12-31	-3%				
2011-12-31	0%				
2012-12-31	0%	(ETF 상장 연도)			
2013-12-31	7%	6%			
2014-12-31	11%	1%	(ETF 상장 연도)		
2015-12-31	8%	13%	0%		
2016-12-31	18%	18%	8%	(ETF 상장 연도)	
2017-12-31	-35%	-32%	-30%	-31%	(ETF 상장 연도)
2018-12-31	21%	16%	17%	13%	11%
2019-12-31	-33%	-33%	-26%	-17%	-22%
2020-12-31	9%	6%	15%	10%	4%
2021-8-31	14%	6%	-1%	-1%	12%

[표 7-19] KODEX 200 대비 각 ETF의 초과 성과 집계

상장 후	KOSEF 고배당	ARIRANG 고배당주	TIGER 코스피 고배당	KBSTAR 고배당	KODEX 고배당
전체 기간(연도)	13	8	7	5	4
초과 성과 횟수	8	5	3	2	2
초과 성과 비율	63%	65%	45%	43%	55%
초과 성과 누적수익률	-31%	-44%	-26%	-35%	-33%
초과 성과 연환산수익률	-2%	-6%	-4%	-7%	-9%

5) 모멘텀(추세추종)

단위표기: 총보수: %, 거래대금: 백만 원, 순자산총액: 억 원

기초지수	ETF 이름	코드	상장일	총보수	거래대금	순자산총액
FnGuide 모멘텀 Plus 지수	KODEX 모멘텀Plus	A244620	2016-05-13	0.3	24	121
FnGuide 스마트 모멘텀 지수	KINDEX 스마트모멘텀	A272220	2017-07-11	0.19	11	90
MSCI Korea IMI Momentum Capped	KODEX MSCI모멘텀	A275280	2017-07-11	0.3	0	83
FnGuide KS 모멘텀 가중 TR 지수	ARIRANG KS모멘텀가중TR	A333960	2019-09-05	0.25	45	75
FnGuide 모멘텀 지수	TIGER 모멘텀	A147970	2011-10-26	0.29	40	67

■ 지수(혹은 ETF) 상세 정보

FnGuide 모멘텀 Plus 지수는 장기 모멘텀이 상위인 종목들을 구성 종목으로 편입하는 지수입니다. 수익률 및 변동성, 그리고 영업과 관련된 수익성 지표들을 고려하며, 매월 리밸런싱 시점에 포트폴리오의 일정 비율을 교체합니다. 우수한 수익률 및 수익성을 가진 종목들을 우선적으로 편입합니다.

FnGuide 스마트 모멘텀 지수는 유가증권시장 유동시총 상위 200 종목 중에서 모멘텀 지표값과 유동시가총액을 반영한 최적화를 이용하여 산출하는 지수입니다.

FnGuide KS 모멘텀 가중 지수는 대표적인 Risk Premium Factor 중 모멘텀 팩터를 추종하는 팩터가중 지수입니다. 모멘텀 팩터의 노출도를 최대화하는 종목 별 최적의 편입비중을 산출하여 지수를 구성합니다.

FnGuide 모멘텀 지수는 Price Momentum과 Earnings Revision을 스코어링하여 더한 Total Momentum Score 상위 40종목을 유니버스로 해서 Volume

Momentum Score가 높은 30종목으로 구성된 동일가중방식의 지수입니다.

■ 성과 데이터 분석

[표 7-20] 코스피 200 대비 각 지수의 초과 성과

지수명	FnGuide 모멘텀 지수	FnGuide 모멘텀 Plus 지수	FnGuide KS 모멘텀 가중 지수	FnGuide 스마트 모멘텀 지수
ETF명	TIGER 모멘텀	KODEX 모멘텀Plus	ARIRANG KS 모멘텀가중TR	KINDEX 스마트모멘텀
상장일	2011-10-26	2016-05-13	2019-09-05	2017-07-11
2004-12-31	1%			
2005-12-31	34%			
2006-12-31	17%			
2007-12-31	60%			
2008-12-31	3%			
2009-12-31	-1%			
2010-12-31	7%			
2011-12-31	(ETF 상장 연도)		7%	
2012-12-31	-2%		-1%	-1%
2013-12-31	-2%	26%	-4%	4%
2014-12-31	15%	50%	6%	3%
2015-12-31	9%	42%	17%	9%
2016-12-31	-19%	(ETF 상장 연도)	-12%	-7%
2017-12-31	-3%	-1%	-3%	(ETF 상장 연도)
2018-12-31	5%	3%	2%	1%
2019-12-31	-18%	-12%	(ETF 상장 연도)	0
2020-12-31	-25%	4%	5%	4%
2021-8-31	15%	0%	0%	-2%

[표 7-21] ETF 상장 전후 코스피 200 대비 각 지수의 초과 성과 집계

상장 전	FnGuide 모멘텀 지수	FnGuide 모멘텀 Plus 지수	FnGuide KS 모멘텀 가중 지수	FnGuide 스마트 모멘텀 지수
전체 기간(연도)	8	3	8	5
초과 성과 횟수	6	3	4	3
초과 성과 비율	75%	100%	50%	60%

상장 후	FnGuide 모멘텀 지수	FnGuide 모멘텀 Plus 지수	FnGuide KS 모멘텀 가중 지수	FnGuide 스마트 모멘텀 지수
전체 기간(연도)	10	5	2	4
초과 성과 횟수	4	3	2	3
초과 성과 비율	40%	60%	100%	75%
초과 성과 누적수익률	−37%	−7%	4%	3%
초과 성과 연환산수익률	−4%	−2%	3%	1%

[표 7-22] KODEX 200 대비 각 ETF의 초과 성과

ETF명	TIGER 모멘텀	KODEX 모멘텀Plus	KINDEX 스마트모멘텀	KODEX MSCI모멘텀	ARIRANG KS 모멘텀가중TR
상장일	2011-10-26	2016-05-13	2017-07-11	2017-07-11	2019-09-05
2011-12-31	(ETF 상장 연도)				
2012-12-31	−2%				
2013-12-31	−3%				
2014-12-31	15%				
2015-12-31	9%				
2016-12-31	−19%	(ETF 상장 연도)			
2017-12-31	−3%	−2%	(ETF 상장 연도)	(ETF 상장 연도)	
2018-12-31	4%	1%	1%	0%	
2019-12-31	−19%	−14%	0%	−12%	(ETF 상장 연도)
2020-12-31	−27%	0%	3%	14%	4%
2021-8-31	14%	−1%	−2%	−2%	0%

[표 7-23] KODEX 200 대비 각 ETF의 초과 성과 집계

	TIGER 모멘텀	KODEX 모멘텀Plus	KINDEX 스마트모멘텀	KODEX MSCI모멘텀	ARIRANG KS 모멘텀가중TR
전체 기간(연도)	10	5	4	4	2
초과 성과 횟수	4	2	2	1	1
초과 성과 비율	41%	43%	55%	27%	60%
초과 성과 누적수익률	-42%	-16%	1%	-3%	4%
초과 성과 연환산수익률	-4%	-3%	0%	-1%	2%

6) 밸류(가치주) ━━━━━━━━━

단위표기: 총보수: %, 거래대금: 백만 원, 순자산총액: 억 원

기초지수	ETF 이름	코드	상장일	총보수	거래대금	순자산총액
FnGuide-RAFI 코리아 대형 지수	KINDEX 밸류대형	A143460	2011-06-21	0.15	2	198
FnGuide 밸류 Plus 지수	KODEX 밸류Plus	A244670	2016-05-13	0.3	166	127
MSCI Korea IMI Enhanced Value Capped	KODEX MSCI밸류	A275290	2017-07-11	0.3	10	104
FnGuide-RAFI 코리아200 지수	TREX 펀더멘탈 200	A145850	2011-09-23	0.34	2	103
FnGuide 스마트 밸류 지수	KINDEX 스마트밸류	A272230	2017-07-11	0.19	22	96
FnGuide KS 밸류 가중 TR 지수	ARIRANG KS밸류가중TR	A333970	2019-09-05	0.25	65	83
FnGuide 셀렉트 밸류 지수	KBSTAR V&S셀렉트밸류	A234310	2016-02-02	0.3	12	81

■ 지수(혹은 ETF) 상세 정보

FnGuide 스마트 밸류 지수는 유가증권시장 유동시총 상위 200종목 중에서 RIM Valuation 모델을 이용한 가치 지표값과 유동시가총액을 반영한 최적화를 이용하여 산출하는 지수입니다.

FnGuide-RAFI Korea 200 가치 지수는 FnGuide-RAFI Korea 200 구성 종목 중 RAFI 스타일 방법론에 따라 가치로 분류된 종목들로 구성된 펀더멘탈 가중방식의 지수입니다.

FnGuide 셀렉트밸류 지수는 유가증권시장 및 코스닥시장의 상장기업 중 내재가치 및 비즈니스가치가 우수한 기업들을 선별하여 동일가중방식에 종목별 등급 차등을 적용해 산출하는 지수입니다.

FnGuide KS 밸류 가중 지수는 대표적인 Risk Premium Factor 중 밸류 팩터를 추종하는 팩터 가중 지수입니다. 밸류 팩터의 노출도를 최대화하는 종목별 최적의 편입비중을 산출하여 지수를 구성합니다.

FnGuide 밸류 Plus 지수는 가치 지표가 상위인 종목들을 구성 종목으로 편입하는 지수입니다. PBR과 같은 가치지표, 영업과 관련된 수익성 지표들을 고려하며, 매월 리밸런싱 시점에 포트폴리오의 일정 비율을 교체합니다. 저평가된 종목 및 우수한 수익성을 가진 종목들을 우선적으로 편입합니다.

■ 성과 데이터 분석

[표 7-24] 코스피 200 대비 각 지수의 초과 성과

지수명	FnGuide-RAFI 코리아 대형 지수	FnGuide 밸류 Plus 지수	MSCI Korea IMI Enhanced Value Capped	FnGuide 스마트 밸류 지수
ETF명	KINDEX 밸류대형	KODEX 밸류Plus	KODEX MSCI밸류	KINDEX 스마트밸류
상장일	2011-06-21	2016-05-13	2017-07-11	2017-07-11
2003-12-31	10%			
2004-12-31	8%			
2005-12-31	5%			
2006-12-31	2%		2%	
2007-12-31	4%		23%	
2008-12-31	3%		-4%	
2009-12-31	2%		16%	
2010-12-31	1%		-3%	
2011-12-31	(ETF 상장 연도)		6%	
2012-12-31	0%		8%	2%
2013-12-31	1%	14%	15%	2%
2014-12-31	-2%	20%	11%	3%
2015-12-31	-2%	21%	7%	-1%
2016-12-31	7%	(ETF 상장 연도)	8%	0%
2017-12-31	-1%	-14%	(ETF 상장 연도)	(ETF 상장 연도)
2018-12-31	3%	3%	1%	0%
2019-12-31	-2%	-26%	-1%	1%
2020-12-31	-9%	-19%	-7%	-5%
2021-8-31	2%	17%	3%	5%

[표 7-25] ETF 상장 전후 코스피 200 대비 각 지수의 초과 성과 집계

상장 전	FnGuide-RAFI 코리아 대형 지수	FnGuide 밸류 Plus 지수	MSCI Korea IMI Enhanced Value Capped	FnGuide 스마트 밸류 지수
전체 기간(연도)	8	3	11	5
초과 성과 횟수	8	3	9	3
초과 성과 비율	100%	100%	52%	60%

상장 후	FnGuide-RAFI 코리아 대형 지수	FnGuide 밸류 Plus 지수	MSCI Korea IMI Enhanced Value Capped	FnGuide 스마트 밸류 지수
전체 기간(연도)	10	5	4	4
초과 성과 횟수	4	2	2	2
초과 성과 비율	40%	40%	50%	50%
초과 성과 누적수익률	-4%	-48%	-4%	0.0%
초과 성과 연환산수익률	-0.5%	-10%	-1%	0.0%

[표 7-26] KODEX 200 대비 각 ETF의 초과 성과(연단위)

ETF명	KINDEX 밸류대형	KODEX 밸류Plus	KODEX MSCI밸류	KINDEX 스마트밸류
상장일	2011-06-21	2016-05-13	2017-07-11	2017-07-11
2012-12-31	-1%			
2013-12-31	1%			
2014-12-31	-1%			
2015-12-31	-1%			
2016-12-31	7%			
2017-12-31	-1%	-15%		
2018-12-31	3%	3%	1%	0%
2019-12-31	-2%	-28%	-1%	1%
2020-12-31	-8%	-20%	-6%	-5%
2021-8-31	2%	17%	2%	4%

[표 7-27] KODEX 200 대비 각 ETF의 초과 성과 집계

	KINDEX 밸류대형	KODEX 밸류Plus	KODEX MSCI밸류	KINDEX 스마트밸류
전체 기간(연도)	10	5	4	4
초과 성과 횟수	4	2	2	2
초과 성과 비율	40%	40%	50%	50%
초과 성과 누적수익률	-3%	-54%	-4%	-0.2%
초과 성과 연환산수익률	-0.3%	-11%	-1%	-0.1%

7) 로우볼(저변동성)

단위표기: 총보수: %, 거래대금: 백만 원, 순자산총액: 억 원

기초지수	ETF 이름	코드	상장일	총보수	거래대금	순자산총액
KRX 최소변동성 지수	KODEX 최소변동성	A279540	2017-10-17	0.3	14	125
FnGuide 스마트 로우볼 지수	KINDEX 스마트로우볼	A322130	2019-04-16	0.19	129	87
FnGuide Low Vol 지수	TIGER 로우볼	A174350	2013-06-20	0.4	23	80
FnGuide KS 로우볼 가중 TR 지수	ARIRANG KS로우볼가중TR	A333940	2019-09-05	0.25	75	63
S&P Korea 저변동성 지수	HK S&P코리아 로우볼	A215620	2015-03-25	0.4	1	60
FnGuide 중형주 저변동50지수	ARIRANG 중형주저변동50	A266550	2017-03-28	0.23	9	43

■ 지수(혹은 ETF) 상세 정보

KRX 최소변동성 지수는 S&P Broad Market Index Universe를 투자대상으로 하며, 시장과 괴리가 크지 않게 유지하면서 지수의 변동성이 최소가 되도록 구성한 지수로서, '저변동성 이상현상'을 기반으로 시장 대비 안정적인 초과 수익을 추구합니다. 각 종목별 비중은 turnover, sector, factor exposure에 대한 각종 제약조건을 충족하도록 산출됩니다(본 지수는 삼성자산운용이 한국거래소에 개발 의뢰하여 산출한 지수입니다).

FnGuide 스마트로우볼 지수는 유가증권시장 유동시총 상위 200종목 중에서 저변동성 지표값이 높은 종목들에 대해 최적화 방식으로 비중을 산출해 구성한 지수입니다.

FnGuide 로우볼 지수는 한국거래소 유가증권시장의 시가총액 상위 200위 종목 중 과거 5년 월간 수익률 변동성이 낮은 종목 40종목을 선별하여 지수를 산출합니다.

FnGuide 중형주저변동 50 지수는 유가증권시장에 상장된 중형주(시가총액 101~300위) 중 우량한 종목을 선별하고, 종목의 가격 변동성이 낮은 안정적인 50종목을 우선적으로 편입하는 지수입니다.

FnGuide KS 로우볼 가중 지수는 대표적인 리스크 프리미엄 팩터 중 로우볼 팩터를 추종하는 팩터 가중 지수입니다. 로우볼 팩터의 노출도를 최대화하는 종목 별 최적의 편입비중을 산출하여 지수를 구성합니다.

■ 성과 데이터 분석

[표 7-28] 코스피 200 대비 각 지수의 초과 성과

지수명	KRX 최소변동성지수	FnGuide 스마트 로우볼 지수	FnGuide Low Vol 지수	FnGuide KS 로우볼 가중 TR 지수
ETF명	KODEX 최소변동성	KINDEX 스마트로우볼	TIGER 로우볼	ARIRANG KS로우볼가중TR
상장일	2017-10-17	2019-04-16	2013-06-20	2019-09-05
2003-12-31	9%		-4%	
2004-12-31	4%		24%	
2005-12-31	-8%		19%	
2006-12-31	6%		10%	
2007-12-31	14%		7%	
2008-12-31	11%		10%	
2009-12-31	-16%		-19%	
2010-12-31	-5%		-5%	
2011-12-31	12%		16%	8%
2012-12-31	-2%	3%	6%	4%
2013-12-31	3%	2%	(ETF 상장 연도)	7%
2014-12-31	10%	1%	8%	11%
2015-12-31	19%	1%	8%	7%
2016-12-31	-15%	0%	-9%	2%
2017-12-31	(ETF 상장 연도)	1%	-11%	1%
2018-12-31	4%	2%	5%	5%
2019-12-31	-6%	(ETF 상장 연도)	-17%	(ETF 상장 연도)
2020-12-31	-4%	-7%	-37%	-20%
2021-8-31	-4%	1%	8%	2%

[표 7-29] ETF 상장 전후 코스피 200 대비 각 지수의 초과 성과 집계

상장 전	KRX 최소변동성 지수	FnGuide 스마트 로우볼 지수	FnGuide Low Vol 지수	FnGuide KS 로우볼 가중 TR 지수
전체 기간(연도)	14	7	10	8
초과 성과 횟수	9	7	7	8
초과 성과 비율	64%	100%	70%	100%

상장 후	KRX 최소변동성지수	FnGuide 스마트 로우볼 지수	FnGuide Low Vol 지수	FnGuide KS 로우볼 가중 TR 지수
전체 기간(연도)	4	2	8	2
초과 성과 횟수	1	1	4	1
초과 성과 비율	25%	50%	50%	50%
초과 성과 누적수익률	−10%	−6%	−58%	−20.1%
초과 성과 연환산수익률	−2.7%	−4%	−7%	−11.3%

[표 7-30] KODEX 200 대비 각 ETF의 초과 성과

ETF명	KODEX 최소변동성	KINDEX 스마트로우볼	TIGER 로우볼	ARIRANG KS로우볼가중TR
상장일	2017-10-17	2019-04-16	2013-06-20	2019-09-05
2014-12-31			9%	
2015-12-31			9%	
2016-12-31			−10%	
2017-12-31			−11%	
2018-12-31	3%		5%	
2019-12-31	−7%		−17%	
2020-12-31	−5%	−7%	−36%	−22%
2021-8-31	−5%	1%	7%	1%

[표 7-31] KODEX 200 대비 각 ETF의 초과 성과 집계

상장후	KODEX 최소변동성	KINDEX 스마트로우볼	TIGER 로우볼	ARIRANG KS로우볼가중TR
전체 기간(연도)	4	2	8	2
초과 성과 횟수	1	1	4	1
초과 성과 비율	25%	50%	50%	50%
초과 성과 누적수익률	-14%	-7%	-57%	-24%
초과 성과 연환산수익률	-4%	-4%	-7%	-13%

8) 퀄리티(우량주)

단위표기: 총보수: %, 거래대금: 백만 원, 순자산총액: 억 원

기초지수	ETF 이름	코드	상장일	총보수	거래대금	순자산총액
FnGuide 스마트 퀄리티 지수	KINDEX 스마트퀄리티	A322120	2019-04-16	0.19	94	96
FnGuide 퀄리티 Plus 지수	KODEX 퀄리티Plus	A244660	2016-05-13	0.3	60	78
MSCI Korea IMI Quality Capped	KODEX MSCI퀄리티	A275300	2017-07-11	0.3	75	56
FnGuide KS 퀄리티 가중 TR 지수	ARIRANG KS퀄리티가중TR	A333980	2019-09-05	0.25	32	41

■ 지수(혹은 ETF) 상세 정보

FnGuide 스마트퀄리티 지수는 유가증권시장 유동시총 상위 200종목 중에서 퀄리티 지표값이 높은 종목들에 대해 최적화 방식으로 비중을 산출해 구성한 지수입니다.

FnGuide 퀄리티 Plus 지수는 영업 효율 및 수익성이 상위인 종목들을 구성 종목으로 편입하는 지수입니다. 수익률 및 변동성, 그리고 영업과 관련된 수익성 지표들을 고려하며, 매월 리밸런싱 시점에 포트폴리오의 일정 비율을 교체합니다. 우수한 영업 효율 및 수익성을 가진 종목들을 우선적으로 편입합니다.

FnGuide KS 퀄리티 가중 지수는 대표적인 Risk Premium Factor 중 퀄리티 팩터를 추종하는 팩터가중 지수입니다. 퀄리티 팩터의 노출도를 최대화하는 종목 별 최적의 편입비중을 산출하여 지수를 구성합니다.

■ 성과 데이터 분석

[표 7-32] 코스피 200 대비 각 지수의 초과 성과(연단위)

지수명	FnGuide 스마트 퀄리티 지수	FnGuide 퀄리티 Plus 지수	MSCI Korea IMI Quality Capped	FnGuide KS 퀄리티 가중 TR 지수
ETF명	KINDEX 스마트퀄리티	KODEX 퀄리티Plus	KODEX MSCI퀄리티	ARIRANG KS퀄리티가중TR
상장일	2019-04-16	2016-05-13	2017-07-11	2019-09-05
2006-12-31			9%	
2007-12-31			2%	
2008-12-31			4%	
2009-12-31			-5%	
2010-12-31			14%	
2011-12-31			6%	11%
2012-12-31	1%		-4%	-1%
2013-12-31	0%	20%	2%	4%
2014-12-31	3%	40%	5%	7%
2015-12-31	8%	19%	10%	13%
2016-12-31	-6%	(ETF 상장 연도)	-16%	-12%
2017-12-31	1%	0%	(ETF 상장 연도)	-3%

2018-12-31	1%	7%	-5%	3%
2019-12-31	(ETF 상장 연도)	-16%	14%	(ETF 상장 연도)
2020-12-31	4%	-16%	-20%	-2%
2021-8-31	-2%	0%	-7%	2%

[표 7-33] ETF 상장 전후 코스피 200 대비 각 지수의 초과 성과 집계

상장 전	FnGuide 스마트 퀄리티 지수	FnGuide 퀄리티 Plus 지수	MSCI Korea IMI Quality Capped	FnGuide KS 퀄리티 가중 TR 지수
전체 기간(연도)	7	3	11	8
초과 성과 횟수	6	3	8	5
초과 성과 비율	86%	100%	73%	63%

상장 후	FnGuide 스마트 퀄리티 지수	FnGuide 퀄리티 Plus 지수	MSCI Korea IMI Quality Capped	FnGuide KS 퀄리티 가중 TR 지수
전체 기간(연도)	2	5	4	2
초과 성과 횟수	1	1	1	1
초과 성과 비율	50%	20%	25%	50%
초과 성과 누적수익률	2%	-30%	-22%	0.4%
초과 성과 연환산수익률	1.2%	-6%	-6%	0.2%

[표 7-34] KODEX 200 대비 각 ETF의 초과 성과(연단위)

ETF명	KINDEX 스마트퀄리티	KODEX 퀄리티 Plus	KODEX MSCI퀄리티	ARIRANG KS퀄리티가중TR
상장일	2019-04-16	2016-05-13	2017-07-11	2019-09-05
2017-12-31		-2%		
2018-12-31		6%	-5%	
2019-12-31		-17%	13%	
2020-12-31	2%	-19%	-22%	-4%
2021-8-31	-2%	-1%	-8%	2%

[표 7-35] KODEX 200 대비 각 ETF의 초과 성과 집계

상장후	KINDEX 스마트퀄리티	KODEX 퀄리티 Plus	KODEX MSCI퀄리티	ARIRANG KS퀄리티가중TR
전체 기간(연도)	2	5	4	2
초과 성과 횟수	1	1	1	1
초과 성과 비율	50%	20%	25%	50%
초과 성과 누적수익률	0%	-37%	-25%	-3%
초과 성과 연환산수익률	0%	-8%	-7%	-2%

9) 멀티팩터 및 기타

단위표기: 총보수: %, 거래대금: 백만 원, 순자산총액: 억 원

기초지수	ETF 이름	코드	상장일	총보수	거래대금	순자산총액
FnGuide 성장 지수(PR)	KODEX Fn성장	A325010	2019-05-31	0.3	73	1,086
FnGuide SLV 배당가치 지수	KODEX 배당가치	A325020	2019-05-31	0.3	147	977
WISE 대형고배당10 TR 지수	KBSTAR 대형고배당10TR	A315960	2019-01-22	0.15	209	565
코스피 배당성장 50	KODEX 배당성장	A211900	2014-12-17	0.15	225	258
FnGuide 퀄리티밸류 지수	TIGER 우량가치	A227570	2015-09-23	0.4	201	233
코스피 200 가치저변동성	KODEX 200 가치저변동	A223190	2015-06-26	0.3	237	200
코스피 배당성장 50	TIGER 배당성장	A211560	2014-12-17	0.15	103	180
FnGuide 고배당 저변동50 지수	ARIRANG 고배당 저변동50	A251590	2016-08-11	0.23	47	138
FnGuide 멀티팩터 지수	KODEX Fn멀티팩터	A337120	2019-11-14	0.3	17	104

FnGuide 스마트 하이베타 지수	KINDEX 스마트 하이베타	A322150	2019–04–16	0.19	6	93
FnGuide 모멘텀& 로우볼 지수	KBSTAR 모멘텀로우볼	A252730	2016–10–14	0.35	16	76
FnGuide 중소형 고배당포커스 지수	KBSTAR 중소형고배당	A281990	2017–11–02	0.3	28	69
코스피 200 고배당지수	파워 고배당 저변동성	A192720	2014–02–20	0.23	6	67
FnGuide KS 로우 사이즈 가중 TR 지수	ARIRANG KS로우 사이즈가중TR	A333950	2019–09–05	0.25	82	62
코스피 배당성장 50	KINDEX 배당성장	A211260	2014–12–17	0.15	16	32
FnGuide 모멘텀& 밸류 지수	KBSTAR 모멘텀밸류	A252720	2016–10–14	0.35	4	30

■ 지수(혹은 ETF) 상세 정보

FnGuide 성장 지수는 MKF500을 기초지수로 하여 성장 요소가 높은 종목에 유동시가총액과 Factor Score를 고려하여 구성한 지수입니다.

FnGuide SLV 배당가치 지수는 유가증권시장 상장기업 중 코스피와 코스닥 종목 중에서 거래대금 및 유동성 요건을 만족하는 시가총액 상위 500종목 중, 배당 관련 지표가 우수한 상위 150종목을 최종 편입하는 지수입니다.

코스피 배당성장 50 지수는 유가증권 시장 상장종목 중 장기간 안정적 배당을 실시하고 향후 배당 규모가 성장할 것을 예상되는 50종목으로 구성하고, 배당수익률 가중방식으로 산출합니다(종목별 편입비중 5%로 제한).

FnGuide 고배당저변동 50 지수는 유가증권시장에 상장된 주식 중 우량한 종목을 선별하고, 종목의 배당 수익률이 높으면서, 동시에 가격 변동성이 낮은 안정적인 50종목을 우선적으로 편입하는 지수입니다.

FnGuide KS 로우사이즈 가중 지수는 대표적인 Risk Premium Factor 중 Low-Size 팩터를 추종하는 팩터가중 지수입니다. Low-Size 팩터의 노출도를 최대화하는 종목별 최적의 편입비중을 산출하여 지수를 구성합니다.

코스피 200 가치저변동성 지수는 코스피 200 계열 최초의 펀더멘털형 전략 지수로, 코스피 200 구성 종목 중 변동성이 높은 일부 종목을 제외하고, 기업의 내재가치를 추정해 이에 따라 지수비중을 반영한 지수입니다.

FnGuide 멀티팩터 지수는 유가증권시장에 상장된 기업 중 대형주 우선 편입 후 Momentum, Size, Quality & Value Factor로 이루어진 멀티 팩터 지표를 이용하여 최대 250종목을 선별하는 지수입니다.

FnGuide 퀄리티 밸류 지수는 시가총액과 거래대금 조건을 만족하는 종목 유니버스 중에서 4종류의 밸류 팩터와 4종류의 퀄리티 팩터를 1:1로 조합한 후 동일가중방식을 사용한 지수입니다.

FnGuide 모멘텀&로우볼 지수는 유가증권시장에 상장된 주식 중 우량한 종목을 선별하고, 선별된 종목 중 모멘텀지표가 높으면서 변동성이 낮은 종목들을 투자 대상으로 선정합니다. 종목의 장기 수익률과 단기 수익률을 이용한 모멘텀 지표로 활용하여 수익성이 좋은 종목을 선별하고, 저변동성 지표를 활용하여 안정적인 성과를 보이는 종목을 선별합니다. 이 두 가지 지표 모두에서 우수한 성과를 기록한 종목을 우선적으로 편입하는 지수입니다.

FnGuide 모멘텀&밸류 지수는 유가증권시장에 상장된 주식 중 우량한 종목을 선별하고, 선별된 종목 중 모멘텀지표와 가치지표가 우수한 종목들을 투자 대상으로 선정합니다. 종목의 장기 수익률과 단기 수익률을 이용한 모멘텀 지표로 활용하여 수익성이 좋은 종목을 선별하고, 주당순자산과 같은 가치지표를 활용하여 안정적인 종목을 선별합니다. 이 두 가지 지표 모두에서 우수한 성과를 기록한 종목을 우선적으로 편입하는 지수입니다.

FnGuide 중소형 고배당포커스 지수는 MKF 중소형 지수 구성 종목과 코스닥 유동시가총액 상위 150종목으로 이루어진 유니버스 중 전년도 결산 기준 현금배당을 한 종목을 선별하고, 현금배당수익률 상위 80위 이내의 종목을 우선적으로 편입하는 현금배당총액 가중지수입니다.

FnGuide 스마트하이베타 지수는 유가증권시장 유동시총 상위 200종목 중에서 고베타 지표값이 높은 종목들에 대해 최적화 방식으로 비중을 산출해 구성한 지수입니다.

■ 성과 데이터 분석

[표 7-36] 코스피 200 대비 각 지수의 초과 성과(연단위)

지수명	FnGuide 성장 지수(PR)	FnGuide SLV 배당가치 지수	코스피 배당성장 50	FnGuide 퀄리티밸류 지수
ETF명	KODEX Fn성장	KODEX 배당가치	KBSTAR 대형고 배당10TR	KODEX 배당성장
상장일	2019-05-31	2019-05-31	2019-01-22	2014-12-17
2003-12-31	-6%			7%
2004-12-31	-14%			24%
2005-12-31	-5%			58%
2006-12-31	-4%			6%
2007-12-31	0%			9%
2008-12-31	-5%	3%		7%
2009-12-31	-3%	-20%		-3%
2010-12-31	-3%	3%	2%	-2%
2011-12-31	2%	1%	18%	12%
2012-12-31	-1%	1%	13%	5%
2013-12-31	-2%	1%	25%	6%
2014-12-31	4%	0%	20%	(ETF 상장 연도)
2015-12-31	7%	5%	27%	5%
2016-12-31	-12%	0%	-14%	0%

2017-12-31	4%	-2%	-11%	-7%
2018-12-31	3%	2%	-2%	5%
2019-12-31	(ETF 상장 연도)	(ETF 상장 연도)	(ETF 상장 연도)	-20%
2020-12-31	20%	-21%	-15%	-34%
2021-8-31	-1%	7%	12%	20%

[표 7-37] ETF 상장 전후 코스피 200 대비 각 지수의 초과 성과 집계

상장 전	FnGuide 성장 지수(PR)	FnGuide SLV 배당가치 지수	코스피 배당성장 50	FnGuide 퀄리티밸류 지수
전체 기간(연도)	16	11	9	11
초과 성과 횟수	5	8	6	9
초과 성과 비율	31%	73%	67%	82%

상장 후	FnGuide 성장 지수(PR)	FnGuide SLV 배당가치 지수	코스피 배당성장 50	FnGuide 퀄리티밸류 지수
전체 기간(연도)	2	2	2	7
초과 성과 횟수	1	1	1	3
초과 성과 비율	50%	50%	50%	43%
초과 성과 누적수익률	17%	-17%	-5%	-44%
초과 성과 연환산수익률	11%	-10%	-3%	-6%

4
국내 테마형

1) ESG

단위표기: 총보수: %, 거래대금: 백만 원, 순자산총액: 억 원

기초지수	ETF 이름	코드	상장일	총보수	거래대금	순자산총액
KRX ESG 사회책임경영지수(S)	KBSTAR ESG사회책임투자	A290130	2018-02-27	0.3	659	3,367
MSCI Korea Country ESG Leaders Capped Index	TIGER MSCI KOREA ESG리더스	A289260	2018-02-07	0.4	109	545
코스피 200 ESG 지수	KODEX 200ESG	A337160	2019-11-14	0.3	304	418
KRX ESG Leaders 150	FOCUS ESG리더스	A285690	2017-12-13	0.1	5	231
MSCI Korea ESG Universal Capped Index	KODEX MSCI KOREA ESG유니버설	A289040	2018-02-07	0.3	34	189
MSCI Korea ESG Universal Index	TIGER MSCI KOREA ESG유니버설	A289250	2018-02-07	0.4	57	95
WISE ESG우수기업지수	ARIRANG ESG우수기업	A278420	2017-08-31	0.23	32	39

■ 지수(혹은 ETF) 상세 정보

코스피 200 ESG 지수는 코스피 200 지수를 유니버스로 하고 우량 ESG 종목을 선정하여, 코스피 200 지수와의 추적오차를 줄여 상품성을 강화한 지수입니다. MSCI Korea ESG Universal Capped 지수는 ESGEnvironmental, Social &

Governance 평가를 통해 종목을 편입하는 지수입니다. MSCI KOREA 지수의 구성 종목 중 사회적으로나 환경적으로 부정적인 영향을 줄 수 있는 잠재 기업을 배제한 후, 친환경, 사회공헌, 지배구조 평가를 통해 편입 종목을 정하고 ESG 평가 점수를 반영하여 종목별 비중을 결정합니다.

KRX ESG 사회책임경영지수(S)는 한국거래소가 산출하는 주가지수로, ESG 평가항목 중 사회책임(S) 분야 상위 기업으로 최소 130종목으로 구성되며, 유동시가총액 가중방식으로 산출하는 지수입니다.

■ **성과 데이터 분석**

[표 7–38] KODEX 200 대비 각 ETF의 초과 성과

ETF명	KBSTAR ESG 사회책임투자	FOCUS ESG리더스	KODEX MSCI KOREA ESG유니버설	TIGER MSCI KOREA ESG리더스
상장일	2018–02–27	2017–12–13	2018–02–07	2018–02–07
2017–12–31		(ETF 상장 연도)		
2018–12–31	(ETF 상장 연도)	6%	(ETF 상장 연도)	(ETF 상장 연도)
2019–12–31	–1%	–16%	1%	–3%
2020–12–31	2%	–16%	–1%	–3%
2021–8–31	0%	14%	–1%	2%

[표 7–39] KODEX 200 대비 각 ETF의 초과 성과 집계

상장 후	KBSTAR ESG 사회책임투자	FOCUS ESG리더스	KODEX MSCI KOREA ESG유니버설	TIGER MSCI KOREA ESG리더스
전체 기간(연도)	3	4	3	3
초과 성과 횟수	1	2	1	1
초과 성과 비율	33%	50%	33%	33%
초과 성과 누적수익률	1%	–17%	–2%	–4%
초과 성과 연환산수익률	0%	–5%	–1%	–2%

[그림 7-23] ESG ETF의 누적 성과

분석 기간: 2018.3~2021.8

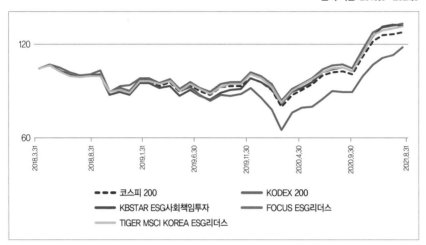

- - - 코스피 200   ── KODEX 200
── KBSTAR ESG사회책임투자   ── FOCUS ESG리더스
── TIGER MSCI KOREA ESG리더스

ESG에 투자하면
얼마나 벌 수 있을까?

최근 언론에서 ESG라는 단어를 많이 들을 수 있습니다. 미래에셋 투자와연금센터에서 2021년 10월에 발간한 〈투자와 연금〉 4호에는 다음과 같은 내용이 실려 있습니다.

2003년 전 세계 12개 자산운용사로 구성된 AMWG(Asset Management Working Group)에서는 ESG 관점을 결합한 투자방식과 투자성과의 관계에 대한 연구를 수행했으며, 그 결과 'ESG 요소를 고려한 투자가 장기적으로 주주가치 증대에 영향을 미친다'고 결론을 내렸습니다.

ESG는 장기 투자성과에 영향을 미치기 때문에 기관투자자들 사이에서 투자 열기가 뜨겁습니다. 국민연금은 2019년 11월 국민연금기금 책임투자 활성화 방안을 의결했으며, 전 세계 주요 연기금 및 국부펀드들이 투자 시 ESG 요인을 고려하고 있습니다. 기관투자자들의 ESG 투자 확대에 힘입어 전 세계 ESG 관련 투자자산은 빠르게 증가하고 있습니다.

'글로벌지속가능투자연합(GSIA: Global Sustainable Investment Alliance)'에 따르면 전 세계 ESG 관련 투자자산 규모는 2016년 22조 8,390억 달러에서 2020년 35조 3,010억 달러로, 54.5% 증가했습니다.

아래 그래프는 구글 트렌드에서 조사한 'ESG'라는 단어에 대한 지난 5년간의 관심도 변화를 보여줍니다. 한국에서는 2020년 말부터 급격히 관심이 많아졌다는 것을 알 수 있습니다. 전 세계적으로는 꾸준히 관심이 있었으나 2019년 하반기부터 관심도가 증가했습니다.

[그림 7-24] ESG에 대한 관심도 변화(출처: 구글 트렌드, 2016.10~2021.9)

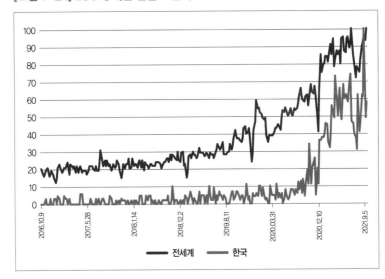

ESG는 환경(Environment), 사회(Social), 지배구조(Governance)를 의미하는 영어 단어의 첫 글자를 모은 말입니다. 기업 경영을 할 때 친환경, 사회적 책임, 지배구조 개선 등의 요소를 중요하게 다뤄야 한다는 의미로 사용되고 있습니다. 투자 분야에서도 세계적인 자산운용사와 연기금들이 투자 대상 기업을 정할 때 ESG를 주요 잣대로 삼고 있다고 하며 투자자의 관심을 끄는 기사들도 늘어나고 있습니다.

기사들의 요지는 비슷합니다. '금융 상품 선택에서 ESG(환경 · 사회 · 지배구조)가 중요한 고려 요소가 되고 있다', 'ESG는 기업의 비(非)재무적 요소여서 투자 수익과 무관해 보이지만 최근 들어 ESG에서 우수한 평가를 받는 기업에 대한 투자에서 더 많은 수익이 나고 있다'.

한국거래소에 따르면 올해 ESG 관련 지수가 코스피나 코스닥 지수보다 높은 상승률을 보였습니다. 한국거래소 거버넌스 리더스 100(KRX Governance Leaders 100) 지수의 경우 올 들어 지난달 말까지 20.4% 상승했는데 이는 코스피 상승률(9.6%)의 두 배가 넘는 수준이었습니다.

한국거래소는 2015년부터 ESG 관련 지수를 개발해 산출하고 있습니다. 그리고 한국거래소가 ESG 경영을 잘하는 기업들을 대표하는 지수를 발표하면 자산운용사와 증권사들이 이를 추종하는 상품을 만들어 팔고 있습니다. 또한 글로벌 지수 사업자인 MSCI가 발표하는 ESG 지수를 추종하는 ETF들도 상장되어 거래되고 있습니다.

ESG 지수들의 과거 성과를 살펴보았는데 상장년도의 성과는 제외하였고, 각 지수의 연수익률에서 코스피 200 지수의 연수익률을 뺀 값(초과 성과)을 분석했습니다. 한국거래소에서 2011년에 출시한 'KRX Eco 리더 100, KRX ESG 리더 150, KRX 거버넌스 리더 100'의 누적 성과는 코스피 200보다 낮은 성과를 냈음을 알 수 있습니다. 나머지 4개의 ESG 지수는 코스피 200보다 0.3~1.0% 높은 성과를 달성했습니다.

[표 7-40] 코스피 200 대비 각 지수의 초과 성과(연단위)

	KRX Eco 리더 100	KRX ESG 리더 150	KRX 거버넌스 리더 100	코스피 200 ESG 지수	MSCI Korea ESG Universal Capped Index	MSCI Korea ESG Universal Index	MSCI Korea Country ESG Leaders Capped Index
2011-12-31	11%	3%	13%				
2012-12-31	-1%	-8%	-5%				
2013-12-31	2%	1%	2%	0%	-1%		
2014-12-31	1%	4%	3%	0%	0%		

2015–12–31	10%	5%	7%	–2%	2%		
2016–12–31	–4%	–8%	–13%	5%	3%		
2017–12–31	–4%	–7%	–1%	1%	5%		
2018–12–31	5%	6%	7%	1%	–1%	–1%	2%
2019–12–31	–13%	–15%	–15%	3%	1%	3%	–2%
2020–12–31	–14%	–16%	–16%	–4%	–1%	1%	–1%
2021–08–31	7%	14%	14%	4%	0%	–2%	2%

[표 7–41] 코스피 200 대비 각 지수의 초과 성과 집계

	KRX Eco 리더 100	KRX ESG 리더 150	KRX 거버넌스 리더 100	코스피 200 ESG 지수	MSCI Korea ESG Universal Capped Index	MSCI Korea ESG Universal Index	MSCI Korea Country ESG Leaders Capped Index
전체 기간(연도)	11	11	11	9	9	4	4
초과 성과 횟수	6	6	6	6	5	2	2
초과 성과 비율	55%	55%	55%	67%	56%	50%	50%
초과 성과 누적수익률	–4%	–25%	–9%	6%	9%	1%	1%
초과 성과 연환산수익률	–0.4%	–2.3%	–0.8%	0.7%	1.0%	0.3%	0.3%

다음 페이지의 데이터 [표 7–42]와 [표 7–43]은 실제 출시되어 운영 중인 ESG 관련 ETF 들의 성과를 직접 조사한 것입니다. 각각 연단위로 지수 ETF인 KODEX 200 대비 초과 성과를 분석한 결과, 3개의 ESG ETF가 –1~–5% 낮은 성과를 보였고 1개는 지수와 유사 한 성과를 냈습니다.

[표 7-42] KODEX 200 대비 각 ETF의 초과 성과

ETF명	KBSTAR ESG 사회책임투자	FOCUS ESG리더스	KODEX MSCI KOREA ESG유니버설	TIGER MSCI KOREA ESG리더스
상장일	2018-02-27	2017-12-13	2018-02-07	2018-02-07
2017-12-31		(ETF 상장 연도)		
2018-12-31	(ETF 상장 연도)	6%	(ETF 상장 연도)	(ETF 상장 연도)
2019-12-31	-1%	-16%	1%	-3%
2020-12-31	2%	-16%	-1%	-3%
2021-08-31	0%	14%	-1%	2%

[표 7-43] KODEX 200 대비 각 ETF의 초과 성과 집계

상장 후	KBSTAR ESG 사회책임투자	FOCUS ESG리더스	KODEX MSCI KOREA ESG유니버설	TIGER MSCI KOREA ESG리더스
전체 기간(연도)	3	4	3	3
초과 성과 횟수	1	2	1	1
초과 성과 비율	33%	50%	33%	33%
초과 성과 누적수익률	1%	-17%	-2%	-4%
초과 성과 연환산수익률	0%	-5%	1%	-2%

과거의 성과만으로 미래의 성과를 예측할 수는 없습니다. 다만, 언론에 많이 등장하거나 경영의 화두라거나 인기가 있다는 이유로 섣불리 투자를 결정하는 것은 생각만큼 좋은 결과를 가져오지 못할 수 있습니다. 유행에 편승하는 투자가 위험할 수 있음을 잊지 말아야 하겠습니다.

2) 2차전지

단위표기: 총보수: %, 거래대금: 백만 원, 순자산총액: 억 원

기초지수	ETF 이름	코드	상장일	총보수	거래대금	순자산총액
FnGuide 2차전지 산업 지수	KODEX 2차전지산업	A305720	2018-09-12	0.45	50,543	10,110
WISE 2차전지 테마 지수	TIGER 2차전지테마	A305540	2018-09-12	0.5	52,041	9,035

▪ 지수(혹은 ETF) 상세 정보

FnGuide 2차전지 산업 지수는 유가증권 및 코스닥 상장 종목 중 2차전지 밸류체인 관련 키워드 분석을 통하여 종목을 평가하고, 유동시가총액을 반영하여 구성한 지수입니다.

WISE 2차전지 테마 지수는 종목별 증권사 리포트를 키워드 분석하여 주요 키워드 상위에 '2차전지'가 포함되는 종목을 유니버스로 하며 종목별 사업보고서에 기반한 매출 구성 확인을 통해 구성종목을 선정합니다.

■ 성과 데이터 분석

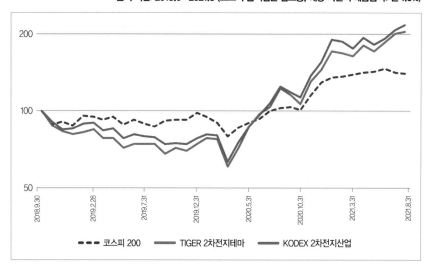

분석 기간: 2018.9~2021.8 (코스피 움직임은 참고용, 해당 기간의 예금금리: 연 1.5%)

[그림 7-25] 2차전지 관련 ETF 성과 분석

	코스피 200	TIGER 2차전지테마	KODEX 2차전지산업
연수익률	12.1%	27.9%	30.6%
연변동성	19.7%	33.7%	32.1%
최대 낙폭	21.2%	40.2%	37.1%

3) 게임

단위표기: 총보수: %, 거래대금: 백만 원, 순자산총액: 억 원

기초지수	ETF 이름	코드	상장일	총보수	거래대금	순자산총액
WISE 게임테마 지수 (시장가격지수)	KBSTAR 게임테마	A300640	2018-07-24	0.3	345	224
FnGuide 게임산업 지수	KODEX 게임산업	A300950	2018-07-24	0.45	299	108
WISE K게임테마 지수	TIGER K게임	A300610	2018-07-24	0.5	108	74
FnGuide K-게임 지수	HANARO Fn K-게임	A395280	2021-07-30	0.45	39	73

■ 지수(혹은 ETF) 상세 정보

WISE 게임테마 지수는 WICS 소분류 기준 '게임소프트웨어와 서비스' 섹터에 포함된 종목이거나 게임 사업 혹은 게임과 관련 있는 사업을 영위하는 종목을 지수에 편입하고 시가총액 방식으로 지수를 산출하며, 지수 내 구성종목의 시가총액이 9% 이상일 경우 실링을 통해 비중을 조절합니다.

FnGuide 게임산업 지수는 유가증권 및 코스닥 상장 종목 중 FICS 분류 기준 '게임 소프트웨어(FICS.45.10.40)' 업종에 포함된 종목들을 대상으로, 시가총액 및 거래대금을 기준으로 한 필터 요건을 거쳐 선정된 종목들의 유동시가총액 가중방식 지수입니다.

WISE K게임테마 지수는 종목별 증권사 리포트를 키워드 분석하여 주요 키워드 상위에 게임 관련 단어(게임, 온라인게임, 모바일게임 등)가 포함되는 종목을 유니버스로 하며 종목별 사업보고서에 기반한 매출 구성 확인을 통해 구성 종목을 선정합니다.

FnGuide K-게임 지수는 유가증권 및 코스닥 상장 종목 중 기초필터링을 통

과한 종목들을 유니버스로 하여, 게임소프트웨어 관련 기업 중 유동시가총액 기준 상위 20종목을 선정하여 유동시가총액 가중방식으로 구성한 지수입니다.

■ **성과 데이터 분석 (ETF 성과 분석)**

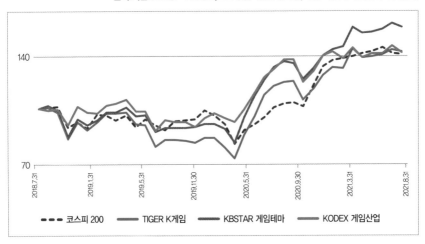

분석 기간: 2018.7~2021.8 (코스피 움직임은 참고용, 해당 기간의 예금금리: 연 1.5%)

[그림 7-26] 게임 관련 ETF 성과 분석

	코스피 200	TIGER K게임	KBSTAR 게임테마	KODEX 게임산업
연수익률	11.8%	12.4%	18.5%	12.3%
연변동성	19.1%	24.4%	23.4%	21.5%
최대 낙폭	21.2%	27.7%	21.0%	18.1%

4) 그룹주

단위표기: 총보수: %, 거래대금: 백만 원, 순자산총액: 억 원

기초지수	ETF 이름	코드	상장일	총보수	거래대금	순자산총액
삼성그룹	KODEX 삼성그룹	A102780	2008-05-21	0.25	6,389	17,615
MKF SAMs SW	KINDEX 삼성그룹섹터가중	A108450	2009-02-03	0.15	2,957	2,634
MKF 현대차그룹+ FW	TIGER 현대차그룹+펀더멘털	A138540	2011-03-10	0.15	1,019	1,344
MKF SAMs FW	TIGER 삼성그룹펀더멘털	A138520	2011-03-07	0.15	279	255
MKF LG그룹+ FW	TIGER LG그룹+펀더멘털	A138530	2011-03-10	0.15	194	180
MKF 5대그룹주	KBSTAR 5대그룹주	A105780	2008-10-22	0.4	22	102
MKF SAMs EW 지수	KINDEX 삼성그룹동일가중	A131890	2010-09-17	0.15	19	90
WISE 삼성그룹 밸류 인덱스	KODEX 삼성그룹밸류	A213610	2015-01-08	0.15	97	68

■ 지수(혹은 ETF) 상세 정보

MKF SAMs SW, SAMs EW, SAMs FW 지수는 공정거래위원회가 매월 발표하는 상호출자제한기업집단 중 삼성그룹에 소속된 계열회사로 주권이 유가증권시장과 코스닥시장에 상장된 종목으로 구성됩니다. 지수 산출 방법에 따라 업종가중방식(SAMs SW지수), 동일가중방식(SAMs EW지수), 펀더멘탈 가중방식(SAMs FW지수)으로 나뉩니다.

MKF 현대차그룹+ FW 지수는 공정거래위원회가 매월 발표하는 상호출자제한기업집단 중 현대차 그룹에 소속된 계열회사로, 유가증권시장과 코스닥시장에 상장된 종목으로 구성됩니다.

MKF 5대그룹주는 공정거래위원회가 매월 발표하는 상호출자제한기업집단

으로 지정된 그룹 내 유가증권시장 상장종목의 시가총액 합산이 상위 5위 이내인 그룹을 선정, 그 계열회사 중 유가증권시장에 상장된 종목으로 구성됩니다.

MKF LG그룹+ FW 지수는 공정거래위원회가 매월 발표하는 상호출자제한 기업집단 중 LG, LS, GS그룹에 소속된 계열회사로, 한국거래소 유가증권시장과 코스닥시장에 상장된 종목으로 구성됩니다.

WISEfn 삼성그룹 밸류 지수는 공정거래위원회의 기업집단 분류기준에 따라 삼성그룹에 포함되는 거래소 상장 및 등록 기업 중 구성 종목의 내재가치를 반영한 비중에 따라 시가총액 가중방식으로 산출한 지수입니다.

■ 성과 데이터 분석 (ETF 성과 분석)

분석 기간: 2011.3~2021.8 (코스피 움직임은 참고용, 해당 기간의 예금금리: 연 2.2%)

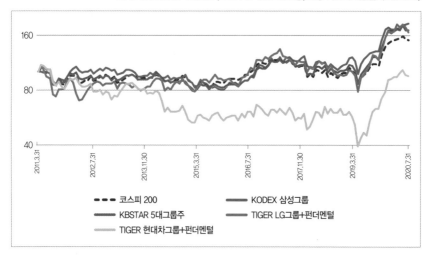

[그림 7-27] 그룹주 관련 ETF 성과 분석

	코스피 200	KODEX 삼성그룹	KBSTAR 5대그룹주	TIGER LG그룹+ 펀더멘털	TIGER 현대차그룹 +펀더멘털
연수익률	4.0%	6.1%	5.2%	5.0%	−0.5%
연변동성	14.7%	16.1%	16.2%	20.9%	23.7%
최대 낙폭	29.0%	25.7%	27.3%	41.2%	64.2%

5) K-뉴딜[7]

단위표기: 총보수: %, 거래대금: 백만 원, 순자산총액: 억 원

기초지수	ETF 이름	코드	상장일	총보수	거래대금	순자산총액
KRX 2차전지 K-뉴딜지수	TIGER KRX2차전지 K-뉴딜	A364980	2020-10-07	0.4	17,118	6,549
KRX BBIG K-뉴딜지수	TIGER KRX BBIG K-뉴딜	A364960	2020-10-07	0.4	4,654	4,437
KRX 바이오 K-뉴딜지수	TIGER KRX바이오 K-뉴딜	A364970	2020-10-07	0.4	4,481	1,011
FnGuide K-뉴딜 디지털 플러스 지수	HANARO Fn K-뉴 딜디지털플러스	A368190	2020-11-10	0.45	1,451	650
KRX 인터넷 K-뉴딜지수	TIGER KRX인터넷 K-뉴딜	A365000	2020-10-07	0.4	1,022	649
KRX 게임 K-뉴딜지수	TIGER KRX게임 K-뉴딜	A364990	2020-10-07	0.4	1,204	323
FnGuide K-뉴딜 디지털 플러스 지수	KODEX Fn K-뉴딜 디지털플러스	A368680	2020-11-10	0.09	248	247

7　K-뉴딜지수는 문재인 정부가 2020년 7월 발표한 '한국판 뉴딜'의 비전을 담고 있는 지수로, 2020년 9월 7일 처음 발표됐습니다. 한국거래소는 정부의 뉴딜 사업과 관련된 대표 종목군으로 구성된 'K-뉴딜지수'를 내놓았습니다. 기준가는 2015년 1월 2일로 삼았으며, 지수 종목은 매년 2월과 8월 변경할 방침입니다.

| FnGuide K-뉴딜
디지털 플러스 지수 | KBSTAR Fn K-뉴
딜디지털플러스 | A368200 | 2020–11–10 | 0.09 | 256 | 110 |
| FnGuide K-뉴딜
디지털 플러스 지수 | KINDEX Fn K-뉴딜
디지털플러스 | A368470 | 2020–11–10 | 0.25 | 2 | 82 |

■ 지수(혹은 ETF) 상세 정보

KRX 인터넷 K-뉴딜 지수는 유가증권시장 및 코스닥시장 상장종목 중 인터넷 산업군 내 대표기업 10종목을 구성 종목으로 하는 지수입니다(단, 산업군 내에 동일 기업집단 소속회사가 2개 이상 시가총액 상위 3개 종목에 포함될 경우 시가총액 규모가 큰 1개 기업만 선정합니다).

KRX 바이오 K-뉴딜 지수는 유가증권시장 및 코스닥시장 상장종목 중 바이오Bio 산업군 내 대표기업 10종목을 구성 종목으로 하는 지수입니다.

KRX BBIG K-뉴딜 지수는 유가증권시장 및 코스닥시장 상장종목 중 2차전지, 바이오, 인터넷, 게임, 총 4개 산업군 내 대표기업으로 시가총액 상위 3종목씩 총 12종목을 구성 종목으로 하는 지수입니다.

KRX 게임 K-뉴딜 지수는 유가증권시장 및 코스닥시장 상장종목 중 게임 산업군 내 대표기업 10종목을 구성 종목으로 하는 지수입니다.

KRX 2차전지 K-뉴딜 지수는 유가증권시장 및 코스닥시장 상장종목 중 2차전지 산업군 내 대표기업 10종목을 구성 종목으로 하는 지수입니다.

FnGuide K-뉴딜 디지털 플러스 지수는 유가증권시장과 코스닥시장에 상장된 기업 중 기존의 BBIG(B: 바이오, B: 2차전지, I: 인터넷, G: 게임) 관련 지수에서 각각 시총 상위 5종목을 선정하여 총 20종목으로 구성된 유동시총 가중방식(실링 10%)의 지수입니다.

■ **성과 데이터 분석**

ETF 출시 기간이 1년 미만이라 성과 데이터 분석은 실시하지 않으며, 투자를 검토하기 전에 장기적인 추이를 지켜볼 필요가 있습니다.

6) 5G

단위표기: 총보수: %, 거래대금: 백만 원, 순자산총액: 억 원

기초지수	ETF 이름	코드	상장일	총보수	거래대금	순자산총액
FnGuide 5G 테크 지수	KBSTAR Fn5G테크	A367760	2020-10-29	0.45	785	1,203
FnGuide 5G 산업 지수	HANARO Fn5G산업	A367740	2020-10-29	0.45	100	153
FnGuide 5G플러스 지수(시장가격)	KINDEX Fn5G플러스	A380340	2021-04-02	0.35	81	90

■ **지수(혹은 ETF) 상세 정보**

FnGuide 5G 테크 지수는 코스피 및 코스닥에 상장된 종목 중 텍스트 마이닝 분석을 통해 5G기술과 관련있는 종목들을 선별 후 유동성(60일 평균거래대금 2억 이상) 및 사이즈(시가총액 500억 이상) 조건을 만족시킨 종목을 유동시가총액 가중방식으로 산출한 지수입니다(4차 산업혁명의 핵심 인프라인 5세대 이동통신(5G) 밸류체인을 구성하는 핵심기업에 투자, 통신사업자(KT, SK텔레콤 등)는 투자 유니버스에서 제외하여 전통적인 통신업종과 차별화).

FnGuide 5G 산업 지수는 유가증권시장 및 코스닥 상장 종목 중 기초필터링을 통과한 종목들을 유니버스로 하고, 유가증권시장 및 코스닥에 상장된 기업들에 대해 '5G' 키워드 기반 머신러닝으로 종목별 키워드 유사도 스코어링

을 진행하여, 유니버스 포함 종목 중 '5G' 관련도가 높은 종목을 선정하여 구성한 지수입니다.

FnGuide 5G플러스 지수는 유가증권시장 및 코스닥 상장종목 중 5G 관련 핵심종목과 5G와의 융합을 통해 확장되고 있는 산업 관련 종목을 편입합니다.

■ 성과 데이터 분석

ETF 출시 기간이 1년 미만이라 성과 데이터 분석은 실시하지 않았으며, 투자를 검토하기 전 장기적인 추이를 지켜볼 필요가 있습니다.

7) 탄소효율 그린뉴딜[8] ────

단위표기: 총보수: %, 거래대금: 백만 원, 순자산총액: 억 원

기초지수	ETF 이름	코드	상장일	총보수	거래대금	순자산총액
KRX/S&P 탄소효율 그린뉴딜지수	TIGER 탄소효율 그린뉴딜	A376410	2021-02-05	0.09	752	815
KRX/S&P 탄소효율 그린뉴딜지수	KODEX 탄소효율 그린뉴딜	A375770	2021-02-05	0.09	180	488
KRX/S&P 탄소효율 그린뉴딜지수	HANARO 탄소효율 그린뉴딜	A375760	2021-02-05	0.2	77	142
KRX/S&P 탄소효율 그린뉴딜지수	ARIRANG 탄소효율 그린뉴딜	A376250	2021-02-05	0.2	17	66

8 최근 환경 ETF에 대한 투자 관심 증가는 전 세계적 그린뉴딜 정책 영향 때문입니다. 2021년부터 파리기후 협약이 발효됨에 따라 각 국가들은 그린 뉴딜 정책 및 탄소중립 목표를 선언했습니다. 각국의 공통 핵심 목표는 탄소중립인데, 탄소중립이란 온실가스(이산화탄소 등)의 발생을 줄이거나 상쇄에 필요한 돈을 지불함으로써 궁극적 발생량을 Zero(0)로 만드는 것입니다. 탄소중립 달성을 위한 주요수단은 두 가지로, 첫 번째가 '전력의 저탄소화를 위한 대규모 신재생에너지 관련 투자 확대'이며 두 번째가 '탄소배출권, 탄소세 등 탄소배출에 대한 비용 부과'입니다. 세계 최대 공적연금인 GPIF(일본공적연금)에서도 탄소효율성 관련 ESG 투자 규모를 확대하고 있습니다. 2020년 3월 기준 GPIF의 탄소효율성 관련 운용규모는 2.7조 엔으로 ESG 전략 중 가장 큰 운용규모를 보입니다. 탄소효율성은 매출액 대비 탄소배출량을 말합니다(출처: Kodex.com).

■ **지수(혹은 ETF) 상세 정보**

KRX/S&P 탄소효율 그린뉴딜 지수는 S&P Korea BMI 구성종목을 대상으로 산출하는 지수로서, 시총규모, 유동성, 탄소배출량 정보 등을 기준으로 종목을 선정하고, 매출액 대비 탄소배출량 수준에 따라 산업군 내 비교를 통해 비중을 조정합니다.

■ **성과 데이터 분석**

ETF 출시 기간이 1년 미만이라 성과 데이터 분석은 실시하지 않으며, 투자를 검토하기 전에 장기적인 추이를 지켜볼 필요가 있습니다.

8) 에너지·수소

단위표기: 총보수: %, 거래대금: 백만 원, 순자산총액: 억 원

기초지수	ETF 이름	코드	상장일	총보수	거래대금	순자산총액
FnGuide 수소경제 테마 지수	KBSTAR Fn수소 경제테마	A367770	2020-10-29	0.45	2,725	3,018
FnGuide 신재생에너지 지수	TIGER Fn신재생에너지	A377990	2021-03-05	0.5	735	230
FnGuide 전기&수소차 지수(시장가격)	HANARO Fn전기&수소차	A381560	2021-04-02	0.45	858	214
FnGuide 친환경에너지 지수(시장가격)	HANARO Fn친환경에너지	A381570	2021-04-02	0.45	174	101

■ **지수(혹은 ETF) 상세 정보**

FnGuide 수소경제 테마 지수는 유가증권 시장 및 코스닥에 상장된 종목들 중, 텍스트 마이닝 기술을 종목별 리포트 및 공시 보고서에 적용하여 수소

경제 키워드와 코사인 유사도 점수가 높은 종목들을 유니버스로 선정합니다. 이후 재무, 섹터 및 유사도 기준을 통과한 종목들을 지수 포트폴리오에 편입해 유동시가총액 가중방식으로 비중을 구성한 테마 지수입니다.

FnGuide 신재생에너지 지수는 수소에너지, 태양에너지, 풍력에너지, 바이오에너지, 지열에너지, 해양에너지, 수력에너지 등 신재생에너지 산업분야에 관련된 종목을 편입하는 지수입니다. 먼저 유가증권 시장 및 코스닥에 상장된 종목들 중, 텍스트 마이닝 기술을 종목별 리포트 및 공시 보고서에 적용하여 신재생에너지 키워드와의 유사도 점수가 높은 종목들로 유니버스를 구성합니다. 이후 재무, 섹터, 유사도 및 매출 기준을 통과한 종목들을 지수 포트폴리오에 편입해 유동시가총액 가중방식으로 비중을 산출합니다.

FnGuide 전기&수소차 지수는 유가증권시장 및 코스닥 상장 종목 중 기초필터링을 통과한 종목들을 유니버스로 하고, 유가증권시장 및 코스닥에 상장된 기업들에 대해 '전기&수소차' 키워드 기반 머신러닝으로 종목별 키워드 유사도 스코어링을 진행하여, 유니버스 포함 종목 중 '전기&수소차' 관련도가 높은 종목을 선정하여 구성한 지수입니다.

FnGuide 친환경에너지 지수는 친환경관련 매출실적이 있는 종목 중 유동시총 상위 20종목을 선정하여, 유동시가총액 가중방식으로 구성한 지수입니다.

■ **성과 데이터 분석**

ETF 출시 기간이 1년 미만이라 성과 데이터 분석은 실시하지 않았으며, 투자를 검토하기 전에 장기적인 추이를 지켜볼 필요가 있습니다.

9) 웹툰·드라마·미디어·K-POP

단위표기: 총보수: %, 거래대금: 백만 원, 순자산총액: 억 원

기초지수	ETF 이름	코드	상장일	총보수	거래대금	순자산총액
FnGuide 웹툰&드라마 지수	KODEX Fn웹툰&드라마	A395150	2021-07-30	0.45	514	95
FnGuide K-POP & 미디어 지수	HANARO Fn K-POP&미디어	A395290	2021-07-30	0.45	85	76

■ 지수(혹은 ETF) 상세 정보

FnGuide 웹툰&드라마 지수는 웹툰 및 드라마와 관련이 높은 기업들을 필터 및 키워드 스코어링을 통해 선정하여 구성한 지수입니다. 시가총액, 거래대금 등을 고려하여 일부 종목들을 제외하고, Fnguide 업종분류 기준 인터넷 서비스, 미디어 섹터만 포함하여, 키워드 스코어링을 통해 종목을 선정합니다. 유동시가총액 가중방식으로 개별종목 비중을 선정하며, 지수 정기변경 시 종목별 최대비중은 15%로 제한됩니다.

FnGuide K-POP & 미디어 지수는 유가증권 및 코스닥 상장 종목 중 기초필 터링을 통과한 종목들을 유니버스로 하여, K-POP과 미디어 관련 기업 중 유동시가총액 기준 상위 20종목을 선정하여 유동시가총액 가중방식으로 구성한 지수입니다.

■ 성과 데이터 분석

ETF 출시 기간이 1년 미만이라 성과 데이터 분석은 실시하지 않았으며, 투자를 검토하기 전에 장기적인 추이를 지켜볼 필요가 있습니다.

10) 기타 테마

단위표기: 총보수: %, 거래대금: 백만 원, 순자산총액: 억 원)

기초지수	ETF 이름	코드	상장일	총보수	거래대금	순자산총액
FnGuide 중국내수테마 지수	TIGER 중국소비테마	A150460	2011-12-16	0.5	378	1,543
FnGuide E커머스 지수	HANARO e커머스	A322400	2019-04-23	0.45	1,292	1,089
FnGuide 내수주플러스 지수	KBSTAR 내수주플러스	A326230	2019-06-20	0.4	49	410
FnGuide 컨택트대표 지수(시장가격지수)	KBSTAR Fn컨택트대표	A388280	2021-06-10	0.45	1,418	324
MKF 블루칩	KOSEF 블루칩	A104520	2008-07-29	0.4	24	127
FnGuide 성장소비주도 지수	KINDEX Fn성장소비주도주	A226380	2015-08-19	0.5	11	98
코스피 우선주 지수	TIGER 우선주	A261140	2017-01-06	0.29	27	84
FnGuide 지주회사 지수	TIGER 지주회사	A307520	2018-11-08	0.5	32	73
FnGuide 농업융복합산업 지수(시장가격)	HANARO 농업융복합산업	A314700	2018-12-21	0.5	24	71
MKF 수출주 지수	KBSTAR 수출주	A140570	2011-04-15	0.4	71	66
FnGuide Contrarian Index	TIGER 가격조정	A217790	2015-04-29	0.29	20	57
FnGuide 주도업종 지수	ARIRANG 주도업종	A280920	2017-10-17	0.23	11	49
MKF 우량업종대표주 지수	KBSTAR 우량업종	A140580	2011-04-15	0.4	2	39

■ 지수(혹은 ETF) 상세 정보

FnGuide 중국내수테마 지수는 중국 내수의 수혜를 받을 수 있는 국내 소비재 종목을 선별하여 구성된 동일 가중방식의 지수입니다.

FnGuide 성장소비주도 지수는 한류 관련 상장기업들 중 일정 재무요건을 통과한 종목을 선별해 투자를 함으로써 수익을 창출하는 지수입니다.

FnGuide 주도업종 지수는 매 개편 시점 모멘텀이 높은 20개의 경기주도 업종(FICS 업종분류 기준 소분류 'Sector')을 선정하여 각 업종 내 유가증권시장에 상장된 우량종목을 편입하는 시가총액 가중방식의 지수입니다.

FnGuide E커머스 지수는 유가증권 및 코스닥 상장 종목 중 기초필터링을 통과한 종목들을 유니버스로 하여, E커머스 관련기업 상위 40종목을 선정하여 유동시가총액 가중방식으로 구성한 지수입니다.

FnGuide 내수주플러스 지수는 MKF 500 지수 구성 종목 중 기초 필터링을 통과한 종목들을 유니버스로 하여, FICS 중분류 인더스트리 그룹을 기준으로 내구소비재 및 의류, 미디어, 소비자 서비스, 유통, 유틸리티, 통신서비스, 생활용품, 음식료 및 담배, 제약 및 바이오(바이오 제외)에 속하는 종목들에 대해 유동시가총액 기준 상위 60종목을 선정한 뒤, 해당 종목들을 유동시가총액 가중방식으로 가중하여 포트폴리오를 구성한 내수주 테마 지수입니다.

FnGuide 컨택트대표 지수(시장가격지수)는 유가증권시장 및 코스닥에 상장된 기업 중 기초필터링을 통과한 종목들을 유니버스로 하고, FICS 중분류 기준으로 컨택트 산업과 관련 있는 항공운수, 레저용품, 섬유 및 의복, 호텔 및 레저, 도소매, 백화점, 미디어에 속하는 종목들에 대해 유동시가총액 가중방식으로 포트폴리오를 구성한 지수입니다

FnGuide 지주회사 지수는 정거래위원회에서 발표하는 지주회사들 중 유가증권시장에 상장된 종목을 대상으로 유동주식비율 반영 시가총액 가중방식으로 구성합니다. 다만, 금융지주회사 및 중간지주회사, 관리종목으로 지정되었거나 상장폐지가 확정된 종목 등은 제외합니다.

FnGuide 농업융복합산업(시장가격) 지수는 농업 관련 매출실적이 있는 종목

중 유동시총 상위 40종목을 선정하여, 농업매출액 가중방식과 유동시총 가중방식을 5:5로 혼합하여 가중한 지수입니다.

FnGuide Contrarian 지수는 유가증권시장 및 코스닥시장 상장종목 시가총액 상위 300위 이내 종목 중, 정기변경 시점 기준으로 최근 2년간 수익률 상위 60종목 중에서 최근 1개월간 수익률 하락폭이 큰 30종목을 동일가중방식으로 지수를 구성합니다.

MKF 블루칩 지수는 업종별 대표 우량주로 구성된 동일가중방식의 지수입니다.

MKF 수출주 지수는 KOSPI200 구성종목 중 수출업종에 해당하는 시가총액 상위 50종목을 선별하여 동일가중방식으로 산출하는 지수입니다.

MKF 우량업종대표주 지수는 KOSPI200 내에 FICS 분류기준 업종Industry Group 중 재무스코어가 높은 상위 10개 업종을 선별하여 업종당 최대 5종목을 대상으로 동일가중방식으로 산출하는 지수입니다.

코스피 우선주 지수는 유가증권시장에 상장된 우선주 종목 중, 시장규모·유동성·배당실적을 기준으로 선정한 우량 종목 중심으로 20종목 이내로 유동시가총액 가중방식으로 구성합니다.

■ 성과 데이터 분석 (ETF 성과 분석)

분석 기간: 2011.12~2021.8 (코스피 움직임은 참고용, 해당 기간의 예금금리: 연 2.1%)

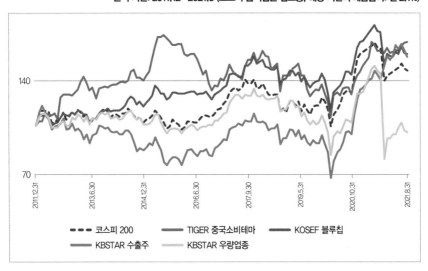

[그림 7-28] 중국소비테마, 블루칩, 수출주, 우량업종 테마 ETF 성과 분석

	코스피 200	TIGER 중국소비테마	KOSEF 블루칩	KBSTAR 수출주	KBSTAR 우량업종
연수익률	6.0%	5.9%	7.4%	3.6%	4.1%
연변동성	14.1%	18.4%	13.4%	17.1%	14.2%
최대 낙폭	29.0%	45.6%	32.9%	41.3%	38.7%

[표 7-44] KODEX 200 대비 각 ETF의 초과 성과

ETF명	TIGER 중국소비테마	KOSEF 블루칩	KBSTAR 수출주	KBSTAR 우량업종
상장일	2011-12-16	2008-07-29	2011-04-15	2011-04-15
2012-12-31	13%	-1%	-10%	-5%
2013-12-31	5%	2%	-4%	3%
2014-12-31	12%	8%	-9%	-2%
2015-12-31	32%	10%	-6%	-4%
2016-12-31	-37%	-11%	-1%	-3%

2017–12–31	−6%	−1%	−6%	−7%
2018–12–31	6%	6%	6%	7%
2019–12–31	−21%	−10%	−12%	−19%
2020–12–31	−29%	−15%	−5%	−18%
2021–8–31	12%	4%	8%	8%

[표 7–45] KODEX 200 대비 각 ETF의 초과 성과 집계

상장후	TIGER 중국소비테마	KOSEF 블루칩	KBSTAR 수출주	KBSTAR 우량업종
전체 기간(연도)	10	10	10	10
초과 성과 횟수	6	5	2	3
초과 성과 비율	60%	50%	20%	30%
초과 성과 누적수익률	−36%	−10%	−43%	−44%
초과 성과 연환산수익률	−4%	−1%	−4%	−4%

5

국내 전략형

1) 일드커브 플래트닝·스티프닝

단위표기: 총보수: %, 거래대금: 백만 원, 순자산총액: 억 원

기초지수	ETF 이름	코드	상장일	총보수	거래대금	순자산총액
국채선물 3년/10년 일드커브 스티프닝 지수(총수익지수)	KBSTAR KRX국채선물3년 10년스티프너2X	A342600	2019-12-19	0.2	1	62
국채선물 3년/10년 일드커브 플래트닝 지수(총수익지수)	KBSTAR KRX국채선물3년 10년플래트너2X	A342620	2019-12-19	0.2	2	59
국채선물 3년/10년 일드커브 스티프닝 지수(총수익지수)	KBSTAR KRX국채선물3년 10년스티프너	A342500	2019-12-19	0.15	1	61
국채선물 3년/10년 일드커브 플래트닝 지수(총수익지수)	KBSTAR KRX국채선물3년 10년플래트너	A342610	2019-12-19	0.15	1	60

■ 지수(혹은 ETF) 상세 정보

국채선물 3년/10년 일드커브 플래트닝 지수는 3년 국채 수익률과 10년 국채 수익률의 스프레드 축소 시 지수값이 상승하는 지수로서 3년 국채선물과 10년 국채선물의 가격을 활용하여 산출하는 지수입니다. 한국거래소에서 산출하며 기준일은 2011년 1월 3일입니다.

국채선물 3년/10년 일드커브 스티프닝 지수는 3년 국채 수익률과 10년 국채

수익률의 스프레드 확대 시 지수값이 상승하는 지수로서 3년국채선물과 10년국채선물의 가격을 활용하여 산출하는 지수입니다.

■ **성과 데이터 분석**

분석 기간: 2011.1~2021.8 (코스피 움직임은 참고용, 해당 기간의 예금금리: 연 2.3%)

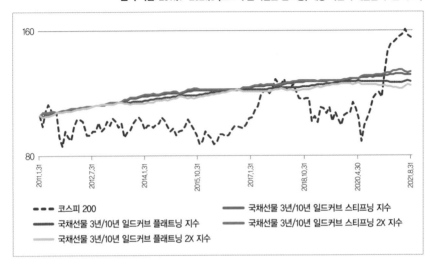

[그림 7-29] 일드커브 스티프닝·플래트닝 지수 성과 분석

	코스피 200	국채선물 3년/10년 일드커브 스티프닝 지수	국채선물 3년/10년 일드커브 플래트닝 지수	국채선물 3년/10년 일드커브 스티프닝 2X 지수	국채선물 3년/10년 일드커브 플래트닝 2X 지수
연수익률	4.1%	2.2%	1.8%	2.3%	1.6%
연변동성	14.9%	0.7%	0.7%	1.3%	1.3%
최대 낙폭	29.0%	0.8%	1.1%	1.8%	3.1%

2) 롱숏

단위표기: 총보수: %, 거래대금: 백만 원, 순자산총액: 억 원

기초지수	ETF 이름	코드	상장일	총보수	거래대금	순자산총액
코스피200 롱 100% 코스닥150 숏 100% 선물지수	KODEX 200롱 코스닥150숏선물	A360140	2020-08-21	0.64	31	177
코스닥150 롱 100% 코스피200 숏 100% 선물지수	KODEX 코스닥150 롱코스피200숏선물	A360150	2020-08-21	0.64	12	128

■ 지수(혹은 ETF) 상세 정보

코스피 200 롱 100% 코스닥150 숏 100% 선물 지수는 코스피 200선물과 코스닥 150선물에 정해진 비중만큼 각각 다른 방향으로 매매하는 롱숏전략지수입니다. 코스피 200 지수는 매수하고, 코스닥 150 지수는 매도하여 지수간 갭에 투자합니다.

코스닥 150 롱 100% 코스피 200 숏 100% 선물 지수는 코스피 200선물과 코스닥 150선물에 정해진 비중만큼 각각 다른 방향으로 매매하는 롱숏전략지수입니다. 코스닥 150 지수는 매수하고, 코스피 200 지수는 매도하여 지수간 갭에 투자합니다.

■ 성과 데이터 분석

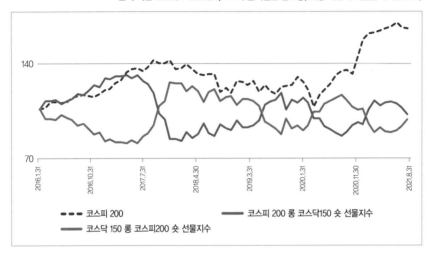

분석 기간: 2016.1~2021.8 (코스피 움직임은 참고용, 해당 기간의 예금금리: 연 1.6%)

[그림 7-30] 롱숏 선물 지수 성과 분석

	코스피 200	코스피 200 롱 코스닥150 숏 선물지수	코스닥150 롱 코스피 200 숏 선물지수
연수익률	11.2%	−0.8%	−1.3%
연변동성	15.6%	18.4%	18.1%
최대 낙폭	29.0%	38.5%	31.9%

3) 커버드콜

단위표기: 총보수: %, 거래대금: 백만 원, 순자산총액: 억 원

기초지수	ETF 이름	코드	상장일	총보수	거래대금	순자산총액
코스피 200 커버드콜 5% OTM	마이다스 200커버드콜5%OTM	A137930	2011-02-15	0.45	0	92
코스피 200 커버드콜 5% OTM	TIGER 200커버드콜 5%OTM	A166400	2012-10-25	0.38	0	78
코스피 200 커버드콜 ATM 지수	TIGER 200커버드콜 ATM	A289480	2018-02-09	0.38	0	68
코스피 200 커버드콜 ATM 지수	마이티 200커버드콜ATM레버리지	A292340	2018-03-20	0.51	0	66
코스피 200 고배당커버드콜 ATM 지수(시장가격지수)	KBSTAR 200고배당커버드콜ATM	A290080	2018-02-27	0.4	2	59

■ 지수(혹은 ETF) 상세 정보

코스피 200 커버드콜 5% OTM 지수는 코스피 200을 복제하는 주식 포트폴리오를 매수하면서, 동시에 행사가격이 현재 주가수준보다 높은 콜옵션을 지속적으로 매도하여 콜옵션 프리미엄을 꾸준히 확보하는 커버드콜 전략을 활용해 주가 하락 위험을 부분적으로 방어하면서 추가수익을 추구하는 지수입니다.

코스피 200 커버드콜 ATM 지수는 코스피 200을 매수하는 동시에 코스피 200 콜옵션을 매도하는 지수입니다. 코스피 200 지수와 코스피 200 옵션시장에 상장된 콜옵션 최근월종목(다만, 최근월종목의 최종거래일에는 최근월종목의 최종거래가 완료되는 시점 이후에도 동 종목을 최근월종목으로 합니다) 중에서 직전 결제월 최종거래일의 코스피 200 종가 이상의 행사가격 중 낮은 행사가격인 종목 순으로 두 종목을 선정하여 산출합니다.

코스피 200 고배당 커버드콜 ATM지수는 코스피 200 고배당지수 구성종목을 매수하고 동시에 코스피 200 콜옵션을 매도하는 합성포지션 투자전략을 나타내는 지수입니다. 고배당주 포트폴리오 매수로 기존 커버드콜 대비 높은 배당수익률을 추구하며, ATM 콜옵션 매도로 주가지수 상승에 따른 수익은 포기하는 대신 옵션 프리미엄 수익의 극대화를 추구합니다.

■ 성과 데이터 분석

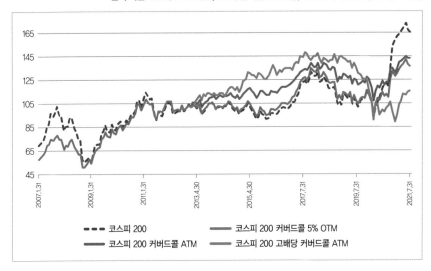

분석 기간: 2007.1~2021.8 (코스피 움직임은 참고용, 예금금리: 연 1.6%, 2013.11 기준)

[표 7-46] 코스피 200 대비 각 지수의 초과 성과

지수명	코스피 200 커버드콜 5% OTM	코스피 200 커버드콜 ATM	코스피 200 고배당 커버드콜 ATM
ETF명	마이다스 200커버드콜 5%OTM	TIGER 200커버드콜ATM	KBSTAR 200고배당 커버드콜ATM
상장일	2011-02-15	2018-02-09	2018-02-27
2007-12-31	0%		
2008-12-31	12%		

2009-12-31	1%		
2010-12-31	3%		
2011-12-31	(ETF 상장 연도)		
2012-12-31	-4%		
2013-12-31	0%	9%	11%
2014-12-31	1%	6%	9%
2015-12-31	2%	6%	11%
2016-12-31	0%	-2%	0%
2017-12-31	-1%	-13%	-18%
2018-12-31	2%	(ETF 상장 연도)	(ETF 상장 연도)
2019-12-31	-5%	-10%	-25%
2020-12-31	-18%	-27%	-54%
2021-8-31	-5%	-1%	9%

[표 7-47] 코스피 200 대비 각 지수의 초과 성과 집계

상장 전	코스피 200 커버드콜 5% OTM	코스피 200 커버드콜 ATM	코스피 200 고배당 커버드콜 ATM
전체 기간(연도)	4	5	5
초과 성과 횟수	3	3	3
초과 성과 비율	75%	60%	60%

상장 후	코스피 200 커버드콜 5% OTM	코스피 200 커버드콜 ATM	코스피 200 고배당 커버드콜 ATM
전체 기간(연도)	10	3	3
초과 성과 횟수	5	0	1
초과 성과 비율	50%	0%	33%
초과 성과 누적수익률	-30%	-43%	-99%
초과 성과 연환산수익률	-3%	-15%	-31%

국내 액티브형

1) BBIG

단위표기: 총보수: %, 거래대금: 백만 원, 순자산총액: 억 원

기초지수	ETF 이름	코드	상장일	총보수	거래대금	순자산총액
NASDAQ 100	TIGER 글로벌 BBIG액티브	A387270	2021-05-25	0.55	2,040	774
KRX BBIG K-뉴딜지수	TIMEFOLIO BBIG액티브	A385710	2021-05-25	0.8	376	277

■ 지수(혹은 ETF) 상세 정보

액티브 ETF의 경우 기초지수와 다르게 운용될 가능성이 크기 때문에 기초
지수 대신 해당 ETF의 상품 설명으로 대신합니다.

- TIGER 글로벌BBIG 액티브: 나스닥 100 등 성장주 대표시장 투자를 기본
  전략으로 하며, BBIG(2차전지, 바이오, 인터넷, 게임의 앞글자) 세부 테마에 알
  파전략으로 투자합니다. BBIG 테마에 해당하는 세부 ETF는 모멘텀, 익스
  포져, 국가 배분 등을 고려하여 주로 분기 단위로 리밸런싱을 실시하며 각
  ETF별 투자비중은 기본적으로 동일가중으로 투자할 예정입니다.
- TIMEFOLIO BBIG 액티브: 미래 성장성이 높은 BBIG 테마에 투자하면서,
  섹터와 종목을 적극적으로 조절하는 액티브 ETF입니다.

■ **성과 데이터 분석**

ETF 출시 기간이 1년 미만이라 성과 데이터 분석은 실시하지 않았으며, 투자를 검토하기 전에 장기적인 추이를 지켜볼 필요가 있습니다.

2) ESG

단위표기: 총보수: %, 거래대금: 백만 원, 순자산총액: 억 원

기초지수	ETF 이름	코드	상장일	총보수	거래대금	순자산총액
FnGuide 한화 ESG 가치 지수	ARIRANG ESG가치주 액티브	A395750	2021-07-30	0,105	2,633	893
FnGuide 한화 ESG 성장 지수	ARIRANG ESG성장주 액티브	A395760	2021-07-30	0,105	816	400
MSCI Korea Country ESG Leaders Custom Capped Price return Index	네비게이터 ESG 액티브	A385590	2021-05-25	0.5	92	338

■ **지수(혹은 ETF) 상세 정보**

액티브 ETF의 경우 기초지수와 다르게 운용될 가능성이 크기 때문에 기초지수 대신 해당 ETF의 상품 설명으로 대신합니다.

• ARIRANG ESG가치주 액티브: 기업의 환경Environmental, 사회Social, 지배구조Governance 관련 비재무적 요소를 자체적으로 분석하여 평가한 한화자산운용의 ESG스코어링 'HAMC ESG Rating'을 패시브 Value 팩터 분석과 액티브 펀더멘털 분석에 활용합니다. 'ESG + 팩터 분석 + 펀더멘털 분석'에 따른 종합 스코어링을 바탕으로 다른 종목 대비 초과 성과를 올릴 가능성이 높은 가치주를 선별하여 투자합니다.

- ARIRANG ESG성장주 액티브: 기업의 환경, 사회, 지배구조 관련 비재무적 요소를 자체적으로 분석하여 평가한 한화자산운용의 ESG스코어링 'HAMC ESG Rating'을 패시브 그로스 팩터 분석과 액티브 펀더멘털 분석에 활용합니다. 'ESG + 팩터 분석 + 펀더멘털 분석'에 따른 종합 스코어링을 바탕으로 다른 종목 대비 초과 성과를 올릴 가능성이 높은 성장주를 선별하여 투자합니다.
- 네비게이터 ESG액티브: 한국시장 상장 종목 중 유동시가총액 상위 종목으로 구성된 MSCI Korea 지수 내 ESG 평가를 통해 우수기업을 선별하여 편입합니다.

■ 성과 데이터 분석

ETF 출시 기간이 1년 미만이라 성과 데이터 분석은 실시하지 않았으며, 투자를 검토하기 전에 장기적인 추이를 지켜볼 필요가 있습니다.

3) 한국주식

단위표기: 총보수: %, 거래대금: 백만 원, 순자산총액: 억 원

기초지수	ETF 이름	코드	상장일	총보수	거래대금	순자산총액
코스피	TIMEFOLIO Kstock 액티브	A385720	2021-05-25	0.8	311	383
코스피	TIGER AI코리아그로스 액티브	A365040	2020-09-29	0.4	108	212
코스피 200	HK 베스트일레븐 액티브	A391670	2021-07-06	0.3	35	76
코스피 200	HK 하이볼 액티브	A391680	2021-07-06	0.3	34	72

■ 지수(혹은 ETF) 상세 정보

액티브 ETF의 경우 기초지수와 다르게 운용될 가능성이 크기 때문에 기초지수 대신 해당 ETF의 상품 설명으로 대신합니다.

- TIMEFOLIO Kstock 액티브: 주도 섹터와 종목을 시의적절하게 발굴하여 시장지수 대비 나은 성과를 추구하는 액티브 ETF입니다.

- TIGER AI코리아그로스 액티브: 장기적으로 초과수익에 기여할 가능성이 높을 것으로 기대되는 성장주 종목 중심으로 포트폴리오를 구성하기 위하여 인공지능 알고리즘 모델을 활용합니다.

- HK 베스트일레븐 액티브: 현재 산업의 혁신적 변화를 주도하는 기업과 향후 시장의 메가트렌드를 이끌 성장잠재력이 뛰어난 기업에 집중 투자하는 전략을 표방하고 있습니다. 초대형주, 대형우량주, 대표성장주 등 대형주 중심으로 포트폴리오가 구성될 것으로 보이며, 흥국자산운용 주식운용본부에서 선별한 11개 종목으로 단순화하여 투자합니다.

- HK 하이볼 액티브: 비교지수보다 베타(변동성)가 높은 종목으로 압축하여 초과수익을 기대하는 전략입니다.

■ 성과 데이터 분석

ETF 출시 기간이 1년 미만이라 성과 데이터 분석은 실시하지 않았으며, 투자를 검토하기 전에 장기적인 추이를 지켜볼 필요가 있습니다.

4) 혁신

단위표기: 총보수: %, 거래대금: 백만 원, 순자산총액: 억 원

기초지수	ETF 이름	코드	상장일	총보수	거래대금	순자산총액
코스피	KODEX 혁신기술테마 액티브	A364690	2020-09-29	0.3	65	97
FnGuide K-이노베이션 지수	KODEX K-이노베이션 액티브	A373490	2020-12-24	0.5	64	74

■ 지수(혹은 ETF) 상세 정보

액티브 ETF의 경우 기초지수와 다르게 운용될 가능성이 크기 때문에 기초
지수 대신 해당 ETF의 상품 설명으로 대신하겠습니다.

• KODEX 혁신기술테마 액티브: 빅데이터를 활용하여 4차산업 혁신기술 특
  허를 보유한 기업에 투자합니다.

• KODEX K-이노베이션 액티브: 향후 10년 이상 이어질 혁신성장 기업군에
  투자하여 장기적으로 높은 자본 이득을 추구합니다. 내부 리서치 역량을
  활용하여 추가 알파를 추구하는 액티브 ETF입니다.

■ 성과 데이터 분석

ETF 출시 기간이 1년 미만이라 성과 데이터 분석은 실시하지 않았으며, 투
자를 검토하기 전에 장기적인 추이를 지켜볼 필요가 있습니다.

5) 모빌리티

단위표기: 총보수: %, 거래대금: 백만 원, 순자산총액: 억 원

기초지수	ETF 이름	코드	상장일	총보수	거래대금	순자산총액
FnGuide 퓨처모빌리티 지수	TIGER 퓨처모빌리티 액티브	A387280	2021-05-25	0.77	1,056	904
FnGuide K-미래차 지수	KODEX K-미래차 액티브	A385520	2021-05-25	0.5	1,475	816
FnGuide 친환경 자동차 밸류체인 지수	네비게이터 친환경 자동차밸류체인 액티브	A385600	2021-05-25	0.5	94	332

■ 지수(혹은 ETF) 상세 정보

액티브 ETF의 경우 기초지수와 다르게 운용될 가능성이 크기 때문에 기초
지수 대신 해당 ETF의 상품 설명으로 대신합니다.

- TIGER 퓨처모빌리티 액티브: 모빌리티 혁신을 선도하는 한국의 핵심 기
업에 집중 투자합니다. '퓨처모빌리티'란 IT, AI, 에너지, 통신, 인터넷, 유
틸리티, 기계 인프라, 우주항공 등의 복합기술이 융합된 이동 수단을 의미
합니다. 퓨처모빌리티 관련 메가트렌드를 분류하고 세부 섹터 유니버스를
구성하여 현재 시장을 주도하는 종목으로 포트폴리오를 구성합니다.

- KODEX K-미래차 액티브: 자율주행, 전장기술, 친환경기술로 대표되는
스마트 모빌리티 산업에 투자합니다.

- 네비게이터 친환경자동차밸류체인 액티브: 유가증권 및 코스닥시장 상장
종목 중 '친환경 자동차 밸류체인' 기술과 관련도가 높은 종목을 선정하여
구성합니다.

■ 성과 데이터 분석

ETF 출시 기간이 1년 미만이라 성과 데이터 분석은 실시하지 않았으며, 투자를 검토하기 전에 장기적인 추이를 지켜볼 필요가 있습니다.

6) 에너지 ━━━━━━━━━━━━━━━━━

단위표기: 총보수: %, 거래대금: 백만 원, 순자산총액: 억 원

기초지수	ETF 이름	코드	상장일	총보수	거래대금	순자산총액
FnGuide K-신재생 에너지 플러스 지수	KODEX K-신재생 에너지 액티브	A385510	2021-05-25	0.5	1,123	547

■ 지수(혹은 ETF) 상세 정보

액티브 ETF의 경우 기초지수와 다르게 운용될 가능성이 크기 때문에 기초지수 대신 해당 ETF의 상품 설명으로 대신하겠습니다.

• KODEX K-신재생에너지 액티브: 태양광, 풍력, 수소, 2차전지 등 신재생·친환경 에너지 산업에 투자합니다. 이산화탄소 배출량 증가 등으로 인한 환경 문제가 대두되며 이를 해결하기 위해 각국이 친환경적인 정책 등의 시행 논의를 지속하고 있으며 그리드패리티Guide parity[9] 도달이 가까워짐에 따라 각국의 신재생에너지 발전 비중이 증가하고 있습니다.

---

9 그리드패리티: 석유 석탄을 쓰는 화력발전과 태양, 바람 등을 이용하는 신재생에너지의 발전 원가가 같아지는 시점.

■ **성과 데이터 분석**

ETF 출시 기간이 1년 미만이라 성과 데이터 분석은 실시하지 않았으며, 투자를 검토하기 전에 장기적인 추이를 지켜볼 필요가 있습니다.

7) 반도체

단위표기: 총보수: %, 거래대금: 백만 원, 순자산총액: 억 원

기초지수	ETF 이름	코드	상장일	총보수	거래대금	순자산총액
iSelect 비메모리반도체 지수(시장가격지수)	KBSTAR 비메모리 반도체 액티브	A388420	2021-06-10	0.5	1,914	201

■ **지수(혹은 ETF) 상세 정보**

액티브 ETF의 경우 기초지수와 다르게 운용될 가능성이 크기 때문에 기초지수 대신 해당 ETF의 상품 설명으로 대신합니다.

- KBSTAR 비메모리반도체 액티브: 비메모리 반도체 산업 밸류체인(반도체 디자인/제조/패키징/테스트) 전반에 걸친 핵심 기업에 투자하며 NH투자증권 리서치센터의 검증을 통해 비메모리 관련 산업 노출도, 매출 연동률, 미래 성장성을 고려하여 상위 종목 선별합니다.

■ **성과 데이터 분석**

ETF 출시 기간이 1년 미만이라 성과 데이터 분석은 실시하지 않았으며, 투자를 검토하기 전에 장기적인 추이를 지켜볼 필요가 있습니다.

7

국내 자산배분형

1) 주식+채권 혼합

단위표기: 총보수: %, 거래대금: 백만 원, 순자산총액: 억 원

기초지수	ETF 이름	코드	상장일	총보수	거래대금	순자산총액
주식국채혼합(채권형) 지수	KBSTAR 채권혼합	A183700	2013-10-17	0.2	9	154
주식국채혼합(주식형) 지수	KBSTAR 주식혼합	A183710	2013-10-17	0.25	3	89

■ 지수(혹은 ETF) 상세 정보

주식국채혼합(채권형) 지수는 보유자금을 주식(코스피 200)과 국채(KTB 3년)에

3:7의 비중으로 배분하여 분산투자하는 전략을 반영한 지수입니다.

주식국채혼합(주식형) 지수는 보유자금을 주식(코스피 200)과 국채(KTB 3년)에

7:3의 비중으로 배분하여 분산투자하는 전략을 반영한 지수입니다.

■ 성과 데이터 분석 (ETF 성과 분석)

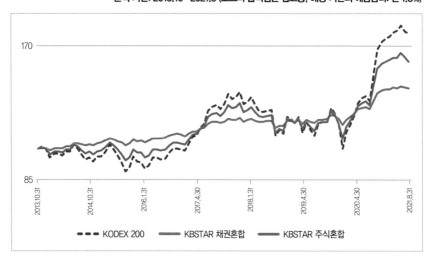

분석 기간: 2013.10~2021.8 (코스피 움직임은 참고용, 해당 기간의 예금금리: 연 1.8%)

· · · KODEX 200   KBSTAR 채권혼합   KBSTAR 주식혼합

[그림 7-31] 채권혼합, 주식혼합 ETF 성과 분석

	KODEX 200	KBSTAR 채권혼합	KBSTAR 주식혼합
연수익률	7.9%	4.1%	5.9%
연변동성	14.5%	4.3%	10.2%
최대 낙폭	25.4%	5.4%	17.1%

[표 7-48] KODEX 200 대비 각 ETF의 초과 성과

ETF명	KBSTAR 채권혼합	KBSTAR 주식혼합
상장일	2013-10-17	2013-10-17
2013-12-31	(ETF 상장 연도)	(ETF 상장 연도)
2014-12-31	8%	3%
2015-12-31	2%	1%
2016-12-31	-6%	-3%
2017-12-31	-19%	-9%
2018-12-31	14%	5%

2019–12–31	–8%	–4%
2020–12–31	–24%	–11%
2021–8–31	–6%	–4%

[표 7–49] KODEX 200 대비 각 ETF의 초과 성과 집계

상장후	KBSTAR 채권혼합	KBSTAR 주식혼합
전체 기간(연도)	8	8
초과 성과 횟수	3	3
초과 성과 비율	38%	38%
초과 성과 누적수익률	–46%	–22%
초과 성과 연환산수익률	–6%	–3%

2) 배당주+채권 혼합

단위표기: 총보수: %, 거래대금: 백만 원, 순자산총액: 억 원

기초지수	ETF 이름	코드	상장일	총보수	거래대금	순자산총액
배당성장 채권혼합 지수	KODEX 배당성장 채권혼합	A237370	2016–01–27	0.19	76	219
FnGuide 셀렉트밸류 채권혼합지수	KBSTAR V&S셀렉 트밸류 채권혼합	A241390	2016–04–12	0.23	224	151
FnGuide 고배당 채권혼합 지수	ARIRANG 고배당주 채권혼합	A251600	2016–08–11	0.2	73	123

■ 지수(혹은 ETF) 상세 정보

배당성장 채권혼합 지수는 유가증권시장 상장종목 중 장기간 안정적 배당을
실시하고 향후 배당규모가 성장할 것으로 예상되는 50종목으로 구성하고,
배당수익률 가중방식으로 산출하는 코스피 배당성장 50 지수에 30%를 투자

하고, 안정적인 이자수익을 추구할 수 있는 KTB 지수에 70%를 투자하는 혼합형 지수입니다.

FnGuide 셀렉트밸류 채권혼합 지수는 FnGuide 셀렉트밸류 지수를 구성하는 주식 종목과 MKF 국고채 지수를 구성하는 국고채 3종목으로 구성된 지수로 채권과 주식의 비중을 매일 6:4로 유지하는 지수입니다.

FnGuide 고배당 채권혼합 지수는 FnGuide에서 산출 중인 고배당주 지수와 MKF 국고채 3년 지수를 Constant Mix 방식으로 혼합하여 산출하는 지수입니다. 주식·채권 비율을 일간 단위로 4:6이 되도록 유지하여 혼합 지수값을 산출합니다.

■ **성과 데이터 분석**　　　　분석 기간: 2010.3~2021.8 (코스피 움직임은 참고용)

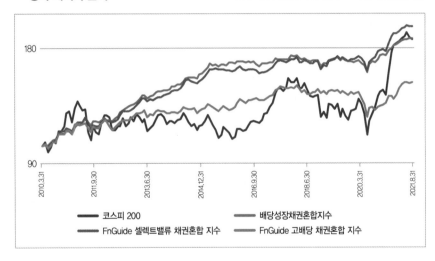

[표 7-50] 코스피 200 대비 각 지수의 초과 성과

지수명	배당성장채권혼합지수	FnGuide 셀렉트밸류 채권혼합 지수	FnGuide 고배당 채권혼합 지수
ETF명	KODEX 배당성장채권혼합	KBSTAR V&S셀렉트밸류 채권혼합	ARIRANG 고배당주채권혼합
상장일	2016-01-27	2016-04-12	2016-08-11
2005-12-31			-36%
2006-12-31			3%
2007-12-31			-13%
2008-12-31			30%
2009-12-31			-33%
2010-12-31			-8%
2011-12-31	18%	14%	14%
2012-12-31	0%	-1%	-4%
2013-12-31	9%	9%	4%
2014-12-31	15%	15%	6%
2015-12-31	11%	9%	4%
2016-12-31	(ETF 상장 연도)	(ETF 상장 연도)	(ETF 상장 연도)
2017-12-31	-20%	-17%	-17%
2018-12-31	15%	16%	16%
2019-12-31	-10%	-6%	-11%
2020-12-31	-25%	-20%	-35%
2021-8-31	-2%	-2%	1%

[표 7-51] 200 대비 각 지수의 초과 성과 집계

상장 전	배당성장채권혼합지수	FnGuide 셀렉트밸류 채권혼합 지수	FnGuide 고배당 채권혼합 지수
전체 기간(연도)	5	5	11
초과 성과 횟수	4	4	6
초과 성과 비율	80%	80%	55%

상장 후	배당성장채권혼합지수	FnGuide 셀렉트밸류 채권혼합 지수	FnGuide 고배당 채권혼합 지수
전체 기간(연도)	7	7	7
초과 성과 횟수	1	1	2
초과 성과 비율	14%	14%	29%
초과 성과 누적수익률	−50%	−35%	−58%
초과 성과 연환산수익률	−7%	−5%	−8%

3) 헬스케어+채권 혼합

단위표기: 총보수: %, 거래대금: 백만 원, 순자산총액: 억 원

기초지수	ETF 이름	코드	상장일	총보수	거래대금	순자산총액
FnGuide 헬스케어 채권혼합 지수	KBSTAR 헬스케어 채권혼합	A253290	2016-09-23	0.35	128	128

■ 지수(혹은 ETF) 상세 정보

FnGuide 헬스케어 채권혼합 지수는 FnGuide 헬스케어 지수를 구성하는 주식 종목과 MKF 국고채 3년 지수를 구성하는 국채 3개 종목으로 구성된 지수로 채권과 주식의 비중을 매일 7:3으로 유지합니다.

■ 성과 데이터 분석

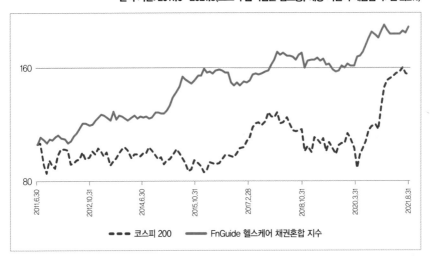

분석 기간: 2011.6~2021.8(코스피 움직임은 참고용, 해당 기간의 예금금리: 연 2.2%)

●●● 코스피 200　　━━━ FnGuide 헬스케어 채권혼합 지수

[표 7-52] 코스피 200 대비 각 지수의 초과 성과

지수명	FnGuide 헬스케어 채권혼합 지수
ETF명	KBSTAR 헬스케어채권혼합
상장일	2016-09-23
2012-12-31	-3%
2013-12-31	2%
2014-12-31	12%
2015-12-31	28%
2016-12-31	(ETF 상장 연도)
2017-12-31	-10%
2018-12-31	19%
2019-12-31	-15%
2020-12-31	-5%
2021-8-31	-9%

[표 7-53] 코스피 200 대비 각 지수의 초과 성과 집계

상장 전	FnGuide 헬스케어 채권혼합 지수
전체 기간(연도)	5
초과 성과 횟수	3
초과 성과 비율	60%

상장 후	FnGuide 헬스케어 채권혼합 지수
전체 기간(연도)	5
초과 성과 횟수	1
초과 성과 비율	20%
초과 성과 누적수익률	−24%
초과 성과 연환산수익률	−5%

4) 경기방어소비재+채권 혼합

단위표기: 총보수: %, 거래대금: 백만 원, 순자산총액: 억 원

기초지수	ETF 이름	코드	상장일	총보수	거래대금	순자산총액
경기방어소비재 채권혼합 지수	TIGER 경기방어 채권혼합	A237440	2016-01-27	0.2	28	71

■ 지수(혹은 ETF) 상세 정보

경기방어소비재 채권혼합 지수는 한국거래소가 발표하는 주가 지수인 '코스피 200 경기방어소비재 지수' 및 채권 지수인 'KTB 지수'의 비중을 3:7로 하여 매일 산출하는 지수입니다.

■ 성과 데이터 분석

[표 7-54] 코스피 200 대비 각 지수의 초과 성과

지수명	경기방어소비재 채권혼합지수
ETF명	TIGER 경기방어채권혼합
상장일	2016-01-27
2011-12-31	14%
2012-12-31	-2%
2013-12-31	3%
2014-12-31	15%
2015-12-31	12%
2016-12-31	(ETF 상장 연도)
2017-12-31	-21%
2018-12-31	16%
2019-12-31	-13%
2020-12-31	-23%
2021-8-31	-8%

[표 7-55] 코스피 200 대비 각 지수의 초과 성과 집계

상장 전	경기방어소비재 채권혼합 지수
전체 기간(연도)	5
초과 성과 횟수	4
초과 성과 비율	80%

상장 후	경기방어소비재 채권혼합 지수
전체 기간(연도)	5
초과 성과 횟수	1
초과 성과 비율	20%
초과 성과 누적수익률	−57%
초과 성과 연환산수익률	−11%

5) 스마트베타Quality+채권 혼합 ━━━

단위표기: 총보수: %, 거래대금: 백만 원, 순자산총액: 억 원

기초지수	ETF 이름	코드	상장일	총보수	거래대금	순자산총액
WISE-KAP 스마트베타 Quality 채권혼합지수	ARIRANG 스마트베타Quality 채권혼합	A238670	2016-02-24	0.2	6	68

■ 지수(혹은 ETF) 상세 정보

WISE-KAP스마트베타 Quality 채권혼합 지수는 한국자산평가에서 실시간으로 산출하고 있는 KAP Bullet 지수와 와이스에프앤에서 산출하고 있는 WISE 스마트베타 Quality 지수의 변화를 7:3의 비율로 반영하여 산출하는 지수입니다.

■ 성과 데이터 분석 (ETF 성과 분석)

분석 기간: 2016.2~2021.8 (코스피 움직임은 참고용, 해당 기간의 예금금리: 연 1.6%)

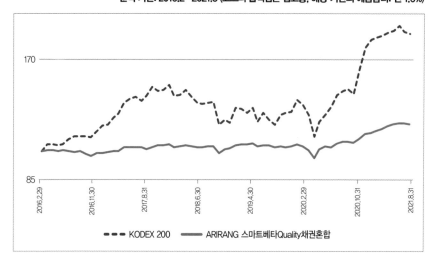

[표 7-56] 코스피 200 대비 각 지수의 초과 성과

지수명	ARIRANG 스마트베타 Quality 채권혼합
ETF명	TIGER 경기방어채권혼합
상장일	2016-02-24
2016-12-31	(ETF 상장 연도)
2017-12-31	-22%
2018-12-31	15%
2019-12-31	-12%
2020-12-31	-29%
2021-8-31	-2%

[표 7-57] 코스피 200 대비 각 지수의 초과 성과 집계

상장 후	ARIRANG 스마트베타 Quality 채권혼합
전체 기간(연도)	5
초과 성과 횟수	1
초과 성과 비율	20%
초과 성과 누적수익률	−61%
초과 성과 연환산수익률	−12%

8
글로벌 자산배분형

1) TRF[10] (Target Risk Fund)

단위표기: 총보수: %, 거래대금: 백만 원, 순자산총액: 억 원

기초지수	ETF 이름	코드	상장일	총보수	거래대금	순자산총액
FnGuide TRF 3070 지수	KODEX TRF3070	A329650	2019-07-04	0.24	1,404	804
FnGuide TRF 5050 지수	KODEX TRF5050	A329660	2019-07-04	0.17	375	187
FnGuide TRF 7030 지수	KODEX TRF7030	A329670	2019-07-04	0.1	514	175

■ 지수(혹은 ETF) 상세 정보

FnGuide TRF 3070 지수는 MSCI World 지수와 KAP한국종합채권
FOCUS(AA- 이상, 총수익) 지수를 Constant Mix 방식으로 혼합하여 산출하
는 지수입니다. 주식·채권 비율을 일간 단위로 3:7이 되도록 유지하여 혼합
지수값을 산출합니다. 글로벌 선진국 주식:국내 채권=3:7 비중으로 투자합
니다.

MSCI World 지수: 글로벌 23개 선진국 중·대형주에 투자하는 지수(각국 유동

---

10 TRF(Target Risk Fund): Target Risk는 투자자가 감당할 수 있는 위험자산의 비중을 의미하며, 일반적으로 위험
    자산의 비중을 정하는 기준으로 사용합니다. TRF는 위험자산과 안전자산의 투자비중을 조절한 '자산배분형' 펀
    드를 의미합니다.

주식 시가총액의 85% 수준 커버), Top 5 비중은 대략 미국(60%), 일본(8%), 영국 (6%), 프랑스(4%), 캐나다(3%) 수준입니다.

KAP 한국종합채권 FOCUS(AA-이상, 총수익) 지수: 한국 우량 채권시장을 대표하는 채권 30개 종목을 바탕으로 구성된 지수(지수평균 듀레이션 5.0 내외, 신용등급 AA- 이상)입니다.

FnGuide TRF 5050 지수는 글로벌 선진국 주식:국내 채권=5:5 비중으로 투자합니다.

FnGuide TRF 7030 지수는 글로벌 선진국 주식:국내 채권=7:3 비중으로 투자합니다.

■ 성과 데이터 분석

분석 기간: 2014.1~2021.8 (코스피 움직임은 참고용, 해당 기간의 예금금리: 연 1.7%)

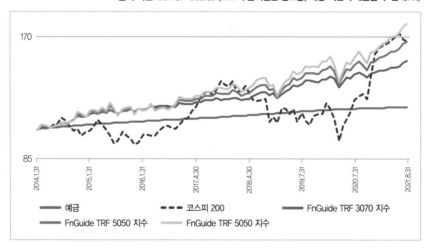

[그림 7-32] TRF 지수별 성과 분석

	코스피 200	FnGuide TRF 3070 지수	FnGuide TRF 5050 지수	FnGuide TRF 7030 지수
연수익률	6.9%	5.3%	6.9%	8.3%
연변동성	14.4%	4.2%	6.8%	9.6%
최대 낙폭	29.0%	5.7%	9.6%	13.6%

[표 7-58] 코스피 200 대비 각 지수의 초과 성과

지수명	FnGuide TRF 3070 지수	FnGuide TRF 5050 지수	FnGuide TRF 7030 지수
ETF명	KODEX TRF3070	KODEX TRF5050	KODEX TRF7030
상장일	2019-07-04	2019-07-04	2019-07-04
2015-12-31	6%	6%	6%
2016-12-31	-5%	-4%	-3%
2017-12-31	-23%	-21%	-20%
2018-12-31	20%	18%	15%
2019-12-31	(ETF 상장 연도)	(ETF 상장 연도)	(ETF 상장 연도)
2020-12-31	-29%	-28%	-27%
2021-8-31	-1%	4%	9%

[표 7-59] 코스피 200 대비 각 지수의 초과 성과 집계

상장 전	FnGuide TRF 3070 지수	FnGuide TRF 5050 지수	FnGuide TR 7030 지수
전체 기간(연도)	4	4	4
초과 성과 횟수	2	2	2
초과 성과 비율	50%	50%	50%

상장 후	FnGuide TRF 3070 지수	FnGuide TRF 5050 지수	FnGuide TRF 7030 지수
전체 기간(연도)	2	2	2
초과 성과 횟수	0	1	1
초과 성과 비율	0%	50%	50%
초과 성과 누적수익률	−35%	−28%	−22%
초과 성과 연환산수익률	−19%	−16%	−12%

2) 코스피 200 미국채혼합

단위표기: 총보수: %, 거래대금: 백만 원, 순자산총액: 억 원

기초지수	ETF 이름	코드	상장일	총보수	거래대금	순자산총액
코스피 200 미국채 혼합지수	KODEX 200미국채 혼합	A284430	2017-11-30	0.35	109	151

■ 지수(혹은 ETF) 상세 정보

코스피 200 미국채혼합 지수는 코스피 200과 미국국채선물 10년물(환노출)에 약 4:6의 비율로 투자하는 지수입니다(S&P Dow Jones Indices LLC에서 산출하는 S&P 10-Year U.S. Treasury Note Futures ER Index를 기준으로 합니다).

■ 성과 데이터 분석

분석 기간: 2002.1~2021.8 (코스피 움직임은 참고용, 해당 기간의 예금금리: 연 3.2%)

[그림 7-33] 코스피 200 미국채 혼합지수 성과 분석

	코스피 200	코스피 200 미국채 혼합지수
연수익률	8.0%	6.1%
연변동성	19.0%	7.5%
최대 낙폭	47.0%	12.6%

[표 7-60] 코스피 200 대비 각 지수의 초과 성과

지수명	코스피 200 미국채혼합 지수
ETF명	KODEX 200 미국채혼합
상장일	2017-11-30
2002-12-31	
2003-12-31	
2004-12-31	-11%
2005-12-31	-37%

2006–12–31	−8%
2007–12–31	−14%
2008–12–31	54%
2009–12–31	−40%
2010–12–31	−10%
2011–12–31	17%
2012–12–31	−8%
2013–12–31	−3%
2014–12–31	11%
2015–12–31	6%
2016–12–31	−3%
2017–12–31	(ETF 상장 연도)
2018–12–31	13%
2019–12–31	−2%
2020–12–31	−18%
2021–8–31	−1%

[표 7–61] 코스피 200 대비 각 지수의 초과 성과 집계

상장 전	코스피 200 미국채혼합 지수
전체 기간(연도)	13
초과 성과 횟수	4
초과 성과 비율	31%

상장 후	코스피 200 미국채혼합 지수
전체 기간(연도)	4
초과 성과 횟수	1
초과 성과 비율	25%
초과 성과 누적수익률	−21%
초과 성과 연환산수익률	−6%

3) KRX 300 미국달러 선물혼합 ————

단위표기: 총보수: %, 거래대금: 백만 원, 순자산총액: 억 원

기초지수	ETF 이름	코드	상장일	총보수	거래대금	순자산총액
KRX 300 미국달러 선물혼합지수	KBSTAR KRX300 미국달러선물혼합	A319870	2019-03-19	0.3	3	80

■ 지수(혹은 ETF) 상세 정보

KRX 300 미국달러 선물혼합 지수는 KRX 300 선물포지션(100%)에 미국 달러 선물포지션(100%)을 더함으로써 KRX 300의 변동성을 일부 상쇄하는 지수입니다.

■ 성과 데이터 분석

분석 기간: 2018.3~2021.8 (코스피 움직임은 참고용, 해당 기간의 예금금리: 연 1.5%)

[표 7-62] 코스피 200 대비 각 지수의 초과 성과

지수명	KRX 300 미국달러 선물혼합지수
ETF명	KBSTAR KRX 300 미국달러 선물혼합
상장일	2019-03-19
2018-12-31	0%
2019-12-31	(ETF 상장 연도)
2020-12-31	2%
2021-8-31	7%

[표 7-63] 코스피 200 대비 각 지수의 초과 성과 집계

상장후	KRX 300 미국달러 선물혼합지수
전체 기간(연도)	2
초과 성과 횟수	2
초과 성과 비율	100%
초과 성과 누적수익률	9%
초과 성과 연환산수익률	5%

4) 멀티에셋하이인컴

단위표기: 총보수: %, 거래대금: 백만 원, 순자산총액: 억 원

기초지수	ETF 이름	코드	상장일	총보수	거래대금	순자산총액
Morningstar Multi-Asset High Income 10% Capped Index	KODEX 멀티에셋 하이인컴(H)	A321410	2019-06-05	0.25	18	55

▪ 지수(혹은 ETF) 상세 정보

Morningstar Multi-Asset High Income 10% Capped 지수는 잘 분산된 ETF
포트폴리오에 투자함으로써 장기적으로 자산가치의 상승과 동시에 높은 수
준의 인컴을 추구하는 전략지수입니다. 해당 지수는 주식, 채권, 대체투자
자산에 각각 20%, 60%, 20% 의 비율로 투자합니다(하위 자산 구성 요소는 최대
10%를 넘지 않습니다).

자산배분 내역[11] : 주식은 15~30%이며, 채권의 수정 듀레이션은 4.35년.

자산군	비중
미국주식(U.S. Stock)	16.63%
미국외 주식(Non–U.S. Stock)	14.04%
채권(Bond)	59.38%
기타(Other)	0.00%
현금(Cash)	3.14%
분류제외(Not Classified)	9.09%

---

11 출처: https://indexes.morningstar.com/our-indexes/multi-asset/F000010CA7 (2021.8.31 기준)

■ 성과 데이터 분석

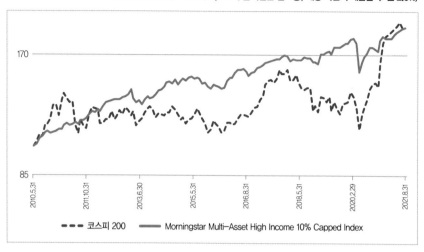

분석 기간: 2010.5~2021.8 (코스피 움직임은 참고용, 해당 기간의 예금금리: 연 2.3%)

- - - 코스피 200   —— Morningstar Multi-Asset High Income 10% Capped Index

[표 7-64] 코스피 200 대비 각 지수의 초과 성과

지수명	Morningstar Multi-Asset High Income 10% Capped Index
ETF명	KODEX 멀티에셋하이인컴(H)
상장일	2019-06-05
2011-12-31	20%
2012-12-31	1%
2013-12-31	1%
2014-12-31	18%
2015-12-31	−2%
2016-12-31	0%
2017-12-31	−14%
2018-12-31	15%
2019-12-31	(ETF 상장 연도)
2020-12-31	−31%
2021-8-31	−3%

[표 7-65] 코스피 200 대비 각 지수의 초과 성과 집계

상장 전	Morningstar Multi-Asset High Income 10% Capped Index
전체 기간(연도)	8
초과 성과 횟수	6
초과 성과 비율	75%

상장 후	Morningstar Multi-Asset High Income 10% Capped Index
전체 기간(연도)	2
초과 성과 횟수	-
초과 성과 비율	0%
초과 성과 누적수익률	-40%
초과 성과 연환산수익률	-21%

9

미국 섹터형

1) 미국 정보기술

단위표기: 총보수: %, 거래대금: 백만 원, 순자산총액: 억 원

기초지수	ETF 이름	코드	상장일	총보수	거래대금	순자산총액
Indxx US Tech Top 10 Index	TIGER 미국테크 TOP10 INDXX	A381170	2021-04-09	0.49	18,709	5,752
NYSE FANG+TM Index	KODEX 미국FANG 플러스(H)	A314250	2019-01-10	0.45	6,735	5,402
PHLX Semiconductor Sector Index	TIGER 미국필라델 피아반도체나스닥	A381180	2021-04-09	0.49	11,220	4,992
NASDAQ 100 Technology Sector Index	ARIRANG 미국나스닥기술주	A287180	2017-12-13	0.5	691	275
MVIS US Listed Semiconductor 25 Index	KODEX 미국반도체MV	A390390	2021-06-30	0.45	1,354	258
다우존스 인터넷 종합지수	KINDEX 미국IT인터 넷S&P(합성 H)	A280320	2017-10-17	0.5	17	174

■ **지수(혹은 ETF) 상세 정보**

다우존스 인터넷 종합지수S&P Dow Jones Internet Composite Price return Index는 인터넷 산업에서 가장 크고 활발하게 거래되는 미국 기업 40개의 성과를 추종하는 지수입니다.

필라델피아 반도체 지수PHLX Semiconductor Sector는 미국 필라델피아 증권거래소가 만든 '반도체 업종 지수'입니다. 반도체 설계, 공급, 제조, 판매에 주로 관련된 미국 내 대표적인 16개 반도체 기업의 주가를 모아 지수화합니다.

미국 테크탑10 지수Indxx US Tech Top 10 Index는 나스닥 시장에 상장된 기술 중심 기업 중 시가총액 상위 10개 기업의 실적을 추적합니다. 기술 중심Tech-Oriented 기업이란 주로 기술 제품·서비스를 다루거나 독자적 기술에 바탕한 제품이나 서비스를 제공하는 기업을 말합니다(테크탑10 지수가 2016년에 출시되어 데이터 기간이 짧아 분석에서 제외하였습니다).

■ **성과 데이터 분석**   분석 기간: 2000.1~2021.8 (코스피, S&P500 움직임은 참고용)

[그림 7-34] 다우존스 종합지수의 성과 분석

	다우존스 인터넷 종합지수	코스피 200	S&P500
연수익률	5.2%	6.0%	5.6%
연변동성	33%	22%	15%
최대 낙폭	94%	51%	53%

[표 7-66] 코스피 200 대비 각 지수의 초과 성과

지수명	다우존스 인터넷 종합지수
ETF명	KINDEX 미국IT인터넷S&P(합성 H)
상장일	2017-10-17
2002-12-31	-31%
2003-12-31	50%
2004-12-31	14%
2005-12-31	-44%
2006-12-31	-2%
2007-12-31	-18%
2008-12-31	-4%
2009-12-31	28%
2010-12-31	15%
2011-12-31	7%
2012-12-31	10%
2013-12-31	54%
2014-12-31	10%
2015-12-31	24%
2016-12-31	-1%
2017-12-31	(ETF 상장 연도)
2018-12-31	26%
2019-12-31	8%
2020-12-31	20%
2021-8-31	10%

[표 7-67] 코스피 200 대비 각 지수의 초과 성과 집계

상장 전	다우존스 인터넷 종합지수
전체 기간(연도)	15
초과 성과 횟수	9
초과 성과 비율	60%

상장 후	다우존스 인터넷 종합지수
전체 기간(연도)	4
초과 성과 횟수	4
초과 성과 비율	100%
초과 성과 누적수익률	58%
초과 성과 연환산수익률	17%

2) 미국 산업재

단위표기: 총보수: %, 거래대금: 백만 원, 순자산총액: 억 원

기초지수	ETF 이름	코드	상장일	총보수	거래대금	순자산총액
S&P Select Sector Industrial Index	KODEX 미국S&P 산업재(합성)	A200030	2014-06-12	0.25	316	185

■ 지수(혹은 ETF) 상세 정보

S&P Industrial Select Sector 지수는 S&P 500 중 GICS 산업분류에서 Industrial 에 해당하는 대표적인 기업으로 구성되어 있으며, 이들 기업의 수익, 시가총 액 등을 고려한 수정가중평균방식을 이용하여 지수를 산정하였습니다.

■ 성과 데이터 분석 (ETF 성과 분석)

분석 기간: 2014.6~2021.8 (코스피 움직임은 참고용, 해당 기간의 예금금리: 연 1.7%)

[그림 7-35] 미국 산업재 ETF 성과 분석

	KODEX 200	KODEX 미국S&P산업재(합성)
연수익률	8.9%	11.5%
연변동성	15.0%	17.8%
최대 낙폭	25.4%	25.5%

3) 미국 바이오

단위표기: 총보수: %, 거래대금: 백만 원, 순자산총액: 억 원)

기초지수	ETF 이름	코드	상장일	총보수	거래대금	순자산총액
NASDAQ Biotechnology 지수 (시장가격지수)	TIGER 미국나스닥 바이오	A203780	2014-08-27	0.3	680	385
S&P Biotechnology Select Industry Index	KODEX 미국S&P 바이오(합성)	A185680	2013-10-31	0.25	96	108

■ 지수(혹은 ETF) 상세 정보

NASDAQ Biotechnology 지수는 미국 나스닥에 상장된 종목 중, 산업분류기준ICB으로 생명공학Biotechnology 또는 제약Pharmaceuticals에 속하는 종목으로 기준 요건을 충족하는 종목을 편입합니다.

S&P Biotechnology Select Industry 지수는 S&P Total Markets Index(미국 내 모든 거래소에 상장되어 있는 종목) 중 GICS 산업분류에서 하부 산업분류인 Biotechnology에 해당하는 종목으로 구성되어 있습니다. Biotechnology는 첨단 생물공학 연구를 기반으로 한 제품의 개발, 제조 또는 마케팅과 주로 관련된 기업을 포함합니다.

■ 성과 데이터 분석 (ETF 성과 분석)

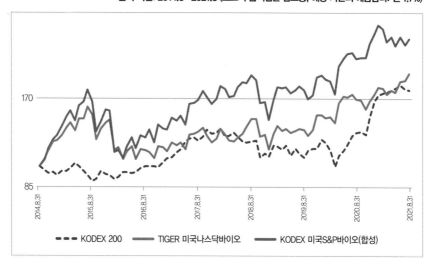

분석 기간: 2014.8~2021.8 (코스피 움직임은 참고용, 해당 기간의 예금금리: 연 1.7%)

[그림 7-36] 미국 바이오 ETF 성과 분석

	KODEX 200	TIGER 미국나스닥바이오	KODEX 미국S&P바이오(합성)
연수익률	8.8%	11.0%	15.4%
연변동성	15.1%	22.8%	29.7%
최대 낙폭	25.4%	33.7%	41.8%

4) 미국 에너지

단위표기: 총보수: %, 거래대금: 백만 원, 순자산총액: 억 원

기초지수	ETF 이름	코드	상장일	총보수	거래대금	순자산총액
S&P Oil&Gas Exploration& Production Select Industry Index(PR)	KBSTAR 미국S&P 원유생산기업 (합성 H)	A219390	2015-06-02	0.25	625	464
S&P Select Sector Energy Index	KODEX 미국S&P 에너지(합성)	A218420	2015-04-28	0.25	119	200

■ 지수(혹은 ETF) 상세 정보

S&P Oil&Gas Exploration&Production Select Industry 지수는 S&P 500의 Energy 섹터 기업들을 수정가중평균방식으로 구성합니다. 지수는 미국 내 모든 보통주식을 편입 대상으로 하며, NYSE, NYSE Amex NASDAQ Global Select Market, NASDAQ Select Market, NASDAQ Capital Market에 상장되어 있는 GICS(글로벌산업분류기준)에서 하부 산업분류인 Energy에 속하는 종목을 편입합니다.

S&P Select Sector Energy 지수는 미국의 원유 및 가스 탐사 및 생산기업에 투자하는 지수입니다. 원유 관련 산업은 크게 Upstream, Midstream, Downstream으로 구분되며, 유가에 대한 민감도는 Upstream > Midstream > Downstream으로 높다고 알려져 있습니다. 원유생산기업 ETF는 기존 선물투자 원유 ETF의 과도한 롤오버 비용에 대한 대안으로 상장되었습니다. 유가 등락에 상대적으로 민감한 미국 Upstream 기업에 투자함으로써 롤오버 비용 없이 유가 상승시 성과를 누릴 수 있도록 고안된 상품입니다.

[표 7-68] 원유 관련 산업 분류

분류	설명	GSCI 산업분류	유가와 관계정도
Upstream	원유·가스 탐사, 시추, 개발, 생산	Exploration & Production	높음
Oil Services	원유 생산방비 및 드릴러	Oil & Gas Exploration & Services	다소 높음
Midstream	원유·가스 운송 및 보관	Pipelines	다소 낮음
Downstream	원유 정제 및 석유·가스 판매	Oil & Gas Refining & Marketing	낮음

출처: KB자산운용

■ 성과 데이터 분석 (ETF 성과 분석)

분석 기간: 2015.6~2021.8 (코스피, 원유ETF 움직임은 참고용, 해당 기간의 예금금리: 연 1.6%)

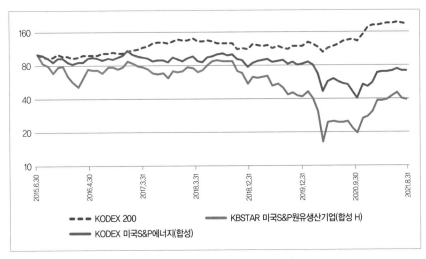

[그림 7-37] 미국 에너지 ETF 성과 분석

	KODEX 200	KBSTAR 미국S&P원유생산기업 (합성 H)	KODEX 미국S&P에너지 (합성)
연수익률	10.8%	-14.1%	-5.6%
연변동성	15.7%	46.8%	30.5%
최대 낙폭	25.4%	83.9%	63.2%

10
미국 팩터형

1) 미국 가치주

단위표기: 총보수: %, 거래대금: 백만 원, 순자산총액: 억 원

기초지수	ETF 이름	코드	상장일	총보수	거래대금	순자산총액
MorningStar Wide Moat Focus Index	KINDEX 미국 WideMoat가치주	A309230	2018-10-25	0.4	2,551	944

■ 지수(혹은 ETF) 상세 정보

MorningStar Wide Moat Focus 지수는 글로벌 독립 리서치 기관인 모닝스타가 산출하는 지수로서, 시장상황에서 벗어나 경제적 해자Economic Moat를 갖추고 장기적 경쟁 우위에 있는 가치주의 움직임을 추적하는 지수입니다(지수산출: 2007.2.14).

해자moat(垓子)는 원래 적의 침입을 막기 위해 성곽을 따라 파놓은 못을 가리키는데, 경쟁사가 쉽게 넘볼 수 없는 높은 진입장벽과 확고한 구조적 경쟁 우위를 해자에 비유한 용어가 바로 경제적 해자입니다. 경제적 해자는 워런 버핏이 1980년대 발표한 버크셔 해서웨이 연례보고서에서 최초로 주창한 투자 아이디어입니다. 경제적 해자의 판단 기준으로는 무형자산, 네트워크 효과, 교체·전환비용, 비용절감의 우위, 규모의 경제, 신규 진입 요인이 제한된 시장의 선점 등이 있습니다.

■ 성과 데이터 분석

분석 기간: 2002.10~2021.8 (코스피 움직임은 참고용, 해당 기간의 예금금리: 연 3.2%)

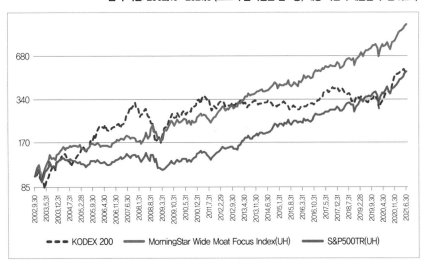

[그림 7-38] 미국 가치주 지수 성과 분석

	KODEX 200	MorningStar Wide Moat Focus Index(UH)	S&P500TR(UH)
연수익률	11.0%	12.8%	10.9%
연변동성	18.6%	15.5%	13.5%
최대 낙폭	45.5%	22.8%	21.7%

[표 7-69] S&P500 TR(UH) 대비 지수의 초과 성과

지수명	MorningStar Wide Moat Focus Index(UH)
지수개시일	2007-2-14
2002-12-31	
2003-12-31	8%
2004-12-31	15%
2005-12-31	0%
2006-12-31	2%

2007-12-31	-6%
2008-12-31	23%
2009-12-31	19%
2010-12-31	-6%
2011-12-31	4%
2012-12-31	8%
2013-12-31	-1%
2014-12-31	-4%
2015-12-31	-6%
2016-12-31	11%
2017-12-31	2%
2018-12-31	3%
2019-12-31	4%
2020-12-31	-3%
2021-8-31	2%

[표 7-70] S&P500 TR(UH) 대비 지수의 초과 성과 집계

지수 개시 전(03~06)	MorningStar Wide Moat Focus Index(UH)
전체 기간(연도)	4
초과 성과 횟수	3
초과 성과 비율	75%

지수 개시 후(08~21)	MorningStar Wide Moat Focus Index(UH)
전체 기간(연도)	14
초과 성과 횟수	9
초과 성과 비율	64%
초과 성과 누적수익률	51%
초과 성과 연환산수익률	4%

COLUMN

워런 버핏의 버크셔,
최근 성과는 어떨까?

　워런 버핏은 투자 분야에서 가장 유명한 투자자이며 가치투자의 대가로 불리기도 합니다. 그의 회사 버크셔 해서웨이가 위치한 '오마하'라는 지역명을 이용한 별명이 '오마하의 현인'입니다. '현인'이라는 별명이 붙었다는 것 자체가 대단합니다. 버핏의 명성은 다른 투자 대가들을 버핏에 빗대어 표현하는 것을 봐도 알 수 있습니다. 세계 4~5위의 부자로 꼽히는 버핏의 실제 투

■ 버크셔 vs. 미국주식

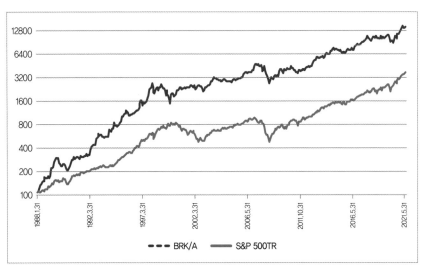

자 성과는 어떨까요? 그가 회장으로 있는 버크서 해서웨이의 주가 움직임으로 성과를 유추해보고자 합니다. 참고로 버크서는 배당을 하지 않기로 유명합니다. 배당없이 재투자된 버크서의 주가와 배당이 반영된 미국 주가지수(S&P 500TR)로 성과를 비교해 보겠습니다.

[그림 7-39] 버크셔 해서웨이(BRK-A)와 미국 주가지수(S&P 500TR)의 장기 성과 분석(1988.1~2021.8)

	BRK/A	S&P 500TR
연수익률	15.9%	11.3%
연변동성	19.8%	14.5%
최대 낙폭	44.5%	50.9%

　　1988년 1월부터 2021년 8월까지 34년간 버크서의 누적 수익률은 14,088%입니다. 1억 원으로 투자를 시작했다면, 현재 잔고가 141억 8천 8백만 원이라는 말입니다. 버크서의 연환산 수익률은 15.9%로 같은 기간 미국주식의 11.3%보다 4.6%나 높은 초과수익을 보였습니다. 총 34년 중에, 버크서가 지수 대비 초과수익이 발생한 것은 23번입니다. 전체 기간을 11년씩 3개의 구간으로 나누어보면, 첫 구간은 버크서가 더 성과가 좋았습니다. 하지만 다음 두 개의 구간에는 미국주식이 더 좋은 성과를 보였습니다.

　- 1988~1998: 버크서가 S&P 500TR을 연 14.6%(누적 150%) 초과수익 달성

　- 1999~2009: S&P 500TR이 버크서를 연 0.6%(누적 6%) 초과수익 달성

　- 2010~2020: S&P 500TR이 버크서를 연 2.2%(누적 25%) 초과수익 달성

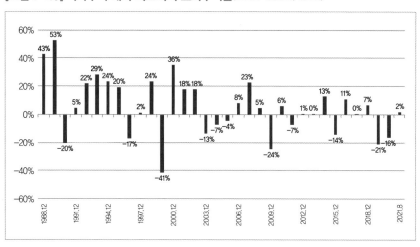

[그림 7-40] 미국주식 대비 버크셔의 초과수익률(1988.1~2021.8, 연단위)

버크셔에 투자 후 10년간 보유했다면 어땠을까요? 1980~90년대에 시작했다면 지수 대비 초과 성과를 냈을 것입니다. 하지만 2000년대 중반 이후에 투자했다면 미국주식 대비 성과가 낮았을 것입니다.

[그림 7-41] 미국주식 대비 버크셔의 초과수익률(1988.1~2021.8, 10년 단위 투자 시, 단위: %)

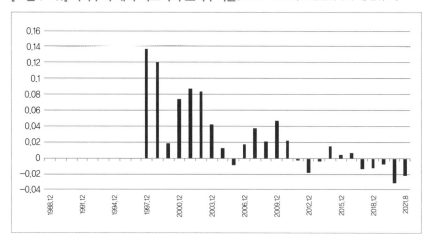

■ 버크셔 vs. MOAT vs. SPY

이번에는 버크셔와 MOAT ETF의 성과를 비교해보겠습니다. MOAT ETF
는 MorningStar Wide Moat Focus 지수를 추종하는데, 이 지수는 글로벌 독
립 리서치 기관인 모닝스타가 산출하는 지수로서, 시장상황에서 벗어나 경
제적 해자 기업에 해당하고 장기적 경쟁 우위에 있는 가치주의 움직임을 추
적하는 지수입니다.

MOAT가 출시된 2012년 4월부터 2021년 8월까지의 데이터를 비교했습니
다. 이와 더불어 미국주식 지수 ETF인 SPYSPDR S&P 500와도 같이 비교했
습니다. 분석 결과 최근 10년간 이들 3개의 성과는 매우 유사했고, 움직임 역
시 큰 차이를 보이지 않았습니다.

투자 결정을 할 때 막연히 상품명이나 홍보 문구만으로 짐작해 투자하는
것은 좋은 투자 습관이 아닙니다. 이 사례처럼 비슷한 움직임을 보이는데도
불구하고 보수나 수수료 등이 차이 나기 때문입니다.

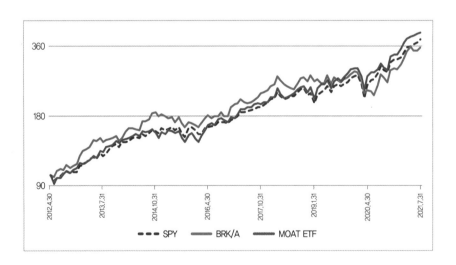

[그림 7-42] 버크셔 vs. MOAT vs. SPY 성과 분석(2012.4~2021.8)

	SPY	BRK/A	MOAT ETF
연수익률	15.6%	14.6%	16.4%
연변동성	13.2%	15.0%	15.3%
최대 낙폭	19.9%	21.3%	19.1%

2) 미국 배당주

단위표기: 총보수: %, 거래대금: 백만 원, 순자산총액: 억 원

기초지수	ETF 이름	코드	상장일	총보수	거래대금	순자산총액
Dow Jones U.S Select Dividend Index(시장가격지수)	ARIRANG 미국다우존스 고배당주(합성 H)	A213630	2015-01-26	0.4	158	270
Nasdaq US Low Volatility Dividend Achievers Index	KOSEF 미국방어배 당성장나스닥	A373790	2020-12-24	0.4	22	71

■ 지수(혹은 ETF) 상세 정보

다우존스 미국 배당 지수Dow Jones U.S. Select Dividend는 미국 뉴욕증권거래소, 나스닥 상장 기업 중 유동성 및 배당성향 조건을 충족하는 기업 중 배당수익률 상위 100 종목의 성과를 추적하는 지수입니다(지수 산출: 2003. 11. 2).

나스닥 미국 저변동성 배당성향 지수Nasdaq US Low Volatility Dividend Achievers Index는 연간 정기배당금 지급액이 최소 10년 연속 증가하는 미국 대형주의 실적을 추적하는 지수로 다음 두 가지 지수에 동시에 속하는 종목들로 구성됩니다.

① 뉴욕증권거래소, 나스닥, 시카고옵션거래소 상장주식 중 3개월 평균거래 대금 100만 달러 이상이며, 연간 정기배당을 10년 이상 성장시킨 종목을 편 입하는 지수이며,

② Nasdaq US Large Cap Index: 뉴욕증권거래소, 나스닥, 시카고옵션거래소 상장주식 중 시가총액이 150만 달러 이상, 3개월 평균거래대금 10만 달러 이 상, 유동비율 20% 이상인 종목을 대상으로 시가총액 상위 75% 이내의 미국 대형주를 편입하는 지수입니다.

■ **성과 데이터 분석**　　　　분석 기간: 1992.1~2021.8 (코스피, S&P 500 움직임은 참고용)

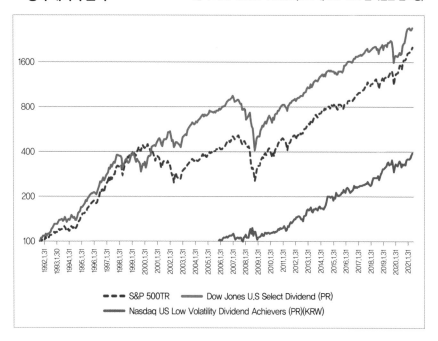

- - - S&P 500TR　　——— Dow Jones U.S Select Dividend (PR)
——— Nasdaq US Low Volatility Dividend Achievers (PR)(KRW)

[그림 7-43] 다우존스 배당지수 성과 분석

	S&P 500TR	Dow Jones U.S Select Dividend (PR)
연수익률	10.7%	11.8%
연변동성	14.5%	15.0%
최대 낙폭	50.9%	56.6%

[표 7-71] S&P 500TR 대비 각 지수의 초과 성과

지수명	Dow Jones U.S. Select Dividend (PR)	Nasdaq US Low Volatility Dividend Achievers (PR)(KRW)
지수개시	2003년 11월	2020년 12월
1993-12-31	5%	
1994-12-31	-2%	
1995-12-31	5%	

1996–12–31	2%	
1997–12–31	4%	
1998–12–31	−24%	
1999–12–31	−25%	
2000–12–31	34%	
2001–12–31	25%	
2002–12–31	18%	
2003–12–31	1%	
2004–12–31	7%	
2005–12–31	−1%	
2006–12–31	4%	
2007–12–31	−11%	−8%
2008–12–31	6%	40%
2009–12–31	−15%	−21%
2010–12–31	3%	−10%
2011–12–31	10%	10%
2012–12–31	−5%	−14%
2013–12–31	−3%	−11%
2014–12–31	2%	7%
2015–12–31	−3%	5%
2016–12–31	10%	−1%
2017–12–31	−6%	−18%
2018–12–31	−2%	11%
2019–12–31	−8%	−4%
2020–12–31	−23%	−19%
2021–8–31	5%	−3%

[표 7-72] S&P 500TR 대비 각 지수의 초과 성과 집계

지수 개시 전	Dow Jones U.S. Select Dividend (PR)	Nasdaq US Low Volatility Dividend Achievers (PR)(KRW)
전체 기간(연도)	10	13
초과 성과 횟수	7	5
초과 성과 비율	70%	38%

지수 개시 전	Dow Jones U.S. Select Dividend (PR)	Nasdaq US Low Volatility Dividend Achievers (PR)(KRW)
전체 기간(연도)	18	1
초과 성과 횟수	8	–
초과 성과 비율	44%	0%
초과 성과 누적수익률	−39%	−3%
초과 성과 연환산수익률	−2%	−4%

11
미국 테마형

1) 미국 친환경

단위표기: 총보수: %, 거래대금: 백만 원, 순자산총액: 억 원

기초지수	ETF 이름	코드	상장일	총보수	거래대금	순자산총액
Indxx US Green Infrastructure Price return Index	KINDEX 미국친환경 그린테마NDXX	A391600	2021-08-05	0.7	1,063	139

■ 지수(혹은 ETF) 상세 정보

Indxx US Green Infrastructure 지수는 매출 50% 이상이 7개의 '친환경 테마' 사업으로 창출된 미국 상장기업 중 재무요건과 유동성요건을 만족하는 상위 종목(50종목 수준)에 투자합니다.

■ 성과 데이터 분석

ETF 출시 기간이 1년 미만이라 성과 데이터 분석은 실시하지 않았으며, 투자를 검토하기 전에 장기적인 추이를 지켜볼 필요가 있습니다.

2) 미국 스마트모빌리티 ━━━━━━━━

단위표기: 총보수: %, 거래대금: 백만 원, 순자산총액: 억 원

기초지수	ETF 이름	코드	상장일	총보수	거래대금	순자산총액
S&P Kensho Smart Transportation	KODEX 미국 스마트모빌리티S&P	A390400	2021-06-30	0.45	896	148

■ 지수(혹은 ETF) 상세 정보

S&P Kensho Smart Transportation(KRW) 지수는 자율주행, 전기차, 드론, 차세대 교통시스템, 각각의 4가지 지수 기업들로 구성되어 있습니다. 해당 지수는 Kensho사의 AI 기술(자연어 처리 플랫폼 및 머신러닝)을 적용하여 Smart Transportation과 핵심사업영역이 가까운 종목들로 산출됩니다.

■ 성과 데이터 분석

ETF 출시 기간이 1년 미만이라 성과 데이터 분석은 실시하지 않았으며, 투자를 검토하기 전에 장기적인 추이를 지켜볼 필요가 있습니다.

3) 미국 스팩&IPO ━━━━━━━━

단위표기: 총보수: %, 거래대금: 백만 원, 순자산총액: 억 원

기초지수	ETF 이름	코드	상장일	총보수	거래대금	순자산총액
Indxx SPAC & NEXTGEN IPO Price return Index	KINDEX 미국 스팩&IPO INDXX	A391590	2021-08-05	0.7	151	118

■ 지수(혹은 ETF) 상세 정보

Indxx SPAC&NEXTGEN IPO 지수는 미국에 상장된 스팩(SPAC)과 스팩 합병

IPO 종목 중 우량요건과 지수위원회 정성적 기준을 만족하는 종목을 선별하여 투자하는 지수로, 스팩(40%)+스팩합병 IPO(60%) 비율로 기초지수 종목을 구성하고 매월 기업경영 및 스팩 종목 점검을 통해 종목 교체를 실시합니다.

■ 성과 데이터 분석

ETF 출시 기간이 1년 미만이라 성과 데이터 분석은 실시하지 않았으며, 투자를 검토하기 전에 장기적인 추이를 지켜볼 필요가 있습니다.

4) 미국 고정배당우선증권

단위표기: 총보수: %, 거래대금: 백만 원, 순자산총액: 억 원

기초지수	ETF 이름	코드	상장일	총보수	거래대금	순자산총액
ICE BofAML Core Plus Fixed Rate Preferred Securities Index	KBSTAR 미국 고정배당우선증권ICE TR	A354240	2020-05-19	0.5	54	80

■ 지수(혹은 ETF) 상세 정보

ICE BofAML Core Plus Fixed Rate Preferred Securities 지수는 주식과 채권의 속성을 동시에 보유한 하이브리드 증권인 고정배당 우선증권으로 구성되는데, 주식처럼 상장되어 거래되며 채권처럼 정기고정배당금을 지급합니다. 투자대상 종목의 정기·고정 배당금을 전액 재투자하여 장기자본차익의 극대화를 추구합니다.

■ 성과 데이터 분석

ETF 출시 기간이 2년 미만이라 성과 데이터 분석은 실시하지 않았으며, 투자를 검토하기 전에 장기적인 추이를 지켜볼 필요가 있습니다.

12

미국 전략형

미국 커버드콜

단위표기: 총보수: %, 거래대금: 백만 원, 순자산총액: 억 원

기초지수	ETF 이름	코드	상장일	총보수	거래대금	순자산총액	처리완료
S&P500 Dividend Aristocrats Covered Call (7.2% Premium) Index	KODEX 미국 S&P 고배당커버드콜 (합성 H)	A276970	2017-08-10	0.3	183	357	완료

■ 지수(혹은 ETF) 상세 정보

S&P 500 배당 커버드콜 지수S&P 500 Dividend Aristocrats Covered Call(7.2% Premium) Index)는 미국 S&P 500 구성 종목 중 지난 25년간 꾸준히 배당이 증가한 기업에 투자합니다. 미국 S&P 고배당 지수S&P 500 Dividend Aristocrats Net Total Return 매수, S&P 500콜옵션 매도 합성을 통한 커버드콜 구조의 전략형 지수로서, 분기당 Index NAV의 1.80%(연 7.2%) 수준의 분배락을 반영합니다(지수 산출: 2017.4.24).

■ 성과 데이터 분석   분석 기간: 2001.1~2021.8 (S&P 500TR 움직임은 참고용)

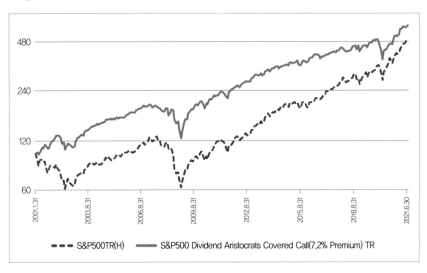

[그림 7-44] 미국 배당 커버드콜 지수 성과 분석

	S&P 500 TR(H)	S&P 500 Dividend Aristocrats Covered Call (7.2% Premium) TR
연수익률	8.1%	9.1%
연변동성	15.0%	12.3%
최대 낙폭	50.9%	37.6%

[표 7-73] S&P 500TR 대비 각 지수의 초과 성과

	S&P 500 Dividend Aristocrats Covered Call(7.2% Premium) TR
2002-12-31	18%
2003-12-31	-5%
2004-12-31	4%
2005-12-31	-3%
2006-12-31	0%
2007-12-31	-8%
2008-12-31	20%

2009-12-31	1%
2010-12-31	-2%
2011-12-31	8%
2012-12-31	-5%
2013-12-31	-14%
2014-12-31	-6%
2015-12-31	2%
2016-12-31	-5%
2017-12-31	(지수 산출 연도)
2018-12-31	-1%
2019-12-31	-13%
2020-12-31	-13%
2021-8-31	-7%

[표 7-74] S&P 500TR 대비 각 지수의 초과 성과 집계

지수 산출 전	S&P 500 Dividend Aristocrats Covered Call(7.2% Premium) TR
전체 기간(연도)	15
초과 성과 횟수	7
초과 성과 비율	47%

지수 산출 후	S&P 500 Dividend Aristocrats Covered Call(7.2% Premium) TR
전체 기간(연도)	4
초과 성과 횟수	0
초과 성과 비율	0%
초과 성과 누적수익률	-36%
초과 성과 연환산수익률	-9%

13

글로벌 섹터

1) 글로벌 인프라

단위표기: 총보수: %, 거래대금: 백만 원, 순자산총액: 억 원

기초지수	ETF 이름	코드	상장일	총보수	거래대금	순자산총액
S&P Global Infrastructure Index	KODEX S&P글로벌 인프라(합성)	A269420	2017-05-16	0.26	104	141
S&P Global Infrastructure Index	ARIRANG S&P글로벌인프라	A269530	2017-05-16	0.3	10	59
S&P Global Infrastructure Index	TIGER S&P글로벌 인프라(합성)	A269370	2017-05-16	0.4	24	54

■ 지수(혹은 ETF) 상세 정보

S&P Global Infrastructure(PR) 지수는 글로벌 인프라[12] 산업 관련 기업에 분산투자하는 지수입니다. 전 세계 75개국, 75개 주식에 투자합니다(선진국 60개국, 신흥국 15개국 포함. 2021년 3월 기준). 섹터별로는 유틸리티, 산업재, 에너지에 각각 40%, 40%, 20% 수준으로 투자합니다(지수 산출: 2007. 2. 22).

---

12 인프라 혹은 인프라스트럭처(Infrastructure): 경제와 사회의 효율성, 생산성을 높이는 역할을 수행하는 자산으로 도로, 철도, 공항, 에너지 설비, 통신, 운송 서비스 등 사회·경제·문화에 필수적인 산업기반시설을 말합니다.

■ 성과 데이터 분석 (ETF 성과 분석)

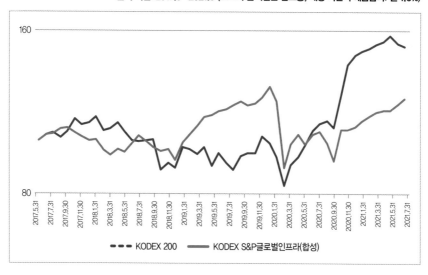

분석 기간: 2017.5~2021.8 (코스피 움직임은 참고용, 해당 기간의 예금금리: 연 1.6%)

[그림 7-45] 미국 글로벌인프라 ETF 성과 분석

	KODEX 200	KODEX S&P글로벌인프라(합성)
연수익률	9.9%	4.3%
연변동성	17.6%	18.7%
최대 낙폭	25.4%	29.2%

2) 글로벌 헬스케어 ━━━━━━

단위표기: 총보수: %, 거래대금: 백만 원, 순자산총액: 억 원

기초지수	ETF 이름	코드	상장일	총보수	거래대금	순자산총액
S&P Global 1200 Health Care Index	TIGER S&P글로벌 헬스케어(합성)	A248270	2016-07-01	0.4	200	185

■ 지수(혹은 ETF) 상세 정보

TIGER S&P글로벌헬스케어(합성): S&P Global 1200 Health Care Custom 지수는 S&P Global 1200[13] 지수 구성 종목 중, 글로벌섹터분류기준으로 헬스케어 섹터에 해당하는 종목에 투자합니다.

■ 성과 데이터 분석(ETF 성과 분석)

분석 기간: 2016.7~2021.8 (코스피 움직임은 참고용, 해당 기간의 예금금리: 연 1.6%)

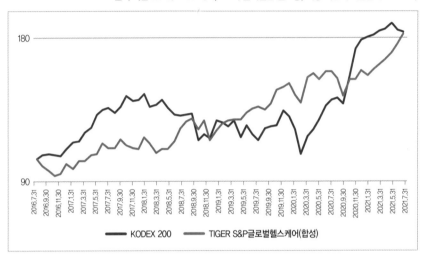

[그림 7-46] 글로벌헬스케어 ETF 성과 분석

	KODEX 200	TIGER S&P글로벌헬스케어(합성)
연수익률	12.8%	12.7%
연변동성	16.5%	13.4%
최대 낙폭	25.4%	11.4%

---

13 S&P 500, S&P/ASX All Australian 50, S&P Europe 350, S&P Asia 50, S&P/TSX 60, S&P Latin America 40, S&P/TOPIX 150 지수를 합한 지수.

14

글로벌 테마

1) 글로벌 2차전지

단위표기: 총보수: %, 거래대금: 백만 원, 순자산총액: 억 원

기초지수	ETF 이름	코드	상장일	총보수	거래대금	순자산총액
Solactive Global Lithium 지수 (Net Total Return)	TIGER 글로벌 리튬&2차전지 SOLACTIVE(합성)	A394670	2021-07-20	0.49	26,495	5,221

■ 지수(혹은 ETF) 상세 정보

Solactive Global Lithium 지수는 글로벌 기업 중 기업이 리튬 채굴이나 배터리를 생산하고 있으며, 해당 사업에서 현재 및 향후 상당한 매출이 발생할 것으로 예상되는 기업들을 최대 40종목까지 편입합니다.

■ 성과 데이터 분석

ETF 출시 기간이 1년 미만이라 성과 데이터 분석은 실시하지 않았으며, 투자를 검토하기 전에 장기적인 추이를 지켜볼 필요가 있습니다.

2) 글로벌 4차산업혁신기술 —————

단위표기: 총보수: %, 거래대금: 백만 원, 순자산총액: 억 원

기초지수	ETF 이름	코드	상장일	총보수	거래대금	순자산총액
MorningStar Exponential Technologies Index(PR)	TIGER 글로벌 4차산업 혁신기술(합성 H)	A275980	2017-08-01	0.4	2,075	2,594

■ 지수(혹은 ETF) 상세 정보

Morningstar Exponential Technologies(PR) 지수는 Morningstar US Market 지수 및 Global Markets ex-US 지수의 구성 종목인 글로벌 주식을 유니버스로 하며, 모닝스타에서 선정한 9가지 기하급수 기술 팩터를 감안하여 종목 선정합니다. 9개 팩터는 매년 재검토하며, 2017년 6월 기준으로 '빅데이터 및 분석, 나노기술의학 및 신경과학, 네트워크 및 컴퓨터 시스템, 에너지 및 환경 시스템, 로봇공학, 3D 프린팅, 생물정보학, 금융 서비스 혁신'이 선정되었습니다.

■ 성과 데이터 분석 (ETF 성과 분석)

분석 기간: 2017.8~2021.8 (코스피 움직임은 참고용, 해당 기간의 예금금리: 연 1.6%)

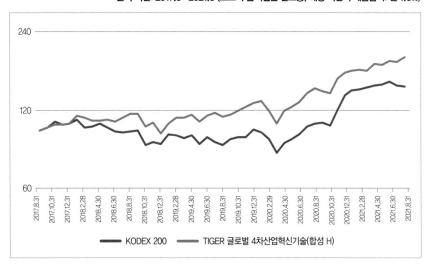

[그림 7-47] 글로벌 4차산업혁신기술 ETF 성과 분석

	KODEX 200	TIGER 글로벌 4차산업혁신기술(합성 H)
연수익률	10.3%	17.6%
연변동성	18.1%	17.2%
최대 낙폭	25.4%	18.1%

3) 글로벌 클라우드컴퓨팅

단위표기: 총보수: %, 거래대금: 백만 원, 순자산총액: 억 원)

기초지수	ETF 이름	코드	상장일	총보수	거래대금	순자산총액
Indxx Global Cloud Computing Index (Net Total Return)	TIGER 글로벌 클라우드컴퓨팅INDXX	A371450	2020-12-08	0.49	652	509

▪ 지수(혹은 ETF) 상세 정보

Indxx Global Cloud Computing(Net Total Return) 지수(원화 환산)는 글로벌 선진국/신흥국(인도 제외) 증권거래소에 상장된 종목 중 클라우드 컴퓨팅(SaaS Software as aService, PaaS Platform as a Service, IaaS Infrastructure as a Service(데이터센터, 관련 인프라) 산업에서 매출이 전체의 최소 50% 이상을 차지하는 30여 개의 기업을 구성종목으로 하는 지수입니다.

▪ 성과 데이터 분석

ETF 출시 기간이 1년 미만이라 성과 데이터 분석은 실시하지 않았으며, 투자를 검토하기 전에 장기적인 추이를 지켜볼 필요가 있습니다.

4) 글로벌 자원생산기업 ━━━━━━

단위표기: 총보수: %, 거래대금: 백만 원, 순자산총액: 억 원

기초지수	ETF 이름	코드	상장일	총보수	거래대금	순자산총액
MorningStar Global Upstream Resources Index(PR)	TIGER 글로벌 자원생산기업(합성 H)	A276000	2017-08-01	0.4	25	145

▪ 지수(혹은 ETF) 상세 정보

MorningStar Global Upstream Resources(PR) 지수는 Morningstar US Market 지수 및 Global Markets ex-US 지수의 구성종목인 글로벌 주식을 유니버스로 하며, 자원 관련 업스트림(원자재를 중간재로 변환·정제) 비즈니스를 영위하는 기업으로 천연자원 카테고리(에너지, 금속, 농산물, 목재, 수자원)에 해당하는 종목으로 구성합니다.

■ 성과 데이터 분석 (ETF 성과 분석)

분석 기간: 2017.8~2021.8 (코스피 움직임은 참고용, 해당 기간의 예금금리: 연 1.6%)

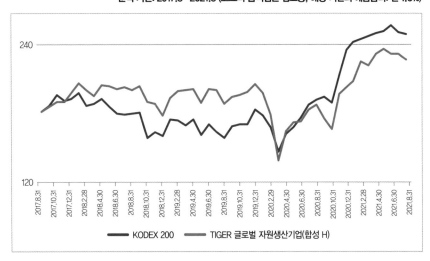

[그림 7-48] 글로벌자원생산기업 ETF 성과 분석

	KODEX 200	TIGER 글로벌 자원생산기업(합성 H)
연수익률	10.3%	6.7%
연변동성	18.1%	22.3%
최대 낙폭	25.4%	32.5%

5) 글로벌 모빌리티

단위표기: 총보수: %, 거래대금: 백만 원, 순자산총액: 억 원

기초지수	ETF 이름	코드	상장일	총보수	거래대금	순자산총액
Solactive Autonomous & Electric Vehicles 지수(Net Total Return)	TIGER 글로벌 자율주행&전기차 SOLACTIVE	A394660	2021-07-20	0.49	5,992	1,202
MSCI ACWI IMI 퓨처모빌리티 ESG 지수 (시장가격)	KOSEF 릭소글로벌 퓨처모빌리티MSCI	A394350	2021-07-20	0.31	410	99

■ 지수(혹은 ETF) 상세 정보

Solactive Autonomous & Electric Vehicles(원화 환산) 지수는 글로벌 기업 중 홈페이지나 사업설명서에 자율주행 및 전기차 언급 빈도를 스코어링하여 순위가 높은 상위 종목들로 구성합니다.

MSCI ACWI IMI 퓨처모빌리티 ESG(시장가격, 원화 환산) 지수는 에너지 저장 기술, 자율주행자동차, 공유 운송수단, 새로운 교통수단 등의 분야에서 주요 매출을 올릴 것으로 기대되는 선진국 및 신흥국 내 대형 및 중소형 기업을 추종합니다.

■ 성과 데이터 분석

ETF 출시 기간이 1년 미만이라 성과 데이터 분석은 실시하지 않았으며, 투자를 검토하기 전에 장기적인 추이를 지켜볼 필요가 있습니다.

6) 글로벌 4차산업로보틱스 ━━━━━

단위표기: 총보수: %, 거래대금: 백만 원, 순자산총액: 억 원

기초지수	ETF 이름	코드	상장일	총보수	거래대금	순자산총액
ROBO Global Robotics & Automation UCITS Price Return Index	KODEX 글로벌 4차 산업로보틱스(합성)	A276990	2017-08-17	0.3	158	234

■ 지수(혹은 ETF) 상세 정보

ROBO Global Robotics & Automation UCITS PR(원화 환산)지수는 글로벌 로봇, 자동화 관련 기업들로 구성된 대표적인 로보틱스 관련 지수 중 하나이며, 글로벌 로봇산업 지수 개발 및 리서치 전문회사인 'ROBO Global'에서 관리하는 글로벌 4차산업 특화 지수입니다. 지수 구성종목의 40%는 로봇, 자동화 관련 기술들로부터 매출이 발생하는 기업으로 구성하고, 60%는 로봇, 자동화 산업이 성장함에 따라 매출이 발생할 것으로 예상되는 기업으로 구성합니다.

■ 성과 데이터 분석 (ETF 성과 분석)

분석 기간: 2017.8~2021.8 (코스피 움직임은 참고용, 해당 기간의 예금금리: 연 1.6%)

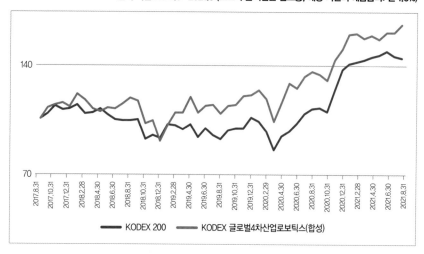

[그림 7-49] 글로벌4차산업로보틱스 ETF 성과 분석

	KODEX 200	KODEX 글로벌 4차산업로보틱스(합성)
연수익률	10.3%	16.2%
연변동성	18.1%	22.1%
최대 낙폭	25.4%	26.2%

7) 글로벌 럭셔리 ━━━━━━━━━

단위표기: 총보수: %, 거래대금: 백만 원, 순자산총액: 억 원

기초지수	ETF 이름	코드	상장일	총보수	거래대금	순자산총액
S&P Global Luxury Index	HANARO 글로벌 럭셔리S&P(합성)	A354350	2020-05-12	0.5	696	523

■ 지수(혹은 ETF) 상세 정보

S&P Global Luxury(원화 환산) 지수는 글로벌 시장에 상장된 럭셔리 기업(고부가가치 창출 기업)을 편입합니다. 지수사의 주관적, 정성적 평가로 정해지는 럭셔리 배점이 높은 순으로 80개의 종목을 선정합니다.

■ 성과 데이터 분석

ETF 출시 기간이 2년 미만이라 성과 데이터 분석은 실시하지 않았으며, 투자를 검토하기 전에 장기적인 추이를 지켜볼 필요가 있습니다.

8) 글로벌 디지털경제

단위표기: 총보수: %, 거래대금: 백만 원, 순자산총액: 억 원

기초지수	ETF 이름	코드	상장일	총보수	거래대금	순자산총액
MSCI ACWI IMI 디지털 이코노미 ESG 지수(시장가격)	KOSEF 릭소글로벌 디지털경제MSCI	A394340	2021-07-20	0.31	9	84

■ 지수(혹은 ETF) 상세 정보

MSCI ACWI IMI 디지털 이코노미 ESG(시장가격, 원화 환산) 지수는 전자상거래, 소셜미디어, 클라우드, 디지털페이먼트, 사이버보안 등의 분야에서 주요 매출을 올릴 것으로 기대되는 선진국 및 신흥국 내 대형 및 중소형 기업을 추종합니다.

■ 성과 데이터 분석

ETF 출시 기간이 1년 미만이라 성과 데이터 분석은 실시하지 않았으며, 투자를 검토하기 전에 장기적인 추이를 지켜볼 필요가 있습니다.

9) 글로벌 4차산업 IT

단위표기: 총보수: %, 거래대금: 백만 원, 순자산총액: 억 원

기초지수	ETF 이름	코드	상장일	총보수	거래대금	순자산총액
S&P Global 1200 Information Technology and Interactive Media & Services(PR)	KBSTAR 글로벌 4차산업 IT(합성 H)	A276650	2017-08-17	0.4	278	365

■ 지수(혹은 ETF) 상세 정보

S&P Global 1200 Information Technology and Interactive Media and Services(PR) 지수는 GICS 섹터분류기준상 IT 섹터 및 Communication Services 섹터 내 하부산업인 Interactive Media and Services 해당 종목으로 구성된 지수입니다. 4차산업 관련기술을 보유·개발하여 장기이익을 창출할 수 있는 글로벌 IT 대기업을 선정합니다.

■ 성과 데이터 분석 (ETF 성과 분석)

분석 기간: 2017.8~2021.8 (코스피 움직임은 참고용, 해당 기간의 예금금리: 연 1.6%)

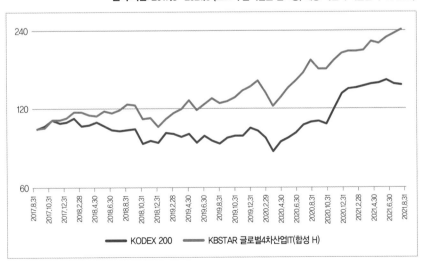

[그림 7-50] 글로벌4차산업IT ETF 성과 분석

	KODEX 200	KBSTAR 글로벌 4차산업I T(합성 H)
연수익률	10.3%	24.4%
연변동성	18.1%	19.2%
최대 낙폭	25.4%	20.3%

10) 한국·대만 IT 프리미어 ━━━━━

단위표기: 총보수: %, 거래대금: 백만 원, 순자산총액: 억 원

기초지수	ETF 이름	코드	상장일	총보수	거래대금	순자산총액
한국 · 대만 IT 프리미어 지수	KODEX 한국대만 IT프리미어	A298770	2018-06-11	0.55	794	1,225

■ 지수(혹은 ETF) 상세 정보

한국·대만 IT 프리미어(원화 환산) 지수는 4차 산업혁명시대를 맞이하여 한국 거래소KRX와 대만증권거래소TWSE가 2017년 공동개발한 지수로, 한국과 대만 시장에 상장된 IT 대표기업 주식들로 구성되어 있습니다. 양 거래소가 지수를 공동으로 관리하며, S&P Dow Johns Indices가 업무를 위탁받아 산출 및 분배 업무를 하고 있습니다. 이 지수는 한국과 대만에 상장된 정보기술과 커뮤니케이션 업종 기업 중 미화 25억 달러 이상의 유동시가총액을 가진 기업을 대상으로, 개별 종목 최대 비중 20% 이내, 상위 5개 종목 비중 60% 이내가 되도록 하는 시가총액 가중지수입니다.

■ 성과 데이터 분석 (ETF 성과 분석)

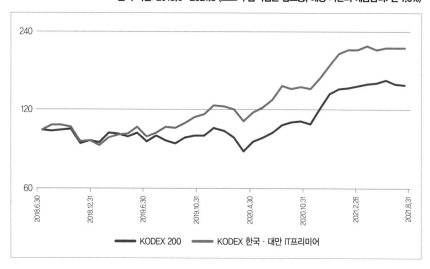

분석 기간: 2018.6~2021.8 (코스피 움직임은 참고용, 해당 기간의 예금금리: 연 1.5%)

[그림 7-51] 한국 · 대만 IT프리미어 ETF 성과 분석

	KODEX 200	KODEX 한국 · 대만 IT프리미어
연수익률	13.5%	25.9%
연변동성	19.2%	19.0%
최대 낙폭	19.0%	16.7%

15

중국 섹터형

1) 중국 항셍테크

단위표기: 총보수: %, 거래대금: 백만 원, 순자산총액: 억 원

기초지수	ETF 이름	코드	상장일	총보수	거래대금	순자산총액
Hang Seng TECH Index	TIGER 차이나 항셍테크	A371160	2020–12–16	0.09	6,912	3,166
Hang Seng TECH Index	KODEX 차이나 항셍테크	A372330	2020–12–16	0.18	3,941	1,480
Hang Seng TECH Index	KBSTAR 차이나 항셍테크	A371150	2020–12–16	0.14	214	75
Hang Seng TECH Index	KINDEX 차이나 항셍테크	A371870	2020–12–16	0.25	116	49

■ 지수(혹은 ETF) 상세 정보

Hang Seng TECH 지수는 중국 IT, 자유소비재, 산업재, 금융, 헬스케어 섹터 내 클라우드, 디지털, E-커머스, 핀테크 및 인터넷·모바일 사업을 영위하는 기술 기반 기업들을 최대 30종목까지 편입합니다(산출기관: Hang Seng Indexes, 산출방법: 유동주식시가총액 가중방식, 홍콩달러 기준).

■ 성과 데이터 분석

ETF 출시 기간이 1년 미만이라 성과 데이터 분석은 실시하지 않았으며, 투자를 검토하기 전에 장기적인 추이를 지켜볼 필요가 있습니다.

2) 중국 반도체

단위표기: 총보수: %, 거래대금: 백만 원, 순자산총액: 억 원

기초지수	ETF 이름	코드	상장일	총보수	거래대금	순자산총액
FactSet China Semiconductor 지수 (Net Total Return)	TIGER 차이나 반도체FACTSET	A396520	2021-08-10	0.49	1,302	318

■ 지수(혹은 ETF) 상세 정보

FactSet China Semiconductor 지수(원화 환산)는 중국 또는 홍콩에 본사를 두고 있으며 FactSet 섹터 분류에서 반도체 관련 섹터로 분류된 기업들 중 유동시가총액 기준 상위 기업으로 최대 25종목까지 편입합니다.

■ 성과 데이터 분석

ETF 출시 기간이 1년 미만이라 성과 데이터 분석은 실시하지 않았으며, 투자를 검토하기 전에 장기적인 추이를 지켜볼 필요가 있습니다.

3) 중국 바이오

단위표기: 총보수: %, 거래대금: 백만 원, 순자산총액: 억 원

기초지수	ETF 이름	코드	상장일	총보수	거래대금	순자산총액
Solactive China Biotech Index (Net Total Return)	TIGER 차이나 바이오테크SOLACTIVE	A371470	2020-12-08	0.49	1,285	901

■ 지수(혹은 ETF) 상세 정보

TIGER 차이나 바이오테크 SOLACTIVE: Solactive China Biotech 지수는 중국 헬스케어 산업 내 생명공학 테마에 속한 기업들을 포함하는 지수로 중국, 홍콩, 미국 거래소에 상장된 중국 생명공학 기업들을 최대 30종목까지 편입합니다(산출기관: Solactive AG, 유동주식시가총액 가중방식).

■ 성과 데이터 분석

ETF 출시 기간이 1년 미만이라 성과 데이터 분석은 실시하지 않았으며, 투자를 검토하기 전에 장기적인 추이를 지켜볼 필요가 있습니다.

16

중국 테마형

1) 중국 전기차

단위표기: 총보수: %, 거래대금: 백만 원, 순자산총액: 억 원

기초지수	ETF 이름	코드	상장일	총보수	거래대금	순자산총액
Solactive China Electric Vehicle Index (Net Total Return)	TIGER 차이나 전기차 SOLACTIVE	A371460	2020-12-08	0.49	139,151	19,397

■ 지수(혹은 ETF) 상세 정보

Solactive China Electric Vehicle(원화 환산) 지수는 중국이나 홍콩에 본사를 두고 있는 중국 전기차 산업 관련 기업들로 구성되어 있는 지수로 완성차 및 관련 부품뿐만 아니라 배터리 및 화학 기업까지 포함. 중국, 홍콩, 미국 거래소에 상장된 중국 전기차 및 관련 공급망 기업들을 20종목까지 편입합니다 (CNH[14] 기준).

■ 성과 데이터 분석

ETF 출시 기간이 1년 미만이라 성과 데이터 분석은 실시하지 않았으며, 투자를 검토하기 전에 장기적인 추이를 지켜볼 필요가 있습니다.

---

14 CNH는 중국 정부에서 위안화를 국제 기축통화로 육성하기 위해 만든 것으로, 중국 본토에서 거래되는 위안화 (Chinese Yuan, CNY)와는 달리 역외시장인 홍콩에서 거래되는 위안화를 말합니다.

2) 중국 클린에너지

단위표기: 총보수: %, 거래대금: 백만 원, 순자산총액: 억 원

기초지수	ETF 이름	코드	상장일	총보수	거래대금	순자산총액
Solactive China Clean Energy 지수(Net Total Return)	TIGER 차이나 클린에너지SOLACTIVE	A396510	2021-08-10	0.49	2,929	420

■ 지수(혹은 ETF) 상세 정보

Solactive China Clean Energy 지수(원화 환산)는 중국 또는 홍콩에 본사를 두고 있으며 FactSet 섹터 분류에서 클린에너지 산업 및 경제로 분류된 기업들 중 클린에너지 분야에서 활발한 활동을 펼치고 있는 기업을 선정하여 종목을 구성합니다.

■ 성과 데이터 분석

ETF 출시 기간이 1년 미만이라 성과 데이터 분석은 실시하지 않았으며, 투자를 검토하기 전에 장기적인 추이를 지켜볼 필요가 있습니다.

17

유럽 팩터형

유럽 배당형

단위표기: 총보수: %, 거래대금: 백만 원, 순자산총액: 억 원

기초지수	ETF 이름	코드	상장일	총보수	거래대금	순자산총액
Euro STOXX Select Dividend 30	TIGER 유로스탁스 배당30	A245350	2016-07-01	0.35	117	159

■ 지수(혹은 ETF) 상세 정보

Euro STOXX Select Dividend 30: 유로존 12개국(오스트리아, 벨기에, 핀란드, 프랑스, 독일, 그리스, 아일랜드, 이탈리아, 룩셈부르크, 네덜란드, 포르투갈, 스페인)에 상장된 주식 중, 배당률이 높은 상위 30개 종목으로 구성된 지수입니다.

■ 성과 데이터 분석 (ETF 성과 분석)

분석 기간: 2016.7~2021.8 (코스피 움직임은 참고용, 해당 기간의 예금금리: 연 1.6%)

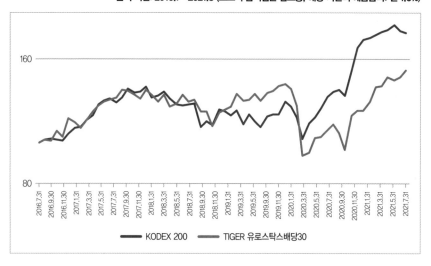

[그림 7-52] 유럽 배당 ETF 성과 분석

	KODEX 200	TIGER 유로스탁스배당30
연수익률	12.8%	8.3%
연변동성	16.5%	21.0%
최대 낙폭	25.4%	33.1%

18

일본 섹터형

일본 헬스케어

단위표기: 총보수: %, 거래대금: 백만 원, 순자산총액: 억 원

기초지수	ETF 이름	코드	상장일	총보수	거래대금	순자산총액
TOPIX-17 Pharmaceutical Index	TIGER 일본TOPIX 헬스케어(합성)	A248260	2016-07-01	0.4	25	118

▪ 지수(혹은 ETF) 상세 정보

일본 TOPIX 헬스케어 지수는 TOPIX 구성 종목을 17개 카테고리로 분류했을 때, 제약(Pharmaceutical) 카테고리에 속하는 종목으로 구성된 지수입니다.

■ 성과 데이터 분석 (ETF 성과 분석)

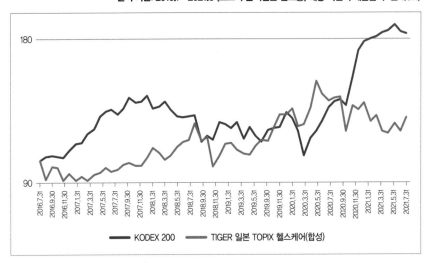

분석 기간: 2016.7~2021.8 (코스피 움직임은 참고용, 해당 기간의 예금금리: 연 1.6%)

[그림 7-53] 일본 헬스케어 ETF 성과 분석

	KODEX 200	TIGER 일본 TOPIX 헬스케어(합성)
연수익률	12.8%	4.2%
연변동성	16.5%	19.3%
최대 낙폭	25.4%	22.6%

19

레버리지와 인버스

1) 우리나라의 레버리지·인버스 투자 현황 -

2021년 8월 말 기준 한국거래소에 따르면, 총 투자금액이라 할 수 있는 순자산가치 기준으로 레버리지와 인버스 ETF에 투자된 금액은 전체 투자금의 13.4%에 달합니다. 순자산가치총액 기준 ETF 상품별 순위에도 인버스와 레버리지 상품이 항상 상위권에 위치합니다.

ETF의 일평균 거래대금은 레버리지와 인버스가 전체 거래대금의 51.6%를 차지합니다. 이런 상품 투자자들의 매매 빈도가 상대적으로 훨씬 많다는 얘기입니다. 일평균 거래대금 상위 10종목 중 절반 이상이 레버리지와 인버스 상품입니다.

2021년 8월의 일평균 거래대금을 보면 46.7%가 개인투자자입니다. 외국인은 27.0%였고, 기관은 13.5%, 나머지 12.9%가 유동성공급자(LP)였습니다.

이상의 통계를 요약해보면 국내 개인투자자가 레버리지와 인버스 상품을 이용한 단타 매매를 많이 한다는 것을 알 수 있습니다. 레버리지나 인버스로 수익을 얻으려면, 단기적인 예측이 잘 맞아야 합니다. 또한 심리에 휩쓸리지 않아야 하고요. 예측이나 심리적인 이슈는 전문가들도 쉽지 않은 부분입니다. 시장의 상품 다양성을 위해 이런 상품들이 나오고 운용된다는 것은 나쁘지 않은 일입니다. 하지만 초보투자자에게는 그다지 추천할 만한 상품은 아닙니다. 아래의 설명을 통해 레버리지와 인버스에 대한 이해도를 높이되 투자 상품으로 이용하는 것에는 주의를 기울이기 바랍니다.

2) 레버리지

ETF에서 말하는 레버리지 투자상품이란, 원래 지수 움직임의 2배 혹은 3배, 그 이상의 배수로 움직이도록 만든 상품을 말합니다. 얼핏 생각하면 몇 배씩 더 화끈한 결과를 보여준다고 하니 매력적으로 보일 수 있습니다. 하지만 중장기적으로 보면 예상과 다른 모습이 나오곤 합니다. 왜냐하면 일일수익률에 대해서도 몇 배의 레버리지가 작동하기 때문입니다. 아래 그래프를 통해 자세히 살펴보겠습니다.

[그림 7-54] 레버리지 상품의 누적 성과 분석

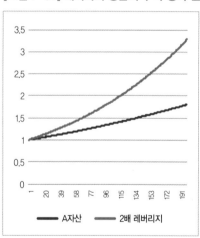 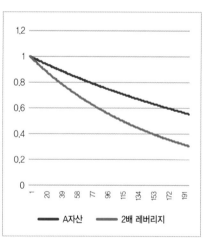

[그림 7-54]의 왼쪽 그래프는 A자산이 매일 오를 경우를 상정한 것이고, 오른쪽은 매일 하락하는 경우입니다. 이 경우 레버리지는 예상과 흡사하게 움직입니다. 왼쪽은 일일수익률 0.3%이고 매일 오른 경우입니다. 200일 후 A자산 가격은 82% 상승했지만, 레버리지는 229%나 상승했습니다. A자산 가격 상승의 2배가 아닌 2.8배 상승한 것이죠. 상승할 때는 좋겠지만 하락할 때는 어떨까요? 오른쪽 그래프는 자산 가격이 매일 0.3%씩 하락하는 경우입니다. 200일 후 A자산은 45% 하락했고, 레버리지는 70% 하락했습니다. 상승이든 하락이든 한쪽 방향으로의 움직임이라면 오를 때 더 오르고, 내릴 때 덜 내리는 현상을 보이는 게 레버리지의 특징 중 하나입니다. 일별 수익률의 복리 효과 때문입니다. 물론 이 결과는 완벽하게 이상적인 경우를 가정한 것이고, 레버리지 상품의 비싼 운용보수도 전혀 감안하지 않았습니다. 좀 더 현실적인 모습을 보겠습니다.

[그림 7-55] 레버리지 상품의 누적 성과 분석

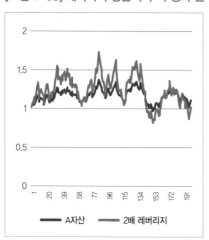 

두 그래프는 흔히 볼 수 있는 주가 움직임과 유사합니다. 왼쪽의 경우 투자

기간 종료시점에서 A자산은 총 9%가 올랐으나, 레버리지는 0.2% 올랐습니다. 자산가격이 2배가 되기는커녕 오히려 더 나쁜 결과를 보여준 것이죠. 오른쪽 그래프는 왼쪽보다 변동성이 크지만 결과적으로 많이 오른 경우입니다. 오른쪽의 경우 투자 결과, A자산은 116% 상승했으나, 레버리지는 90%밖에 오르지 못했습니다. 레버리지가 A자산의 수익률을 못 쫓아간 것입니다. 이것 역시 레버리지의 수수료는 감안하지 않은 것입니다. 레버리지 상품의 수수료는 지수 상품 대비 2~3배 이상 높습니다. 훨씬 비싼 수수료를 내고도 결과는 좋지 않은 것입니다.

상승과 하락이 반복되는 투자시장에서 레버리지 상품은 단순히 2배 수익이라는 예상과는 전혀 다른 결과를 보여줍니다. 변동성은 2배로 커지지만, 수익은 2배보다 훨씬 더 나빠질 수 있습니다. 초보투자자에게는 특히 위험한 상품일 수 있어 추천드리긴 어렵습니다. 다만, 어떤 레버리지 ETF 상품이 있는지에 대한 정보는 공유해드리고자 합니다.

■ 코스피 레버리지

기초지수	ETF 이름	코드	상장일	총보수	거래대금	순자산총액
코스피 200	KODEX 레버리지	A122630	2010-02-22	0.64	482,586	17,524
코스피 200 선물지수	TIGER 200 선물레버리지	A267770	2017-04-25	0.09	10,696	1,170
코스피 200 선물지수	HANARO 200 선물레버리지	A304780	2018-08-14	0.45	137	527
코스피 200	TIGER 레버리지	A123320	2010-04-09	0.09	2,558	382
코스피 200 선물지수	KOSEF 200 선물레버리지	A253250	2016-09-12	0.46	166	272
코스피 200 선물지수	KBSTAR 200 선물레버리지	A252400	2016-09-12	0.6	1,154	268
KRX 300	KODEX KRX 300 레버리지	A306950	2018-10-16	0.64	132	209

기초지수	ETF 이름	코드	상장일	총보수	거래대금	순자산총액
KRX 300	KBSTAR KRX 300 레버리지	A307010	2018-10-16	0.55	27	146
코스피 200 선물지수	ARIRANG 200 선물레버리지	A253150	2016-09-29	0.06	187	121
코스피 200	KINDEX 레버리지	A152500	2012-01-27	0.3	257	106

■ 코스피 섹터 레버리지

기초지수	ETF 이름	코드	상장일	총보수	거래대금	순자산총액
코스피 200 정보기술	TIGER 200 IT 레버리지	A243880	2016-05-13	0.69	652	436
코스피 200 에너지/화학	TIGER 200 에너지화학레버리지	A243890	2016-05-13	0.69	211	129

■ 코스닥 레버리지

기초지수	ETF 이름	코드	상장일	총보수	거래대금	순자산총액
코스닥 150	KODEX 코스닥 150 레버리지	A233740	2015-12-17	0.64	147,958	8,831
F-코스닥150 지수	KBSTAR 코스닥 150선물레버리지	A278240	2017-08-31	0.6	720	1,849
코스닥 150	TIGER 코스닥 150 레버리지	A233160	2015-12-17	0.32	5,571	726
F-코스닥150 지수	KOSEF 코스닥 150 선물레버리지	A291630	2018-03-16	0.09	33	86
F-코스닥150 지수	HANARO 코스닥 150선물레버리지	A306530	2018-09-18	0.45	36	60

■ 해외주식 레버리지

기초지수	ETF 이름	코드	상장일	총보수	거래대금	순자산총액
CSI 300 Index	TIGER 차이나 CSI300레버리지 (합성)	A204480	2014-09-01	0.58	1,864	1,189

S&P 500	TIGER 미국 S&P500레버리지 (합성 H)	A225040	2015-07-29	0.58	589	1,151
Hang Seng China H	KODEX 차이나H 레버리지(H)	A204450	2014-09-12	0.64	1,331	382
Nifty 50 Index	TIGER 인도 니프티 50레버리지(합성)	A236350	2016-05-13	0.58	200	265
Bloomberg VN30 Futures Excess Return Index	KINDEX 블룸버그 베트남VN30선물 레버리지(H)	A371130	2020-11-25	0.7	275	175
EURO STOXX 50 Index	TIGER 유로스탁스 레버리지(합성 H)	A225050	2015-07-29	0.58	38	157
CSI 300 Index	KINDEX 중국본토 CSI300레버리지 (합성)	A219900	2015-05-28	0.5	98	125
TOPIX	KINDEX 일본 TOPIX 레버리지(H)	A196030	2014-06-16	0.5	15	105
MSCI EM Index	TIGER 이머징마켓 MSCI레버리지 (합성 H)	A225060	2015-07-29	0.58	11	84

■ 한국 채권 레버리지

기초지수	ETF 이름	코드	상장일	총보수	거래대금	순자산총액
KIS 10년 국고채 지수 (총수익)	KOSEF 국고채 10년 레버리지	A167860	2012-10-30	0.3	26	93

■ 미국 달러 · 채권 레버리지

기초지수	ETF 이름	코드	상장일	총보수	거래대금	순자산총액
미국달러선물지수	KODEX 미국달러 선물레버리지	A261250	2016-12-27	0.45	1,087	237
미국달러선물지수	KOSEF 미국달러 선물레버리지	A225800	2015-08-10	0.64	58	216
미국달러선물지수	TIGER 미국달러 선물레버리지	A261110	2016-12-27	0.47	29	68

기초지수	ETF 이름	코드	상장일	총보수	거래대금	순자산총액
S&P U.S. Treasury Bond Futures Excess Return Index	KBSTAR 미국장기국채선물레버리지 (합성 H)	A267490	2017-04-20	0.5	5	42

■ **기타 레버리지**

기초지수	ETF 이름	코드	상장일	총보수	거래대금	순자산총액
S&P GSCI GOLD Index Excess Return	KINDEX 골드선물 레버리지(합성 H)	A225130	2015-07-28	0.49	256	224
코스피 200 커버드콜 ATM 지수	마이티 200커버드 콜ATM레버리지	A292340	2018-03-20	0.51	0	66
국채선물 3년/10년 일드커브 스티프닝 지수(총수익지수)	KBSTAR KRX국채 선물3년10년스티프 너2X	A342600	2019-12-19	0.2	1	62
국채선물 3년/10년 일드커브 플래트닝 지수(총수익지수)	KBSTAR KRX국채 선물3년10년플래트 너2X	A342620	2019-12-19	0.2	2	59

3) 인버스

인버스 투자상품은 투자 대상 지수의 하락에 배팅하도록 만든 것입니다. 일일수익률만큼 반대로 움직이도록 설계되어 있습니다. 인버스를 이용한 매매는 단기적인 수익을 목적으로 하며 '투기'에 가까운 성격을 가집니다. 방향에 대한 예측이 틀릴 경우 고스란히 손실을 입게 됩니다. 단기적이며 방향을 예측하는 방식의 투자방법은 초보투자자에게 특히 위험하여 추천하기 어렵습니다.

[그림 7-56] 인버스 상품의 누적 성과 분석

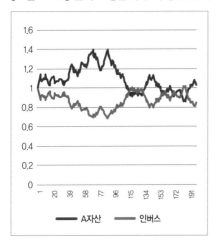
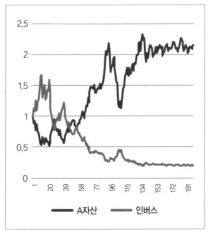

인버스 상품을 포트폴리오의 위험 헤지 목적으로 활용할 수 있다는 말도 있
는데 과연 맞을까요? 왼쪽 그래프는 일일수익률의 -1배로 움직이는 가상의
인버스 상품의 움직임입니다. A자산과 거의 대칭되는 모습입니다. 오른쪽
그래프는 200일간의 투자 결과를 보여주는데요. A자산은 2.2%의 수익률을
보여주지만, 인버스의 경우 -16%의 성과를 보입니다. -1배 인버스라고 하니
이론상 -2.2%가 나올 것이라 예상했지만, 매일의 수익률이 반영되는 복리효
과로 인해 하락이 훨씬 더 커진 것입니다. 이 두 상품을 50:50으로 포트폴리
오를 구성한다면 어떨까요? 서로 헤지가 되어 수익도 손실도 없게 될까요?
아닙니다. -7%가량의 손실이 발생합니다. 따라서 반대로 움직인다고 해서
헤지가 된다고 주장하기는 어렵습니다. 제대로 된 헤지상품이라면 포트폴리
오의 변동성(위험)을 낮춰줄 뿐만 아니라 수익을 크게 해치지 않아야 합니다.
[그림 7-56]의 오른쪽 그래프는 앞서 보여줬던 코스피지수의 움직임을 빌려
다가 가상의 인버스 투자를 한 결과입니다. A자산은 큰 변동성에도 불구하
고 장기적으로 우상향하는 모습을 보여주었으나, 인버스 투자자는 초반에

잠깐 기뻤을 뿐 내내 우울해질 수밖에 없습니다.

이외에도 다양한 이유로 인버스 투자는 초보자에게 적합하지 않습니다. 투자 경험이 꽤 쌓인 분이라 하더라도 결과는 비슷합니다. 인버스 상품은 전혀 추천드리지 않지만, 시장에 어떤 인버스 ETF 상품이 있는지에 대한 정보만 공유드립니다.

■ 코스피 인버스

기초지수	ETF 이름	코드	상장일	총보수	거래대금	순자산총액
코스피 200 선물지수	KODEX 인버스	A114800	2009-09-16	0.64	135,899	10,928
코스피 200 선물지수	HANARO 200 선물인버스	A306520	2018-09-18	0.45	829	808
코스피 200 선물지수	TIGER 인버스	A123310	2010-03-29	0.09	2,507	650
코스피 200 선물지수	KBSTAR 200 선물인버스	A252410	2016-09-12	0.6	43	243
코스피 200 선물지수	KINDEX 인버스	A145670	2011-09-08	0.15	177	61
코스피 200 선물지수	KOSEF 200 선물인버스	A253240	2016-09-12	0.46	86	41

■ 코스피 인버스 2X

기초지수	ETF 이름	코드	상장일	총보수	거래대금	순자산총액
코스피 200 선물지수	KODEX 200 선물인버스2X	A252670	2016-09-22	0.64	397,711	19,538
코스피 200 선물지수	TIGER 200 선물인버스2X	A252710	2016-09-22	0.09	14,007	1,218
코스피 200 선물지수	KBSTAR 200 선물인버스2X	A252420	2016-09-22	0.6	998	304
코스피 200 선물지수	ARIRANG 200 선물인버스2X	A253160	2016-09-22	0.06	433	136
코스피 200 선물지수	KOSEF 200 선물인버스2X	A253230	2016-09-22	0.46	376	102

■ 코스닥 인버스

기초지수	ETF 이름	코드	상장일	총보수	거래대금	순자산총액
F-코스닥 150 지수	KODEX 코스닥 150 선물인버스	A251340	2016-08-10	0.64	178,010	5,074
F-코스닥 150 지수	TIGER 코스닥 150 선물인버스	A250780	2016-08-10	0.32	2,111	263
F-코스닥 150 지수	ARIRANG 코스닥 150선물인버스	A301410	2018-07-11	0.29	122	47
F-코스닥 150 지수	KBSTAR 코스닥 150선물인버스	A275750	2017-08-01	0.6	98	44
F-코스닥 150 지수	KOSEF 코스닥 150 선물인버스	A291620	2018-03-16	0.09	41	41

■ 해외주식 인버스

기초지수	ETF 이름	코드	상장일	총보수	거래대금	순자산총액
TOPIX	KINDEX 일본 TOPIX 인버스(합성 H)	A205720	2014-09-29	0.5	62	96
S&P 500 Futures Total Return Index	TIGER 미국 S&P500 선물인버스(H)	A225030	2015-07-29	0.59	272	106
MSCI EM Index	ARIRANG 신흥국 MSCI인버스(합성 H)	A373530	2020-12-16	0.5	27	66
Hang Seng China Enterprises Futures Index(Price Return)	KBSTAR 차이나H 선물인버스(H)	A291680	2018-03-23	0.6	13	55
CSI 300 Index	TIGER 차이나 CSI300인버스(합성)	A217780	2015-06-10	0.58	71	293

■ 한국 중기 국채 인버스

기초지수	ETF 이름	코드	상장일	총보수	거래대금	순자산총액
국채선물지수	KBSTAR 국고채 3년선물인버스	A282000	2017-11-09	0.07	5,008	6,015
국채선물지수	TIGER 국채선물 3년인버스	A302170	2018-07-20	0.07	0	70

국채선물지수	KODEX 국채선물 3년인버스	A292770	2018-04-13	0.07	1	51
국채선물지수	KINDEX 국채선물 3년인버스	A299080	2018-06-08	0.05	–	50
5년 국채선물 추종 지수	KBSTAR 국채선물 5년추종인버스	A397410	2021-08-31	0.07	–	–

■ 한국 장기 국채 인버스

기초지수	ETF 이름	코드	상장일	총보수	거래대금	순자산총액
10년국채선물지수	KODEX 국채선물 10년인버스	A176950	2013-05-31	0.07	574	551
10년국채선물지수	TIGER 국채선물 10년인버스	A302180	2018-07-20	0.07	1	57
10년국채선물지수	KINDEX 국채선물 10년인버스	A299070	2018-06-08	0.05	0	47
10년국채선물지수	KBSTAR 국채선물 10년인버스	A295020	2018-05-11	0.07	1	39

■ 미국 달러/채권 인버스

기초지수	ETF 이름	코드	상장일	총보수	거래대금	순자산총액
S&P Ultra T-Bond Futures Index(ER)	KODEX 미국채 울트라30년선물 인버스(H)	A304670	2018-09-12	0.3	70	58
S&P U.S. Treasury Bond Futures Excess Return Index	KBSTAR 미국장기 국채선물인버스(H)	A267450	2017-04-20	0.4	14	39
미국달러선물지수	KOSEF 미국달러 선물인버스	A139660	2011-04-01	0.49	4	114
미국달러선물지수	KODEX 미국달러 선물인버스	A261270	2016-12-27	0.45	96	52

■ 기타 인버스

기초지수	ETF 이름	코드	상장일	총보수	거래대금	순자산총액
S&P GSCI Palladium Excess Return Index	KBSTAR 팔라듐 선물인버스(H)	A334700	2019-09-24	0.6	8	19
S&P GSCI GOLD Index Excess Return	KODEX 골드선물 인버스(H)	A280940	2017-11-09	0.45	42	43
S&P GSCI Crude Oil Index ER	KODEX WTI원유 선물인버스(H)	A271050	2017-06-13	0.35	337	75
S&P GSCI Crude Oil Index ER	TIGER 원유선물 인버스(H)	A217770	2015-04-29	0.69	71	39

투자는 험난한 바다를
항해하는 것입니다

이 책을 쓰기로 한 건 2020년 10월입니다. 《가치투자 처음공부》를 쓴 이성수 유니인베스트먼트 대표님께서 ETF에 대한 책의 저자로 저를 추천해 주셨고, 이레미디어의 담당자께서 당시 제가 근무하던 경기도 안성의 은행 근처까지 찾아오셨습니다. 저는 출판 의도에 공감해 책을 쓰기로 했습니다. 그렇게 당시에 번역하던 제이슨 츠바이크의 명저 《투자의 비밀》을 마무리 짓고 바로 쓰려고 했으나 제 신상에 큰 변화가 생겼습니다. 20년간 재직했던 은행을 그만두고 스타트업으로 이직하게 된 것입니다.

저의 졸저 《마법의 연금 굴리기》에서 말씀드렸던 연금과 자산배분 투자에 대해 많은 분께 알리고, 그분들의 재산 증식과 노후 준비를 제대로 도와드려야겠다는 포부를 품고 주말과 퇴근 후 등 틈나는 대로 책의 원고를 준비했으나 재학 중인 학교의 박사과정과 회사의 일정으로 원고는 계속 미뤄졌습니다.

2021년 3월 말 기준으로 데이터를 분석하고 원고를 준비했으나 정신없이 시간이 흘렀습니다. 최신 데이터로 업데이트해야겠다는 생각이 들어 8월 말 기준으로 데이터 분석 자료를 전부 새로 교체했습니다. 워낙 그래프와 표가 많아 이레미디어의 편집팀에서 무척이나 고생해 주셨습니다. 저는 말과 글로 설명하는 것도 중요하지만 데이터로 분석하고 그래프로 확인하는 절차도 매우 중요하다고 생각합니다. ETF 상품들의 홍보 문구는 그럴듯하지만 실제 성과는 그렇지 못한 경우가 많기 때문입니다. ETF 상품들을 데이터로 분석하고 그 결과를 그래프와 표로 보면 확연히 이해되는 경우가 많습니다.

우여곡절 끝에 책이 나오게 되었지만 여전히 부족한 것이 많습니다. 우선 데이터 분석 기준일이 과거라는 점입니다. 그사이 여러 ETF가 새로 생기거나 없어졌습니다. 이는 책이라는 도구의 한계로 어찌할 수 없는 부분입니다. 시시각각 변하는 정보를 모두 최신화하여 담을 수는 없습니다만, 그럼에도 시간이 지나도 꺼내 볼 수 있는 내용들을 많이 담고자 했습니다. ETF의 장단점, 주식·채권·대체투자 등 대부분의 기초지수에 대한 설명, '현물·선물', 'PR·TR', 'H·UH' 등 복잡해 보이는 개념들도 비교해 설명했습니다. 이 책의 내용을 충분히 숙지한다면 새로 나온 ETF를 보더라도 그리 어렵지 않게 접근할 수 있을 거라 생각됩니다.

현재 글로벌 증시는 어느 때보다 어수선합니다. 러시아와 우크라이나의 전쟁은 언제 끝날지 알 수 없고, 독일은 73년 만에 최고 수준의 인플레이션을 기록했습니다. 미국 역시 40년 만에 가장 높은 인플레이션을 보였고, 에너지와 농산물 가격은 급등해 천연가스는 2008년 이후 최고치를 경신했습니다. 옥수수 가격도 9년 만에 최고치를 찍었습니다. 전쟁과 인플레이션의 여파로 세계은행과 IMF는 미국을 비롯한 글로벌 성장률 전망치를 큰 폭으로 하향 조정했습니다. 물가를 잡기 위해 미국 연준은 금리를 올리고 있고, 양적긴축 역시 속도를 내고 있습니다. 연초 이후 미국과 한국의 대형주 지수는 11% 넘게 하락했고, 나스닥과 중국 주식은 20%가 넘는 하락을 보이고 있습니다. 금리 인상의 여파로 국채(10년물)마저 한국, 미국 모두 10% 가까이 하락했습니다.

2008년 금융위기를 겪은 투자자들은 지금 시장을 그리 심각하게 바라보지 않을 테지만 대다수의 많은 투자자에게는 처음 겪는 불안한 시장일 수 있습니다. 투자는 험난한 바다를 항해하는 것과 같습니다. 폭풍우가 지나간 바다는 한없이 잔잔하고 아름답습니다. 항해의 끝에 달콤한 보상도 기다립니다. 투자 역시 그와 같습니다. 요즘 같은 시장을 잘 견뎌내야 좋은 성과를 이룰 수 있습니다. 어려운 투자 여정에 ETF가 그리고 이 책이 도움되길 바랍니다.

2022년 5월
김성일